KB107831

가장 쉬운 홈페이지형 블로그 만들기

남현우 지음

가장 쉬운
홈페이지형 블로그 만들기

초판 1쇄 인쇄 | 2020년 8월 15일
초판 1쇄 발행 | 2020년 8월 20일

지 은 이 | 남현우
발 행 인 | 이상만
발 행 처 | 정보문화사

책임편집 | 노미라

주 소 | 서울시 종로구 동숭길 113
전 화 | (02)3673-0037(편집부) / (02)3673-0114(代)
팩 스 | (02)3673-0260
등 록 | 1990년 2월 14일 제1-1013호
홈페이지 | www.infopub.co.kr

I S B N | 978-89-5674-854-2

머리말

홈페이지형 블로그, 멋진 블로그!

블로그는 인터넷 포털 사이트에서 제공하는 개인 커뮤니티로, 회사 또는 개인의 홍보와 마케팅을 목적으로 사용합니다. 그러나 포털 사이트에서 제공하는 스킨 디자인은 한계가 있다고 봅니다. 그러한 한계를 벗어나 홈페이지와 유사한 느낌의 블로그를 만들 수 있는데 이는 블로그에 대한 신뢰를 높이는 데 아주 중요한 요소가 됩니다.

● 이해하기

블로그에서 사용하는 HTML 코딩은 이미지를 불러오고, 링크를 거는 비교적 쉬운 기능이 사용됩니다. 그러므로 홈페이지형 블로그를 멋지게 만들기 위해서는 블로그에 대한 이해와 HTML에 대한 이해가 우선적으로 필요합니다.

● 포토샵이 최고

다양한 분야의 홈페이지형 블로그를 만들 때 가장 많이 사용되는 프로그램은 포토샵입니다. 포토샵을 이용하여 배경 이미지, 타이틀 이미지 등을 멋지게 디자인해야 더 멋있는 블로그를 만들 수 있습니다. 포토샵의 기본적인 기능부터 실무 활용 능력까지 익힌다면 홈페이지 못지않은 홈페이지형 블로그를 만들 수 있습니다.

● 남과 비교하지 마세요

대학, 기업에서 포토샵 강의를 하다보면 타인의 말에 귀를 쫑긋 세우는 경우가 있습니다. '이것은 중요하지 않아' '저건 꼭 필요한 거야' 등 남의 말에 신경 쓰는 학습자들을 많이 보게 됩니다. 노하우를 익히는 것은 좋지만 검증되지 않은 학습법은 과감히 버리고 여러분이 선택한 학습법을 반복적으로 공부하기 바랍니다. 책은 가장 기본이 되는 학습 도구입니다.

아무리 어려운 책이라도 백번을 읽으면 그 뜻을 알 수 있다고 했습니다. 책을 보다가 어려운 부분이 있다면 읽고 또 읽어서 그 내용을 분석하고, 드로잉한다면 그 내용을 충분히 이해할 수 있을 것입니다.

저자 남현우

할인 쿠폰 사용 방법

본 도서를 구매하는 독자에 한하여 endpoint.co.kr(엔드포인트) 온라인 CAD&CG 전문 강좌 사이트의 30% 수강 할인 쿠폰(예제 파일과 동봉되어 있습니다)을 드립니다.

❶ 인터넷 익스플로러를 실행하고 endpoint.co.kr에 접속합니다. 할인 쿠폰을 사용하기 위해 [무료회원가입] 버튼을 클릭합니다.

❷ 회원가입 창이 나타나면 회원 정보를 입력합니다. 그리고 하단의 [할인쿠폰] 란에 자료실에서 다운받은 수강 할인 쿠폰의 번호를 입력한 후 [회원등록] 버튼을 클릭합니다. 이후 회원가입 완료 메시지가 나타나면 [확인] 버튼을 클릭하여 회원가입을 종료합니다.

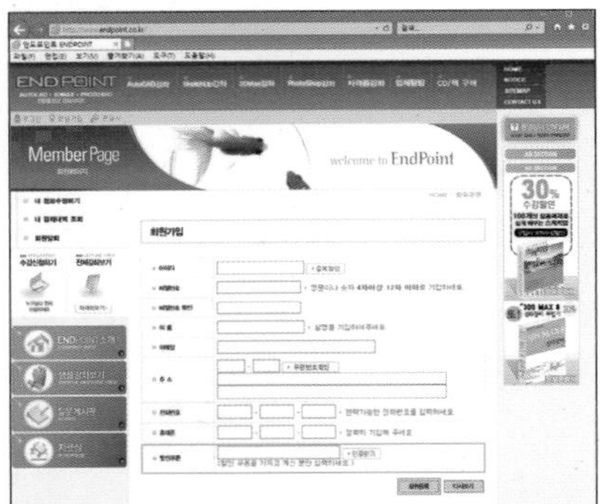

❸ [MEMBER LOGIN]에 아이디와 비밀번호를 입력하고 [로그인] 버튼을 클릭한 후 [수강신청 해요~] 화면이 나타나면 원하는 과목을 선택(한 과목 이상 가능)하고, 하단에 있는 [수강신청하기] 버튼을 클릭합니다. 수강 신청한 과목과 할인된 금액을 확인하고 결제를 완료하면 신청한 과목을 수강할 수 있습니다.

예제 파일 사용 방법

이 책에서 사용된 예제 파일 및 완성 파일은 정보문화사 홈페이지(infopub.co.kr) 자료실에서 다운로드할 수 있습니다.

❶ 정보문화사 홈페이지에 접속하여 상단의 자료실을 클릭합니다.

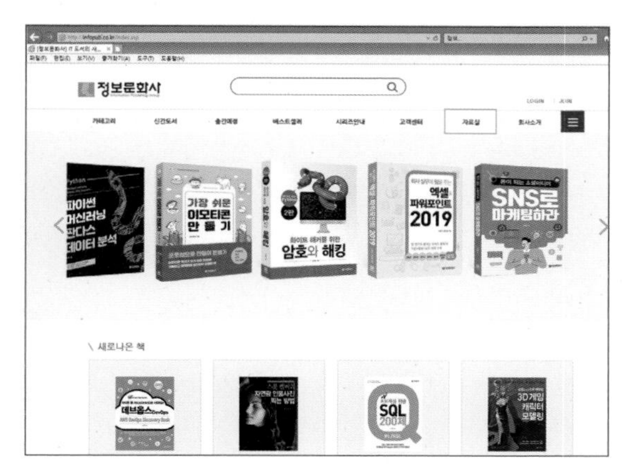

❷ 하단 [SEARCH]에 책 제목을 입력하고 [검색] 버튼을 클릭하면 검색 결과가 나타납니다. 해당 책 제목을 클릭하여 다운로드합니다.

차례

PART 01

홈페이지형 블로그란?

홈페이지형 블로그는 요즘 각 분야에서 각광받고 있는
블로그 디자인 형태입니다. 말 그대로 홈페이지 디자인
유형을 블로그에 적용하는 것을 의미합니다. 링크 버튼을
별도로 만들어 홈페이지와 유사한 기능을 제공할 수 있게
만든 블로그를 홈페이지형 블로그라고 합니다. 홈페이지형
블로그를 만들기 위해서는 투명 이미지를 만드는 방법과
위젯을 만드는 방법을 정확하게 이해하고 있어야 합니다.

Section 01

블로그란?

블로그(Blog)는 국내, 국외 포털 사이트에서 제공하고 있는 1인 미디어입니다. 블로그의 정의와 세부 기능, 스킨에 대해 살펴보겠습니다. 블로그에 대한 기본적인 지식을 갖추면 블로그 디자인을 제작하는 데 많은 도움이 될 것입니다.

1. 블로그

블로그는 웹(web)+로그(log)의 합성어로 1997년 처음 등장했습니다. 새롭게 쓴 글이 맨 위로 올라간다는 의미로 이름이 붙여졌다고 합니다. 일반인들이 자신의 경험과 관심사를 일기 형식, 칼럼 형식, 기사 형식으로 웹에 일기(로그)처럼 기록해서 다른 사람들이 보고 읽고 쓸 수 있게 하고, 개인출판, 개인방송, 커뮤니티까지 다양한 형태를 나타내는 1인 미디어를 의미합니다.

그중에서 파워블로그라는 것이 있습니다. 열정적으로 활동하며 자신의 경험과 정보를 공유하는 영향력 있는 블로그를 의미합니다. 그러나 파워블로그를 상업적인 목적으로만 이용하는 사례들이 많이 발생해서인지 네이버 블로그는 더 이상 파워블로그를 선정하지 않는다고 합니다.

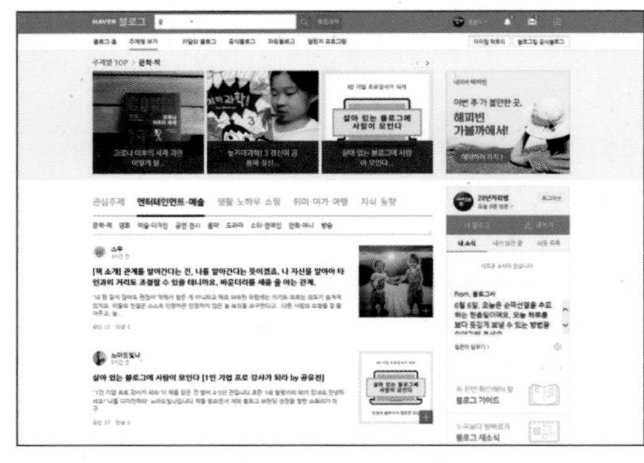

포털 사이트의 엔터테인먼트 · 예술 블로그

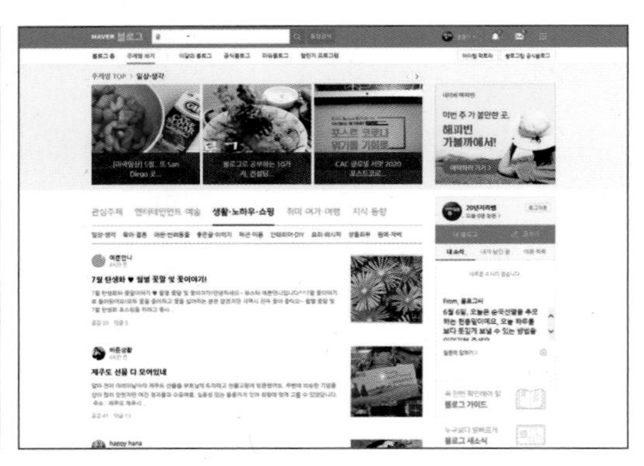

포털 사이트의 생활 · 노하우 · 쇼핑 블로그

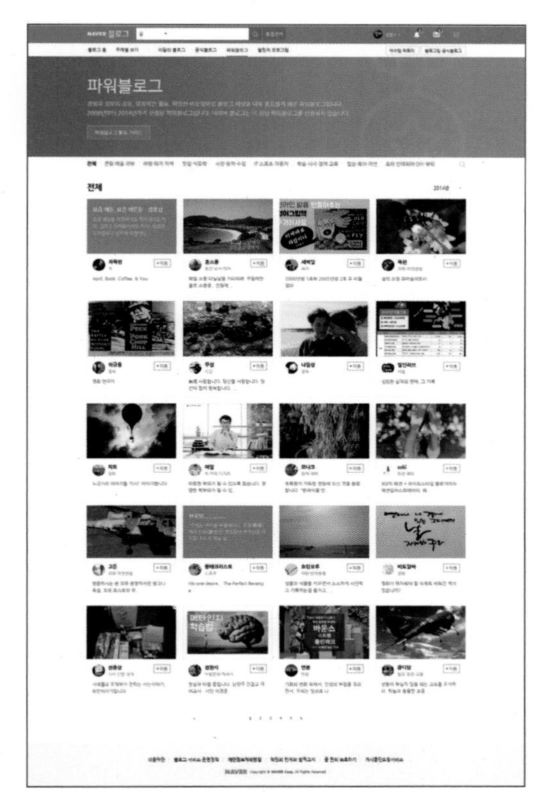

포털 사이트의 파워블로그(2008년부터 2014년까지 선정된 파워블로그)

2. 세부 기능

블로그에 매일 일기 형식으로 글을 쓰다 보면 자연스럽게 기본적인 기능을 파악할 수 있습니다. 그중에서 대표적인 블로그의 기능을 살펴보겠습니다.

❶ 날짜별 구성

일상에서 발생하는 다양한 일들을 날짜별로 손쉽게 기록합니다.

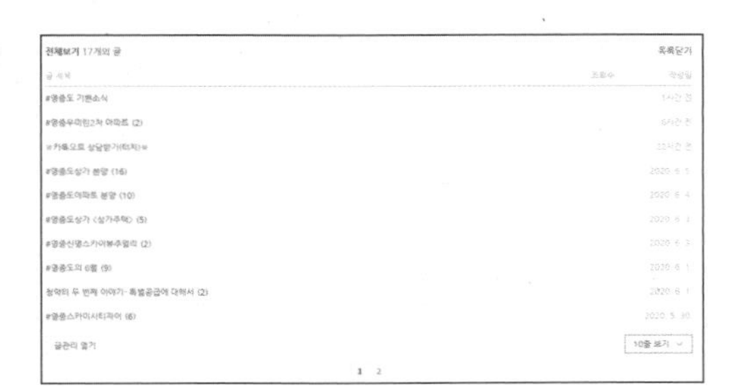

❷ 손쉬운 자료 관리

이미지, 동영상, 글을 쉽게 업로드할 수 있으며, 삭제 및 수정이 편리합니다.

❸ 공유하기

내가 보고 있는 글을 내 블로그, 내 카페에 공유할 수 있습니다. 카테고리를 지정하여 공개설정, 댓글설정 여부를 선택하면 공유가 가능합니다.

❹ 메모 전송하기

다른 사람의 블로그 글을 보고 즉시 블로그 주인에게 메모를 보낼 수 있습니다.

❺ 실시간 노출

웹 브라우저상에서 실시간으로 작성된 콘텐츠의 내용을 볼 수 있습니다.

3. 블로그 스킨

블로그 스킨(Blog Skin)은 말 그대로 블로그의 피부를 지칭하는 것으로, 블로그 전체의 형태와 구조, 즉 레이아웃을 의미합니다. 블로그 스킨은 기본적으로 제공되는 것을 사용할 수 있으며, 상단, 중간, 하단 이미지와 색상 등 세부 디자인을 변경하거나 위젯을 만들어 변형할 수 있습니다.

■ 처음 로그인한 블로그

포털 사이트에 가입하고 처음 블로그에 접속하면 가장 기본적인 스킨으로 구성되어 있는 것을 확인할 수 있습니다. 블로그 관리 메뉴를 이용하여 세부 디자인과 레이아웃을 변경할 수 있습니다.

로그인 後 블로그 접속

처음 블로그에 접속해 포스팅한 블로그 화면

■ 포털 사이트에서 제공한 스킨을 적용한 경우

블로그 관리의 꾸미기 설정에서 포털 사이트에서 무료로 제공하는 스킨을 적용할 수 있습니다. 스킨의 종류는 시간이 지나면 변경될 수 있습니다.

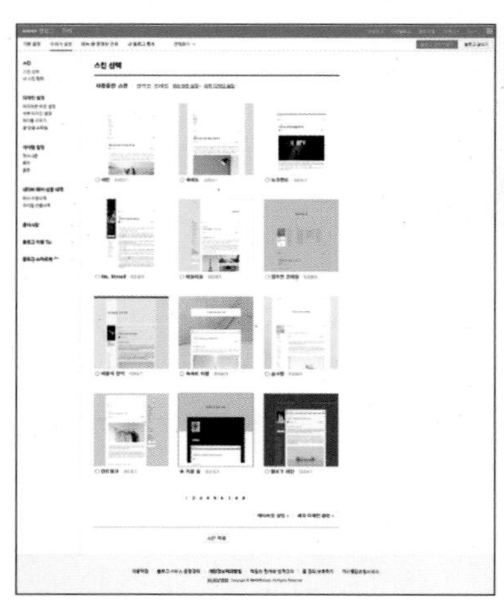

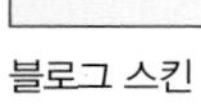

블로그 스킨

스킨이 적용된 화면

Section

02

블로그 구조

블로그는 크게 메인 화면 영역과 글쓰기 화면 영역으로 나눌 수 있습니다. 메인 화면 영역은 8개의 영역으로 나눌 수 있으며 나머지는 레이아웃 · 위젯 설정에서 불러올 수 있습니다. 글쓰기 화면은 7개의 영역으로 구분할 수 있습니다.

1. 블로그 메인 화면

블로그 메인 화면은 크게 8개의 영역으로 나눌 수 있으며, 나머지 영역은 블로그 관리의 레이아웃 · 위젯 설정에서 어떤 위젯을 보여줄지에 따라 다르게 나타납니다.

블로그 메인 화면

❶ 네이버 메뉴

네이버 메뉴는 이웃 블로그, 블로그 홈으로 바로가기 할 수 있으며, 내 메뉴와 아이디는 로그인을 하면 나타납니다. 내 메뉴에서는 글쓰기, 관리, 통계, 스킨 변경, 세부 디자인 설정, 아이템 팩토리를 설정할 수 있습니다. 아이디를 누르면 로그아웃할 수 있으며, 마지막 아이콘을 누르면 지식iN, 사전 등 바로가기를 설정할 수 있습니다.

이웃블로그 | 블로그홈 | 내메뉴 | iha

❷ 블로그 메뉴

프롤로그, 블로그 메뉴가 나타나며, 지도, 서재, 메모는 메뉴 · 글 · 동영상 관리의 상단 메뉴 설정에서 노출 여부를 결정할 수 있습니다.

프롤로그 | 블로그 지도 | 서재 | 메모 | 안부

❸ 타이틀

꾸미기 설정의 레이아웃 · 위젯 설정 탭의 메뉴 사용 설정에서 타이틀 항목에 체크해야 사용이 가능합니다. 블로그 제목은 꾸미기 설정 세부 디자인 타이틀에서 블로그 제목에 표시해야 합니다. 타이틀의 높이는 50에서 600까지 설정할 수 있습니다.

❹ 프롤로그 메인 이미지 목록

프롤로그의 메인 이미지 목록으로 원하는 카테고리를 지정할 수 있으며 3줄까지 지정 가능합니다. 총 15개의 글을 볼 수 있는데 메뉴 · 글 · 동영상 관리의 상단 메뉴 설정에서 프롤로그를 대표 메뉴로 선택해야 나타납니다.

❺ 프롤로그 글 목록

가장 최근에 쓴 글이 최대 6줄까지 나타나며, 원하는 카테고리를 지정할 수 있습니다.

❻ 프로필 영역

블로그 정보에 있는 프로필 이미지, 블로그명, 별명, 소개글이 나타납니다.

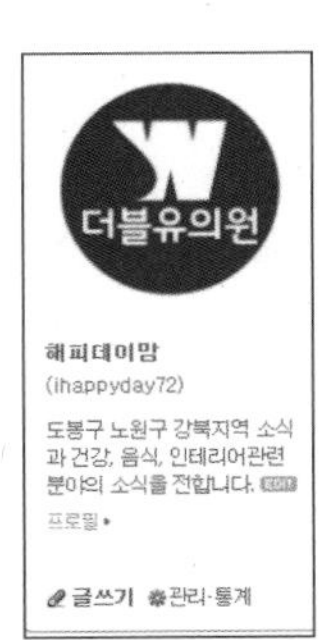

❼ 카테고리 위젯

메뉴 · 글 · 동영상 관리의 블로그에서 카테고리를 만들 수 있습니다. 카테고리 옆에 글 개수 표시를 하면 카테고리 옆에 포스팅 개수가 나타납니다. 또한 글 보기를 앨범형으로 지정하면 카테고리 왼쪽에 이미지 아이콘이 나타납니다. 레이아웃 · 위젯 설정의 메뉴 사용 설정에서 카테고리에 체크해야 하며, 펼치기와 접기를 선택할 수 있습니다.

카테고리

전체보기 (8) EDIT

일상생활 (8)

동네맛집

동네소식 N

동네병원

기타

❽ 검색 위젯

블로그 내의 글을 검색할 수 있습니다. 필수로 사용해야 하는 위젯입니다.

❾ 태그 위젯

글 작성 시 표시한 태그를 보여주며, 레이아웃 · 위젯 설정의 메뉴 사용 설정에서 태그에 체크해야 나타납니다.

태그 EDIT 최근 | 인기

파주시태양광, 파주시태양광건물, 파주시태양광주택, 강북구건강검진, 강북구건강검진병원, 강북구채용검진, 경기도이천시, 공무원채용건강검진, 국민건강보험공단, 국민건강보험공단지정검사기관, 노원구건강검진, 노원구건강검진병원, 노원구채용검진, 도봉구건강검진, 도봉구건강검진병원

▸모두보기

⑩ 최근댓글 위젯

레이아웃 · 위젯 설정의 메뉴 사용 설정에서 최근댓글을 체크해야 나타납니다. 펼치기를 선택하면 10줄까지 나타낼 수 있습니다.

⑪ RSS

RSS는 Really Simple Syndication의 약자로, 블로그에 새로 작성한 글을 다른 사용자들이 쉽게 구독할 수 있도록 한 규약입니다. 이 포맷은 삭제할 수 없습니다. 꾸미기 설정의 세부 디자인 설정의 RSS / 블로그 로고에서 아이콘을 변경할 수 있습니다.

 RSS 2.0 | RSS 1.0 | ATOM 0.3

⑫ 하단 영역

꾸미기 설정의 세부 디자인 설정의 전체 박스의 하단 영역을 의미합니다. 가로는 982px, 세로는 8~100px까지 지정할 수 있습니다.

더블유의원 전화상담 02-990-6868

2. 글쓰기 화면

프로필 영역 하단에 있는 [글쓰기] 버튼을 누르면 글쓰기 화면이 나타납니다. 7개의 영역으로 나눌 수 있습니다.

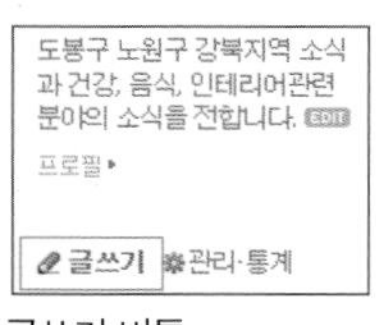

글쓰기 버튼

글쓰기 화면

❶ 저장 및 발행

포스팅을 진행하다가 작성한 글을 임시로 저장할 수 있으며, 저장한 글을 불러오기 위해서는 [글쓰기] 버튼을 누르고 저장 오른쪽에 있는 숫자를 클릭합니다. [발행] 버튼을 누르면 포스팅한 글을 노출할 수 있습니다.

❷ 편집 기능

사진, SNS 사진, 동영상, 스티커부터 템플릿까지 포스팅에 필요한 편집 기능을 사용할 수 있습니다.

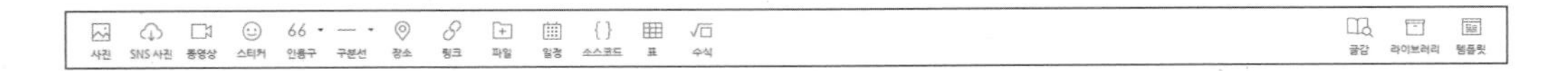

❸ 글씨 수정

글씨 크기, 색상, 정렬, 링크, 맞춤법 등 글씨 스타일을 편집할 수 있습니다.

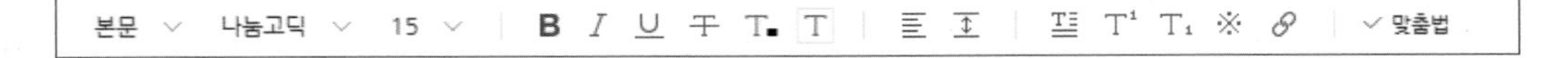

❹ 제목

포스팅 제목을 입력할 수 있으며 글뿐만 아니라 내 컴퓨터 사진, 클라우드, 페이스북, 인스타그램에서 사진을 불러올 수 있습니다.

❺ 추가하기

글 영역의 추가 설정으로 사진, 스티커, 구분선, 인용구를 빠르게 사용할 수 있습니다.

사진
스티커
구분선
인용구

❻ 글 영역

블로그의 글 영역으로 글, 태그, 사진, 동영상, 링크, 소스를 입력할 수 있습니다. 블로그에서 가장 중요한 부분이라 할 수 있습니다.

본문에 #을 이용하여 태그를 사용해보세요! (최대 30개)

❼ 라이브러리

포스팅에 사용한 사진을 모아서 보여줍니다. 대표 이미지를 지정할 수 있고 필요 없는 사진을 삭제할 수 있습니다.

Section

03 홈페이지형 블로그

요즘 트렌드로 자리잡은 홈페이지형 블로그에 대해 알아보고 일반 블로그와의 차이에 대해서도 살펴보겠습니다. 건축, 인테리어, 토목, 병원, 변호사, 부동산, 학원, 강사 등 다양한 분야에서 일반 블로그를 홈페이지형 블로그로 전환하고 있는 추세입니다.

1. 일반 블로그 형태

일반 블로그는 포털 사이트에서 제공하는 기본 스킨을 이용하여 제작된 블로그를 의미합니다. 기본적으로 ❶ 네이버 메뉴 ❷ 블로그 메뉴 ❸ 타이틀 ❹ 프로필 영역 ❺ 카테고리 위젯 ❻ 검색 위젯 ❼ RSS로 구분할 수 있습니다. 네이버 메뉴에서 프롤로그를 선택하면 프롤로그 메인 이미지 목록, 프롤로그 글 목록이 나타납니다.

일반 블로그 형태

2. 홈페이지형 블로그 형태

홈페이지형 블로그는 일반 블로그와 기본 구조는 같지만 스킨 배경 상단에 이미지를 불러와 그 위에 투명 이미지를 올리고 카테고리 링크를 걸어준다는 점이 대표적인 차이입니다. 스킨 배경 이미지는 포토샵을 이용하여 만들어줍니다. 투명 이미지 또한 포토샵에서 가로, 높이를 지정하여 투명 이미지인 PNG 파일로 만듭니다.

홈페이지형 블로그 형태

블로그의 모바일 화면

3. 투명 이미지와 위젯 만들기

투명 이미지와 위젯을 만드는 방법을 모르면 홈페이지형 블로그를 만들 수 없습니다. 홈페이지형 블로그를 디자인하려면 포토샵에서 스킨 배경 상단 이미지를 만들어야 합니다. 이와 더불어 투명 이미지를 만들어 스킨 배경 이미지 위에 배치하고, HTML 소스를 이용하여 좌표 설정, 링크 설정 즉 위젯을 만들어 배치해야 합니다.

1) 위젯, 꼭 알아야 해요

위젯(widget)은 홈페이지형 블로그를 제작할 때 필수적으로 사용해야 하는 요소입니다. 위젯이란 HTML 소스를 이용하여 이미지를 불러와 좌표를 지정하고 외부 홈페이지로 링크를 걸거나 블로그 자체 카테고리로 링크를 걸 수 있는 장치라고 할 수 있습니다.

■ 투명 위젯이란?

투명 위젯은 블로그 스킨 배경 위에 위치하는 투명한 이미지, 링크를 의미합니다. 투명 이미지를 통해 스킨 배경이 보이고 HTML 소스를 이용하여 좌표를 지정한 후 링크를 거는 것입니다.

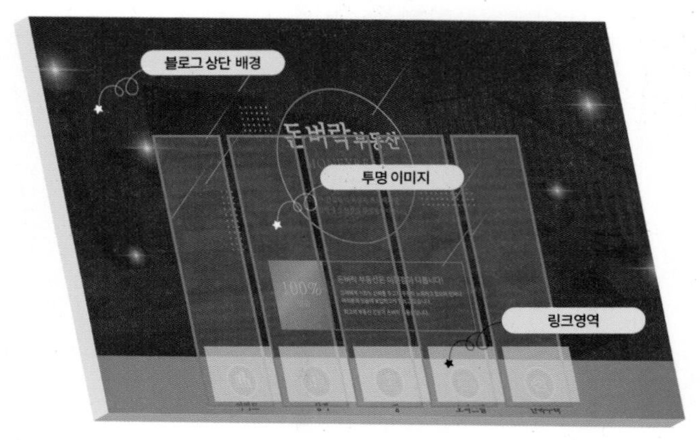

블로그 상단 배경의 투명 위젯

2) 투명 이미지 만들기

투명 이미지는 포토샵으로 만들고 PNG 파일로 저장합니다. 위젯의 가로 크기는 170픽셀, 세로는 600픽셀까지 제작할 수 있습니다.

❶ 포토샵으로 투명 이미지 만들기

투명 이미지를 만들기 위해 포토샵을 실행하고 [파일] 메뉴에서 [새로 만들기]를 선택합니다. 새로 만들기 대화상자가 나타나면 폭 170픽셀, 세로 600, 해상도 72픽셀/인치를 선택합니다. 배경 내용을 투명으로 지정하고 [제작] 버튼을 클릭합니다. 투명 이미지가 만들어졌습니다.

투명 이미지를 저장하기 위해 [파일] 메뉴에서 [내보내기]를 선택하고 [웹용으로 저장(레거시)]을 선택합니다.

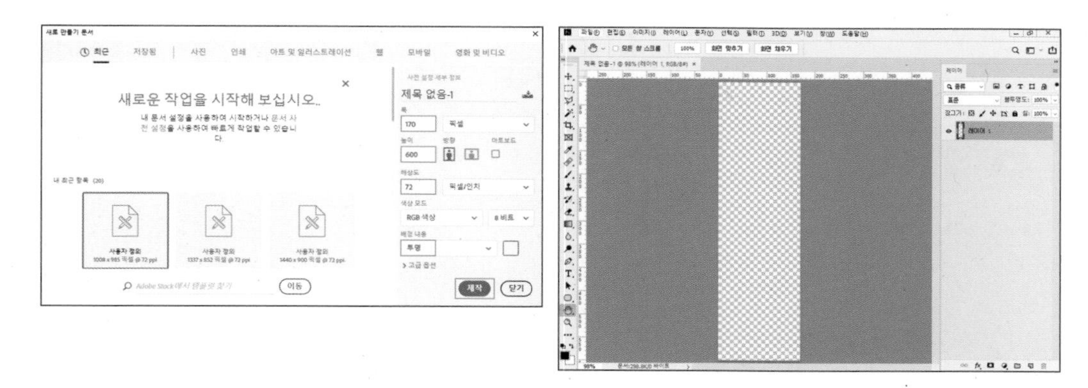

❷ 저장하기

웹용으로 저장 대화상자가 나타나면 ❶ 사전 설정에서 PNG-24를 지정한 후 투명도를 체크한 다음 [저장] 버튼을 클릭합니다. ❷ 최적화 다른 이름으로 저장 대화상자가 나타나면 경로를 지정하고 파일 이름에 '투명위젯세로600'을 입력한 후 [저장] 버튼을 클릭합니다. Adobe 웹용으로 저장 경고 대화상자가 나타나면 [확인] 버튼을 클릭합니다.

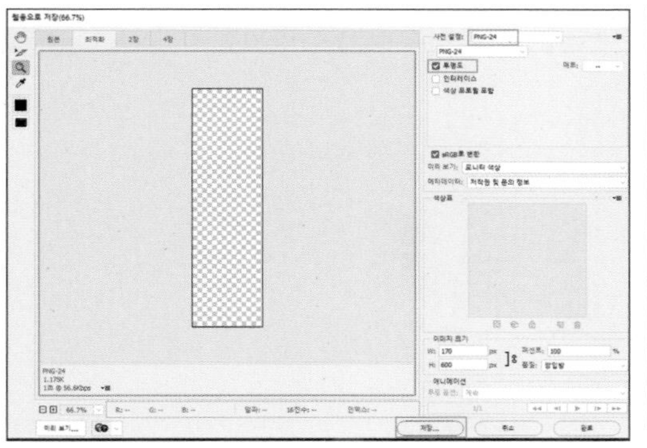

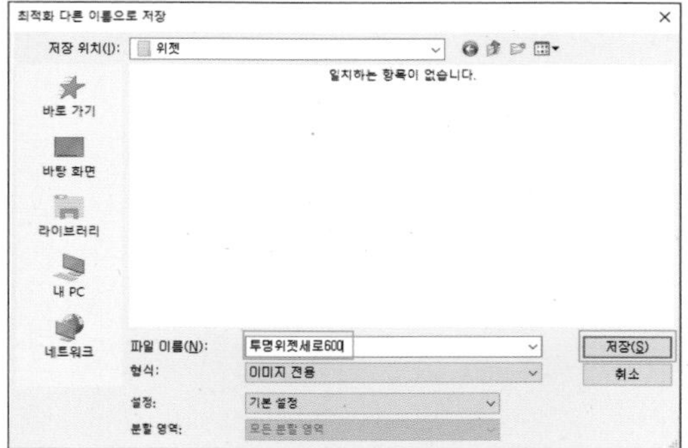

3) 투명 위젯 만들기

포토샵에서 만든 PNG 투명 이미지를 불러오고 위젯을 추가하여 레이아웃 설정에서 투명 위젯을 스킨 배경 상단에 배치해보겠습니다.

❶ 글쓰기

포토샵에서 만든 투명 이미지를 불러오기 위해 네이버 포털 사이트에 로그인하고, 로그인 창 하단에 있는 [블로그]를 클릭하고 [내 블로그]를 클릭합니다. 프로필 영역 아래에 있는 [글쓰기]를 클릭합니다.

❷ 투명 이미지 불러오기

블로그 쓰기 화면이 나타나면 제목에 '투명위젯 세로 600'을 입력하고 이미지를 불러오기 위해 사진 버튼을 클릭합니다. 업로드할 파일 선택 대화상자가 나타나면 '투명위젯세로600.png'를 선택하고 [열기] 버튼을 클릭합니다.

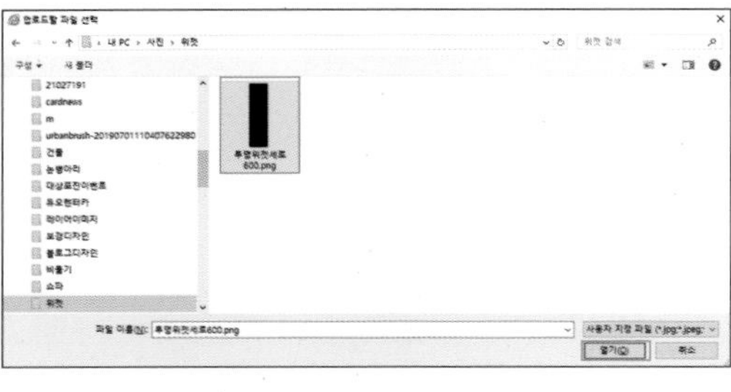

❸ 발행하기

오른쪽 상단에 있는 [발행] 버튼을 클릭합니다. 카테고리를 지정하고 공개 설정을 전체 공개로 지정하고 하단에 있는 [발행] 버튼을 클릭합니다. 투명 위젯 이미지의 경로를 확인하기 위해 투명 위젯 위에서 마우스 오른쪽 버튼을 누르고 팝업 메뉴에서 속성을 선택합니다. 속성 대화상자가 나타나면 주소(URL)에 있는 투명 위젯의 주소를 모두 드래그하고 Ctrl+C를 눌러 복사합니다.

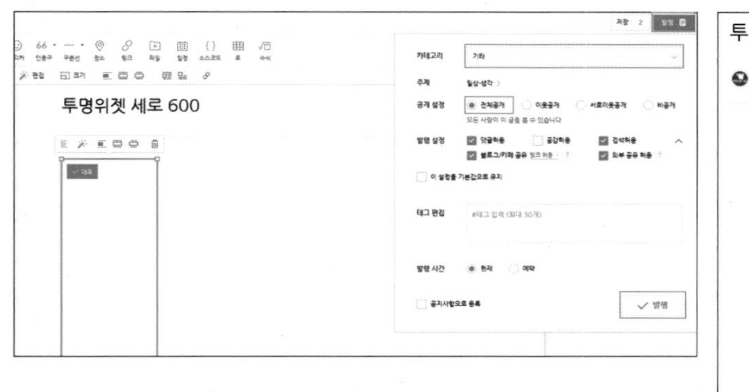

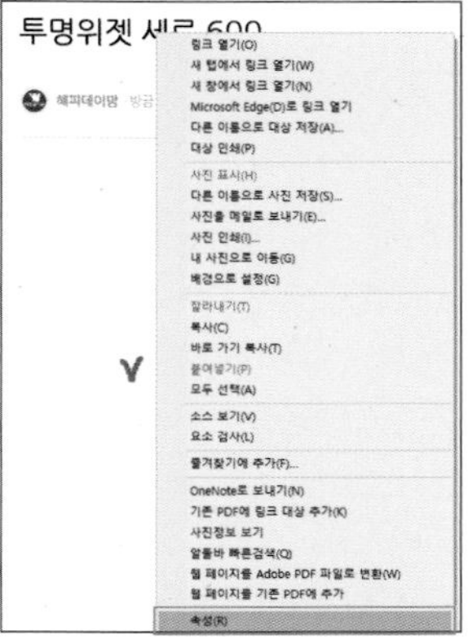

❹ 위젯 만들기

투명 위젯을 적용하기 위해 블로그 프로필 영역 아래에 있는 [관리]를 클릭합니다. 블로그 관리에서 꾸미기 설정을 선택하고 디자인 설정에 있는 [레이아웃 · 위젯 설정]을 클릭합니다. 위젯을 만들기 위해 레이아웃 · 위젯 설정 화면에서 [위젯직접등록] 버튼을 클릭합니다.

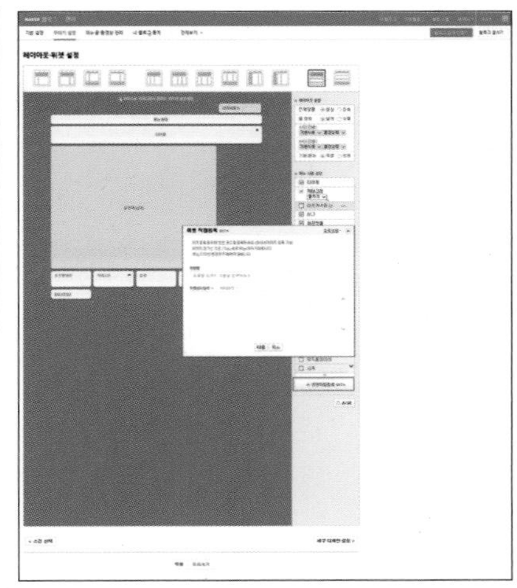

❺ HTML 소스 입력하기

위젯 직접등록 대화상자가 나타나면 위젯명에 'W1'을 입력합니다. 투명 이미지의 경로를 입력하기 위해 소스 코드를 입력합니다. 이미지를 불러오는 HTML 코딩 소스인 〈img src="를 입력하고 Ctrl+V를 눌러서 앞에서 복사한 주소를 붙여넣습니다. HTML 코딩을 종료하기 위해 /〉를 입력하고 [다음] 버튼을 누릅니다. 위젯 직접등록 미리보기 화면이 나타나면 [등록] 버튼을 클릭합니다. 웹 페이지 메시지 대화상자가 나타나면 [확인] 버튼을 누릅니다. 투명 이미지의 경로는 블로그 로그인 아이디에 따라 다를 수 있습니다.

HTML 소스

<img src="https://postfiles.pstatic.net/MjAyMDA2MDdfMjIg/MDAxNTkxNTEzMDgyMDMw.yMxC94hg-clE3Fz5AOFeG2yFqcMGFPoD5_5Ze0d8TeAg.rtQA7z7jdsbeJS8G1t6gXZVxT_pJ3x-WlLQtezZ1370g.PNG.ihappyday72/투명위젯세로600.png?type=w966" />

❻ 반영하기

투명 위젯 W1을 위 방향으로 드래그하여 타이틀 영역 아래로 이동합니다. 레이아웃 설정을 반영하기 위해 화면 아래에 있는 [적용] 버튼을 클릭합니다. '레이아웃을 블로그에 적용하시겠습니까?'라는 웹 페이지 메시지 대화상자가 나타나면 [확인] 버튼을 클릭합니다.

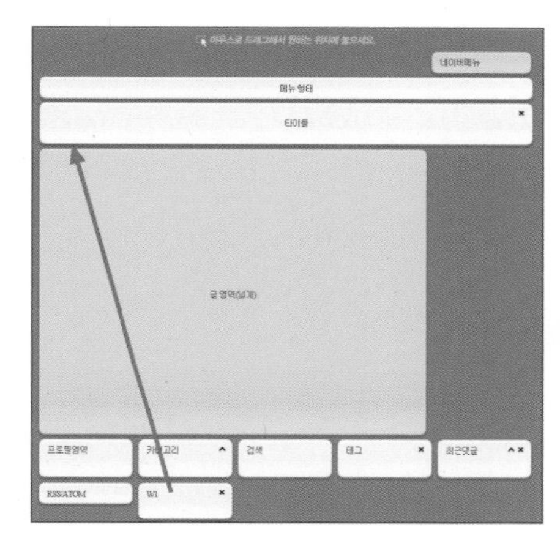

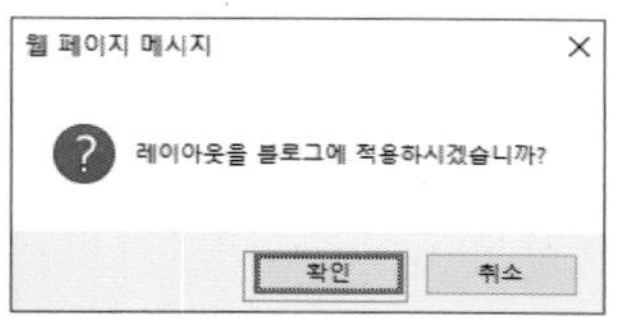

TIP 레이아웃

블로그 관리에서 꾸미기 설정의 레이아웃·위젯 설정에 있는 12개의 레이아웃 중에서 11번째에 해당하는 가로 확장형▤을 선택한 경우입니다.

❼ 경로 복사하기

카테고리 경로를 파악하기 위해 원하는 카테고리 명칭 위에서 마우스 오른쪽 버튼을 누르고 [새 창에서 열기]를 클릭합니다. 새 창이 열리면 주소창을 클릭하고 Ctrl+C를 눌러 복사합니다. 새 창은 닫습니다.

❽ 위젯 수정하기

위젯을 수정하기 위해 프로필 영역 아래에 있는 [관리]를 클릭합니다.

블로그 관리가 나타나면 디자인 설정에 있는 [레이아웃 · 위젯 설정]을 클릭합니다. 위젯 사용 설정에서 w1 위젯의 [EDIT]을 클릭합니다. 위젯 수정 창이 나타나면 ~=966" 뒤에 커서를 클릭하고 투명 이미지 맵의 이름을 지정하기 위해 usemap="#Map"을 추가합니다. Enter를 눌러 줄을 바꿉니다. 이미지 맵의 이름과 아이디를 지정하고 링크 영역의 모양, 좌표, 카테고리 경로 링크, 창 띄우기 소스를 입력합니다. 링크를 걸 수 있는 href=" 뒤에는 Ctrl+V를 눌러 앞에서 복사한 카테고리 경로를 붙여넣기합니다. 소스를 입력하고 [다음] 버튼을 클릭합니다. 미리보기가 나타나면 [수정] 버튼을 클릭합니다. '정상적으로 반영되었습니다.'라는 메시지가 나타나면 [확인] 버튼을 클릭합니다. 위젯을 반영하기 위해 [적용] 버튼을 클릭합니다. '레이아웃을 블로그에 적용하시겠습니까?'라는 메시지가 나타나면 [확인] 버튼을 클릭합니다.

HTML 소스

```
<map name="Map" id="Map">
<area shape="rect" coords="0,460,170,600" href="https://blog.naver.com/PostList.nhn?blogId=esjmy
c&from=postList&categoryNo=1&parentCategoryNo=1" target="_top" />
</map>
```

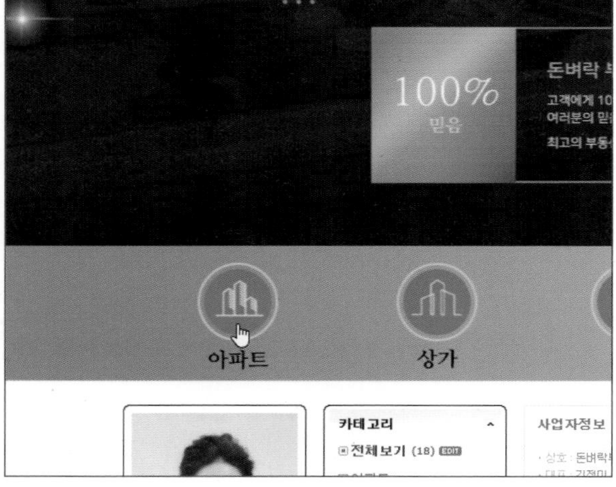

TIP map 영역(area)의 좌표(coords)는?

투명 위젯 이미지에 링크를 걸기 위해서는 영역(area)을 좌표로 지정해야 합니다. 이것을 coords라고 합니다. 다음 페이지의 빨간색 사각 테두리 영역이 블로그 배경 이미지 위에 배치된 위젯(투명이미지 포함) 영역입니다. 영역 전체에 링크가 걸리는 것이 아니고 하단의 교회소개 버튼 영역만큼 링크를 걸기 위해 coords를 설정해야 합니다.

■ coords의 0,490,170,550 의미

0은 시작점 즉, 왼쪽 상단 끝점을 의미하고, 490은 0에서 아래 방향으로 490픽셀만큼 내려온다는 것을 나타냅니다. 170은 가로 방향으로 170픽셀의 크기를 의미하고, 550은 0에서 아래 방향으로 550픽셀만큼 내려온다는 것을 나타냅니다.

투명 이미지가 포함된 위젯 영역

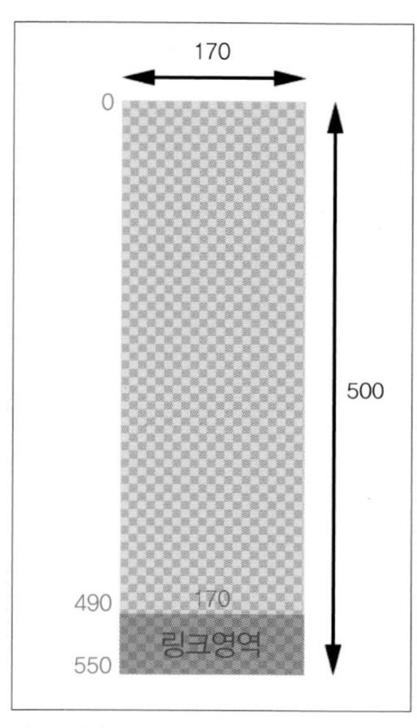

링크 영역

❾ 위젯 완성하기

같은 방법으로 w2, w3, w4, w5 위젯을 추가로 만들어 타이틀 영역 아래에 배치합니다.

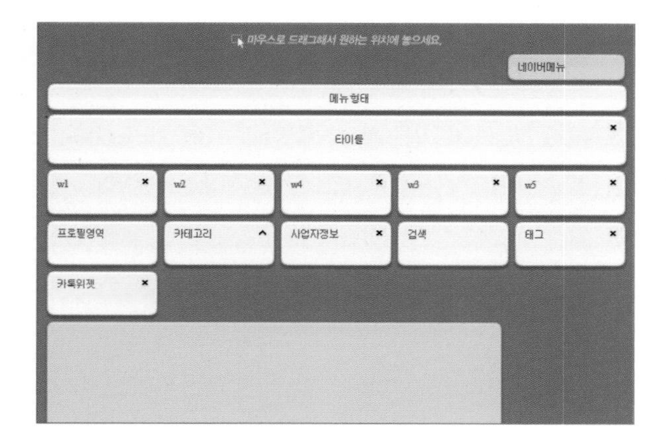

PART 02

교회 홈페이지형 블로그 만들기

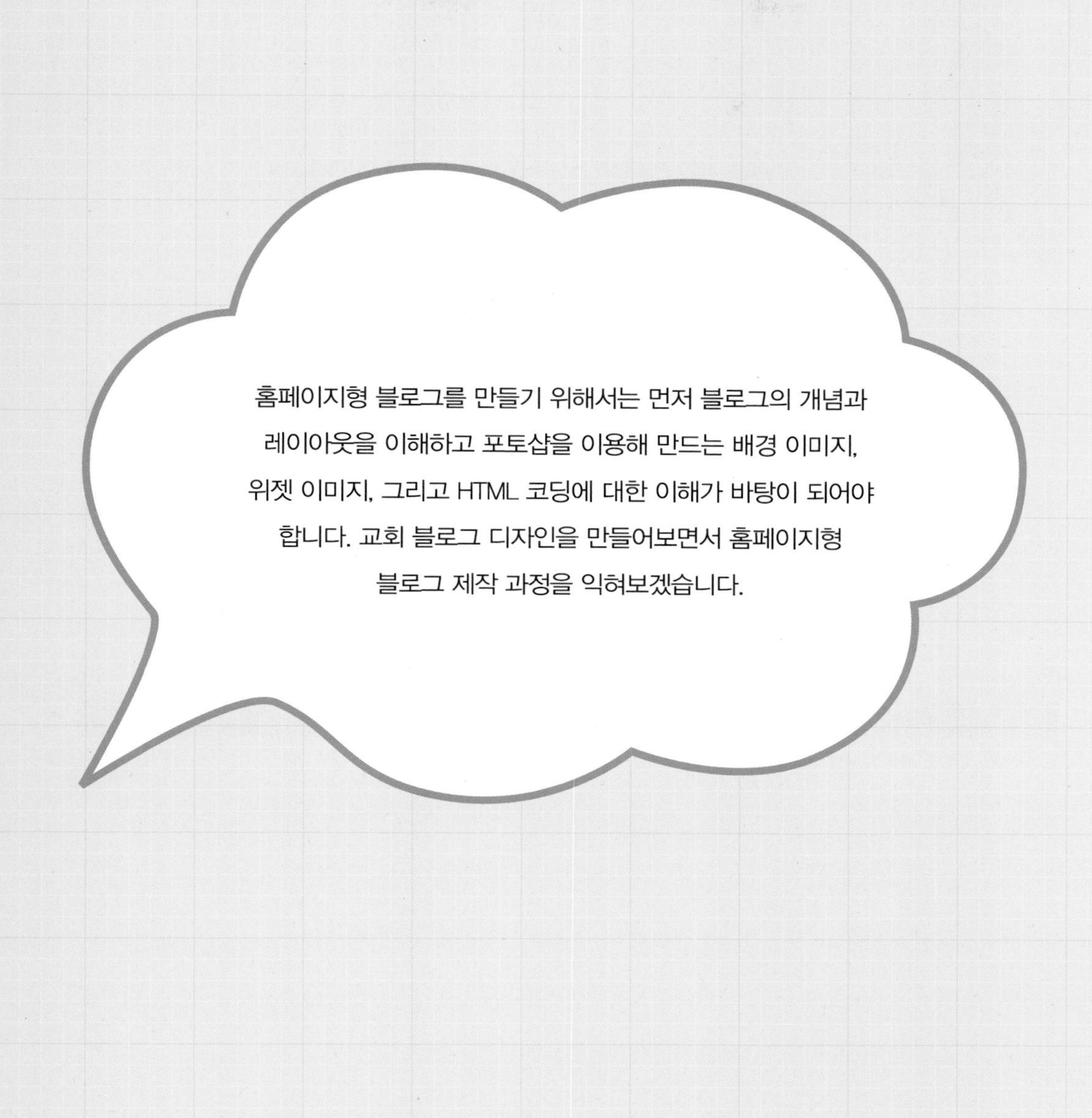
홈페이지형 블로그를 만들기 위해서는 먼저 블로그의 개념과
레이아웃을 이해하고 포토샵을 이용해 만드는 배경 이미지,
위젯 이미지, 그리고 HTML 코딩에 대한 이해가 바탕이 되어야
합니다. 교회 블로그 디자인을 만들어보면서 홈페이지형
블로그 제작 과정을 익혀보겠습니다.

Section 01

포토샵으로 배경 이미지 만들기

포토샵을 이용하여 홈페이지형 블로그에 사용할 배경 이미지를 만들어보겠습니다.
클라이언트가 요구하는 디자인 방향과 특성을 잘 파악하여 제작해야 합니다.

예제 파일 part02-1.psd 완성 파일 part02-1c.psd

완성된 홈페이지형 블로그 배경 이미지

1. 새로운 이미지 만들기

❶ 포토샵을 실행하고 'part02-1.psd'를 엽니다. 새로운 이미지를 만들기 위해 파일 메뉴에서 새로 만들기를 선택하거나 Ctrl+N을 누릅니다. ❷ 새로 만들기 문서 대화상자가 나타나면 폭에 966픽셀, 높이 750픽셀, 해상도 72픽셀/인치를 선택하고 [제작] 버튼을 누릅니다. ❸ 전경색으로 색을 채우기 위해 Alt+Delete를 누르고 이미지 전체를 선택하기 위해 Ctrl+A를 누른 후 복사하기 위해 Ctrl+C를 누른 다음 창을 닫기 위해 Ctrl+W를 누릅니다. 전경색이 어떤 색이든 관계없습니다.

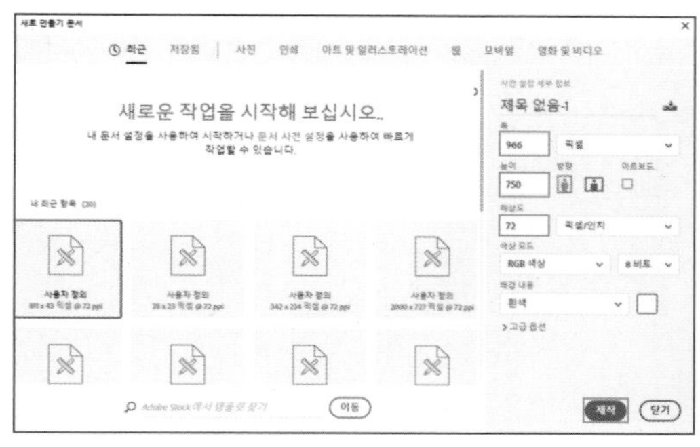

TIP 눈금자 단위 변경하기

눈금자의 단위를 변경하기 위해서는 눈금자 위에서 마우스 오른쪽 버튼을 누르고 원하는 단위를 선택합니다.

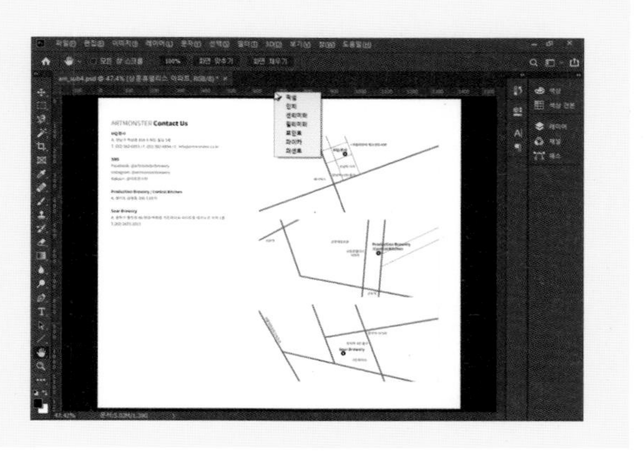

2. 안내선 만들기

❶ Adobe Photoshop 대화상자가 나타나면 [아니오(N)]를 선택합니다. 복사한 이미지를 붙여넣기 위해 Ctrl+V를 누릅니다. 레이어 팔레트에 레이어 1이 만들어진 것을 확인할 수 있습니다.
❷ 눈금자가 보이지 않는다면 Ctrl+R를 누르고 그림처럼 왼쪽 자에서 오른쪽으로 2번 드래그하여 붙여넣기한 이미지 좌측, 우측 경계에 안내선을 만들어줍니다. Delete를 눌러 레이어1을 삭제합니다.

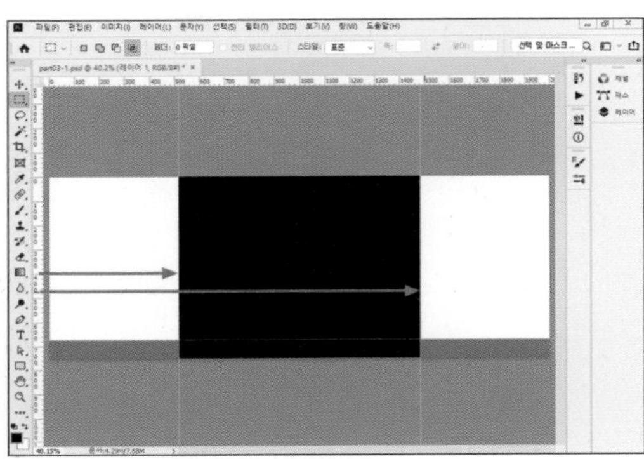

TIP 스냅 체크하기

레이어 경계선에 안내선을 정확하게 붙이기 위해서는 [보기] 메뉴에서 [스냅]을 체크하고, [스냅 옵션]에서 [안내선]과 [레이어]를 체크해야 합니다.

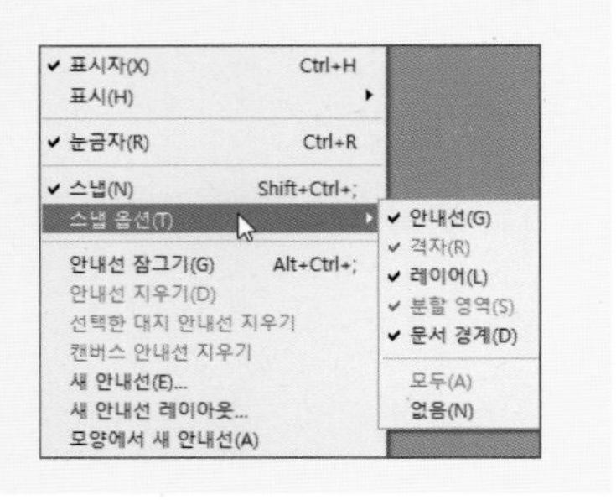

3. 하늘 이미지 삽입하기

❶ 교회 블로그 배경 이미지인 '하늘.jpg'를 엽니다. 이미지 전체를 선택하기 위해 Ctrl+A를 누르고 복사하기 위해 Ctrl+C를 누른 후 창을 닫기 위해 Ctrl+W를 누릅니다. ❷ 다시 작업하던 창이 나타나면 레이어 팔레트에서 배경 레이어를 선택하고 복사한 이미지를 붙여넣기 위해 Ctrl+V를 누릅니다. 레이어 팔레트에 레이어 1이 만들어진 것을 확인할 수 있습니다. 도구상자에 있는 이동 도구V를 선택합니다. 하늘을 위 방향으로 이동하여 흰 여백이 보이지 않게 합니다.

TIP

안내선 지우기

안내선을 한꺼번에 지우기 위해서는 [보기] 메뉴에서 [안내선 지우기]를 선택합니다. 안내선을 한 개씩 지우기 위해서는 이동 도구V를 선택하고 안내선을 클릭한 후 눈금자까지 드래그합니다.

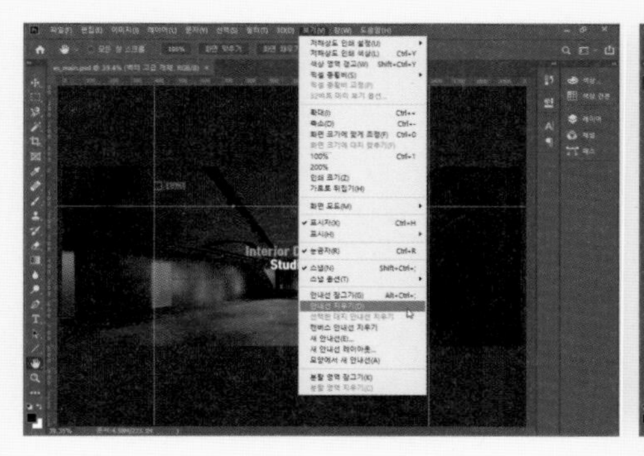

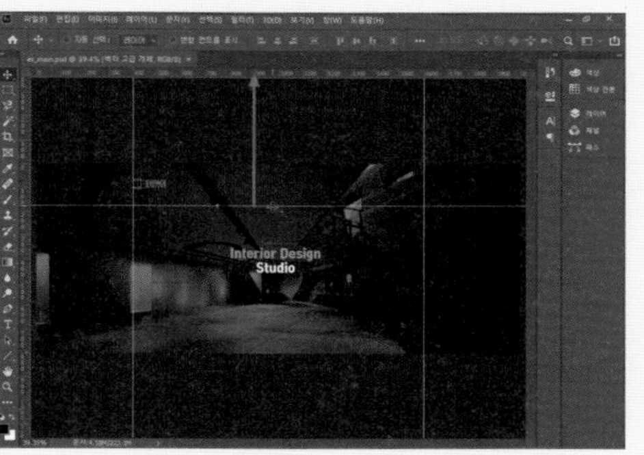

4. 건물 불러오기

❶ 레이어 팔레트에서 [레이어 1]의 이름을 더블클릭하고 '하늘'로 변경합니다. 포토샵 작업을 하다 보면 레이어가 많이 만들어지는데, 각각의 레이어 성격에 맞는 이름을 붙여야 나중에 혼동하지 않습니다. ❷ '교회건물.psd'를 열고 레이어 팔레트에서 [건물누끼] 레이어를 선택합니다. Ctrl+A를 눌러 이미지 전체를 선택한 후 Ctrl+C를 눌러 복사합니다. Ctrl+W를 눌러서 창을 닫습니다.

5. 크기 조절하기

❶ 다시 작업하던 창이 나타나면 복사한 교회건물 이미지를 붙여넣기 위해 Ctrl+V를 누릅니다. 크기와 위치를 조절하기 위해 Ctrl+T를 누르고 그림처럼 크기와 위치를 맞춘 후 조절 틀 내부를 더블클릭합니다. ❷ 레이어 팔레트에서 레이어 1 이름을 더블클릭하고 교회건물로 이름을 변경합니다.

6. 레이어 마스크 추가하기

❶ 하늘과 건물을 부드럽게 합성하기 위해 레이어 팔레트에서 레이어 마스크를 추가합니다 버튼을 클릭합니다. ❷ 도구상자의 전경색과 배경색을 초기화하기 위해 D를 누르고 도구상자에서 그레이디언트 G를 선택한 후 상부 옵션에 있는 그레이디언트 편집 을 클릭합니다. 전경색, 배경색을 초기화하기 위해 D를 누를 때 언어를 영문으로 지정해야 합니다.

7. 자연스럽게 합성하기

❶ 그레이디언트 편집기 대화상자가 나타나면 사전 설정에 있는 2번째 그레이디언트를 선택하고 [확인] 버튼을 누릅니다. ❷ 아래에서 위 방향으로 드래그하여 건물과 하늘을 자연스럽게 합성합니다.

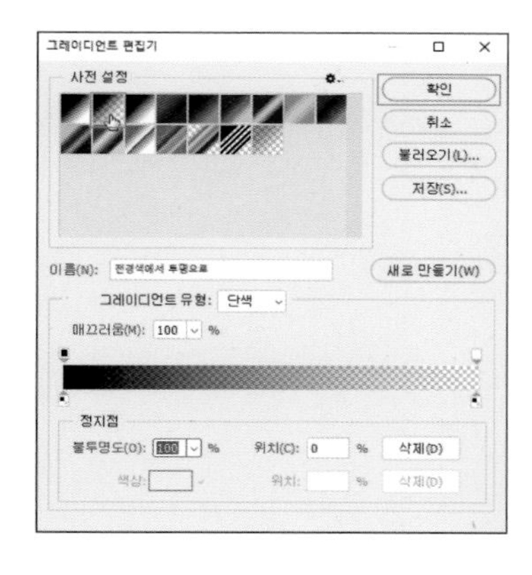

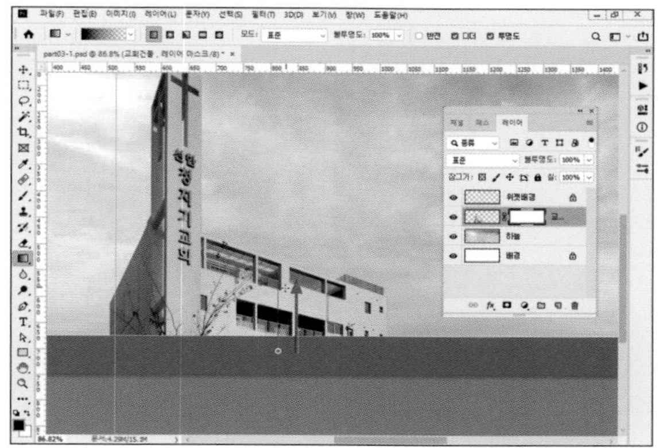

8. 저장하기

❶ '손글씨.psd'를 엽니다. Ctrl+A를 눌러 이미지 전체를 선택한 후 Ctrl+C를 눌러 복사합니다. Ctrl+W를 눌러서 창을 닫습니다. ❷ 다시 작업하던 창이 나타나면 Ctrl+V를 눌러서 복사한 이미지를 붙여넣기한 후 이동 도구V를 이용하여 그림과 같이 배치합니다. 레이어 이름을 '캘리그라피'로 변경합니다.

TIP

펜 태블릿 캘리그라피 만들기

포토샵에서 손글씨를 좀 더 자연스럽게 쓰기 위해서는 태블릿을 사용하면 좋습니다. 펜을 이용하여 글씨를 쓰기 때문에 선의 굵기와 압력을 자연스럽게 만들 수 있습니다.
필자가 사용하는 펜 태블릿은 Wacom Intuos Swith Bluetooth입니다.

필자가 사용하는 펜 태블릿

TIP

최근 캘리그라피 작품

최근 필자가 작업한 숯불갈비 무한리필 프랜차이즈 본사 매장의 로고와 슬로건들입니다.

캘리그라피 로고

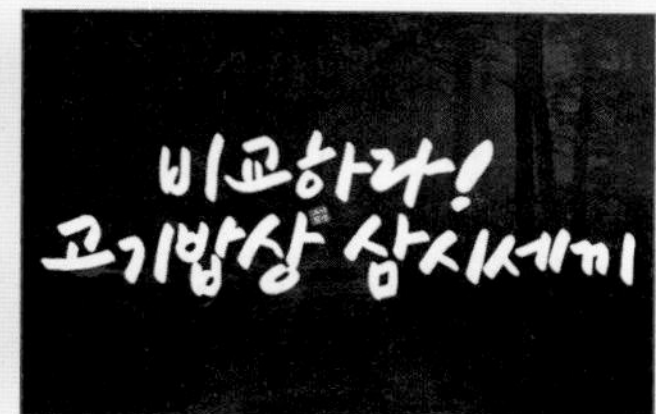

매장 내부 벽면 슬로건

매장 내부 벽면 슬로건

직원 단체복 슬로건

9. 문자 입력하기

❶ 도구상자에서 수평 문자 도구(T) T를 선택하고 '내아버지의 뜻대로'라는 문구의 윗부분을 클릭한 후 '마태복음 7:21'을 입력한 다음 [확인] 버튼을 클릭합니다. 글꼴과 크기는 적당히 맞춥니다. ❷ 다시 한 번 나머지 문구를 입력하고 문자를 모두 드래그하여 선택한 후 상부에 있는 텍스트 오른쪽 정렬 ☰을 클릭합니다.

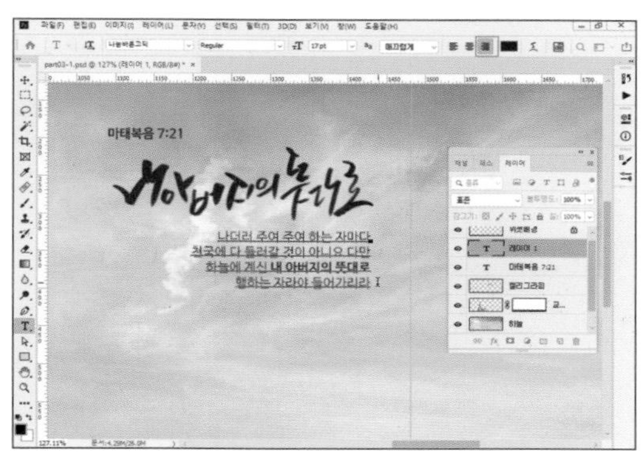

10. 도장 가져오기

❶ [파일] 메뉴에서 [포함 가져오기]를 선택하고 sample 폴더에 있는 '도장.psd'를 선택한 후 [가져오기] 버튼을 클릭합니다. 그림처럼 도장을 이동하고 상부에 있는 [확인] 버튼을 클릭합니다. ❷ 새로운 레이어를 만들기 위해 Ctrl+Shift+N을 누르고 새 레이어 대화상자가 나타나면 이름에 '세로'를 입력한 후 [확인] 버튼을 클릭합니다.

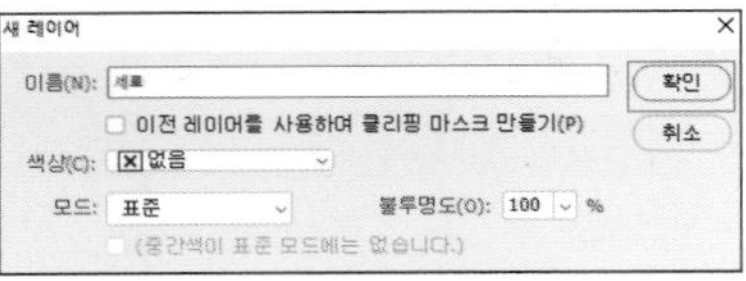

11. 선택하기

❶ 도구상자에서 단일 열 선택 윤곽도구[]를 선택하고 왼쪽 수직 안내선을 클릭합니다. ❷ 다시 사각형 선택 윤곽 도구 M []를 선택하고 상부 선택 옵션에서 선택 영역과 교차[]를 클릭하고 그림처럼 사각형을 만들어줍니다. 세로 영역과 사각 영역이 교차되는 부분만 선택됩니다. 배경색으로 채우기 위해 Ctrl+Delete를 누르고 Ctrl+D를 눌러 선택을 해제합니다.

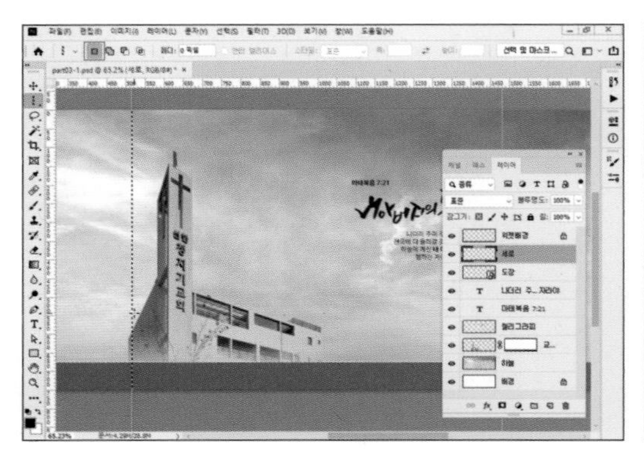

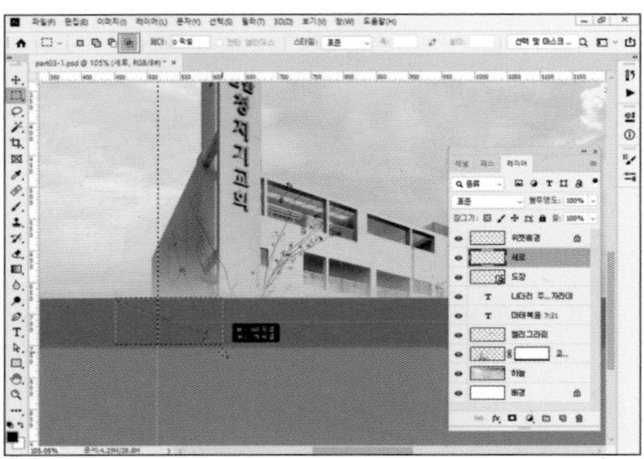

12. 세로 선 복사하기

❶ 세로 레이어를 맨 위로 올리기 위해 Ctrl+Shift+]를 누릅니다. ❷ 세로 선을 복사하기 위해 이동 도구V 를 선택하고 Alt를 누른 채 오른쪽으로 이동합니다.

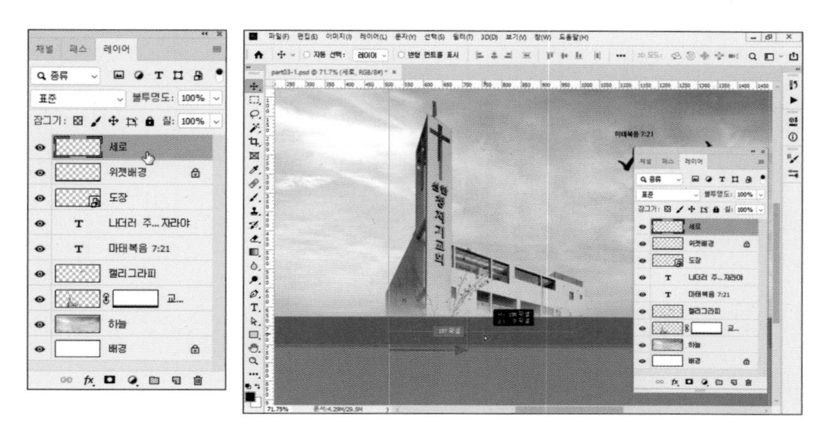

13. 복사하기

❶ 다시 한 번 Alt를 누르고 오른쪽 방향으로 4번 더 드래그합니다. 맨 마지막 세로 선은 오른쪽 수직 안내선에 배치합니다. ❷ 레이어를 다중 선택하기 위해 Shift를 누르고 레이어 팔레트에 있는 [세로] 레이어를 클릭합니다.

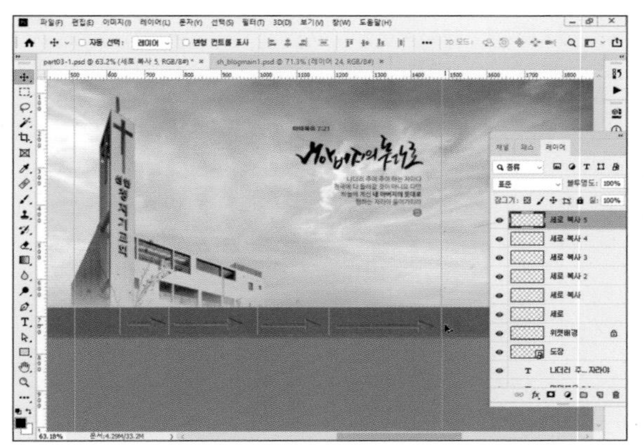

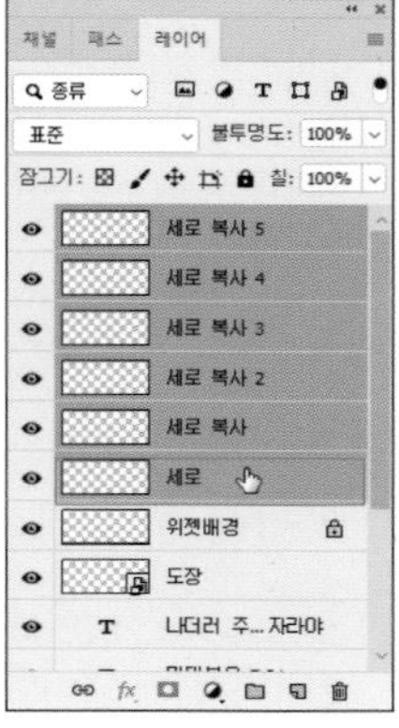

14. 간격 맞추기

❶ 선택된 객체의 간격을 동일하게 하기 위해 상부 옵션에 있는 가로로 분포[Ⅱ]를 클릭합니다.
❷ 선택된 레이어를 병합하기 위해 Ctrl+E를 누르고 불투명도를 50%로 설정합니다.

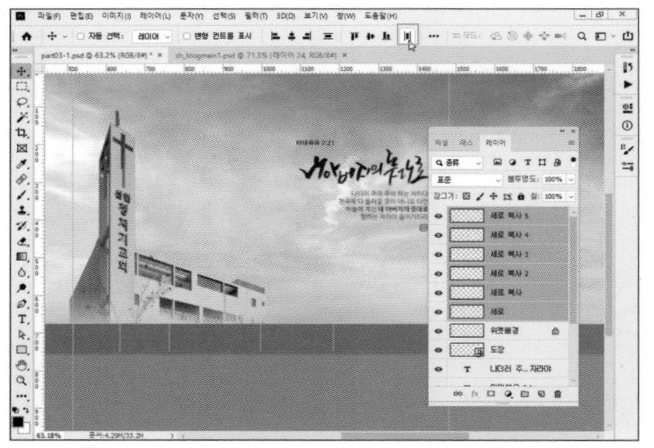

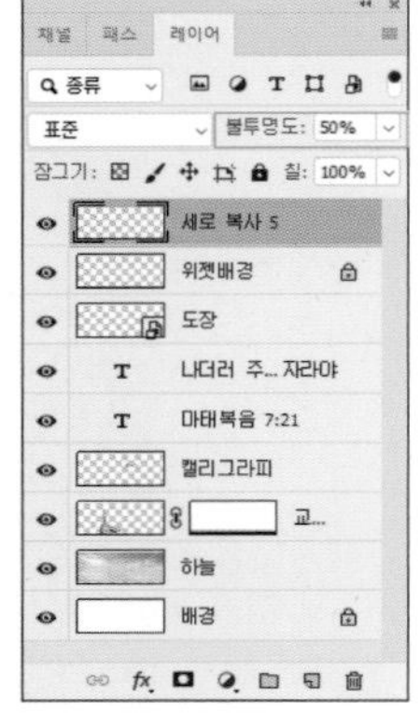

15. 버튼 문자 만들기

❶ 문자를 입력하기 위해 수평 문자 도구(T)[T]를 선택하고 파란색 바탕을 클릭한 후 '교회소개'를 입력한 다음 상부 옵션에 있는 [확인] 버튼을 누릅니다. ❷ 같은 방법으로 '우리소식', '교회영상', '커뮤니티', '선한청지기교회'를 입력합니다.

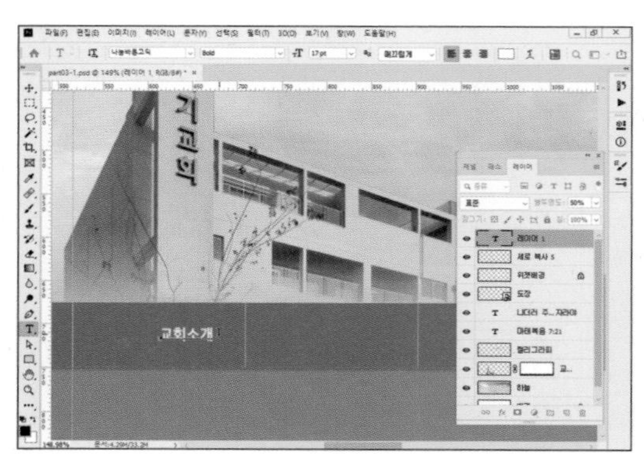

16. 메뉴 아이콘 삽입하기

❶ 메뉴에 있는 아이콘을 삽입하기 위해 [파일] 메뉴에서 [포함 가져오기]를 선택합니다. 포함 가져오기 대화상자가 나타나면 sample 폴더에 있는 '메뉴아이콘.psd'를 선택하고 [가져오기] 버튼을 누릅니다. 아이콘을 메뉴 이름 왼쪽에 배치하고 Enter를 누릅니다. ❷ 같은 방법으로 홈페이지 바로가기 배너인 '웹버튼.psd'를 삽입하고 그림처럼 배치합니다.

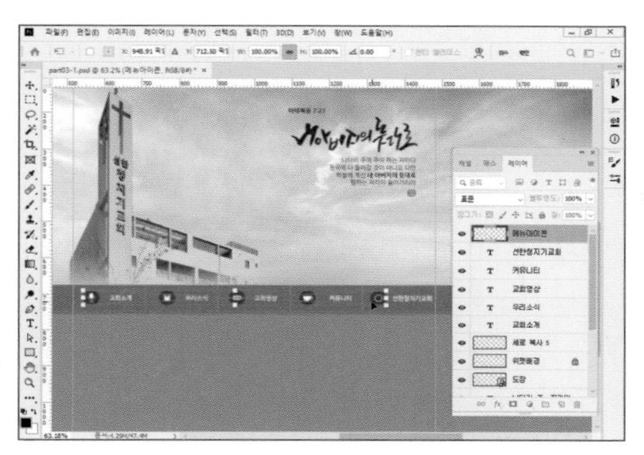

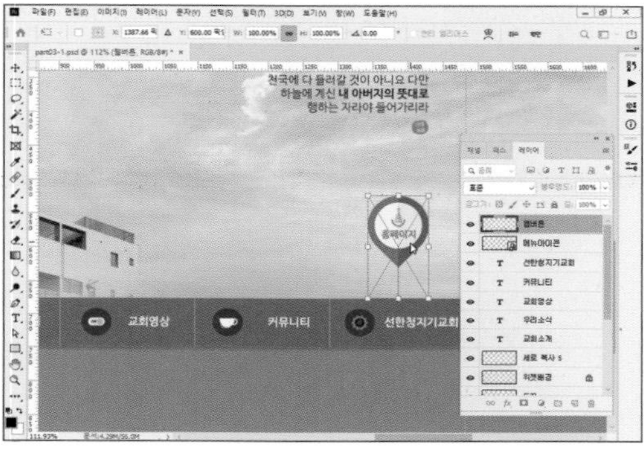

17. 저장하기

❶ 배경 이미지를 저장하기 위해 [파일] 메뉴에서 [내보내기]를 선택하고 [웹용으로 저장(레거시)]를 선택합니다. [사전 설정]에 있는 JPEG를 선택하고 최대값을 지정한 후 [저장] 버튼을 누릅니다. ❷ 최적화 다른 이름으로 저장 대화상자가 나타나면 파일 이름에 '교회블로그배경'을 입력하고 [저장] 버튼을 누릅니다. 블로그 배경 이미지 제작이 완료되었습니다. 이어서 블로그에 적용시켜보겠습니다.

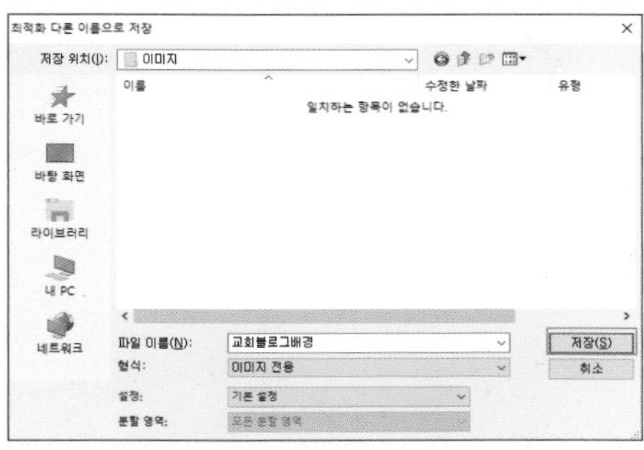

Section
02 배경 이미지 블로그에 적용하기

포토샵으로 제작한 블로그 배경 이미지를 실제 블로그에 적용시켜보겠습니다. 블로그에서 제공하는 메뉴와 겹치지 않고 프로필 영역과 타이틀 영역, 카테고리 위젯도 고려하여 적용해야 합니다.

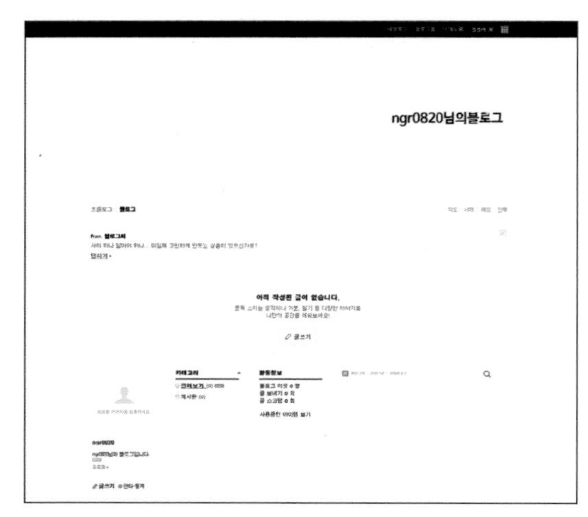

블로그 기본 디자인

블로그에 배경 이미지를 적용한 디자인

1. 프로필 만들기

❶ 인터넷 익스플로러를 실행하고 네이버에 로그인한 후 로그아웃 하단에 있는 [블로그]를 클릭한 다음 [내 블로그]를 클릭합니다. 익스플로러 브라우저를 이용하는 이유는 소스 코드를 복사하기가 쉽고 화면 캡처가 수월하기 때문입니다. ❷ 새로 만든 아이디인 관계로 아주 기본적인 내용만 블로그에 나타납니다. ❸ 우선 프로필 사진을 변경하기 위해 프로필 영역의 [EDIT] 버튼을 클릭합니다.

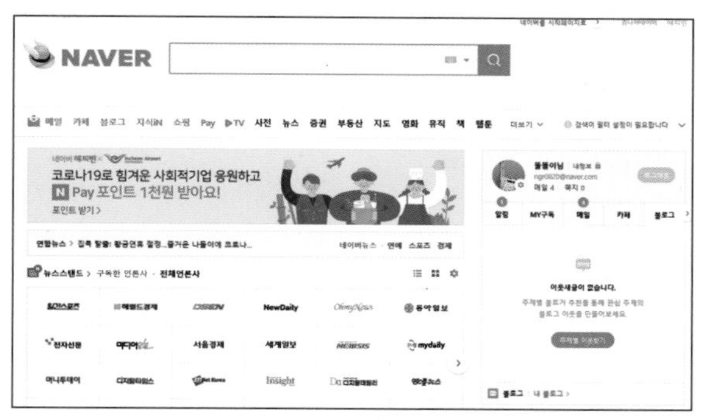

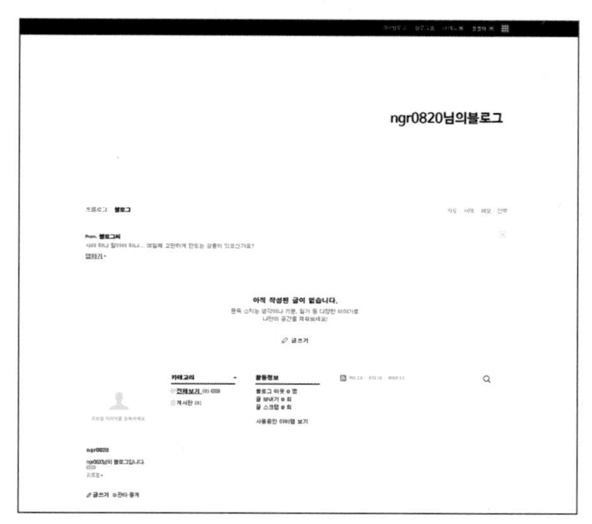

TIP

블로그 디자인

블로그는 네이버, 다음 등 국내 포털사이트의 계정을 가지고 있으면 기본적으로 제공되는 나만의 공간입니다. 이러한 나만의 공간을 블로그 콘텐츠의 성격과 특성에 맞게 디자인을 변경하려면 포토샵, HTML 코딩, 위젯에 대한 이해가 바탕이 되어야 합니다.

필자의 블로그 상단 배경 이미지

2. 블로그 정보 및 이미지 첨부하기

❶ 블로그명, 별명, 소개글, 내 블로그 주제를 입력합니다. 검색 노출에 중요한 역할을 담당하므로 신중하게 입력해야 합니다. ❷ 블로그 프로필 이미지의 [등록] 버튼을 클릭합니다. 이미지 첨부 창이 나타나면 이미지를 찾기 위해 [찾아보기] 버튼을 클릭합니다.

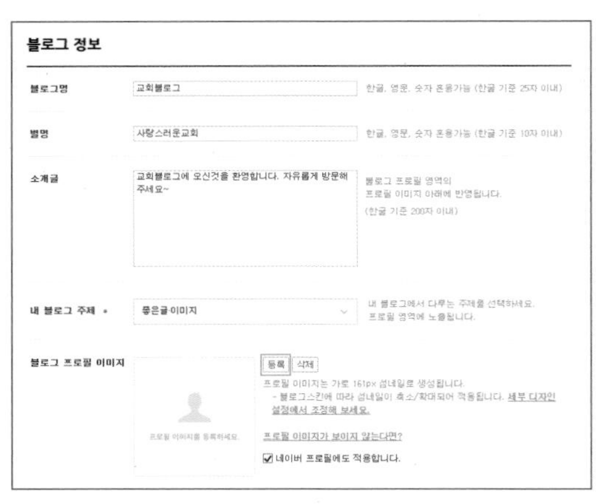

3. 프로필 삽입하기

❶ 업로드할 파일 선택 대화상자가 나타나면 sample 폴더에 있는 '프로필.jpg'을 선택하고 [열기] 버튼을 클릭합니다. ❷ 다시 이미지 첨부 창이 나타나면 [확인] 버튼을 클릭합니다.

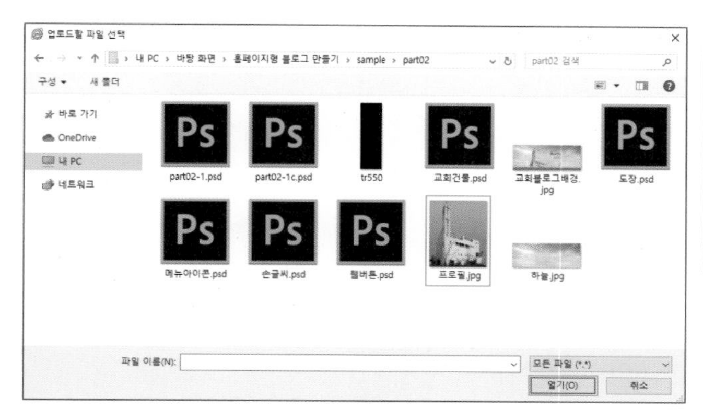

4. 내 블로그 가기

❶ 최종적으로 프로필을 수정하기 위해 [확인] 버튼을 클릭합니다. ❷ 화면의 우측 상단에 있는 [내 블로그]를 클릭합니다.

TIP 블로그 스킨이란?

블로그 스킨이란 블로그의 전체 레이아웃을 의미하며 네이버, 다음 포털 사이트에서 블로그 스킨을 제공하고 있습니다.

5. 관리 접속하기

❶ 블로그 전체 화면을 보면 프로필 이미지가 변경된 것을 확인할 수 있습니다. ❷ 스킨을 변경하기 위해 프로필 영역에서 [관리] 버튼을 클릭합니다.

TIP 홈페이지형 블로그

기본적으로 국내 포털 사이트에서 블로그 전체 레이아웃, 즉 스킨을 제공하고 있지만 업체, 콘텐츠의 성격에 맞게 디자인을 하는 변경하는 경우가 많습니다. 요즘에는 홈페이지처럼 블로그를 디자인하는 홈페이지형 블로그가 유행하고 있습니다.

지리 선생님 홈페이지형 블로그

6. 스킨 선택하기

❶ 블로그 스킨을 변경하기 위해 블로그 관리의 꾸미기 설정을 선택하고 [스킨 선택]을 클릭합니다. ❷ 스킨 선택에서 5번 페이지를 클릭하여 눈사람 스킨을 선택한 후 [스킨 적용] 버튼을 누릅니다. 눈사람 스킨이 없다면 다른 스킨을 선택해도 됩니다.

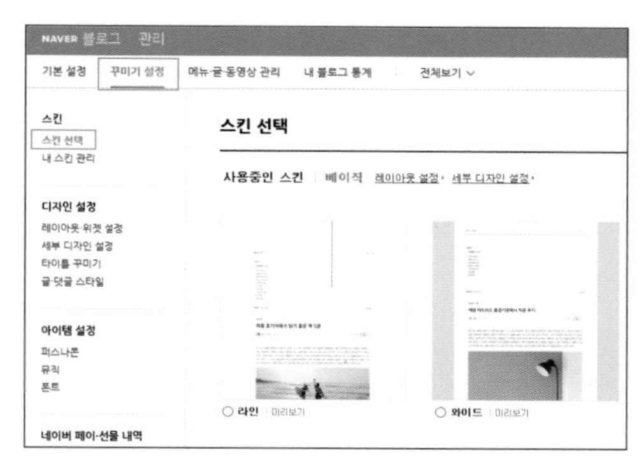

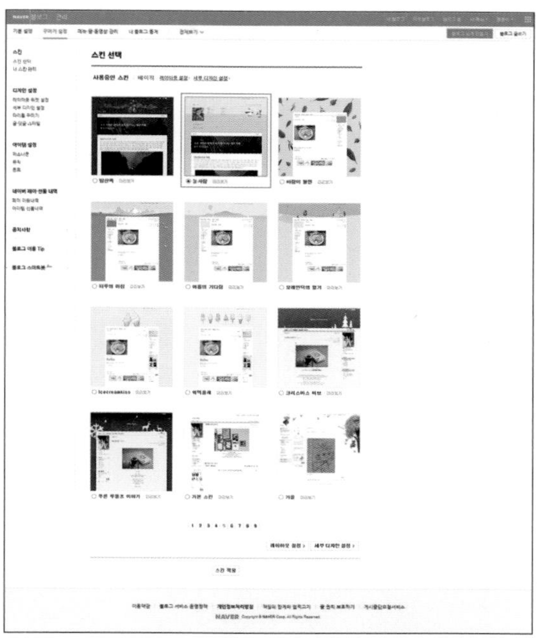

TIP 블로그 스킨

포털 사이트에서 제공하는 블로그 스킨은 수시로 업데이트가 되기 때문에 스킨 이름과 배열 순서는 매번 달라질 수 있습니다.

TIP 눈사람 스킨이 없을 경우

눈사람 스킨을 선택한 것은 배경 이미지 위에 투명 이미지를 배치하여 링크를 걸기 위해서입니다. 눈사람 스킨이 없다면 다른 스킨을 지정하고 반드시 레이아웃 · 위젯 설정에서 가로로 확장된 레이아웃 을 지정해야 합니다.

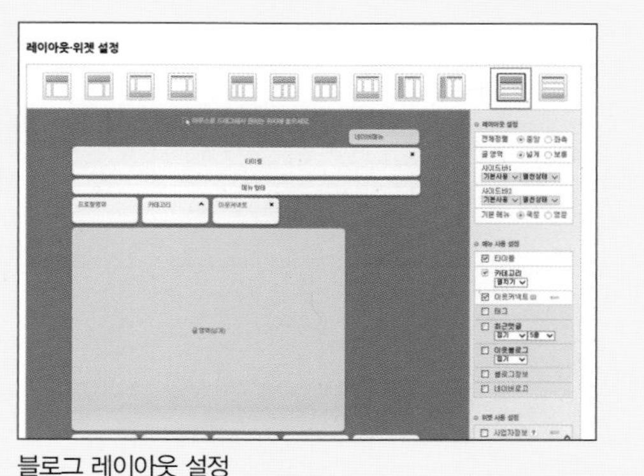

블로그 레이아웃 설정

7. 스킨 적용하기

❶ 웹 페이지 메시지 대화상자가 나타나면 [확인] 버튼을 클릭합니다. ❷ 이번에는 레이아웃을 변경하기 위해 다시 한 번 프로필 영역 아래에 있는 [관리]를 클릭합니다.

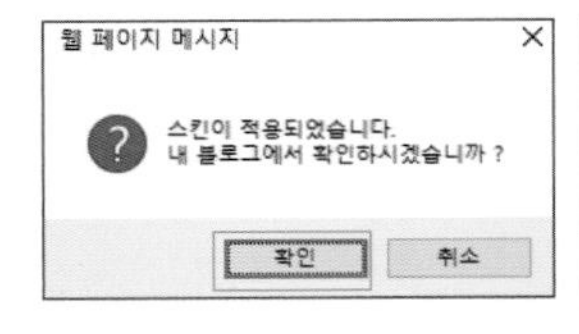

8. 타이틀 설정하기

❶ 블로그 관리의 꾸미기 설정에서 [스킨 선택]을 클릭합니다. ❷ 레이아웃 위젯 설정 대화상자가 나타나면 오른쪽 메뉴 사용 설정에서 타이틀에 체크합니다. 프로필 영역 위젯을 아래 방향으로 드래그합니다.

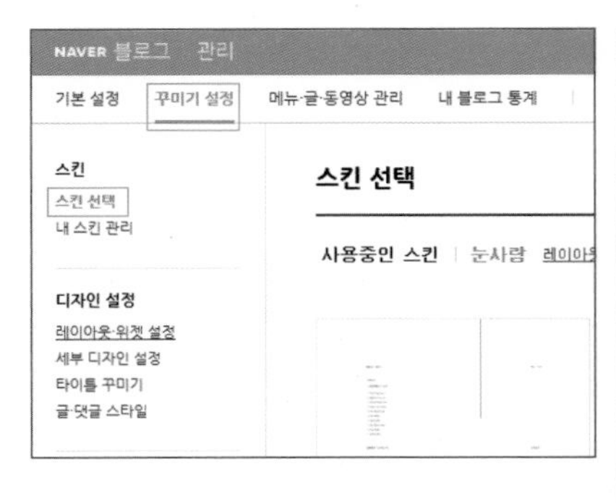

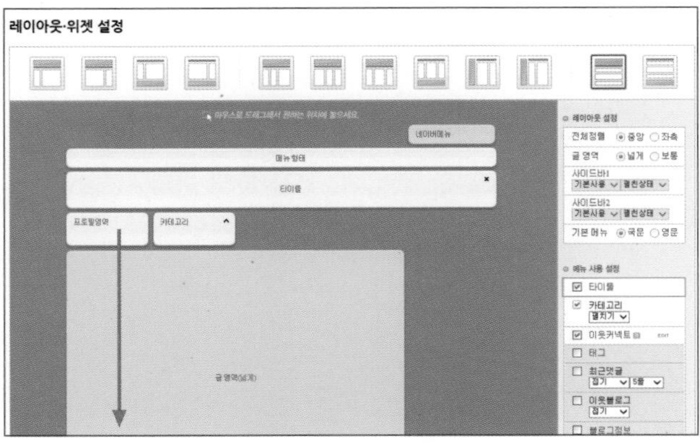

9. 위젯 이동하기

❶ 프로필 영역 위젯을 글 영역 아래로 이동합니다. ❷ 카테고리 위젯도 글 영역 아래로 이동합니다.

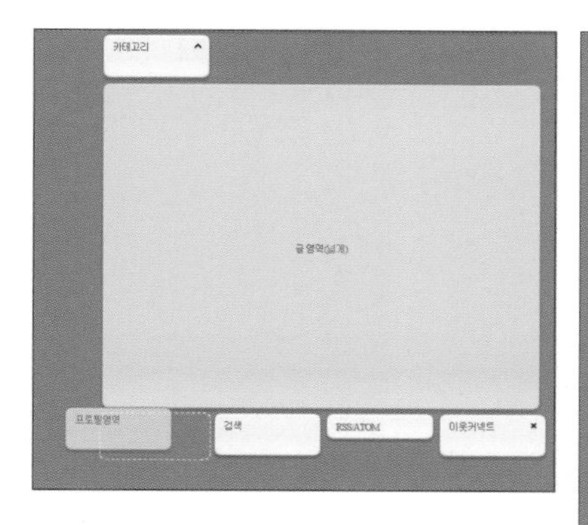

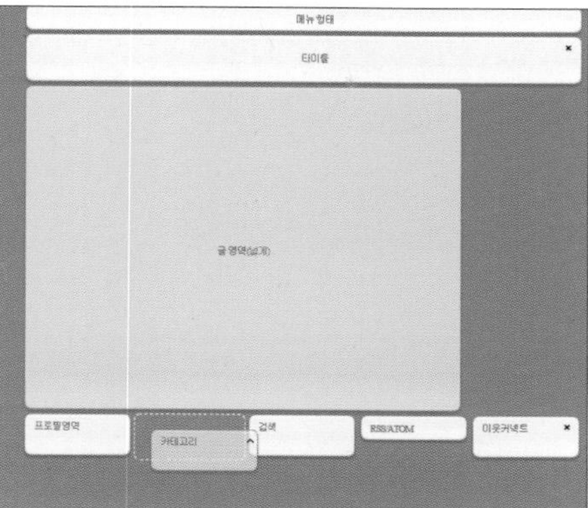

TIP

위젯이란?

블로그에 사용되는 위젯이란 카테고리, 프로필, 검색, 날씨, 환율, 명언, 방문자 그래프 등을 배너 형태로 만든 것입니다. 위젯 사용 설정에서 원하는 위젯을 체크하면 됩니다. 물론 새롭게 위젯을 만들어 추가할 수 있습니다. 위젯을 만들고 등록하는 방법을 어렵게 생각하는 블로거들이 많으니 이 책을 통해 위젯을 만드는 방법, 코딩하는 방법, 등록하는 방법을 확실하게 익히기 바랍니다.

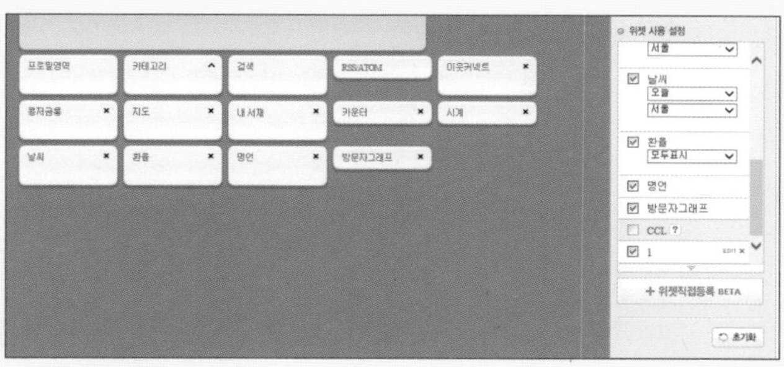

블로그 위젯 설정

10. 적용하기

❶ 화면 아래에 있는 [적용] 버튼을 클릭합니다. ❷ 웹 페이지 메시지 대화상자가 나타나면 [확인] 버튼을 클릭합니다.

11. 세부 디자인 설정하기

❶ 블로그의 세부 디자인을 변경하기 위해 프로필 영역 아래에 있는 [관리]를 클릭합니다. ❷ 블로그 관리에서 꾸미기 설정에서 [세부 디자인 설정]을 클릭합니다.

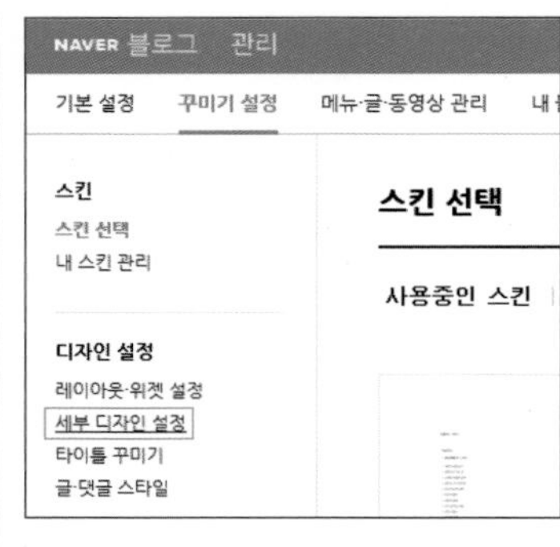

12. 배경색 지정하기

❶ 리모콘 대화상자가 나타나면 스킨 배경을 선택하고 디자인의 컬러를 흰색으로 지정합니다. ❷ 배경 이미지를 지정하기 위해 [직접등록]을 클릭하고 상단 영역의 [파일 등록]을 클릭합니다.

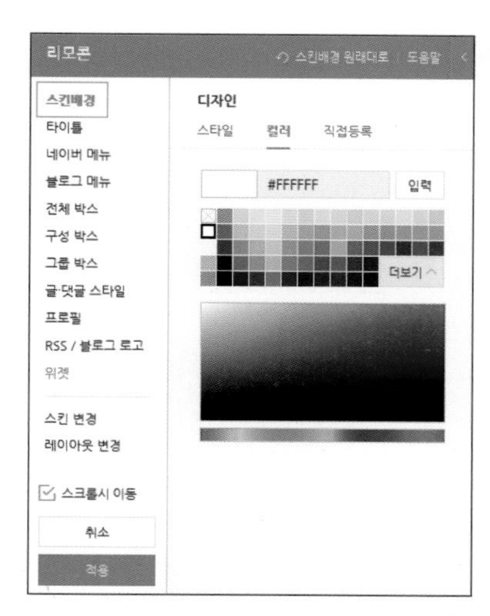

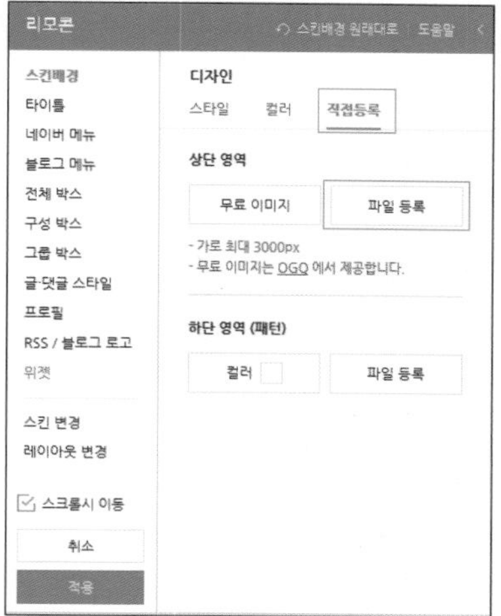

13. 파일 선택하기

❶ 업로드할 파일 선택 대화상자가 나타나면 sample 폴더에 있는 '교회블로그배경.jpg'를 선택하고 [열기] 버튼을 클릭합니다. ❷ 네이버 메뉴의 컬러를 변경하기 위해 네이버 메뉴를 클릭하고 첫 번째 디자인 유형을 선택합니다.

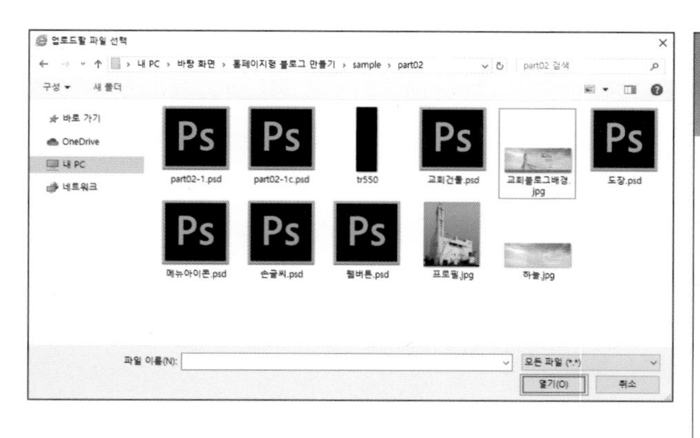

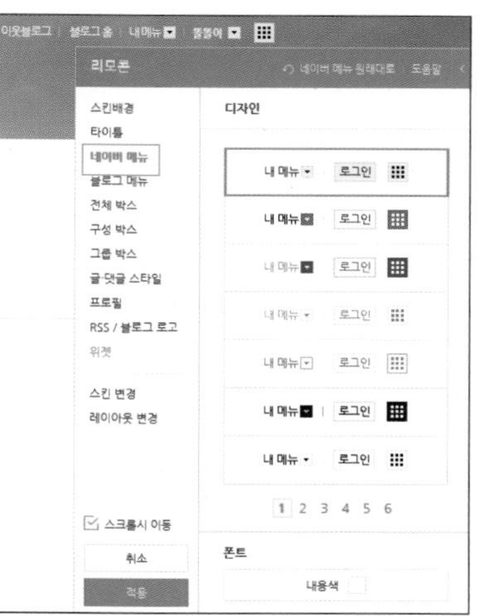

14. 세부 디자인 적용하기

❶ 이번에는 블로그 메뉴를 선택합니다. ❷ 폰트의 기본색을 검은색, 강조색을 노란색으로 지정하고 [적용] 버튼을 클릭합니다. 세부 디자인 적용 창이 나타나면 [적용] 버튼을 클릭합니다. 컬러는 배경 이미지의 컬러를 고려하여 지정해야 합니다.

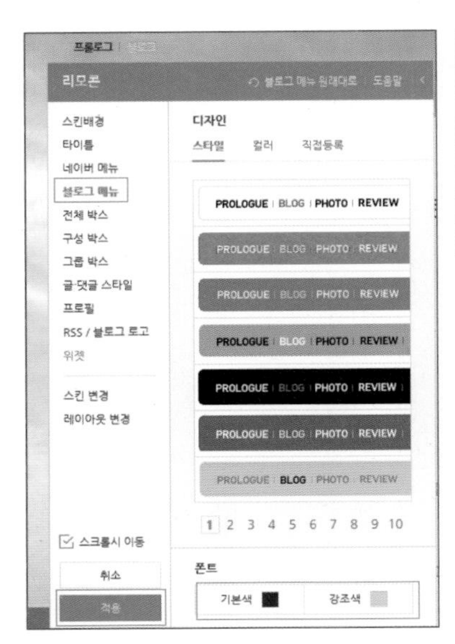

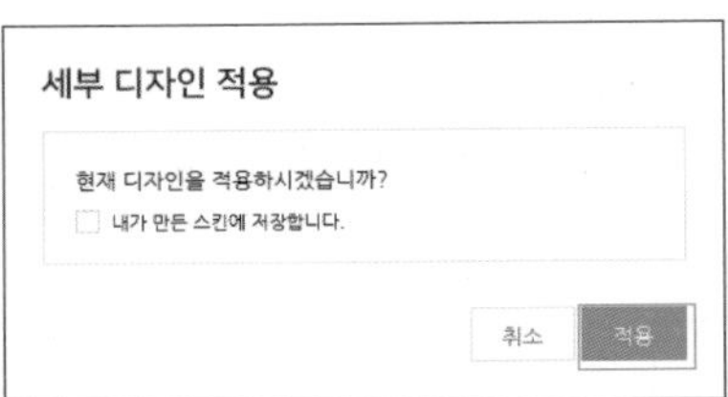

TIP 투명도 지정

투명도를 유지한 상태로 이미지를 저장하기 위해서는 내보내기 메뉴에서 [웹용으로 저장]을 사용해야 합니다. 투명도가 인식되는 파일 포맷은 PNG입니다. PNG-24를 선택하고 반드시 투명도를 체크해야만 투명도가 유지된 이미지를 만들 수 있습니다.

15. 투명 위젯 만들기

❶ 블로그 화면에서 프로필 영역, 카테고리 영역 등이 배경 이미지 위에 배치된 것을 확인할 수 있습니다. 투명 위젯을 만들어서 타이틀 영역 아래에 적용시킨 후 아래로 이동시켜야 합니다. ❷ 투명 위젯을 만들기 위해 포토샵을 실행하고 [파일] 메뉴에서 [새로 만들기]를 선택합니다. 새로 만들기 문서 대화상자가 나타나면 폭 170픽셀, 세로 550, 해상도 72픽셀/인치를 선택합니다. 배경 내용을 투명으로 지정하고 [제작] 버튼을 누릅니다.

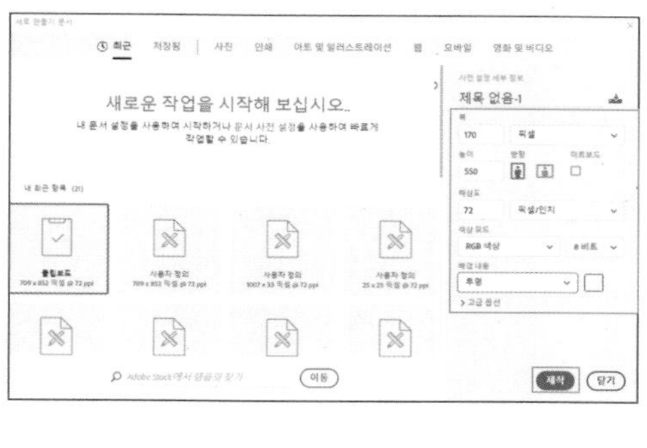

16. 투명 위젯 저장하기

❶ 투명 위젯이 만들어졌습니다. ❷ [파일] 메뉴에서 [내보내기]를 선택하고 [웹용으로 저장(레거시)]을 선택합니다. 사전 설정에서 PNG-24를 지정한 후 투명도를 체크한 다음 [저장] 버튼을 클릭합니다.

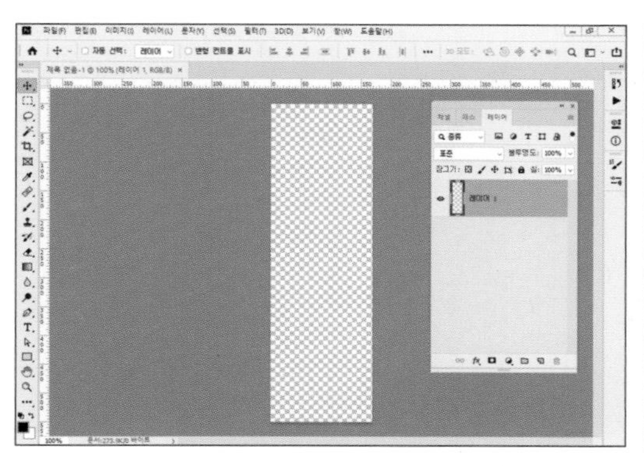

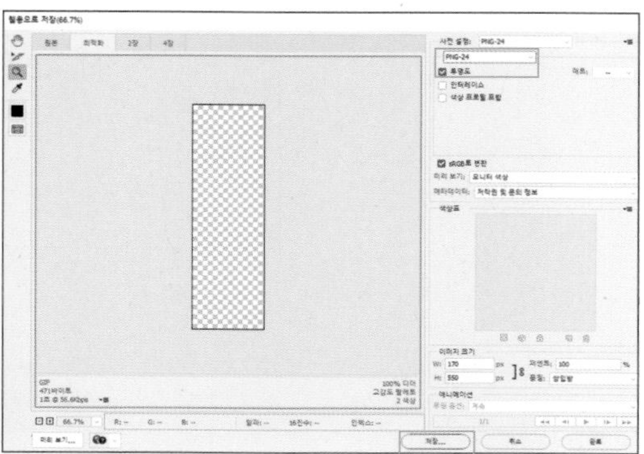

17. 경로 지정하기

❶ 최적화 다른 이름으로 저장 대화상자가 나타나면 경로를 지정하고 파일 이름에 'tr550'을 입력한 후 [저장] 버튼을 클릭합니다. ❷ Adobe 웹용으로 저장 경고 대화상자가 나타나면 [확인] 버튼을 클릭합니다.

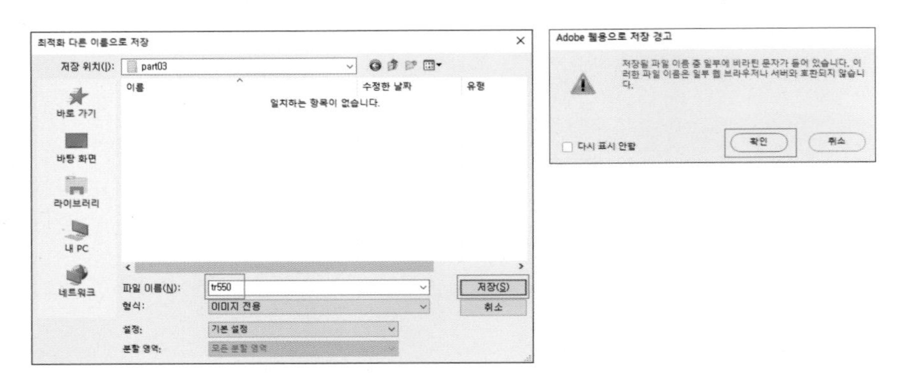

18. 투명 이미지 불러오기

❶ 포토샵에서 만든 투명 위젯을 불러오기 위해 프로필 영역 아래에 있는 [글쓰기]를 클릭합니다. ❷ 블로그 쓰기 화면이 나타나면 제목에 '투명위젯 세로 550'을 입력하고 이미지를 불러오기 위해 [+] 버튼을 누른 후 사진 [사진] 버튼을 클릭합니다.

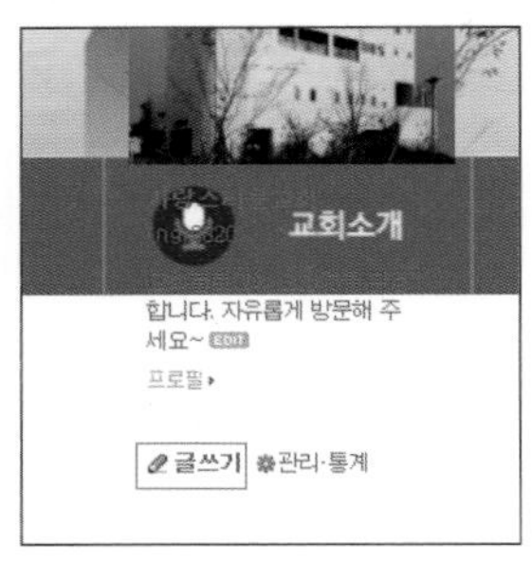

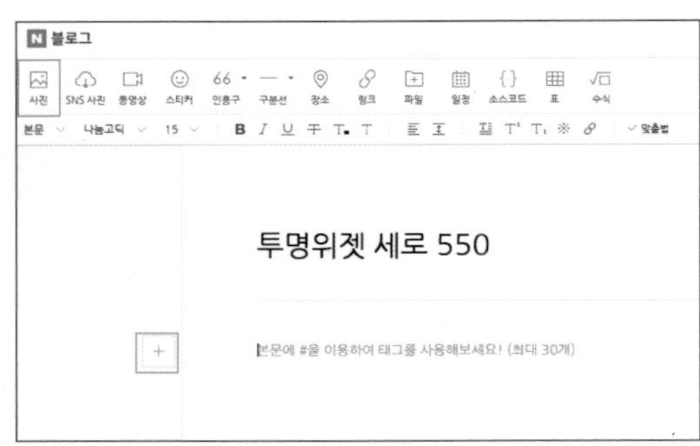

19. 발행하기

❶ 업로드할 파일 선택 대화상자가 나타나면 'tr550.png'를 선택하고 [열기] 버튼을 클릭합니다.
❷ 우측 상단에 있는 [발행] 버튼을 클릭합니다.

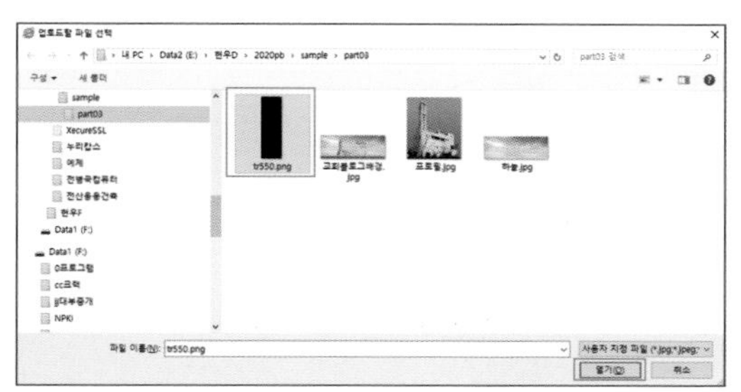

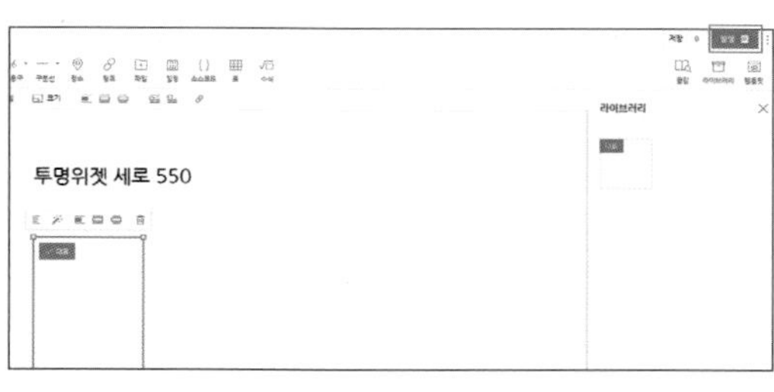

TIP 발행하기

예전에는 블로그에 포스팅을 하고 난 다음 [등록] 버튼을 눌러 게시물을 업로드했는데, 이제는 [발행] 버튼으로 명칭이 변경되었습니다. 마치 신문이나 잡지를 발행하듯 자유롭게 레이아웃을 편집해서 출판해내는 것과 같은 개념에서 명칭이 변경된 것 같습니다. 가끔씩 카테고리를 지정하지 않고 발행 버튼을 누르는 경우가 많으므로 최종 발행을 하기 전에 카테고리, 주제, 공개 설정, 발행 설정, 태그를 입력했는지 확인합니다.

20. 투명 위젯 경로 확인하기

❶ 카테고리는 게시판으로, 공개 설정을 전체 공개로 지정하고 아래에 있는 [발행] 버튼을 클릭합니다. 나중에 카테고리를 새롭게 만들면 원하는 카테고리를 지정해도 됩니다. 또한 투명 위젯을 다른 블로거가 보지 못하게 하려면 공개 설정을 비공개로 합니다. ❷ 투명 이미지의 경로를 확인하기 위해 투명 이미지 위에서 마우스 오른쪽 버튼을 누르고 팝업 메뉴에서 [속성]을 선택합니다.

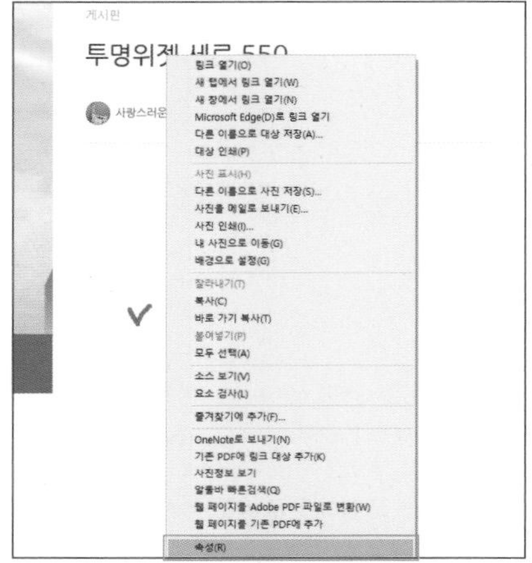

21. 주소 복사하기

❶ 속성 대화상자가 나타나면 주소(URL)의 투명 이미지 주소를 모두 드래그하고 Ctrl+C를 눌러 복사합니다. ❷ 투명 위젯을 만들기 위해 프로필 영역 아래에 있는 [관리]를 클릭합니다.

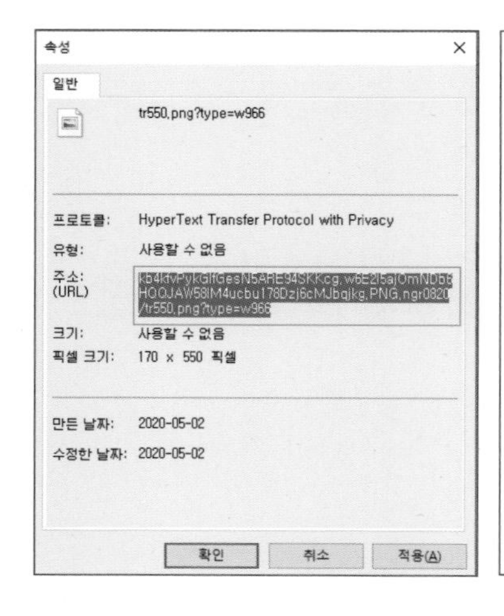

22. 위젯 만들기

❶ 블로그 관리에서 꾸미기 설정을 선택하고 디자인 설정에 있는 [레이아웃 · 위젯 설정]을 클릭합니다. ❷ 위젯 사용 설정에서 [위젯직접등록] 버튼을 클릭합니다.

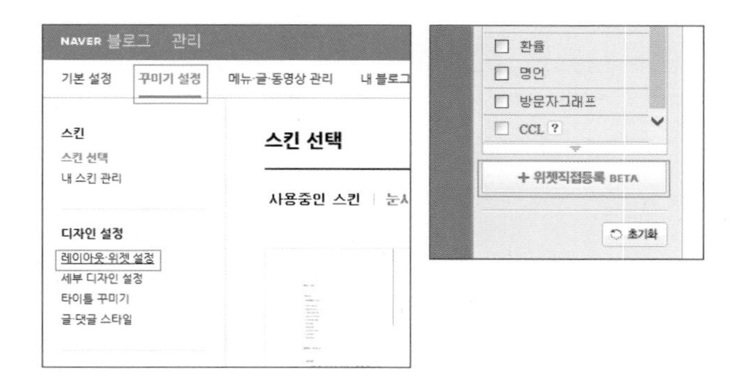

23. 위젯 등록하기

❶ 위젯 직접등록 대화상자가 나타나면 위젯명에 '1'을 입력합니다. 투명 위젯 이미지를 불러오기 위한 소스 코드를 입력합니다. HTML 코딩 소스인 〈img src=" 를 입력하고 Ctrl+V를 눌러 앞에서 복사한 주소를 붙여넣기합니다. HTML 코딩을 종료하기 위해 /〉를 입력하고 [다음] 버튼을 클릭합니다. ❷ 위젯 직접등록 미리보기 화면이 나타나면 [등록] 버튼을 클릭합니다.

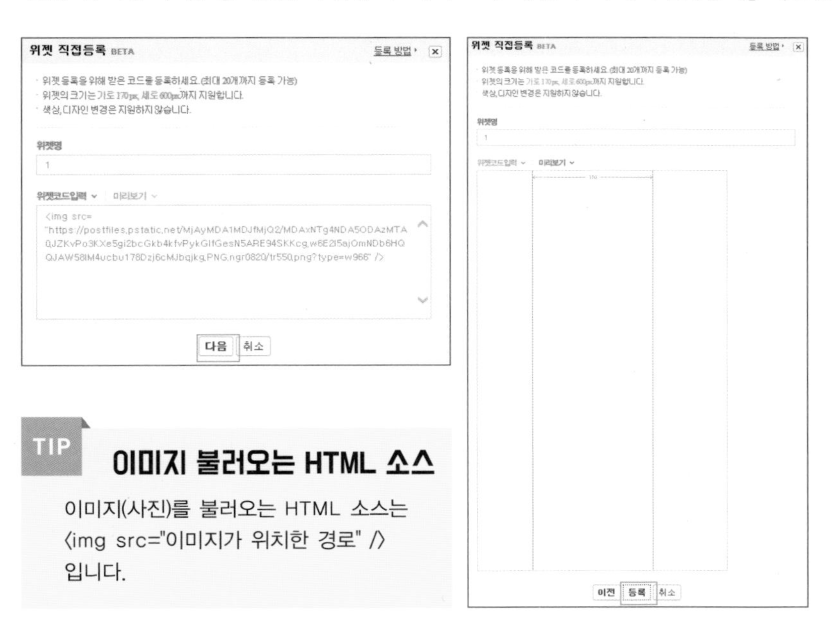

TIP 이미지 불러오는 HTML 소스

이미지(사진)를 불러오는 HTML 소스는 〈img src="이미지가 위치한 경로" /〉 입니다.

24. 위젯 이동하기

❶ 웹 페이지 메시지 대화상자가 나타나면 [확인] 버튼을 클릭합니다. ❷ 투명 위젯 1번을 위 방향으로 드래그하여 타이틀 영역 아래로 이동합니다.

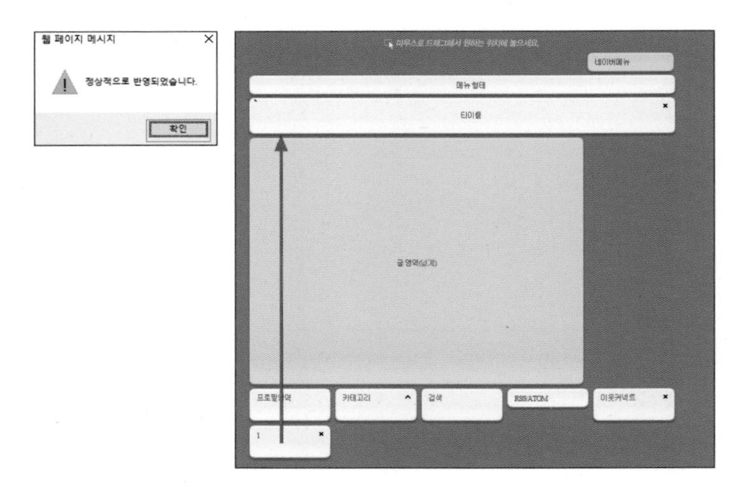

25. 적용하기

❶ 레이아웃 설정을 반영하기 위해 화면 아래에 있는 [적용] 버튼을 클릭합니다. ❷ 다시 한 번 웹 페이지 메시지 대화상자가 나타나면 [확인] 버튼을 클릭합니다.

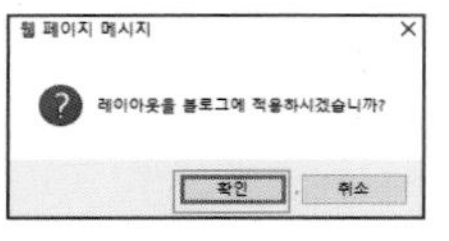

26. 타이틀 영역 높이 지정하기

❶ 타이틀 영역의 높이를 변경하기 위해 프로필 영역 아래에 있는 [관리]를 누르고 블로그 관리에서 꾸미기 설정을 선택한 후 [세부 디자인 설정]을 클릭합니다. ❷ 리모콘 창이 나타나면 타이틀을 선택하고 블로그 제목이 보이지 않도록 블로그 제목 표시를 해제한 후 영역 높이를 100으로 설정합니다.

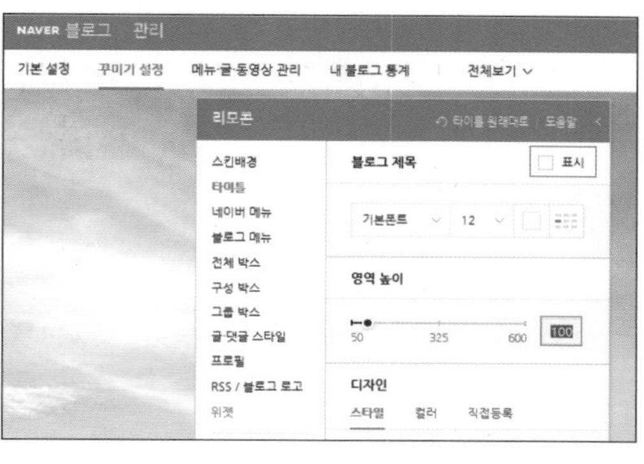

TIP 블로그 제목 표시

블로그 제목을 표시하면 블로그 정보에서 입력한 블로그명이 타이틀 영역에 문자로 나타납니다.

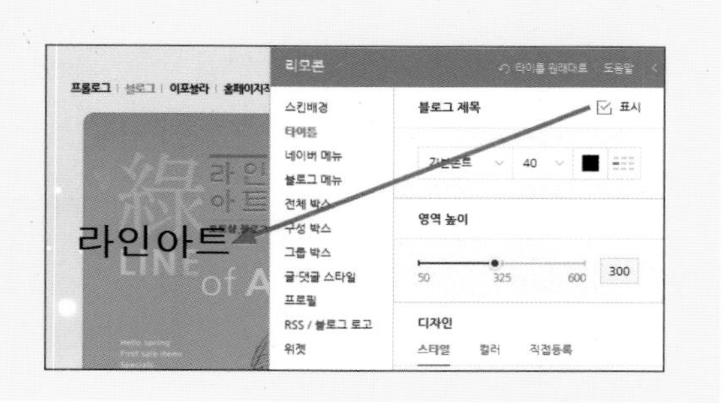

27. 적용하기

❶ 변경 값을 적용하기 위해 리모콘 아래에 있는 [적용] 버튼을 클릭합니다. ❷ 세부 디자인 적용 대화상자가 나타나면 [적용] 버튼을 클릭합니다.

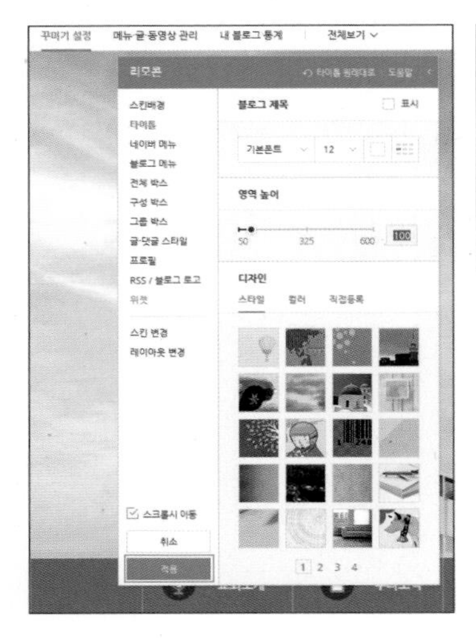

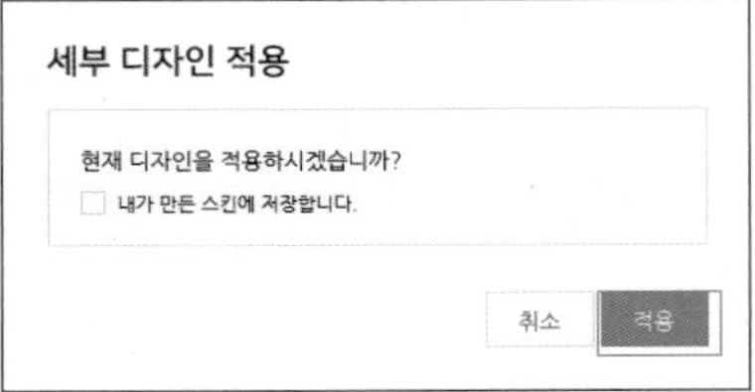

28. 확인하기

❶ 블로그 상단 배경 이미지가 배치된 것을 확인할 수 있습니다. ❷ 전체 화면을 보면 프로필 영역과 카테고리 위젯이 아래에 위치한 것을 확인할 수 있습니다.

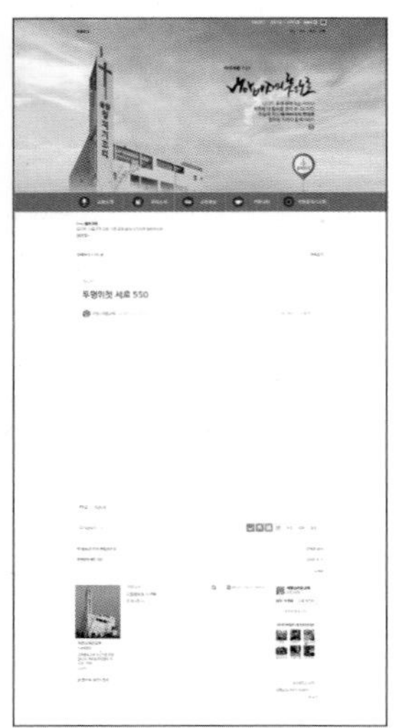

Section

03

카테고리 만들기

블로그 상단 배경 이미지가 완성되었습니다. 이제 교회 블로그 성격에 맞는 카테고리를 추가하고 블로그 상단 메뉴를 설정해보겠습니다.

기본 카테고리

추가된 카테고리

1. 카테고리 추가하기

❶ 카테고리를 추가하기 프로필 영역 하단에 있는 [관리]를 클릭합니다. ❷ 블로그 관리에서 [메뉴 · 글 · 동영상 관리] 탭을 클릭하고 메뉴 관리에서 [블로그]를 클릭합니다.

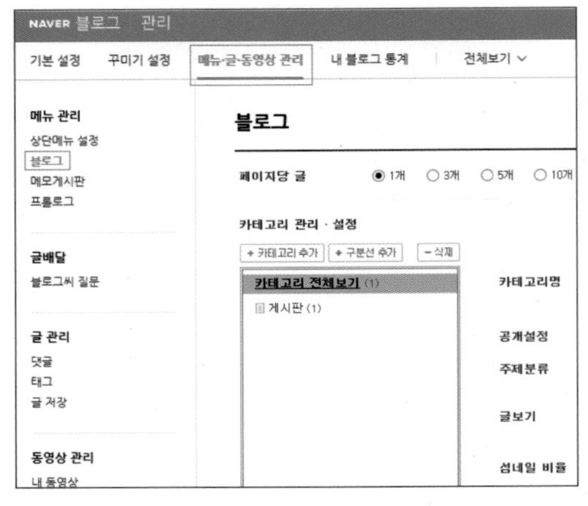

2. 이름 변경하기

❶ 블로그를 처음 만들면 기본적으로 게시판이라는 카테고리가 생성되어 있습니다. 이름을 변경하기 위해 카테고리 전체보기에 있는 게시판을 클릭하고 카테고리명에 '교회소개'를 입력합니다. ❷ 공개설정을 공개, 주제분류를 좋은글 · 이미지, 글보기를 블로그형, 섬네일 비율을 정방향, 목록보기를 목록닫기, 카테고리 접기를 펼치기로 설정합니다.

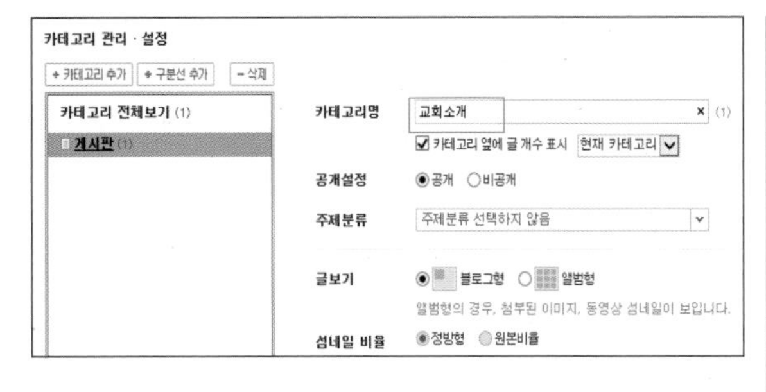

3. 카테고리 추가하기

❶ 다시 한 번 카테고리를 추가하기 위해 카테고리 전체보기를 클릭하고 [카테고리 추가] 버튼을 클릭합니다. ❷ 카테고리명을 '우리소식'으로 입력하고 카테고리 옆에 글 개수 표시에 체크한 후 주제 분류를 좋은글 · 이미지로 선택합니다. 글보기를 앨범형으로 선택합니다.

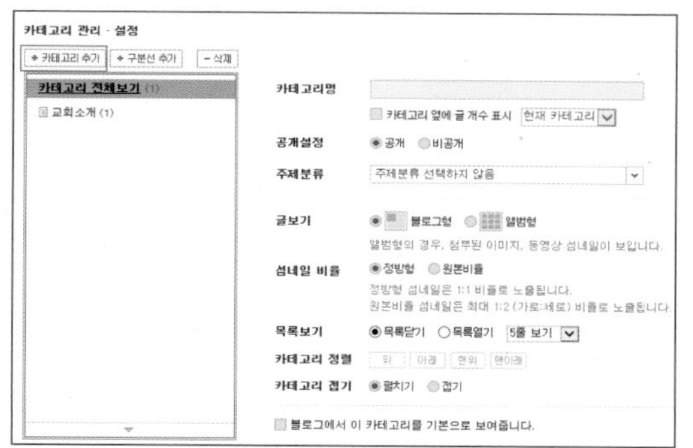

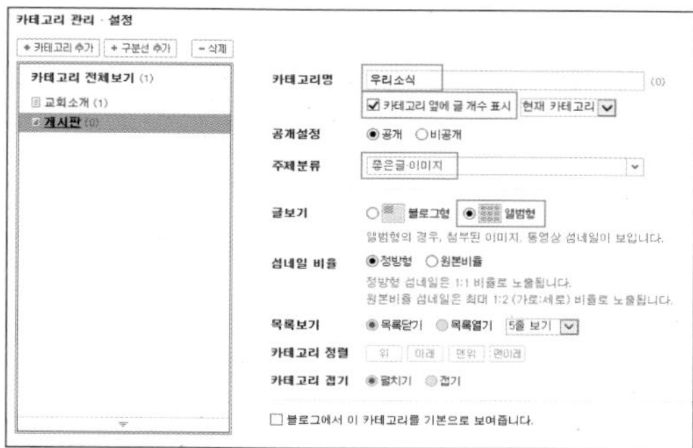

TIP **카테고리 추가**

카테고리는 현재 선택한 카테고리 아래에 생성됩니다. [건강이야기] 카테고리를 선택하고 카테고리를 추가하면 그 아래(2차 분류)에 추가됩니다. 블로그에서는 2차 분류 카테고리까지만 만들 수 있습니다.

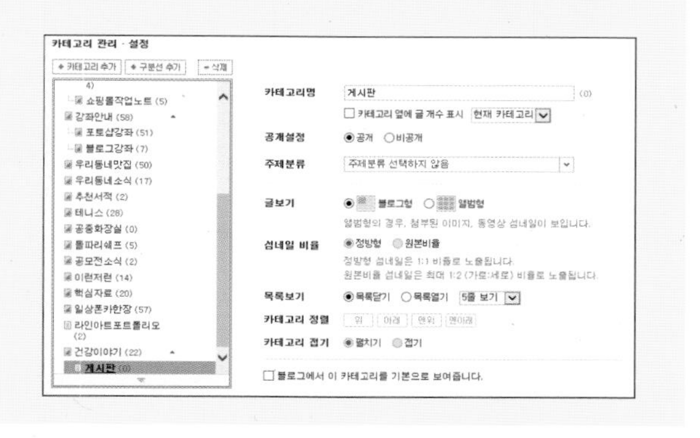

TIP

블로그형, 앨범형의 차이점

카테고리를 추가하고 글보기에서 블로그형과 앨범형을 선택해야 합니다. 블로그형은 포스팅한 글이 쭉 펼쳐져 보이고, 앨범형은 포스팅한 글 목록이 바둑판처럼 나타납니다.

■ **블로그형**

페이지당 포스팅을 1개, 3개, 5개, 10개씩 표시할 수 있으며 그 개수를 초과하면 다음 페이지 버튼이 나타납니다.

■ **앨범형**

한 페이지당 16개의 섬네일이 표시되며 16개가 넘어가면 페이지 번호가 나타납니다.

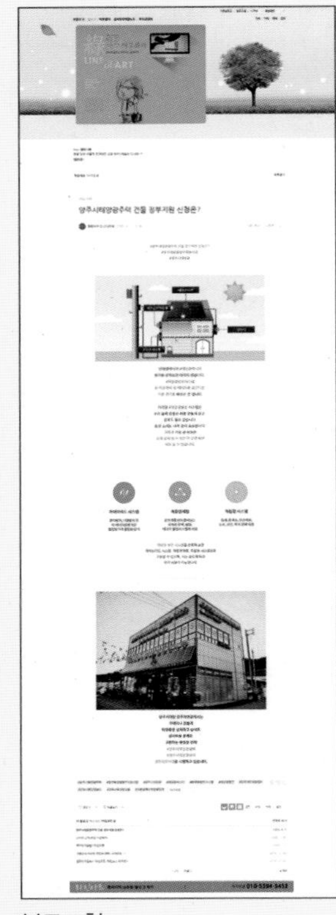

블로그형

앨범형

4. 카테고리 완성하기

❶ 같은 방법으로 교회영상, 커뮤니티를 만들어줍니다. ❷ 카테고리 전체보기에서 교회소개를 클릭하고 '블로그에서 이 카테고리를 기본으로 보여줍니다.'를 체크한 후 [확인] 버튼을 클릭합니다. 블로그에 접속하면 교회소개 포스팅이 우선적으로 표시됩니다.

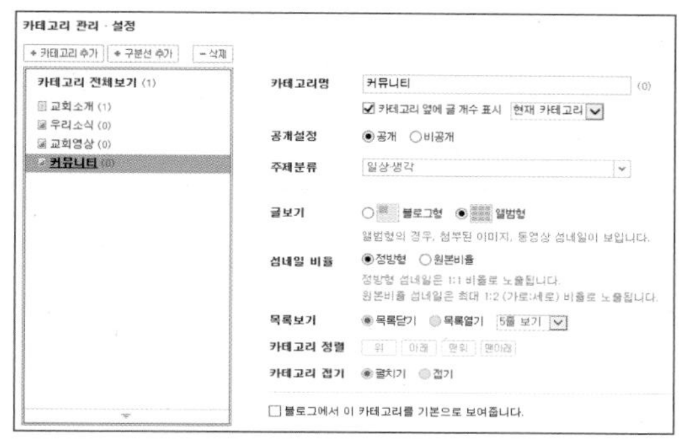

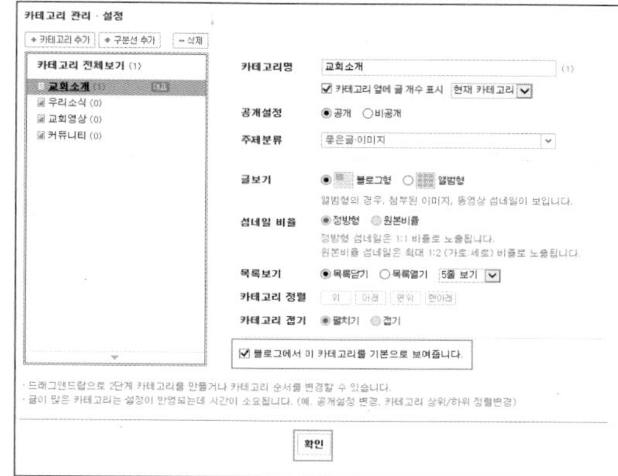

5. 내 블로그 확인하기

❶ '성공적으로 반영되었습니다.'라는 메시지가 나타나면 [확인] 버튼을 클릭합니다. ❷ 블로그를 확인하기 위해 [내 블로그]를 클릭합니다.

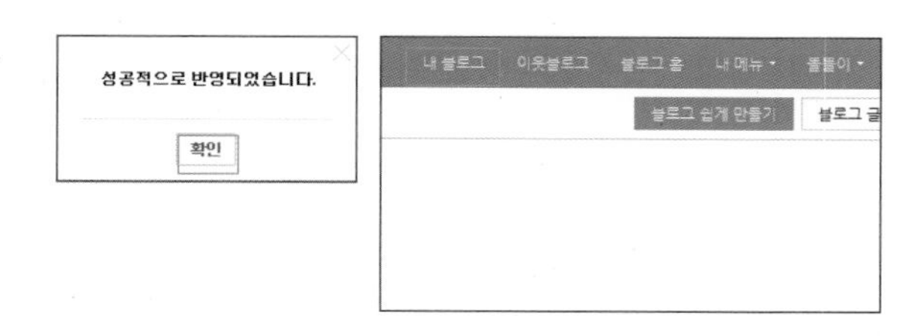

6. 상단메뉴 설정하기

❶ 블로그 화면의 상단메뉴를 설정하기 위해 메뉴 관리에서 [상단메뉴 설정]을 클릭합니다. 상단메뉴 설정의 상단메뉴 지정에서 블로그 카테고리에 있는 카테고리 전체보기의 교회소개를 클릭하고 [선택] 버튼을 클릭합니다. ❷ 나머지 3개의 카테고리도 추가한 다음 [확인] 버튼을 클릭합니다. 블로그 상단 메뉴는 4개까지 지정할 수 있습니다.

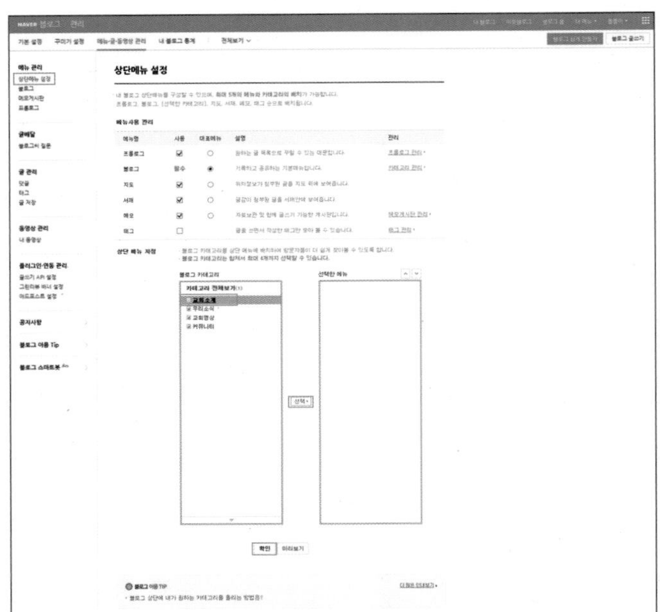

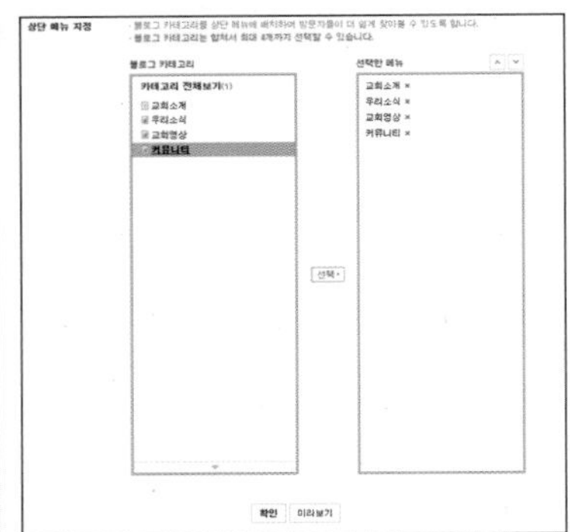

7. 확인하기

❶ '성공적으로 반영되었습니다.'라는 메시지가 나타나면 [확인] 버튼을 누르고 우측 상단에 있는 [내 블로그]를 클릭합니다. ❷ 블로그 상단 메뉴를 확인하면 '교회소개', '우리소식', '교회영상', '커뮤니티'가 추가된 것을 확인할 수 있습니다.

Section

04 투명 위젯에 링크 걸기

블로그 상단 배경 이미지 위에 투명 위젯을 만들어 배치했습니다. 배경 이미지 하단에는 5개의 메뉴가 놓여 있습니다. 각각의 메뉴를 클릭하면 해당 카테고리로 이동하는 링크 걸기 작업을 진행해보겠습니다. 링크가 걸리면 마우스를 해당 메뉴에 올려놓았을 때 손가락 모양의 커서가 나타납니다.

링크가 걸리기 전 위젯

링크가 걸린 후의 이동 화면

1. 카테고리 경로 복사하기

❶ 카테고리 경로를 파악하기 위해 Shift를 누르고 카테고리에 있는 [교회소개]를 클릭합니다. ❷ 새 창이 열리면서 교회소개 카테고리 경로가 나타나는 것을 확인할 수 있습니다. 카테고리 주소를 드래그하고 Ctrl+C를 눌러 복사합니다. 새 창은 닫습니다.

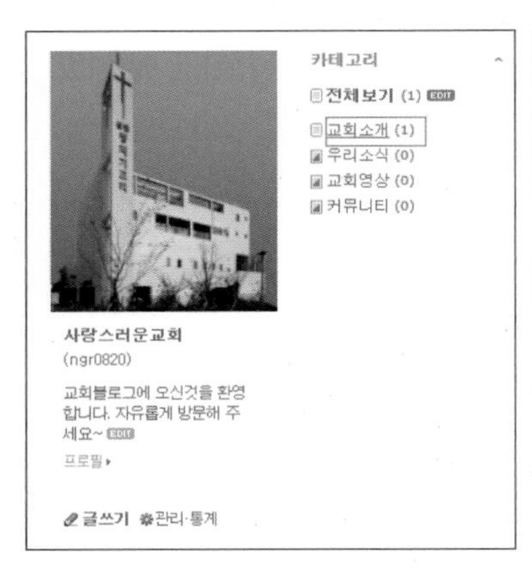

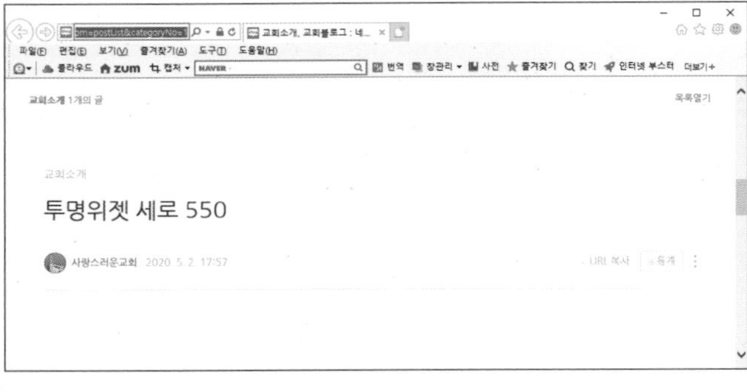

TIP 새 창 열기

Shift를 누른 상태로 블로그 카테고리를 클릭하면 새 창에서 페이지가 열립니다.

2. 위젯 수정하기

❶ 위젯을 추가하기 위해 프로필 영역 아래에 있는 [관리]를 클릭하고 블로그 관리가 나타나면 디자인 설정에 있는 [레이아웃 · 위젯 설정]을 클릭합니다. 위젯 사용 설정에서 1 위젯의 [EDIT]을 클릭합니다. ❷ 위젯 수정 창이 나타나면 ~=966" 뒤에 커서를 클릭하고 Enter를 눌러서 줄을 바꿉니다.

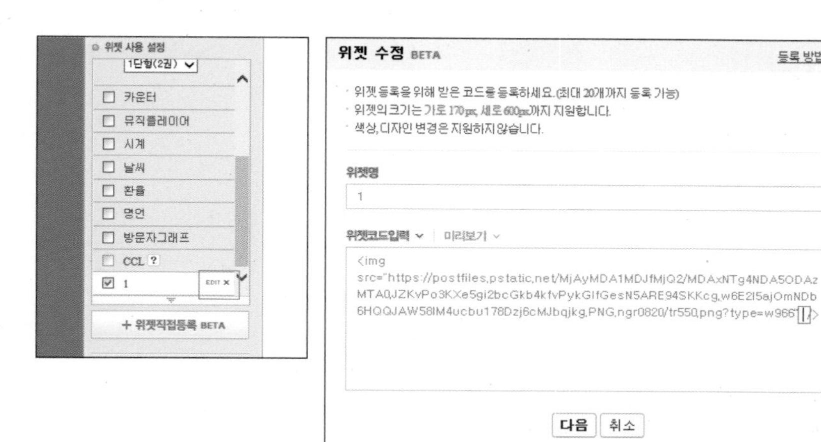

3. 맵 이름 지정하기

❶ 투명 위젯에 링크 영역의 이름을 지정하기 위해 usemap="#Map"/〉 소스를 입력합니다. ❷ 그 아래에는 맵 이름을 지정하는 HTML 소스인 〈map name="Map"〉를 입력합니다.

TIP

HTML에서 map이란?

한 장의 이미지에 여러 개의 링크를 걸기 위해 영역을 지정하는 것을 map이라고 합니다. SPO1 TENNIS 블로그 이미지에는 4개의 링크 영역이 설정되어 있는데, 모두 map을 이용하여 지정한 것입니다. map의 이름은 어떤 것으로 해도 무관하지만 가급적이면 영어로 하는 것이 좋습니다.

SPO1 TENNIS 블로그 맵 설정

```
<img src="img/main/img02.jpg" alt="" usemap="#tennis"/>
<map name="tennis">
  <area shape="rect" coords="113,493,250,545" href="sub/sub01_01.html">
  <area shape="rect" coords="388,494,534,543" href="sub/sub01_02.html">
  <area shape="rect" coords="671,496,811,540" href="sub/sub01_03.html">
  <area shape="rect" coords="948,498,1094,544" href="sub/sub01_04.html">
</map>
```

SPO1 TENNIS 블로그

4. 링크 영역 지정하기

❶ 투명 위젯에서 링크 영역을 지정하기 위해 〈area shape="rect" coord="0,490,170,550"을 입력합니다. Enter를 눌러 줄을 바꿉니다. ❷ 교회소개 카테고리에 링크를 걸기 위해 href="를 입력하고 Ctrl+V를 눌러 앞에서 복사한 주소를 붙여넣기한 후 "를 입력합니다.

5. 소스 입력 종료하기

❶ 현재 창에서 카테고리가 열리게 하기 위해 target="_top"을 입력하고 〉를 입력합니다. ❷ Enter를 눌러 줄을 바꾸고, 맵 명령을 종료하기 위해 〈/map〉을 입력한 후 [다음] 버튼을 클릭합니다. 줄을 바꾸는 것은 단지 편하게 보기 위해서입니다. 줄을 바꾸지 않고 한 칸을 띄운 다음 이어서 명령을 입력해도 됩니다.

TIP

map 영역(area) 모양(shape)

map의 영역의 모양은 총 3가지로, 사각형 모양인 rect, 원형 모양인 circle, 다각형 모양인 poly로 구분할 수 있습니다.

```
<img src="../img/bn.jpg" alt="" width="374" height="297" usemap="#banner"/>
<map name="banner">
  <area shape="rect" coords="11,173,146,220" href="#">
  <area shape="circle" coords="117,252,26" href="#">
  <area shape="poly" coords="220,12,231,32,227,54,240,86,256,105,273,124,296,110,301,64,302,33,
281,9,266,3,232,5" href="#">
</map>
```

맵 영역을 3가지로 지정한 경우

6. 반영하기

❶ 미리보기가 나타나면 [수정] 버튼을 클릭합니다. ❷ 웹 페이지 메시지가 나타나면 [확인] 버튼을 클릭합니다.

7. 블로그 적용하기

❶ 위젯을 적용하기 위해 [적용] 버튼을 클릭합니다. ❷ '레이아웃을 블로그에 적용하시겠습니까?'라는 메시지가 나타나면 [확인] 버튼을 클릭합니다.

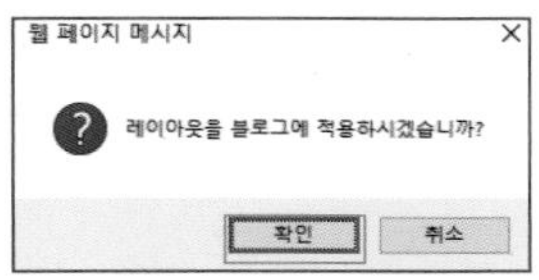

8. 링크 확인하기

❶ 블로그 상단의 교회소개에 마우스를 대면 손가락 모양의 커서가 나타나는데, 링크가 걸렸다는 것을 뜻합니다. ❷ 버튼을 클릭하면 교회소개 카테고리가 열리는 것을 확인할 수 있습니다.

9. 위젯 추가하기

❶ 카테고리 경로를 파악하기 위해 Shift를 누르고 카테고리에 있는 [우리소식]을 클릭합니다. ❷ 새 창이 열리면서 주소창에 클릭한 우리소식 카테고리 경로가 나타나는 것을 확인할 수 있습니다. 주소창을 클릭하고 Ctrl+C를 눌러 복사합니다. 새 창은 닫습니다.

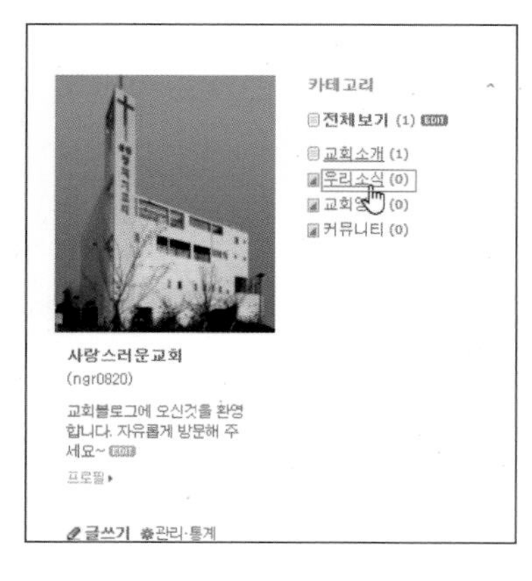

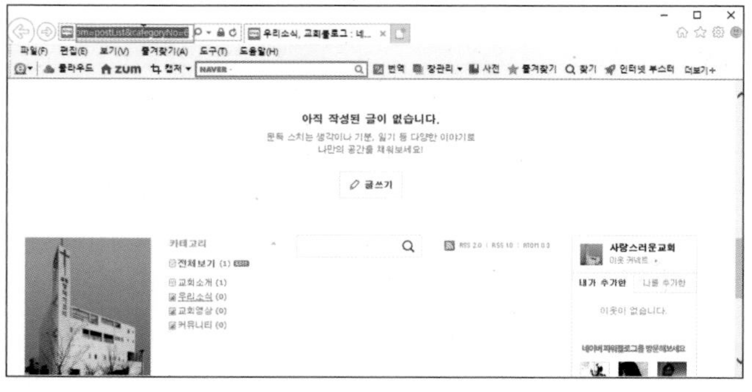

10. 위젯 사용 설정하기

❶ 메모장을 열고 복사한 경로를 붙여넣기 위해 Ctrl+V를 누릅니다. ❷ 프로필 영역 아래에 있는 [관리]를 클릭하고 블로그 관리가 나타나면 디자인 설정에 있는 [레이아웃 · 위젯 설정]을 클릭합니다. ❷ 위젯 사용 설정에서 1 위젯의 [EDIT]를 클릭합니다.

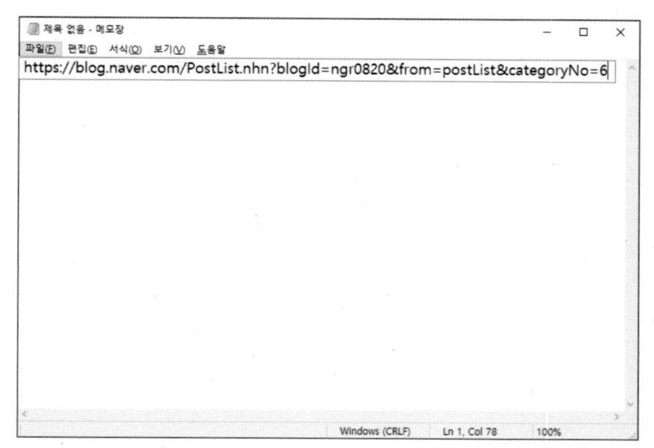

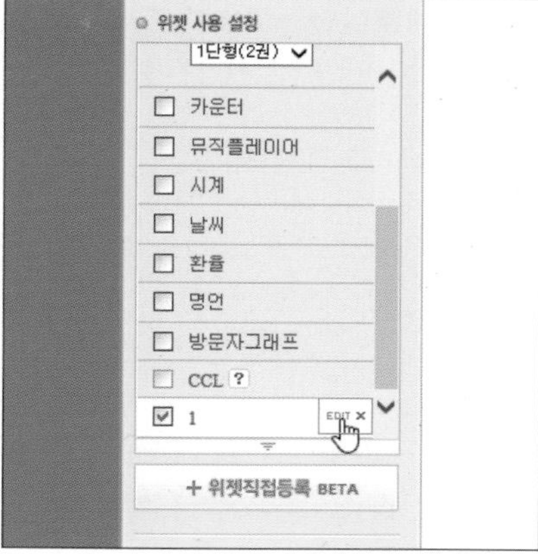

11. 소스 복사하기

❶ 위젯 수정창이 나타나면 1 위젯의 소스 코드를 모두 드래그하고 Ctrl+C를 눌러 복사합니다. ❷ 새로운 위젯을 만들기 위해 [위젯직접등록] 버튼을 클릭합니다.

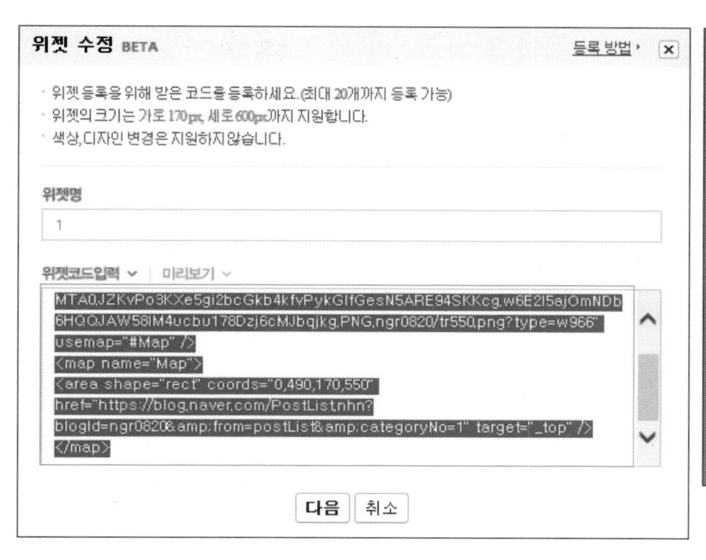

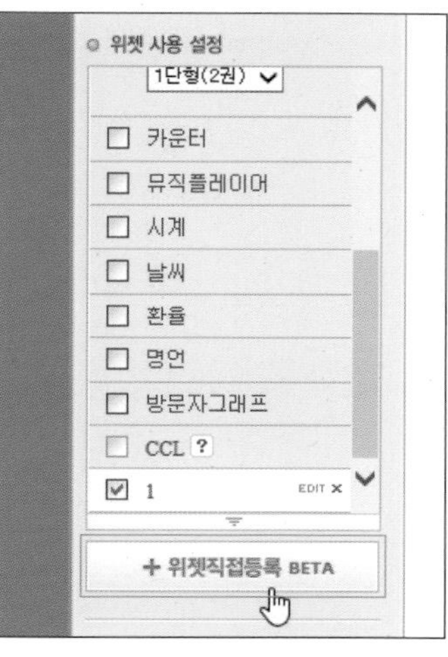

12. 소스 붙여넣기

❶ 위젯 직접등록 창이 나타나면 위젯명에 '2'를 입력하고 위젯코드입력란을 클릭하고 Ctrl+V를 눌러 1번 위젯 소스코드를 붙여넣기합니다. ❷ 메모장에 붙여넣기한 우리소식 카테고리 경로를 모두 선택하고 복사하기 위해 Ctrl+C를 누른 후 메모장을 닫습니다.

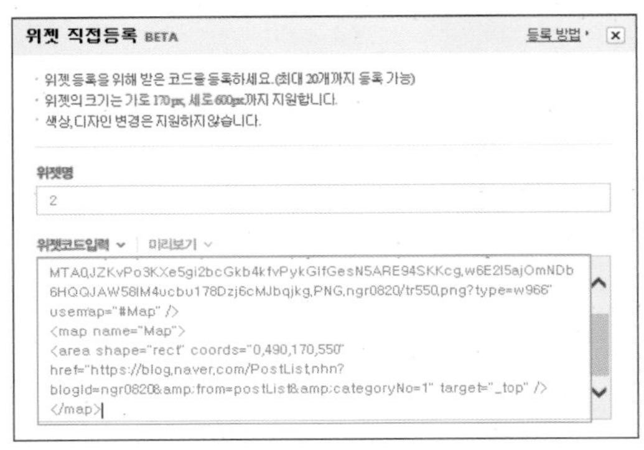

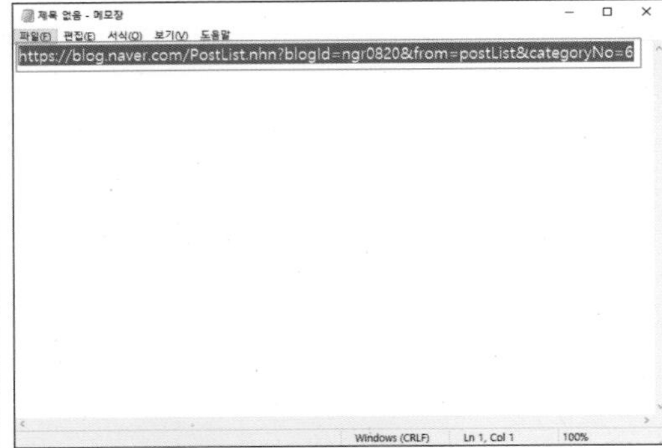

13. 경로 붙여넣기

❶ 2번 위젯 코드입력란에서 경로를 드래그하여 선택하고 Ctrl+V를 눌러 메모장에서 복사한 소스를 붙여넣기한 후 [다음] 버튼을 클릭합니다. ❷ 미리보기 창이 나타나면 [등록] 버튼을 클릭합니다.

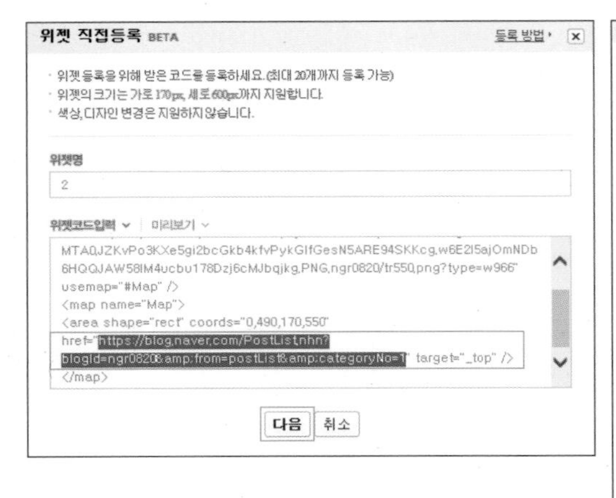

14. 위젯 이동하기

❶ 웹 페이지 메시지가 나타나면 [확인] 버튼을 클릭합니다. ❷ 2번 위젯을 1번 위젯의 오른쪽으로 이동합니다. 위젯을 추가한 다음 원하는 위치에 배치하지 않고 적용하는 경우가 있는데, 위젯을 만든 후 반드시 원하는 위치에 배치해야 합니다.

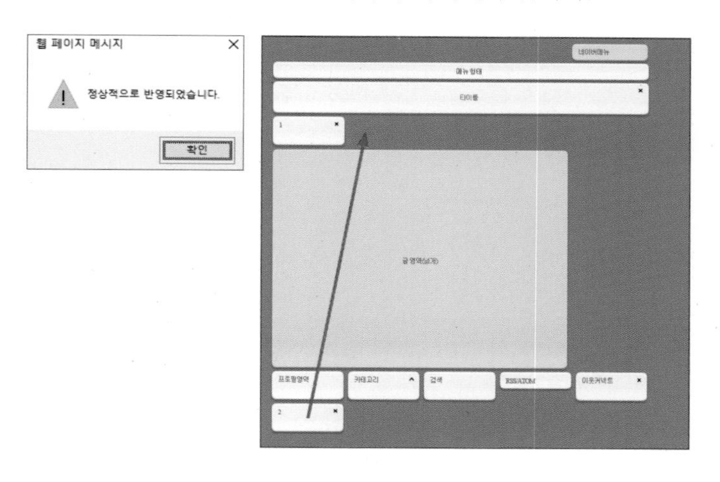

15. 적용하기

❶ [적용] 버튼을 누릅니다. ❷ '레이아웃을 블로그에 적용하시겠습니까?'라는 메시지가 나타나면 [확인] 버튼을 클릭합니다.

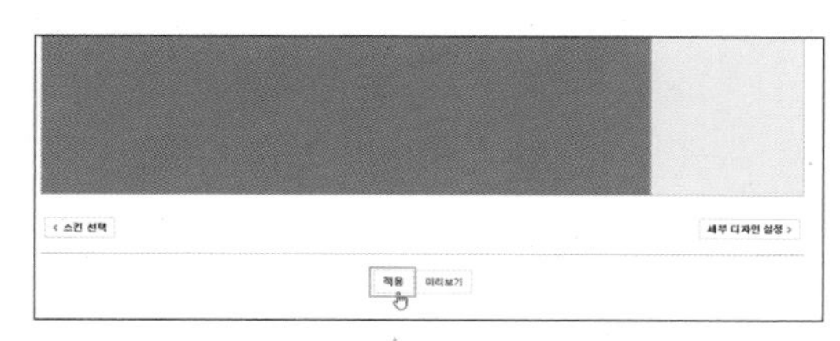

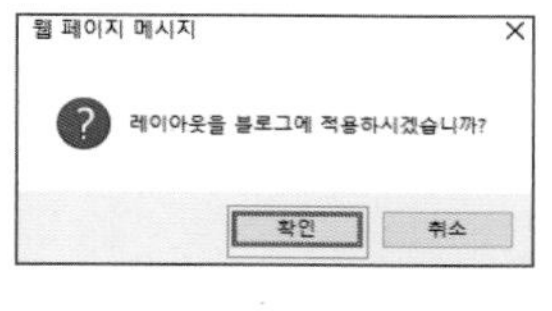

16. 링크 확인하기

❶ 블로그 상단의 '우리소식'에 마우스를 대면 손가락 모양의 커서가 나타납니다. ❷ 클릭하면 우리소식 카테고리가 열리는 것을 확인할 수 있습니다.

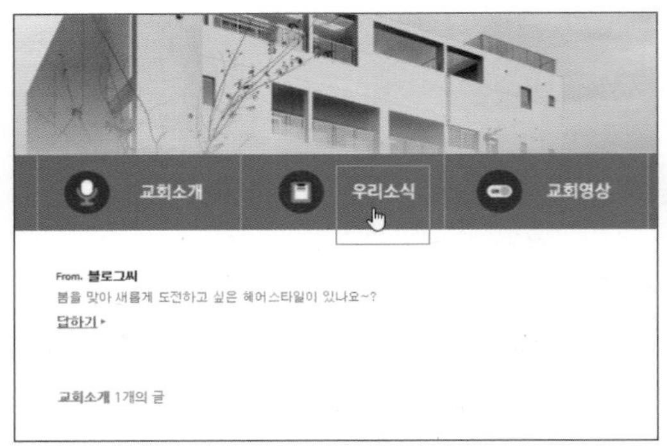

17. 위젯 추가하기

❶ 같은 방법으로 3, 4 위젯을 만들어주고 배치합니다. ❷ 링크 영역이 세로로 길기 때문에 coords="와 "사이의 좌표 값을 0,330,170,550으로 변경합니다. 5 위젯에서는 카테고리 경로 대신 교회 홈페이지 주소를 입력합니다. 교회 홈페이지가 없기 때문에 href="와 " 사이에 필자 회사의 홈페이지 주소를 입력했습니다(임의의 홈페이지 주소를 입력해도 됩니다). 또한 새 창에서 홈페이지를 열기 위해 target 명령에 있는 top을 blank로 변경합니다. [다음] 버튼을 눌러 위젯 만들기를 종료하고 4 위젯 오른쪽에 5 위젯을 배치하고 [적용] 버튼을 눌러 레이아웃 설정을 마무리합니다.

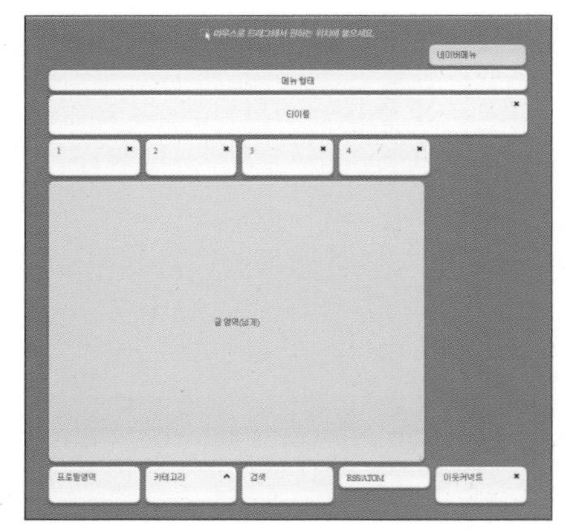

18. 링크 확인하기

❶ 블로그 상단의 홈페이지에 마우스를 대면 손가락 모양의 커서가 나타납니다. ❷ 클릭하면 입력했던 홈페이지가 열리는 것을 확인할 수 있습니다. 이렇게 해서 교회의 홈페이지형 블로그 디자인을 완성했습니다. 블로그는 디자인도 중요하지만 충실하고 정직한 글쓰기가 매우 중요합니다.

■ 홈페이지형 블로그 이전 이후 화면

맨처음 홈페이지형 블로그 디자인 의뢰가 왔을 당시의 블로그 상태를 캡처한 이미지와 홈페이지형 블로그를 적용한 이후의 화면을 캡처한 이미지입니다.

디자인 변경 전의 블로그

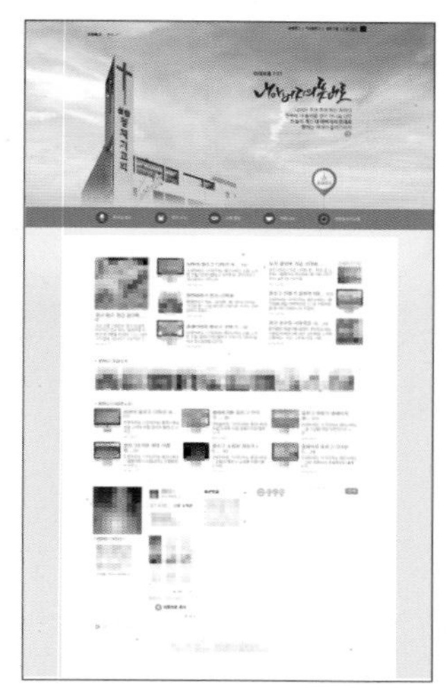

디자인 변경 후의 홈페이지형 블로그

PART 03

부동산 홈페이지형 블로그 만들기

부동산은 홈페이지형 블로그 제작에서 가장 큰 분야를 차지합니다. 수시로 발생하는 매물, 매매, 임대정보를 바로바로 올리고 편집해야 하기 때문에 홈페이지와 더불어 블로그를 많이 사용하게 됩니다. 그래서인지 필자가 운영하는 웹 에이전시에서도 부동산 분야의 홈페이지형 블로그를 가장 많이 제작하고 있습니다. 이번 파트에서는 부동산 공인중개사의 블로그를 홈페이지처럼 디자인하고 스킨에 적용해보겠습니다.

Section

01

안내선 만들기

포토샵에서 안내선은 도형, 문자, 이미지를 이동하거나 정렬하기 위해 반드시 필요한 요소입니다. 안내선은 디자인 레이아웃을 고려하여 작성하며, 눈금자에서 드래그하여 만드는 경우와 수치를 적용하여 만드는 경우가 있습니다.

완성 파일 part03-1c.psd

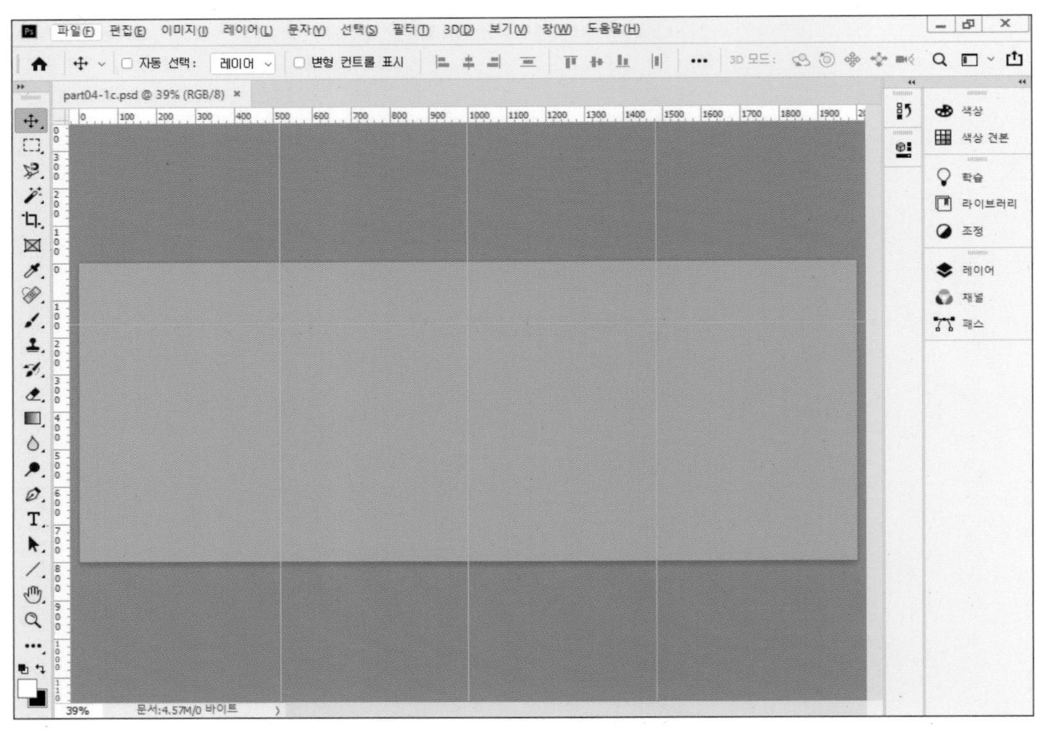

생성된 안내선

1. 안내선 만들기

❶ 포토샵을 실행하고 새로운 이미지를 만들기 위해 [파일] 메뉴에서 [새로 만들기]를 선택하거나 Ctrl+N을 누릅니다. 새로 만들기 문서 대화상자가 나타나면 폭에 2000픽셀, 높이 799픽셀, 해상도 72픽셀/인치를 선택합니다. ❷ 배경색을 지정하기 위해 배경 내용에서 [사용자 지정]을 선택합니다. 색상 피커(새 문서 배경색) 대화상자가 나타나면 R:147, G:193, B:203으로 설정하고 [확인] 버튼을 클릭합니다.

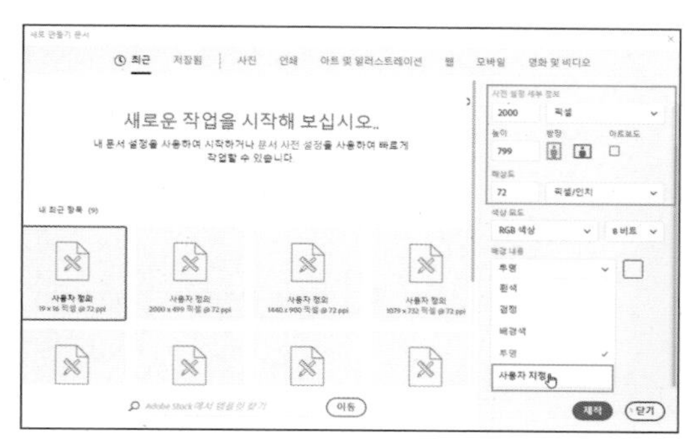

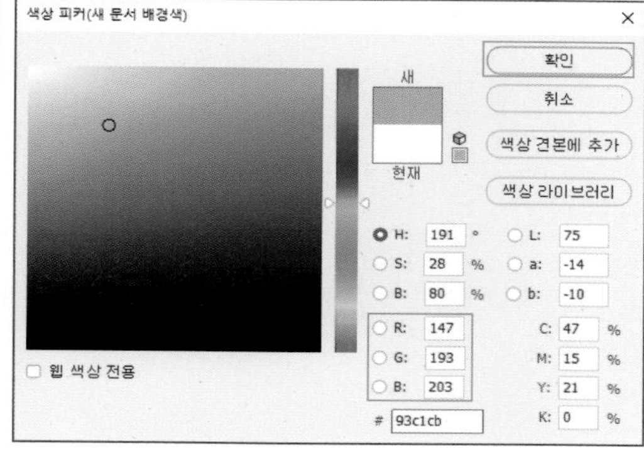

2. 새 문서 만들기

❶ 새로 만들기 문서 대화상자가 나타나면 [제작] 버튼을 클릭합니다. ❷ 새로운 이미지가 만들어진 것을 확인할 수 있습니다.

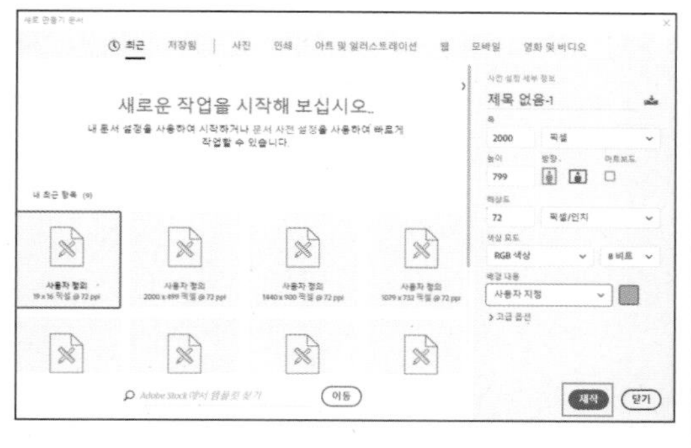

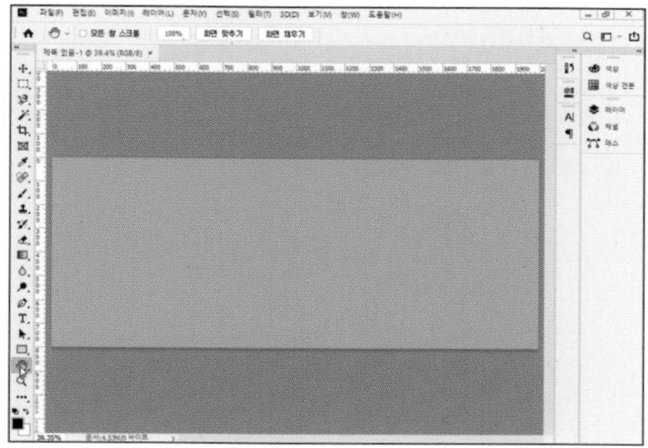

3. 안내선 만들기

❶ 화면의 정중앙에 안내선을 만들기 위해 왼쪽 눈금자를 클릭하고 오른쪽 방향으로 X:1000.0 픽셀 위치까지 드래그합니다. ❷ 원점(0,0)의 위치를 변경하기 위해 눈금자 왼쪽 상단 모서리를 클릭하고 앞에서 만든 안내선까지 드래그합니다.

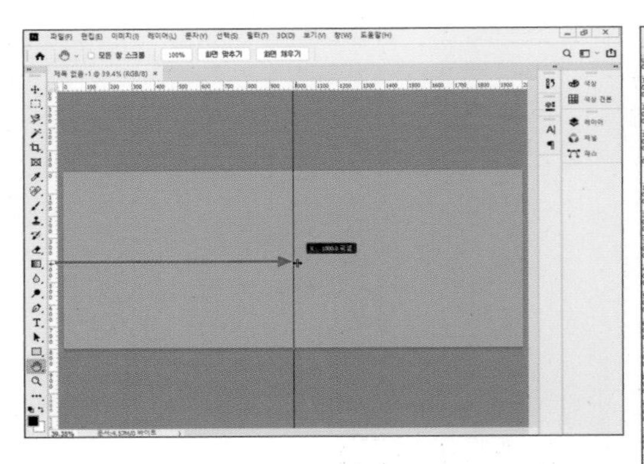

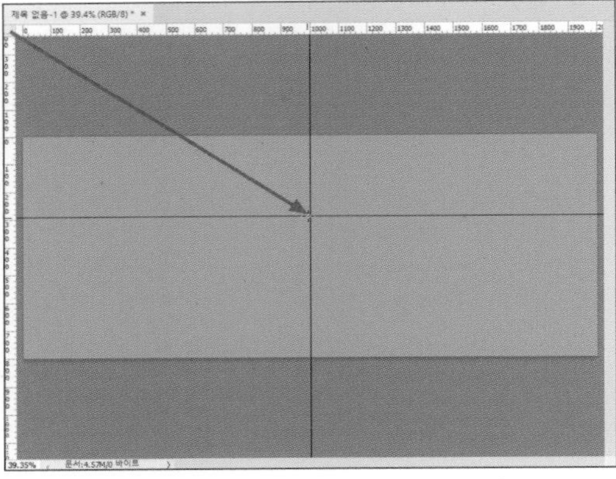

4. 새 안내선 만들기

❶ 새 안내선을 만들기 위해 [보기] 메뉴에서 [새 안내선]을 선택합니다. 새 안내선 대화상자가 나타나면 방향을 세로로 지정하고 위치에 '483'을 입력한 후 [확인] 버튼을 클릭합니다. ❷ 다시 한 번 새 안내선을 만들기 위해 보기 메뉴에서 [새 안내선]을 선택합니다. 새 안내선 대화상자가 나타나면 방향을 세로로 지정하고 위치에 '−483'을 입력한 후 [확인] 버튼을 클릭합니다.

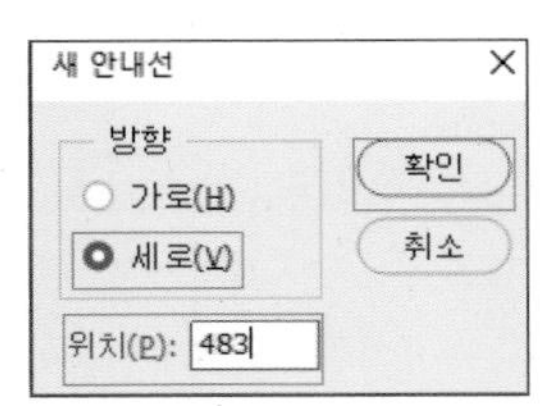

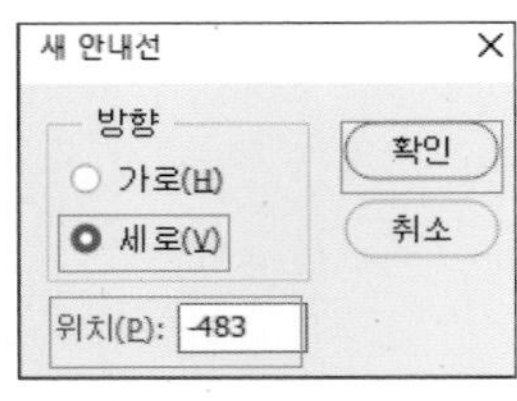

5. 원점 초기화하기

❶ 원점의 위치를 초기화하기 위해 눈금자 왼쪽 상단의 모서리를 더블클릭합니다. ❷ 새 안내선을 만들기 위해 [보기] 메뉴에서 [새 안내선]을 선택합니다. 새 안내선 대화상자가 나타나면 방향을 가로로 지정하고 위치에 '165 픽셀'을 입력한 후 [확인] 버튼을 클릭합니다.

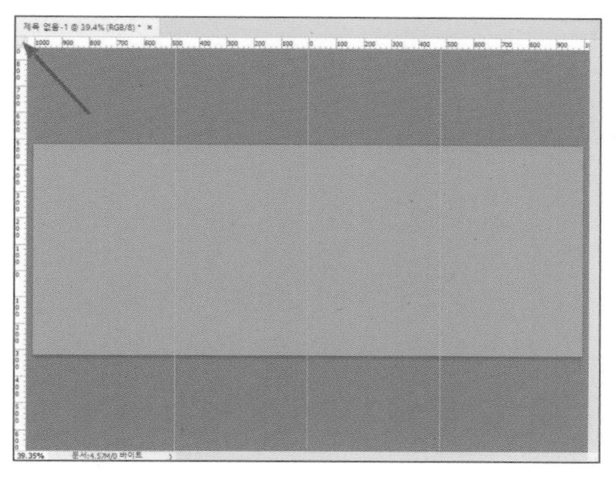

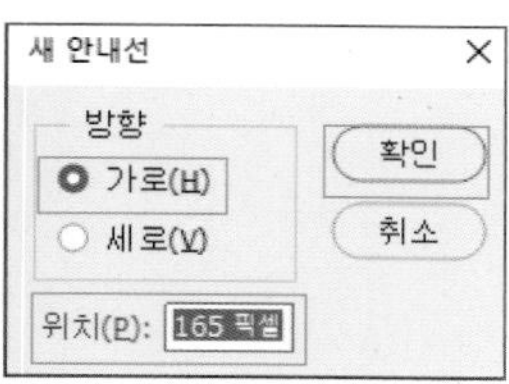

6. 안내선 작성 후 종료하기

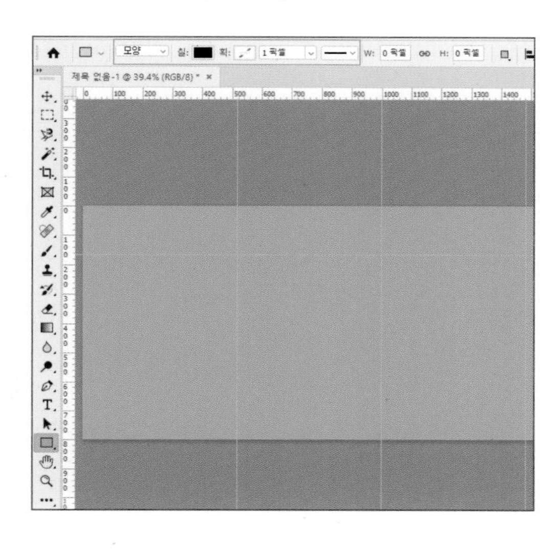

안내선이 모두 만들어진 것을 확인할 수 있습니다. 안내선을 정확하게 이용하기 위해서는 [보기] 메뉴에서 [스냅]을 체크하고 [스냅 옵션]에서 안내선, 레이어, 문서 경계를 체크해야 합니다. 안내선이 보이지 않을 경우에는 보기 메뉴에서 표시의 안내선을 체크해야 합니다. 사각형을 만들기 위해 도구상자에 있는 사각형 도구 U 를 선택하고 상부 옵션에서 선택 도구 모드를 모양으로 지정하고 칠을 검정색, 획은 NONE, 두께를 1픽셀, 모양 획 유형 설정을 실선으로 선택한 후 바탕화면을 클릭합니다.

TIP 안내선 색상 설정하기

안내선의 색상을 변경하기 위해서는 [편집] 메뉴에서 [환경 설정]의 [안내선, 격자 및 분할]을 선택합니다. 환경 설정 대화상자가 나타나면 안내선에서 캔버스, 대지, 고급 안내선의 색상을 변경합니다.

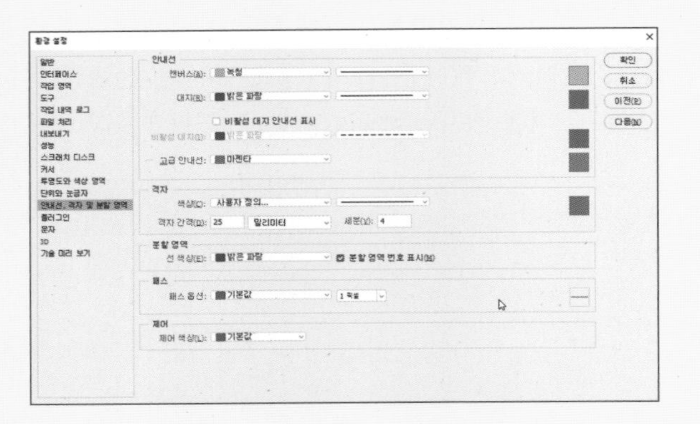

Section

02

사각 버튼 만들기

블로그 메뉴로 사용할 사각 버튼 이미지를 만들어보겠습니다. 스킨 배경 이미지에 문자만 나타나면 버튼이라는 것을 인지하기 어려울 수 있기 때문에 문자 뒤에 사각형 이미지를 만드는 것입니다.

완성 파일 part03-2c.psd

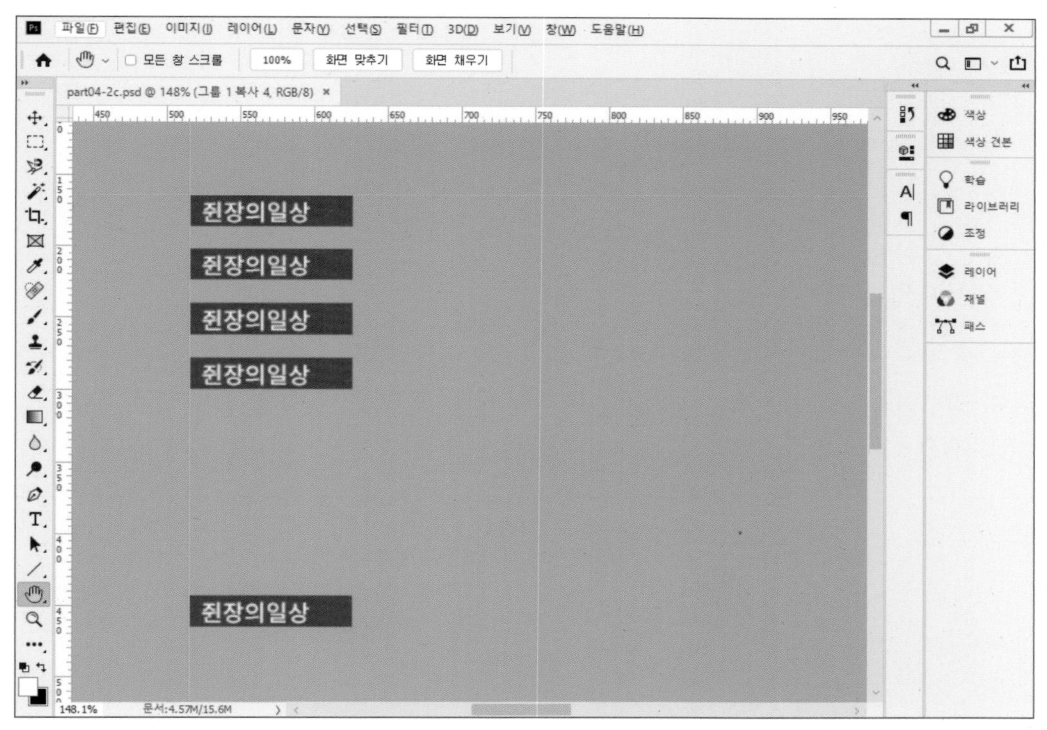

사각형 메뉴 버튼 이미지

1. 사각형 만들기

❶ 사각형을 만들기 위해 도구상자에서 사각형 도구(U) 를 선택하고 상부 옵션에서 모양을 선택하고 칠은 색상, 획은 None을 설정한 후 바탕화면을 클릭합니다. ❷ 사각형 만들기 대화상자가 나타나면 폭에 110픽셀, 높이에 22픽셀을 입력하고 [확인] 버튼을 클릭합니다. ❸ 사각형의 색상을 변경하기 위해 레이어 팔레트에서 사각형 1의 섬네일을 더블클릭합니다.

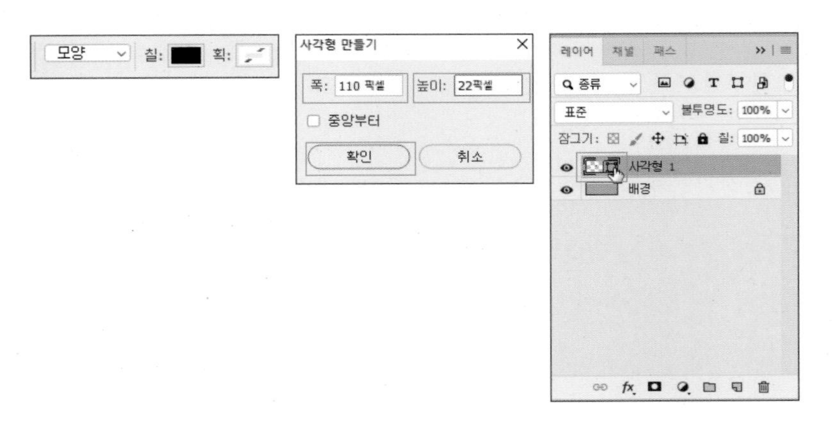

2. 색상 지정하기

❶ 색상 피커(단색) 대화상자가 나타나면 R:98, G:84, B:73으로 설정하고 [확인] 버튼을 클릭합니다. ❷ 도구상자의 이동 도구(V) 를 이용하여 사각형을 가로, 세로 안내선 교차지점까지 이동합니다.

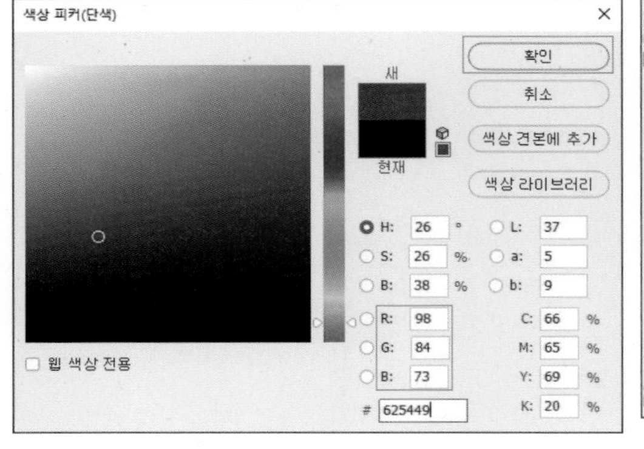

3. 문자 입력하기

❶ 문자를 입력하기 위해 도구상자에서 수평 문자 도구(T)[T]를 선택하고 바탕화면을 클릭한 후 '쥔장의일상'을 입력한 다음 드래그하여 모두 선택합니다. ❷ 상부 옵션에서 글꼴을 Noto Sans CJK KR, 굵기를 Medium, 크기를 16pt, 색상을 흰색으로 지정합니다. 글꼴은 임의로 지정해도 상관없습니다.

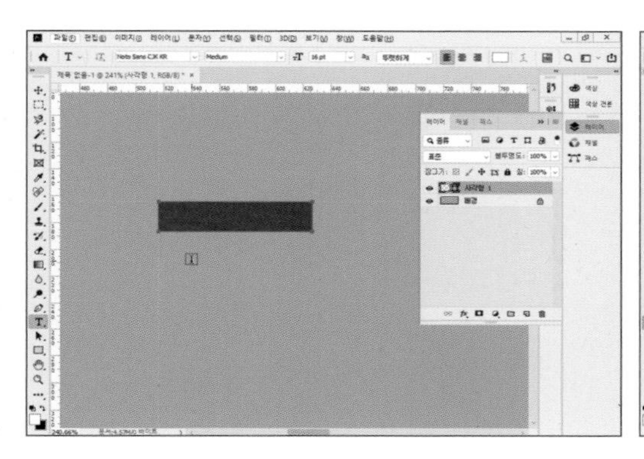

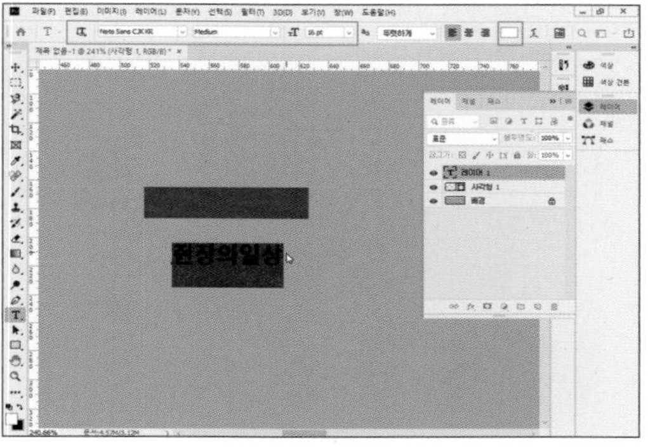

TIP 눈금자 단위 변경하기

눈금자의 단위를 변경하려면 눈금자 위에서 마우스 오른쪽 버튼을 클릭한 후 원하는 단위를 지정합니다.

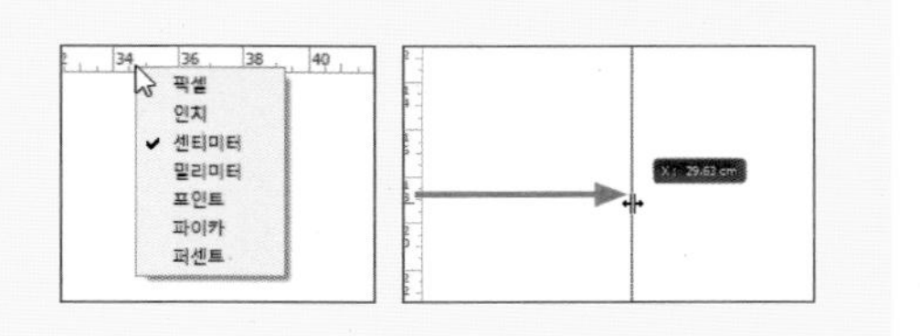

TIP 포토샵 글꼴 추가하기

Noto Sans CJK KR폰트는 구글에서 제공하는 무료 폰트이며, https://www.google.com/get/noto/에 접속하여 C드라이브에 있는 Windows 폴더의 Fonts 폴더 안에 넣으면 됩니다.
이 책의 sample 폴더에도 저장해두었으니 사용해보기 바랍니다. 블로그나 홈페이지를 제작할 때 가독성이 좋아 웹용 폰트로 많이 사용하는 글꼴입니다.

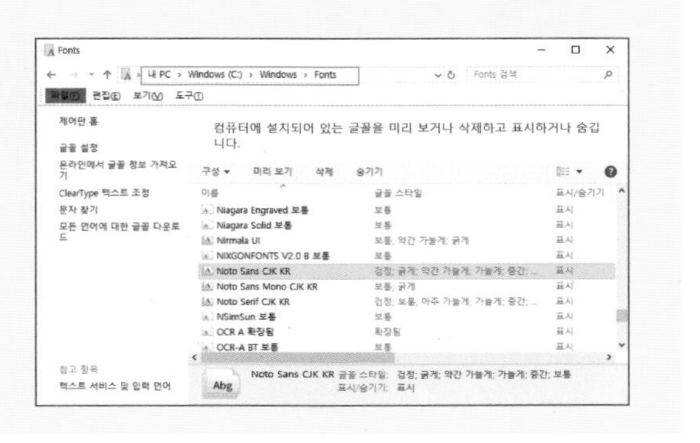

4. 그룹 만들기

❶ 이동 도구(V) 로 문자를 선택하고 사각형 내부로 이동합니다. ❷ 레이어를 추가 선택하기 위해 (Ctrl)을 누르고 [사각형 1] 레이어를 클릭합니다. 선택한 두 개의 레이어를 한 개의 그룹으로 만들기 위해 새 그룹을 만듭니다 버튼을 클릭합니다. 만약 2개의 레이어를 동시에 선택하고 새 그룹을 만듭니다 버튼을 눌러도 그룹 내에 레이어가 포함되지 않는다면 먼저 그룹을 만들고 2개의 레이어를 새로 만든 그룹 안으로 이동하면 됩니다.

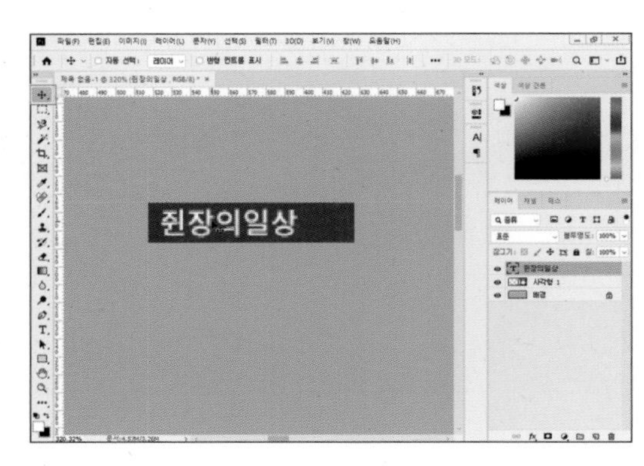

5. 그룹 복사하기 ❶

❶ 그룹을 복사하기 위해 (Ctrl)+(J)를 클릭합니다. ❷ 복사된 그룹을 이동하기 위해 (Ctrl)+(T)를 누르고 상부 옵션에서 참조점의 상대 위치를 사용합니다 버튼을 클릭한 후 Y:에 38픽셀을 입력한 다음 선택된 사각형 내부를 더블클릭합니다.

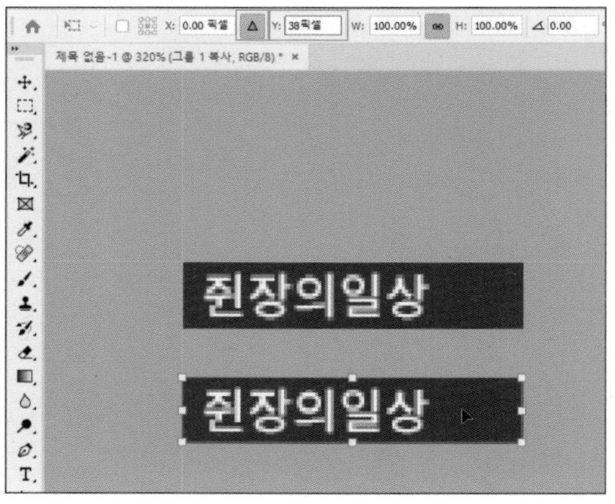

TIP 참조점의 상대 위치 사용

자유 변형을 하기 위해 Ctrl+T를 누르면 상부에 이동 옵션이 나타납니다. 참조점의 상대 위치를 사용합니다 ▵ 버튼을 해제하면 이미지의 왼쪽 상단 끝점이 원점(0,0)으로 인식되고, 체크하면 현위치를 원점(0,0)으로 인식합니다.

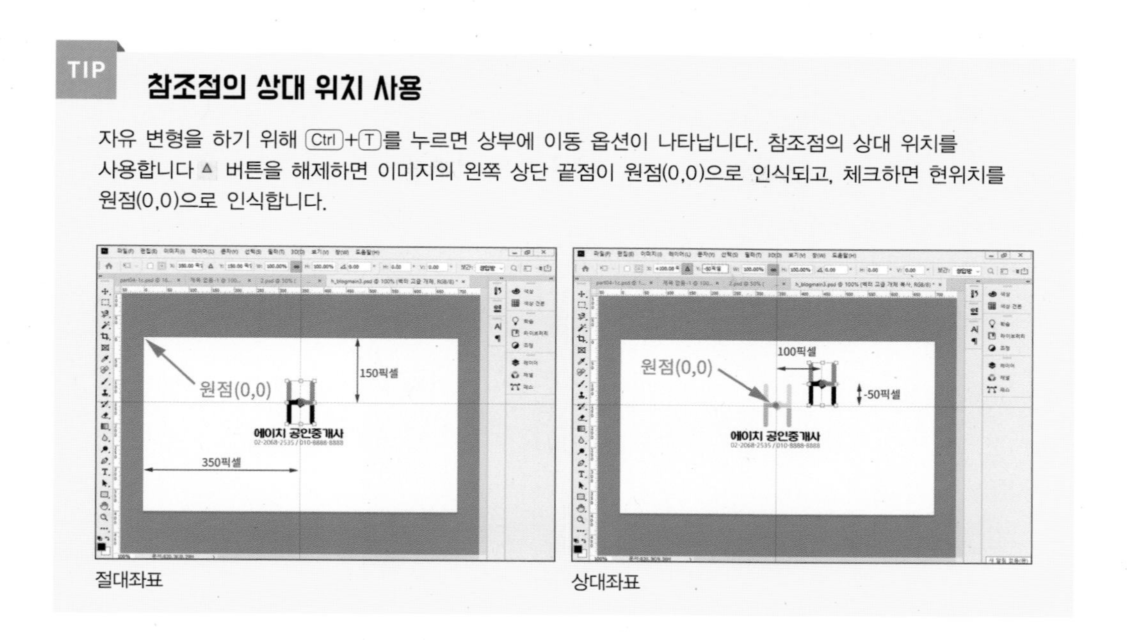

절대좌표 상대좌표

6. 그룹 복사하기 ❷

❶ 그룹을 복사하기 위해 Ctrl+J를 클릭합니다. ❷ 복사된 그룹을 이동하기 위해 Ctrl+T를 누르고 상부 옵션에서 Y:에 38픽셀을 입력한 후 선택된 사각형 내부를 더블클릭합니다.

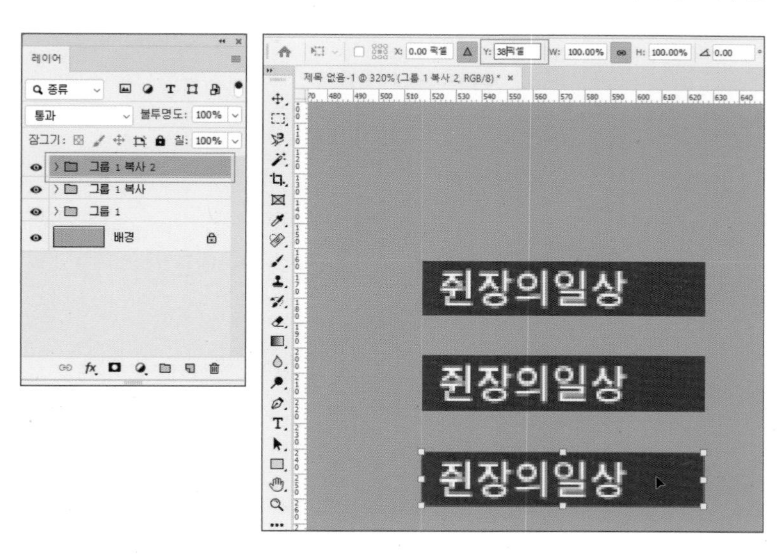

7. 그룹 복사하기 ❸

❶ 다시 한 번 그룹을 복사하기 위해 Ctrl+J를 클릭합니다. ❷ 복사된 그룹을 이동하기 위해 Ctrl+T를 누르고 상부 옵션에서 Y:에 38픽셀을 입력한 후 선택된 사각형 내부를 더블클릭합니다.

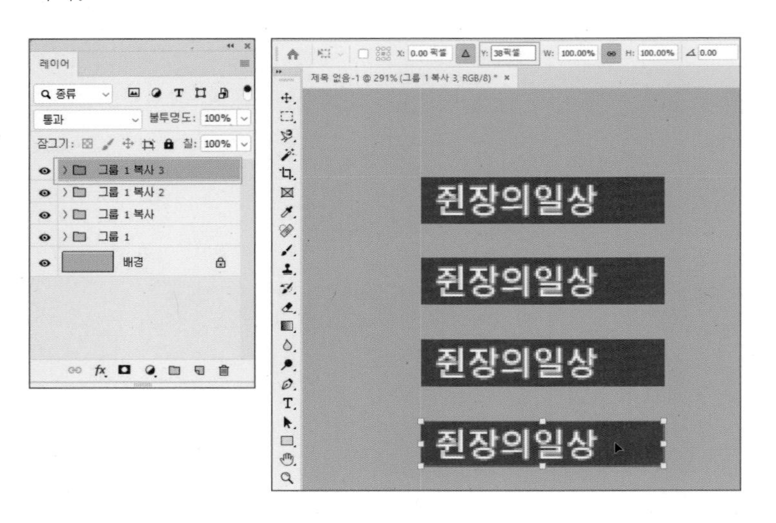

8. 그룹 복사하기 ❹

❶ Ctrl+J를 눌러 다시 한 번 그룹을 복사합니다. ❷ 복사된 그룹을 이동하기 위해 Ctrl+ T를 누르고 상부 옵션에서 Y:에 165픽셀을 입력한 후 선택된 사각형 내부를 더블클릭합니다.

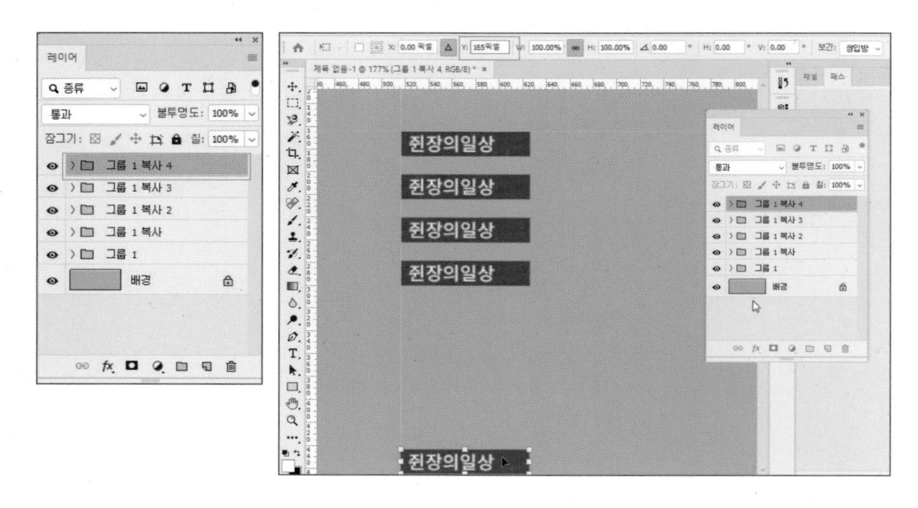

Section 03

서브 카테고리 만들기

사각형 버튼 아래에 서브 카테고리를 만들어보겠습니다. 문자를 이용하여 메뉴 이름을 만들고 점선으로 구분선을 만듭니다. 선이 그려지는 간격과 떨어지는 간격, 선의 폭을 고려하여 점선을 만들어야 합니다.

완성 파일 part03-3c.psd

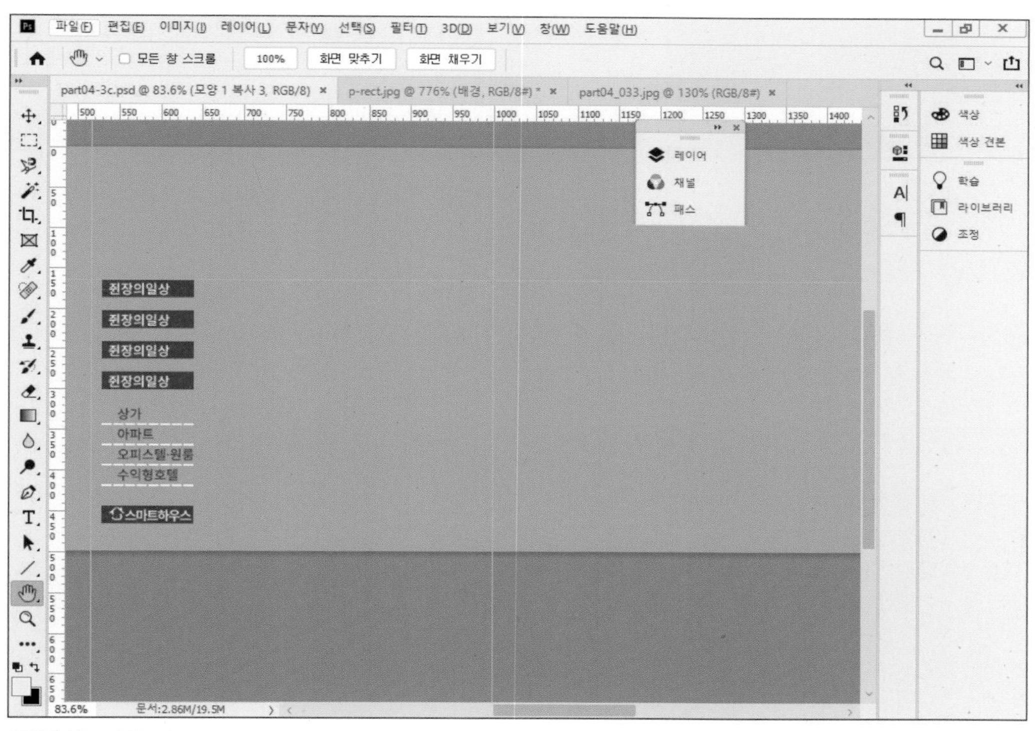

생성된 서브 카테고리

1. 문자 입력하기

❶ 도구상자에서 수평 문자 도구(T)를 선택하고 상부 옵션에서 글꼴을 Noto Sans CJK KR, 굵기를 Bold, 크기를 16pt, 색상을 흰색으로 지정한 후 문자 및 단락 패널 켜기/끄기 버튼을 클릭합니다. ❷ 문자 대화상자가 나타나면 행간을 25pt로 지정합니다. 바탕을 클릭하고 '상가', '아파트', '오피스텔 · 원룸', '수익형호텔'을 입력하고 이동 도구(V)를 클릭합니다.

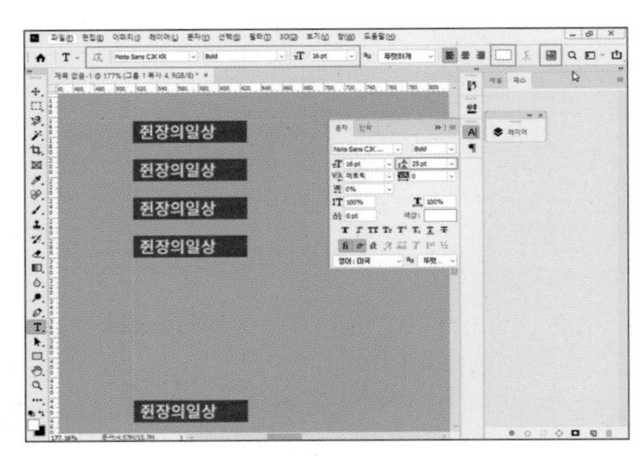

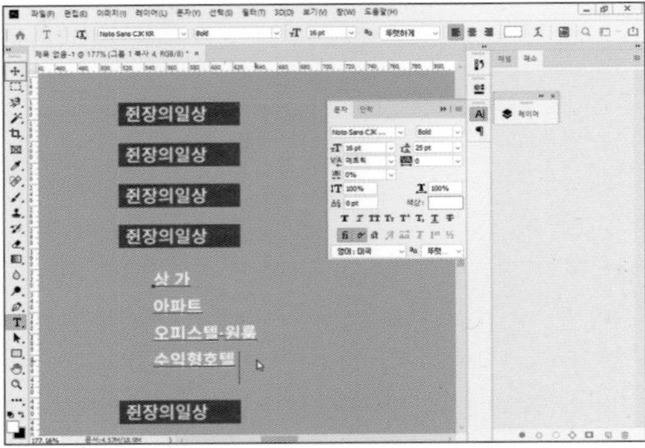

2. 컬러 지정하기

❶ 문자를 다음과 같이 이동합니다. ❷ 수평 문자 도구(T)를 선택하고 문자 대화상자에서 [색상] 버튼을 클릭합니다.

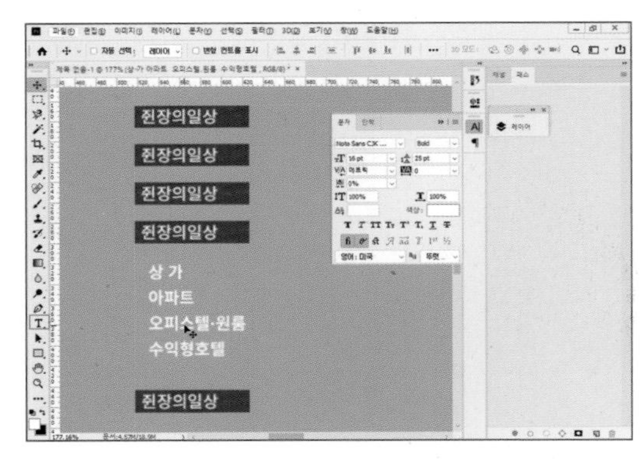

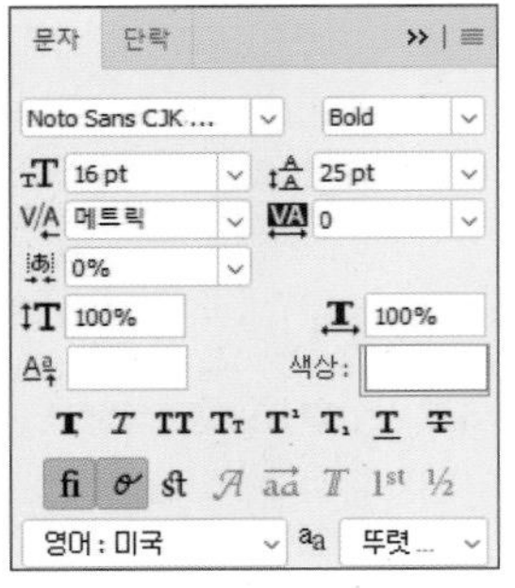

3. 점선 만들기

❶ 색상 피커(텍스트 색상) 대화상자가 나타나면 R:84, G:66, B:48로 설정하고 [확인] 버튼을 클릭합니다. ❷ 점선을 만들기 위해 도구상자에서 선 도구(U)를 클릭합니다. 상부 옵션에서 선택 도구 모드를 모양으로 지정하고 모양 획 유형 설정을 점선으로 선택한 후 [옵션 확장] 버튼을 클릭합니다.

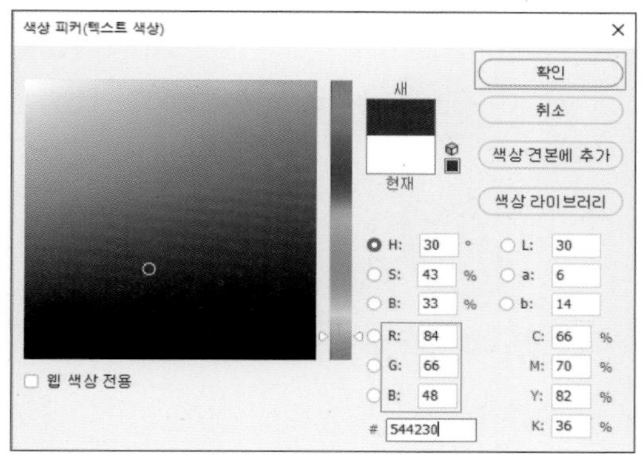

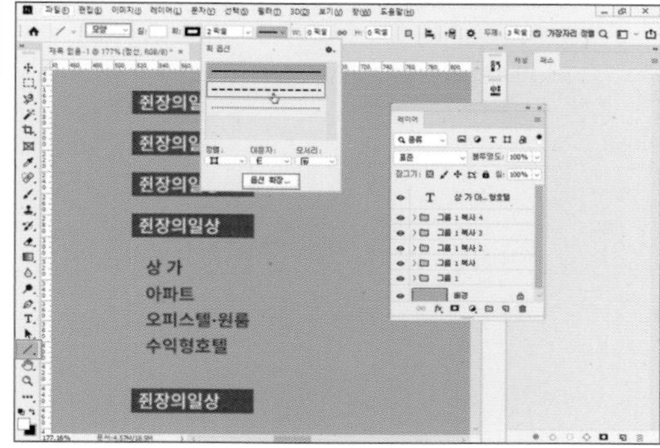

4. 옵션 지정하기

❶ 점선을 체크하고 대시에 '4', 간격에 '3'을 입력하고 [확인] 버튼을 클릭합니다. ❷ 칠을 None으로 지정하고 폭을 2픽셀로 지정합니다.

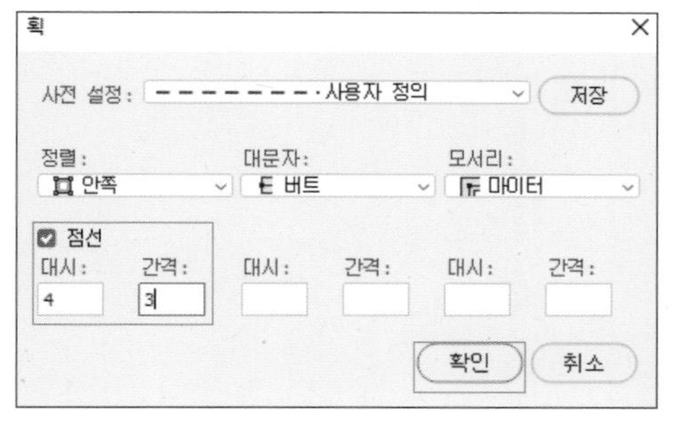

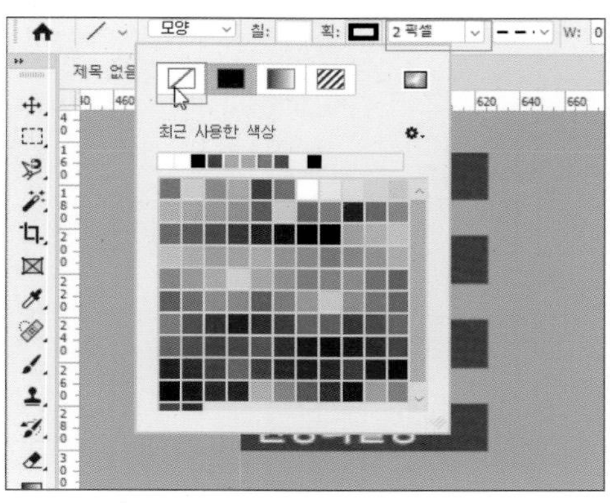

5. 점선 그리기

❶ 화살표 방향으로 드래그하여 점선을 만듭니다. ❷ 상부 옵션에서 획의 색상을 흰색으로 지정합니다.

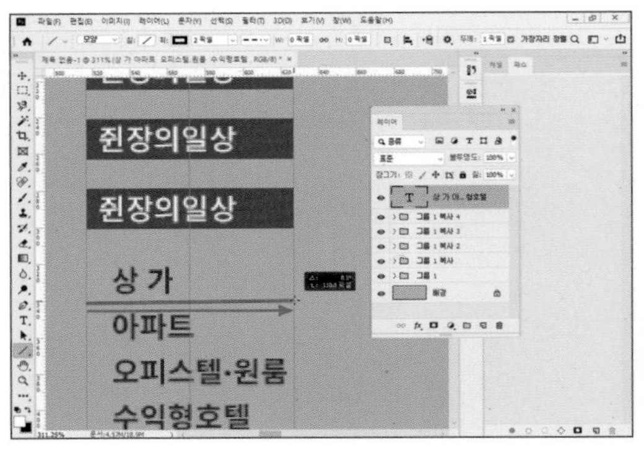

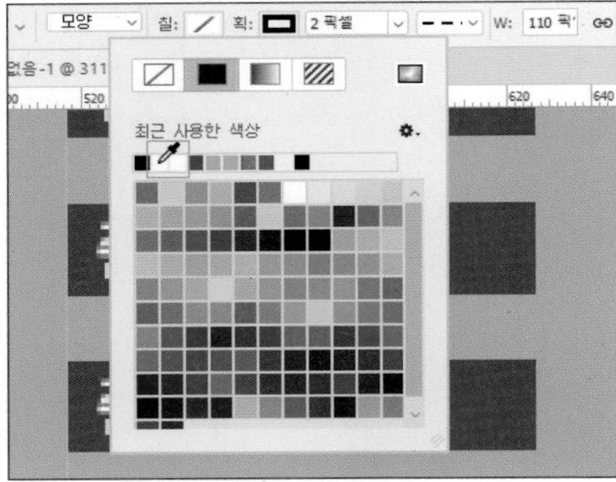

6. 점선 복사하기

❶ 객체를 복사하기 위해 이동 도구(V) 를 선택한 후 (Alt)를 누르고 아래 방향으로 드래그합니다. ❷ 같은 방법으로 (Alt)를 누르고 두 번 더 드래그하여 복사합니다.

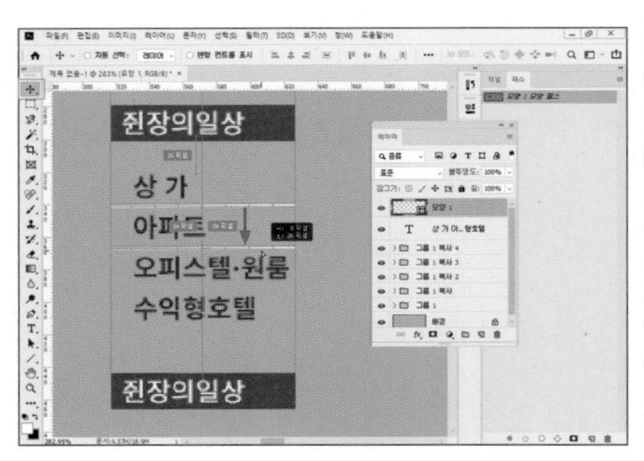

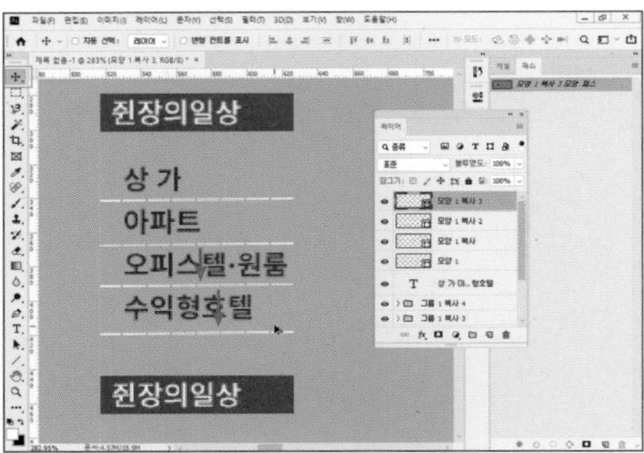

7. 이동하기

❶ 레이어를 모두 선택하기 위해 Shift를 누르고 [그룹 1] 레이어를 클릭합니다. ❷ 이동을 하기 위해 Ctrl+T를 누르고 상부 옵션에서 X:에 13픽셀을 입력한 후 이동 도구(V)를 클릭합니다.

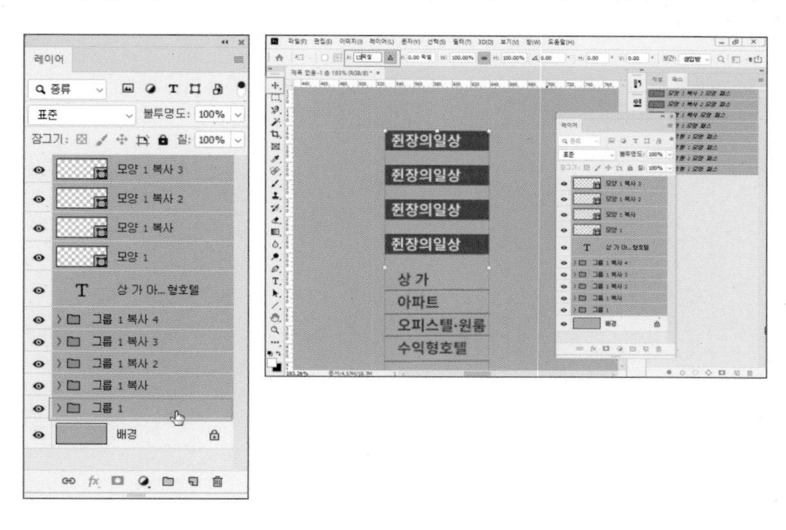

8. 문자 수정하기

❶ 문자를 수정하기 위해 수평 문자 도구(T)를 선택하고 맨 마지막 사각형 내부에 있는 문자 '쥔장의일상'을 '스마트하우스'로 변경합니다. ❷ 이동 도구(V)를 이용하여 오른쪽으로 조금 이동합니다.

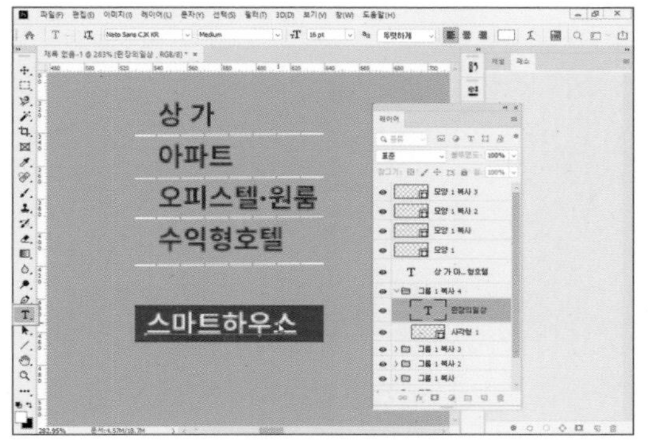

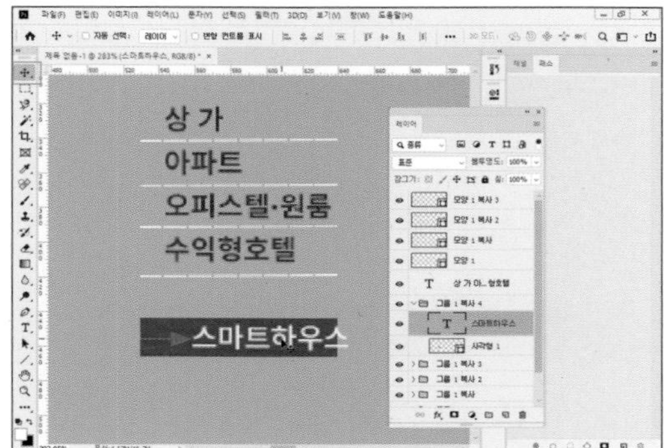

9. 자간 조정하기

❶ 도구상자에서 수평 문자 도구(T) T를 선택하고 드래그하여 문자를 선택합니다. ❷ 문자 대화상자에서 자간을 '-100'으로 설정하고 이동 도구(V) ✥를 클릭합니다. 만약 문자가 사각형을 벗어났다면 왼쪽으로 조금 이동합니다.

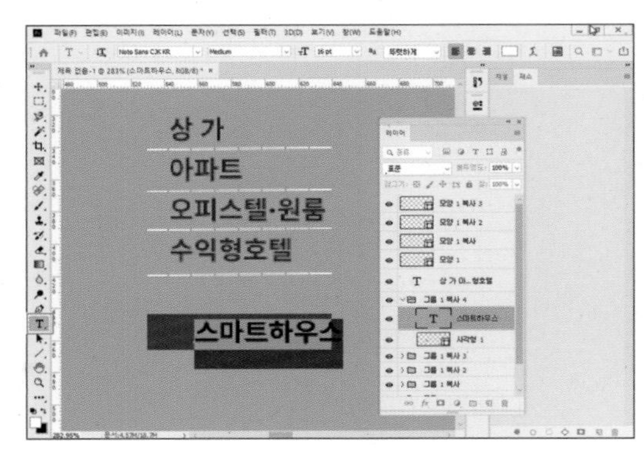

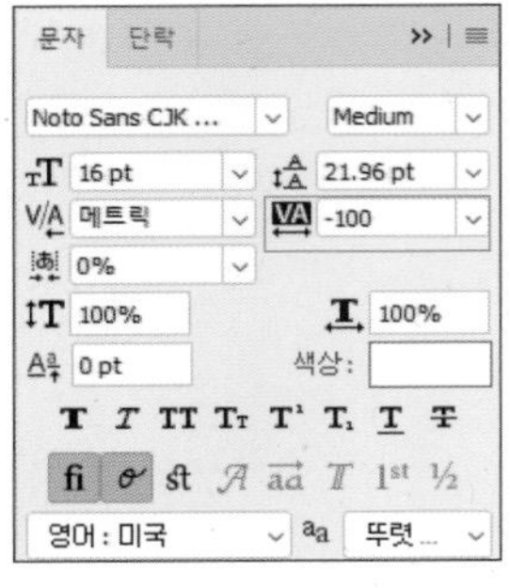

10. 아이콘 삽입하기

❶ 문자 앞에 아이콘을 삽입하기 위해 [파일] 메뉴에서 [포함 가져오기]를 선택합니다. 포함 가져오기 대화상자가 나타나면 sample 폴더에 있는 'house.png'를 선택하고 [가져오기] 버튼을 클릭합니다. ❷ 문자 앞으로 아이콘을 이동하고 Enter를 클릭합니다.

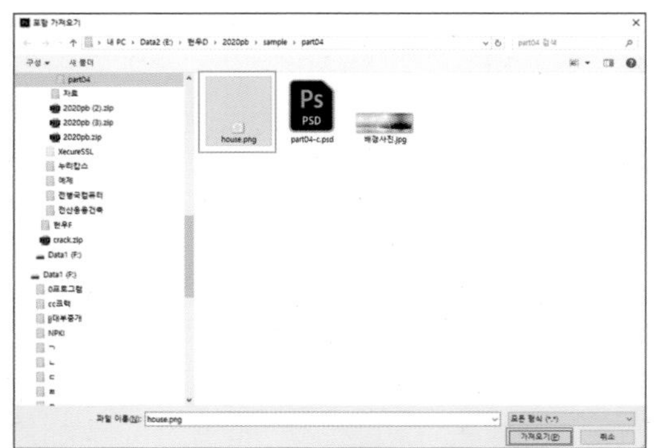

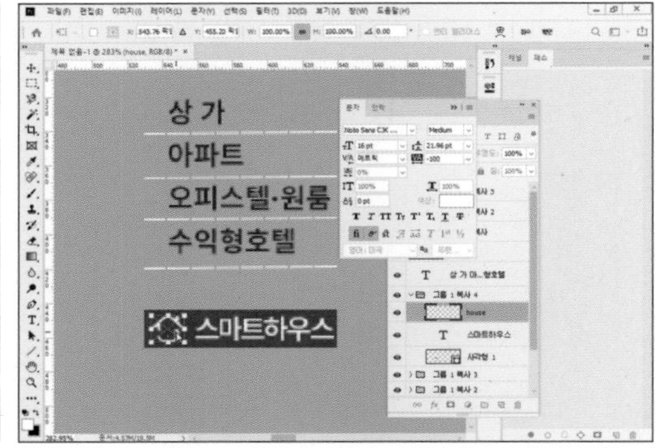

11. 캔버스 크기 조절하기

❶ 이미지를 화면에 꽉 채우기 위해 손 도구(H)를 더블클릭합니다. ❷ 이미지가 세로 방향으로 너무 크게 설정되었습니다. [이미지] 메뉴에서 [캔버스 크기]를 선택하고 캔버스 크기 대화상자가 나타나면 높이를 '499'로 변경한 후 기준을 중앙 상단에 지정한 다음 [확인] 버튼을 클릭합니다.

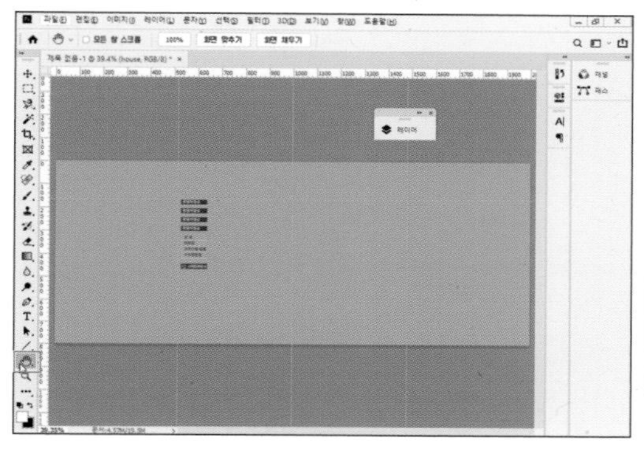

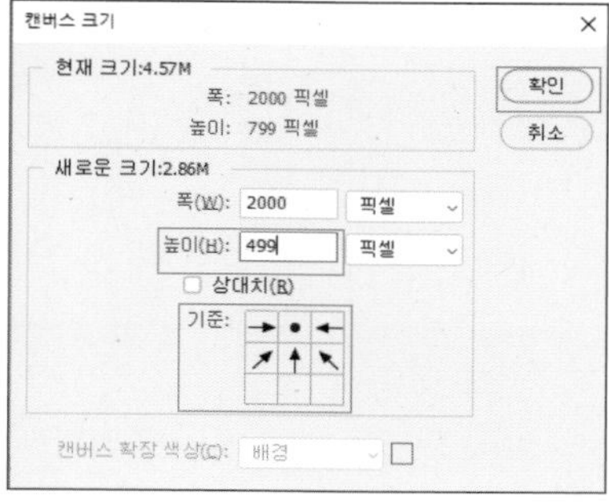

12. 확인하기

❶ Adobe Photoshop 대화상자가 나타나고 '새 캔버스 크기가 현재 캔버스 크기보다 작습니다. 일부가 잘립니다.'라는 메시지가 나오면 [계속] 버튼을 클릭합니다. ❷ 캔버스가 위 방향으로 줄어든 것을 확인할 수 있습니다.

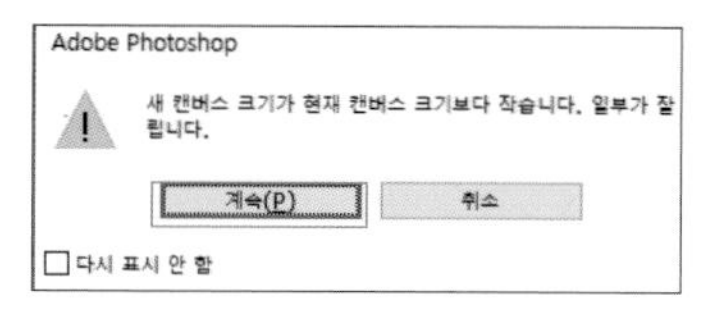

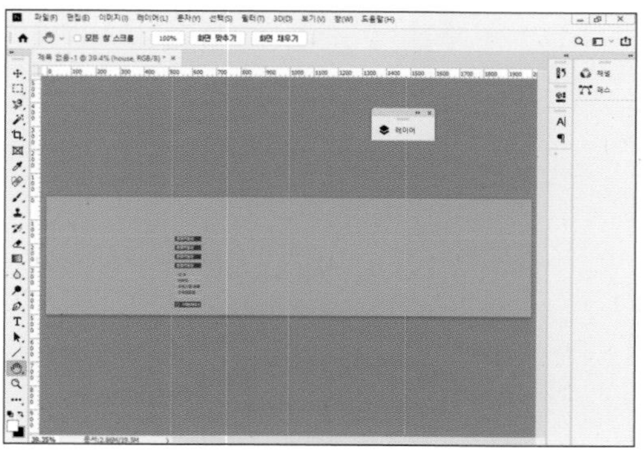

Section 04

완성하기

부동산의 헤드 타이틀, 상호, 연락처를 만들어 배경 이미지를 완성해보겠습니다. 배경 이미지의 분위기에 따라 문자의 크기, 위치, 색상을 지정해야 하며, 배경 이미지는 바탕색에 맞춰 자연스럽게 합성해야 합니다.

완성 파일 part03-4c.psd

완성된 블로그 배경 이미지

1. 배경 불러오기

❶ 수평 문자 도구(T)[T]를 이용하여 복사된 문구 '쥔장의일상'을 '맛집멋집', 'I LOVE 해운대', '부동산정보'로 변경합니다. ❷ 배경 이미지인 '배경사진.jpg'를 열고 이미지 전체를 선택하기 위해 Ctrl+A를 누른 후 Ctrl+C를 눌러 복사한 다음 Ctrl+W를 눌러 창을 닫습니다.

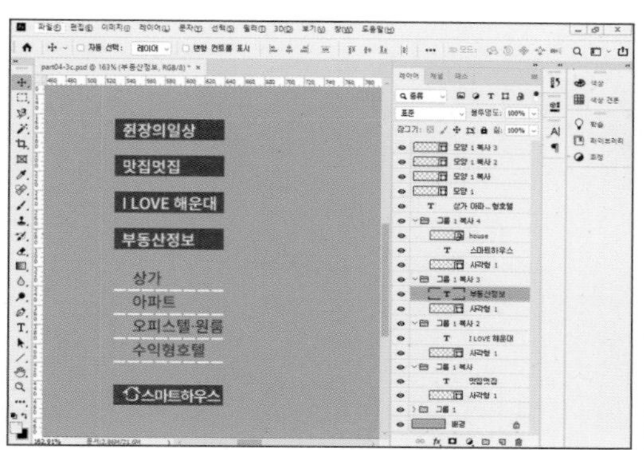

2. 붙여넣기

❶ 다시 작업하던 창이 나타나면 레이어 팔레트에서 배경 레이어를 선택하고 Ctrl+V를 눌러 복사한 이미지를 붙여 넣습니다. ❷ 배경 색상과 하늘 이미지를 자연스럽게 합성하기 위해 레이어 팔레트에서 레이어 마스크를 추가합니다[◘] 버튼을 클릭합니다.

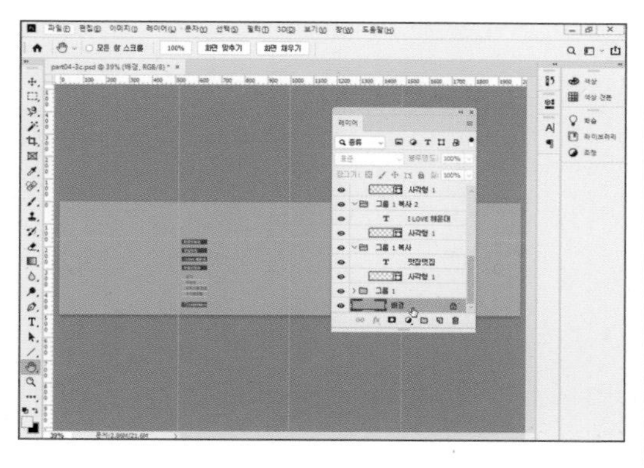

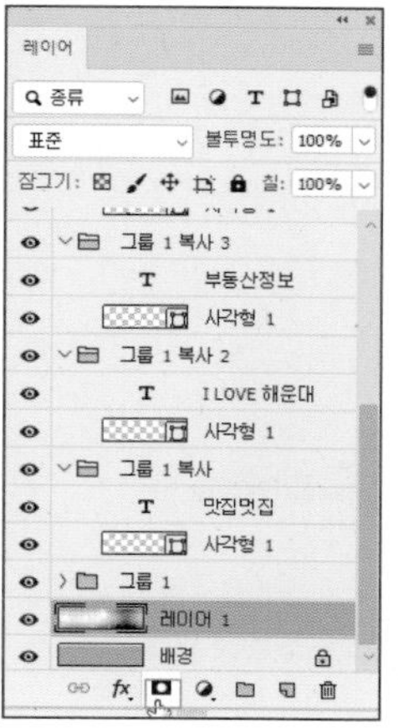

3. 그레이디언트 설정하기

❶ 도구상자에서 그레이디언트(G) 를 선택한 후 상부 옵션에 있는 그레이디언트 편집 을 클릭합니다. ❷ 그레이디언트 편집기 대화상자가 나타나면 사전 설정에 있는 두 번째 그레이디언트를 선택하고 [확인] 버튼을 클릭합니다.

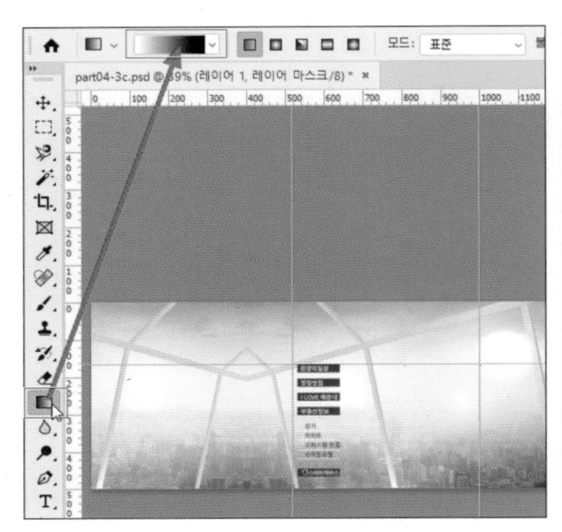

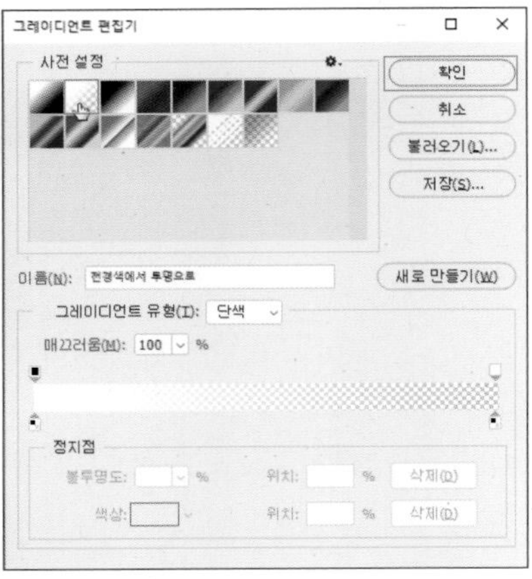

4. 합성하기

❶ 전경색, 배경색을 초기화하기 위해 (D)를 누르고 오른쪽에서 왼쪽 방향으로 드래그하여 자연스럽게 합성합니다. ❷ 레이어 팔레트에서 그룹 1에 있는 '뀐장의일상' 레이어를 선택합니다.

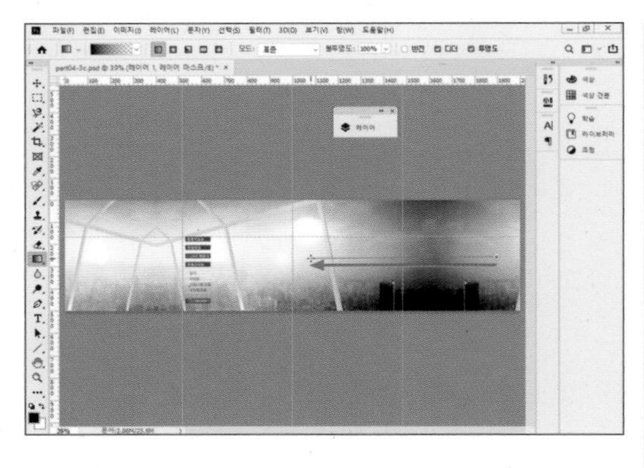

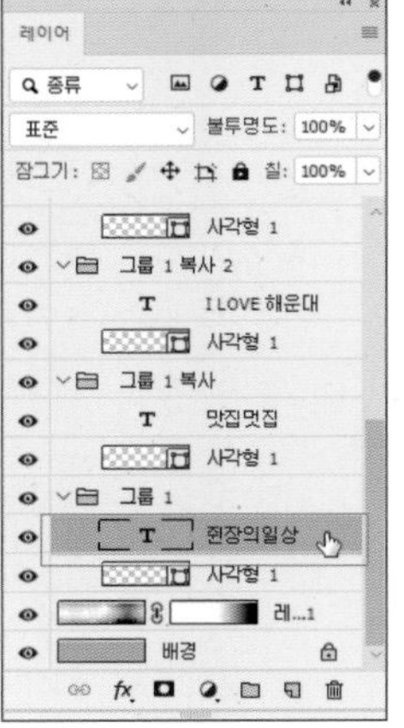

5. 문자 복사하기

❶ Ctrl+J를 눌러 레이어를 복사한 후 맨 위로 레이어를 이동하기 위해 Ctrl+Shift+]를 클릭합니다. ❷ 문자 색을 변경하기 위해 수평 문자 도구(T)를 선택하고 상부 옵션에서 [색상] 버튼을 클릭합니다.

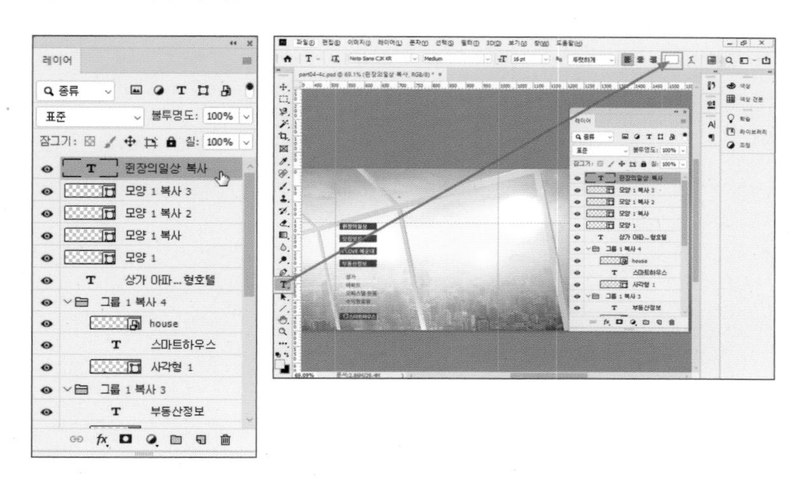

6. 이동하기

❶ 색상 피커(텍스트 색상) 대화상자가 나타나면 R:38, G:21, B:9를 입력하고 [확인] 버튼을 클릭합니다. ❷ 이동 도구(V)를 이용하여 화면 중앙에 있는 안내선이 교차하는 곳으로 이동합니다.

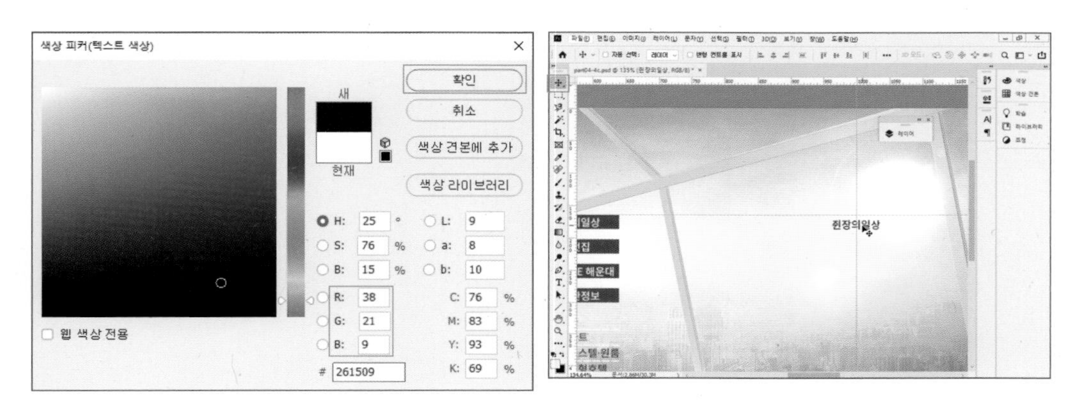

7. 문자 수정하기

❶ 수평 문자 도구(T) 를 이용하여 'DR'S Haeundae'로 문구를 수정하고 ❷ 다음 줄에 '해운대박사의 부동산정보'를 입력합니다.

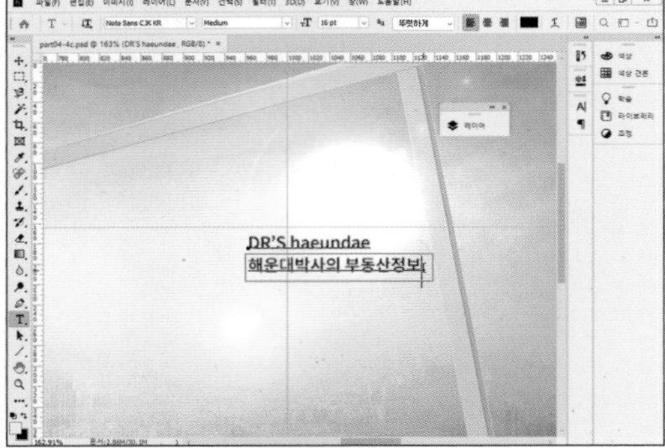

8. 선 그리기

❶ 문자의 크기와 자간을 조정하고 ❷ 선 도구(U) 를 이용하여 2개의 선을 만듭니다.

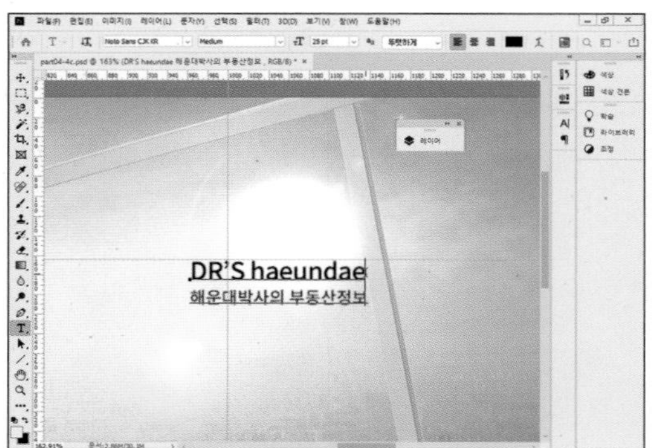

9. 저장하기

❶ 타이틀 문자와 등록번호, 전화번호를 입력합니다. 크기, 색상, 위치는 자유롭게 설정합니다. ❷ 배경 이미지를 저장하기 위해 [파일] 메뉴에서 [내보내기]를 선택하고 [웹용으로 저장(레거시)]를 선택합니다. 사전 설정에 있는 JPEG를 선택하고 최대값을 지정한 후 [저장] 버튼을 클릭합니다. 최적화 다른 이름으로 저장 대화상자가 나타나면 이름과 경로를 지정하고 배경 이미지를 저장합니다.

Section
05 카피라이트 만들기

블로그 하단 영역에 배치할 카피라이트를 만들어보겠습니다. 카피라이트는 상호, 연락처, 이메일 주소 등의 정보가 담긴 것으로, 글을 모두 읽고 난 다음 노출되므로 가급적 가독성을 높인 색상과 문자를 배열하는 것이 좋습니다.

완성 파일 part03-5c.psd

해운대 알파부동산 | 전화상담 010-2222-6999

완성된 카피라이트

1. 크기 지정하기

❶ 포토샵을 실행하고 새로운 이미지를 만들기 위해 [파일] 메뉴에서 [새로 만들기]를 선택하거나 Ctrl+N을 클릭합니다. 새로 만들기 문서 대화상자가 나타나면 폭에 982픽셀, 높이 50픽셀, 해상도 72픽셀/인치를 선택합니다. ❷ 배경색을 지정하기 위해 배경 내용 항목 오른쪽에 있는 흰색 버튼을 클릭합니다. 색상 피커(새 문서 배경색) 대화상자가 나타나면 R:231, G:0, B:18로 설정하고 [확인] 버튼을 클릭합니다.

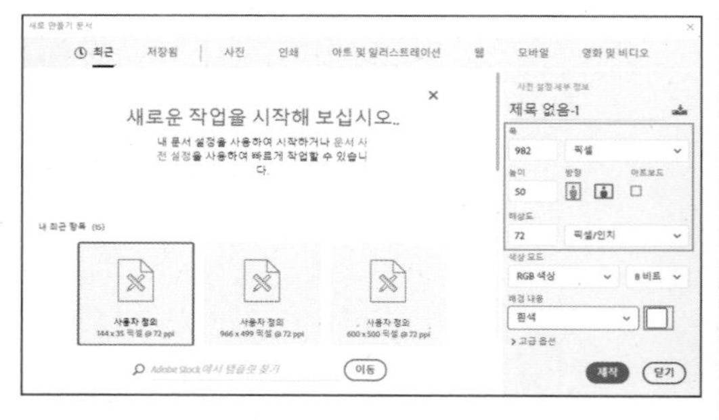

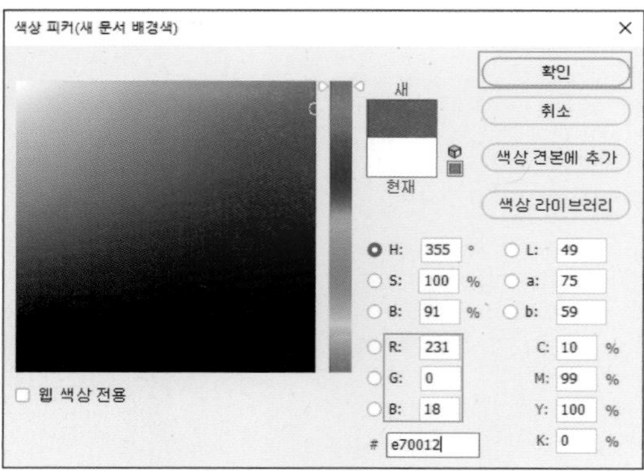

2. 테두리선 만들기

❶ Ctrl+A를 눌러 전체 영역을 선택한 다음 [편집] 메뉴의 [획]을 선택합니다. ❷ 획 대화상자가 나타나면 획의 폭을 1픽셀, 색상은 연한 회색, 위치는 안쪽으로 지정하고 [확인] 버튼을 클릭합니다.

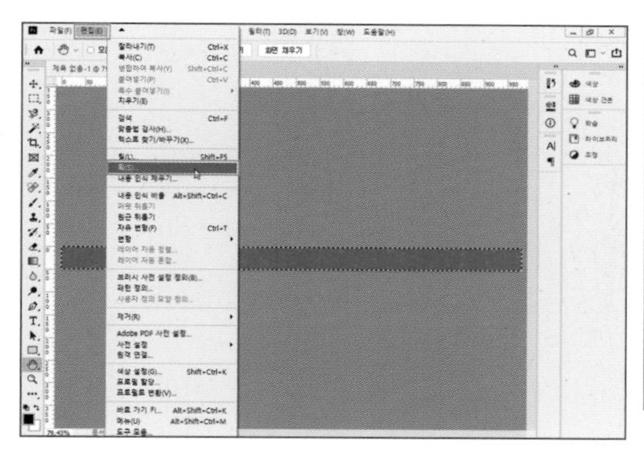

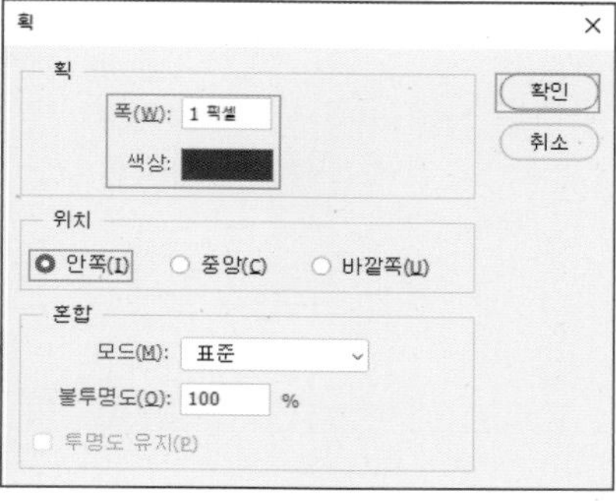

TIP 획 위치

선택 영역을 기준으로 안쪽, 중앙, 바깥쪽에 선(획)을 만들 수 있습니다. 안쪽은 선택 영역 내부에, 중앙은 선택영역 안과 바깥쪽에, 바깥쪽은 선택영역 밖에 획을 만듭니다.

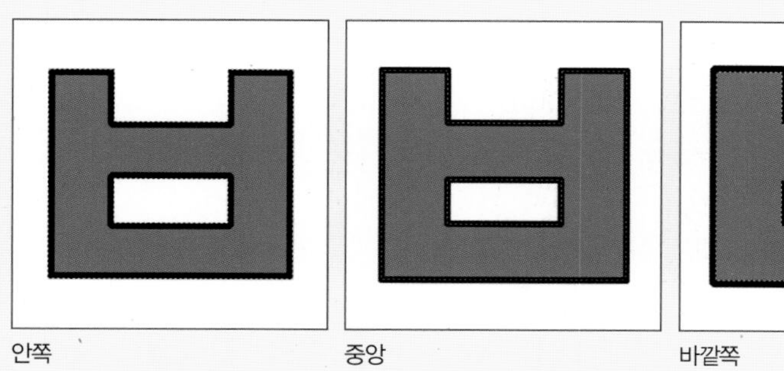

안쪽 중앙

바깥쪽

3. 로고 삽입하기

❶ 로고를 삽입하기 위해 [파일] 메뉴에서 [포함 가져오기]를 선택합니다. 포함 가져오기 대화상자가 나타나면 sample 폴더에 있는 'logo.jpg'를 선택하고 [가져오기] 버튼을 클릭합니다. ❷ 로고를 이미지의 왼쪽에 위치시키고 크기를 조정한 후 Enter를 누릅니다.

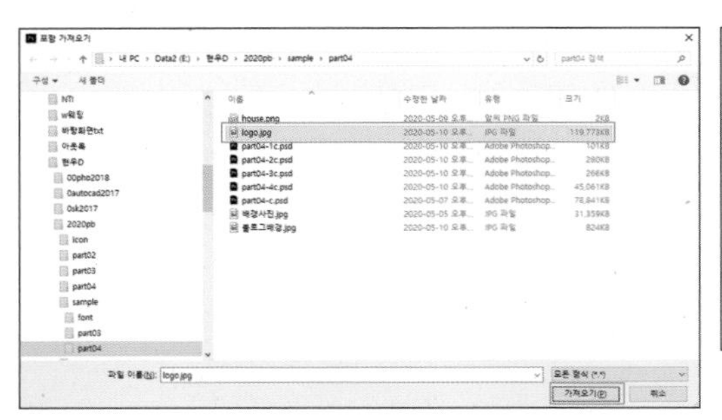

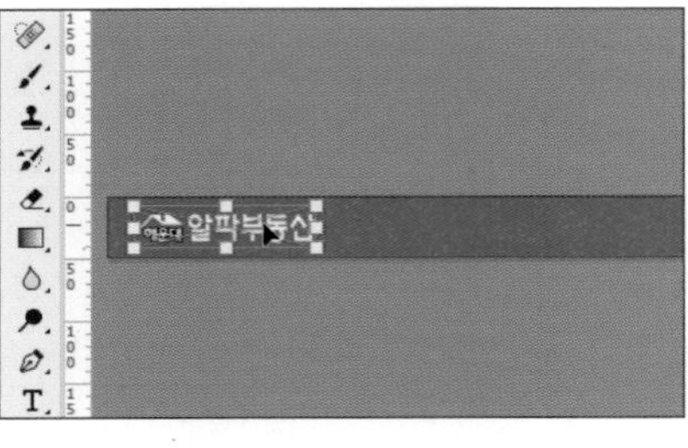

4. 구분선 만들기

❶ 새로운 레이어를 만들기 위해 Ctrl+Shift+N을 누르고 새 레이어 대화상자가 나타나면 이름에 '세로선'을 입력한 후 [확인] 버튼을 클릭합니다. ❷ 도구상자에서 단일 열 선택 윤곽도구 를 선택하고 화면의 가운데 지점을 클릭합니다.

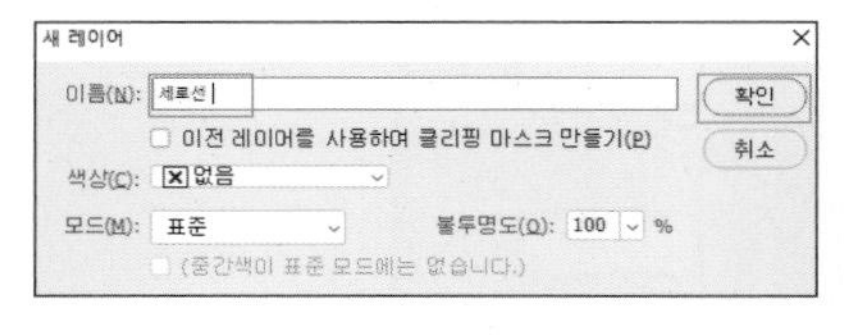

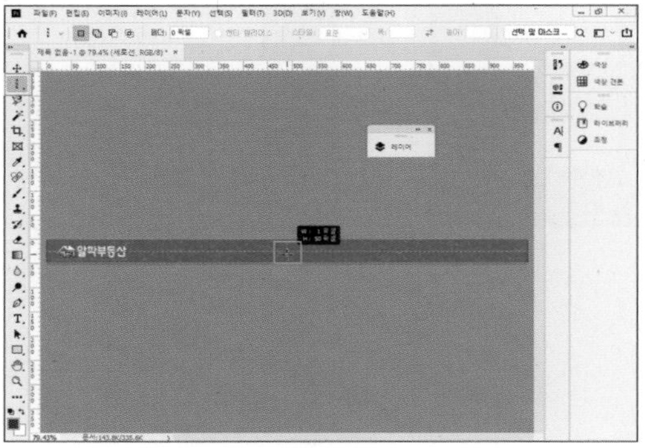

5. 색상 지정하기

❶ 전경색과 배경색을 초기화하기 위해 D를 누르고 배경색으로 색을 채우기 위해 Ctrl+Delete를 누릅니다. Ctrl+W를 눌러 선택을 해제합니다. ❷ Ctrl+T를 눌러 크기를 조절하고 Alt를 눌러 가운데를 기준으로 조절합니다. Shift를 누른 다음 직각 방향으로 조절한 후 아랫방향으로 조금 줄여주고 Enter를 누릅니다.

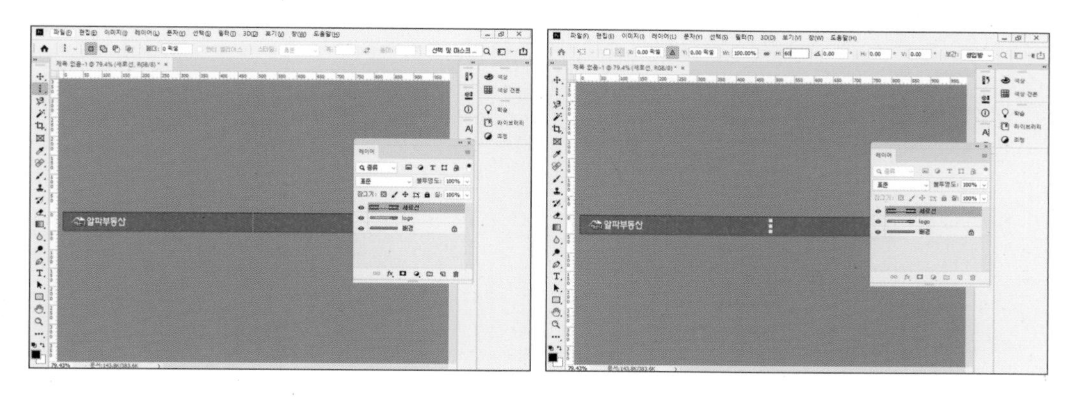

6. 문자 입력하기

❶ 세로 선 레이어의 불투명도를 60%로 설정합니다. ❷ 수평 문자 도구(T) T를 이용하여 전화번호를 입력하고 화면의 우측에 배치합니다. [파일] 메뉴의 [내보내기]를 선택하고 [웹용으로 저장(레거시)]을 이용하여 JPEG 파일 포맷으로 저장합니다.

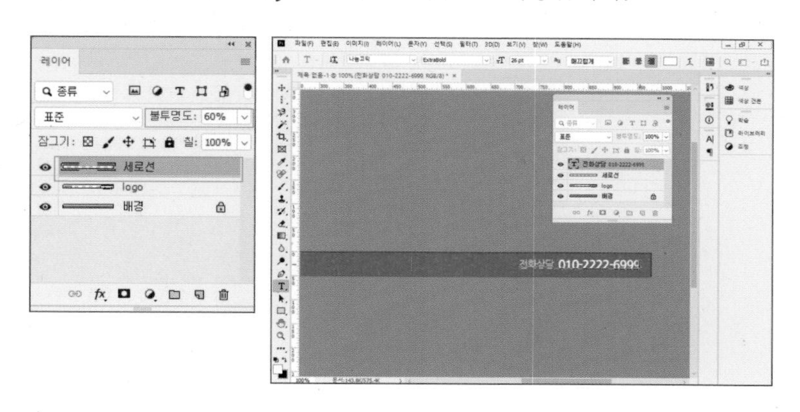

Section

06

스킨 배경 적용하고 링크 걸기

스킨 배경을 블로그에 적용하고 각 메뉴에 해당하는 카테고리에 링크를 걸어보겠습니다. 링크를 걸기 위해 HTML 코딩을 이용합니다. 드림위버(DreamWeaver)를 이용하여 링크를 걸고 위젯에 적용해보겠습니다.

스킨 배경과 카테고리 링크가 적용된 블로그 메인 화면

1. 스킨 배경 적용하기

❶ 인터넷 익스플로러 를 실행하고 네이버에 로그인합니다. 로그아웃 하단에 있는 [블로그]를 클릭한 후 [내 블로그]를 클릭합니다. 블로그의 세부 디자인을 변경하기 위해 프로필 영역 아래에 있는 [관리]를 클릭합니다. ❷ 블로그 관리 꾸미기 설정 탭에서 디자인 설정 하위 항목인 [세부 디자인 설정]을 클릭합니다. 리모콘의 [스킨 배경]을 선택하고 상단 영역의 [직접등록] 탭에서 [파일 등록] 버튼을 클릭합니다.

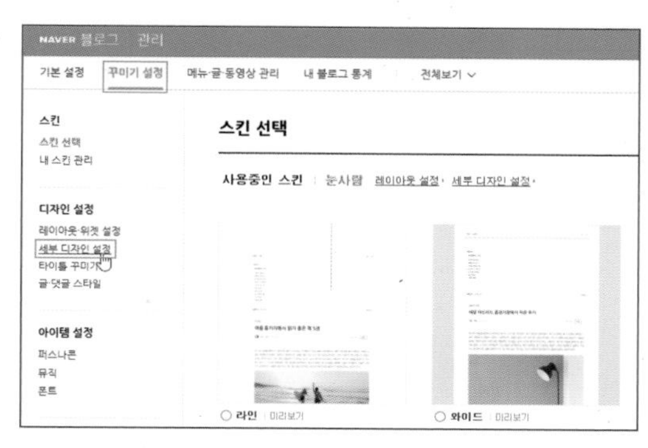

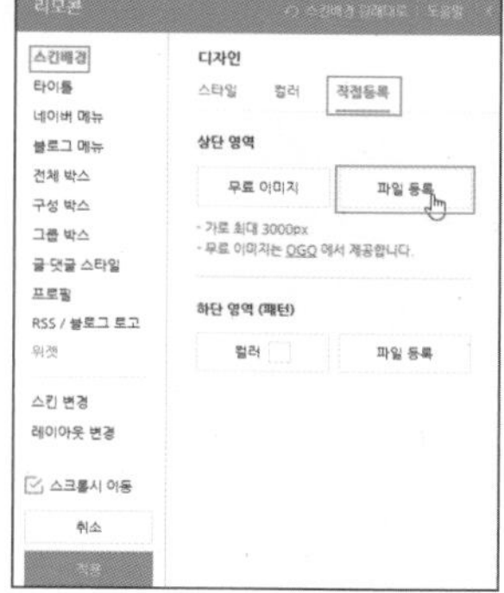

2. 타이틀 크기 지정하기

❶ 업로드할 파일 선택 대화상자가 나타나면 sample 폴더에 있는 '블로그배경.jpg'를 선택하고 [열기] 버튼을 클릭합니다. ❷ 타이틀 영역의 세로 크기를 지정하기 위해 리모콘에서 타이틀을 선택하고 영역 높이를 50으로 설정한 후 [적용] 버튼을 클릭합니다.

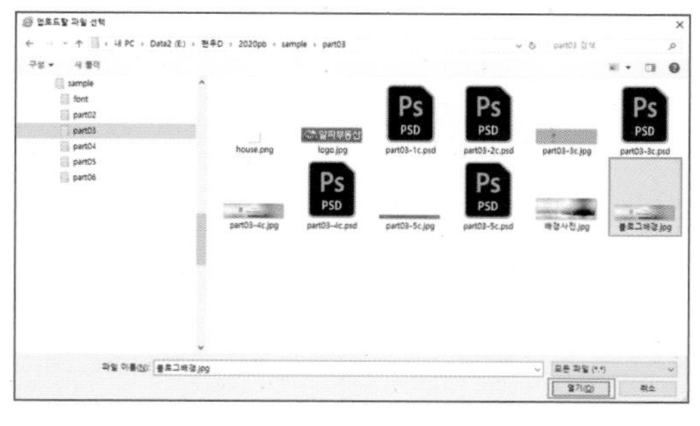

3. 위젯 설정하기

❶ 세부 디자인 적용 창이 나타나면 [적용] 버튼을 클릭합니다. ❷ 위젯 설정을 변경하기 위해 다시 한 번 블로그 관리에서 [꾸미기 설정] 탭의 [디자인 설정] 하위 항목에 있는 [레이아웃 · 위젯 설정]을 클릭합니다.

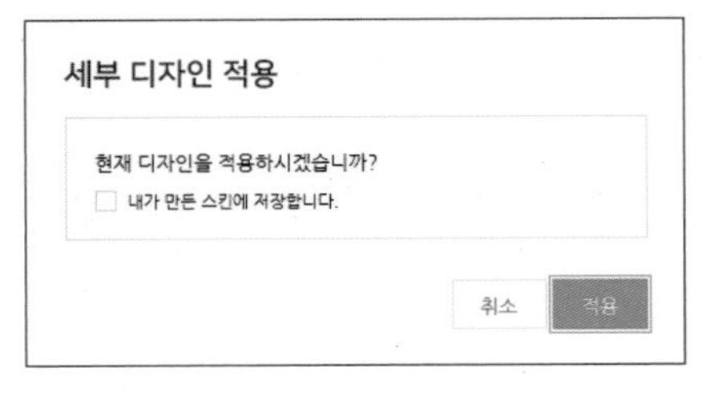

4. 위젯 숨기기

❶ 레이아웃 · 위젯 설정이 나타나면 5에 해당하는 위젯의 × 버튼을 누릅니다. ❷ 같은 방법으로 2, 3, 4 위젯도 숨깁니다.

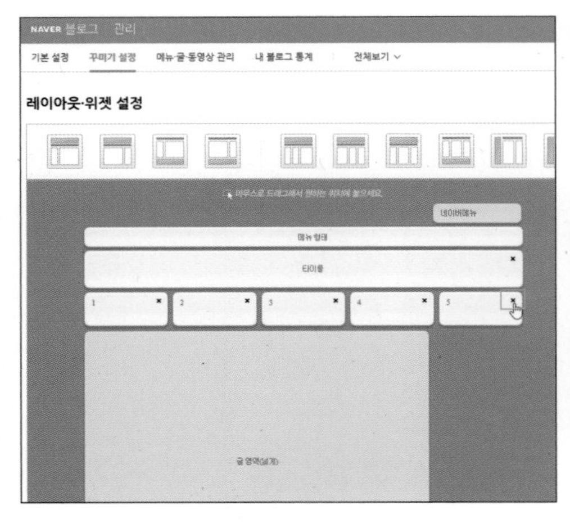

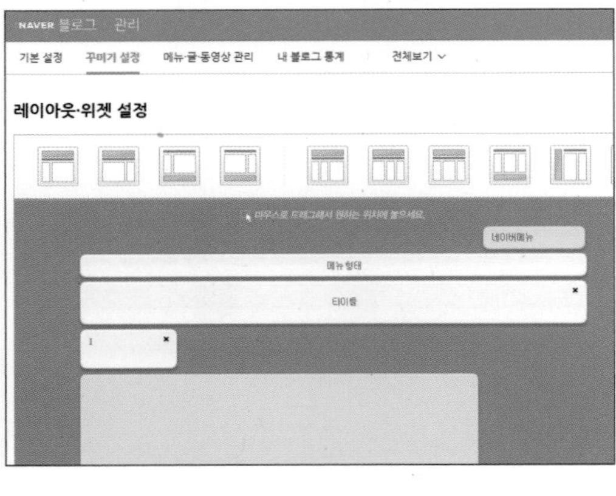

5. 위젯 수정하기

❶ 위젯 사용 설정에서 1 위젯의 [EDIT]을 클릭합니다. ❷ 투명 위젯의 크기를 조절하기 위해 img 소스에 있는 height를 370으로 변경하고 [다음] 버튼을 클릭합니다.

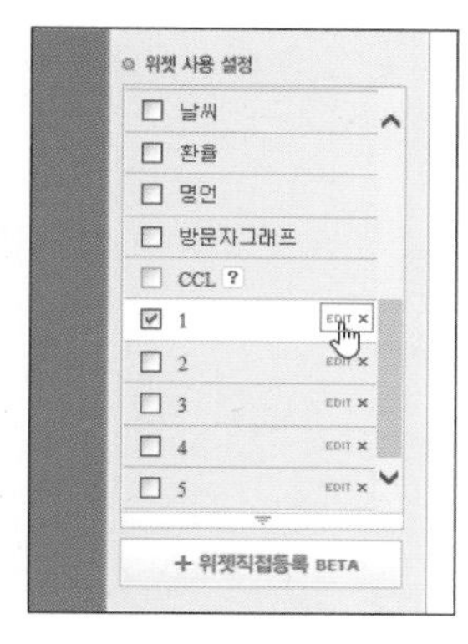

6. 반영하기

❶ 미리보기 화면이 나타나면 [수정] 버튼을 클릭합니다. ❷ '정상적으로 반영되었습니다.'라는 웹 페이지 메시지가 나타나면 [확인] 버튼을 클릭합니다.

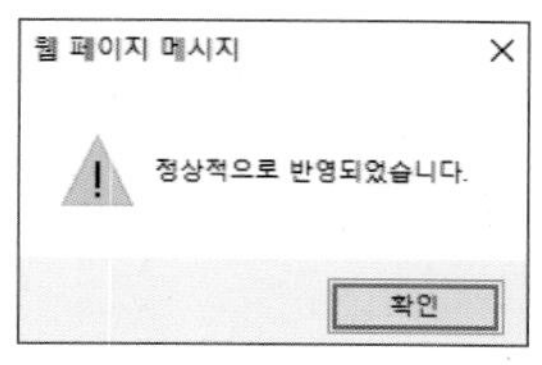

7. 적용하기

❶ 레이아웃 설정을 변경하기 위해 화면 아래에 있는 [적용] 버튼을 클릭합니다. ❷ 다시 한 번 웹 페이지 메시지 대화상자가 나타나면 [확인] 버튼을 클릭합니다.

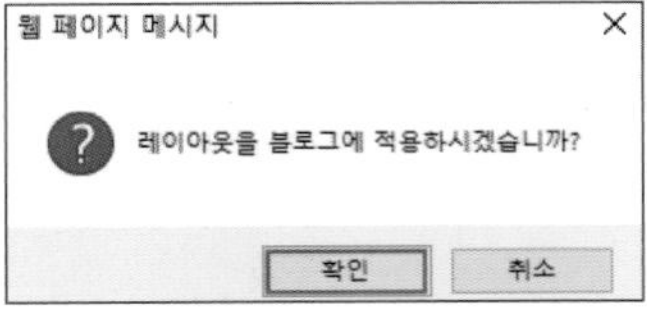

8. 카테고리 이름 변경하기

❶ 카테고리를 변경하기 위해 프로필 영역 하단에 있는 [관리]를 클릭합니다. ❷ 블로그 관리에서 [메뉴 · 글 · 동영상 관리] 탭을 클릭하고 메뉴 관리에서 [블로그]를 클릭합니다. ❸ 카테고리 전체보기의 [교회소개]를 클릭하고 오른쪽에 있는 카테고리명을 '권장의일상'으로 변경합니다.

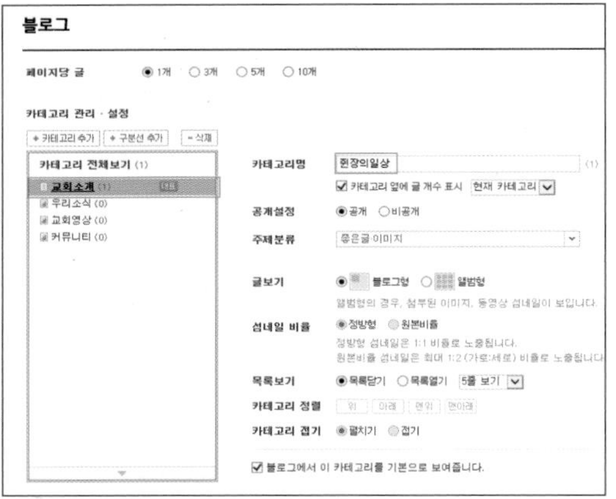

9. 카테고리 추가하기

❶ 카테고리명을 '맛집멋집', 'I LOVE 해운대', '부동산정보'로 변경하고 카테고리 전체보기를 선택한 다음 위에 있는 [카테고리 추가] 버튼을 클릭합니다. ❷ 카테고리명을 '스마트하우스'라고 입력합니다.

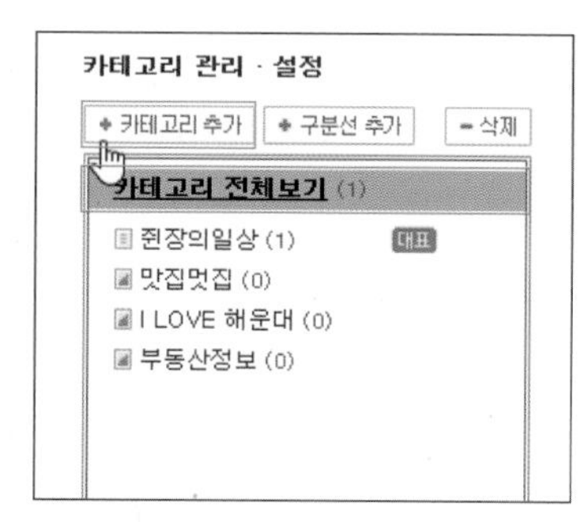

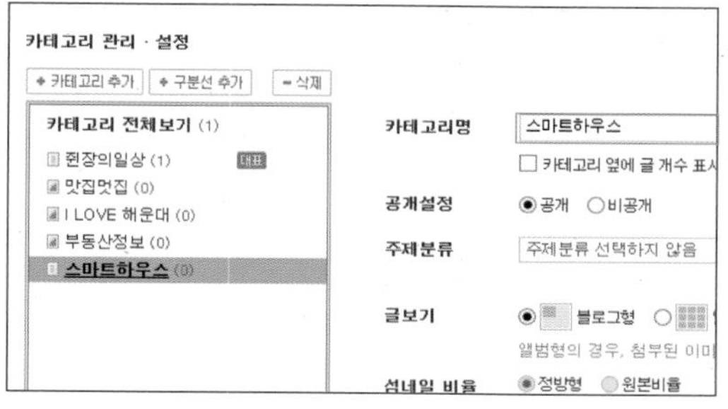

10. 서브 카테고리 추가하기

❶ [I LOVE 해운대] 카테고리를 클릭하고 [카테고리 추가] 버튼을 클릭합니다. ❷ 카테고리명에 '상가'를 입력하고 '카테고리 옆에 글 개수 표시' 항목에 체크, 공개설정은 공개, 주제분류는 일상 · 생각, 글보기 형태는 앨범형으로 설정합니다.

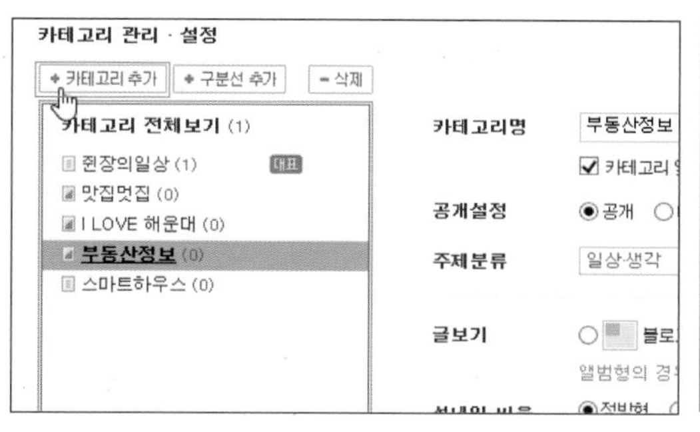

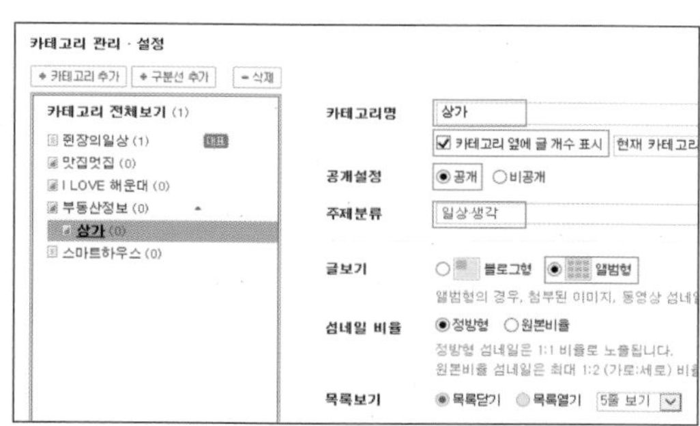

11. 반영하기

❶ 같은 방법으로 부동산정보 카테고리에 서브 카테고리를 추가하고 아래에 있는 [확인] 버튼을 클릭합니다. ❷ '성공적으로 반영되었습니다.'라는 메시지가 나타나면 [확인] 버튼을 클릭합니다. 우측 상단에 있는 [내 블로그]를 클릭합니다.

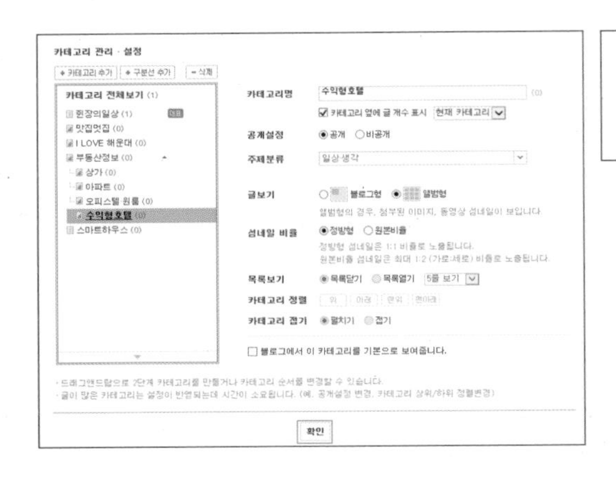

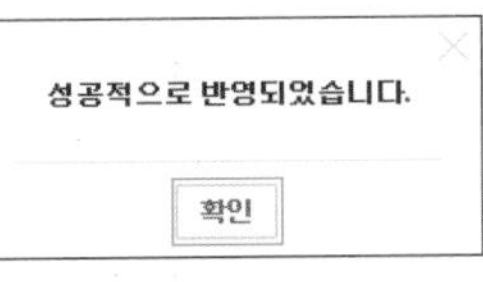

12. 드림위버 실행하기

❶ HTML 문서를 편집할 수 있는 어도비 드림위버(Adobe Dreamweaver)를 실행합니다. 버전과 관계없이 공통적인 기능을 사용하기 때문에 버전은 중요하지 않습니다. ❷ New Document 대화상자가 나타나면 [Create] 버튼을 클릭합니다. New Document 대화상자가 나타나지 않을 경우 [File] 메뉴에서 [New]를 선택합니다.

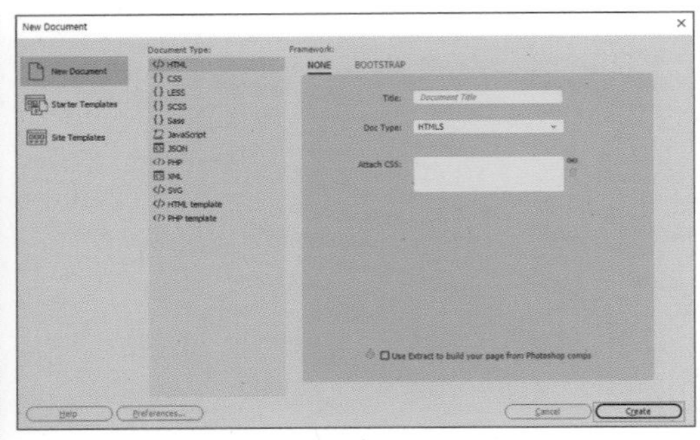

TIP

드림위버(Dreamweaver)란?

드림위버는 홈페이지나 쇼핑몰 제작 시 HTML 소스를 생성하거나 수정할 때 사용하는 프로그램입니다. 디자인 화면과 코딩 화면을 구분하여 볼 수 있어서 웹 에이전시(홈페이지 제작업체)에서 대표적으로 사용하기도 합니다.

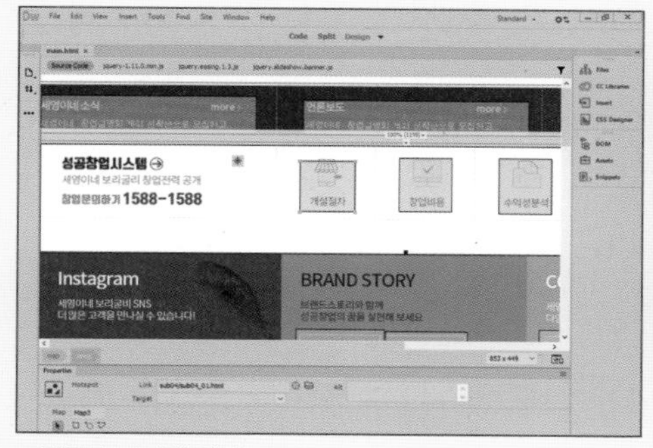

드림위버 디자인 화면

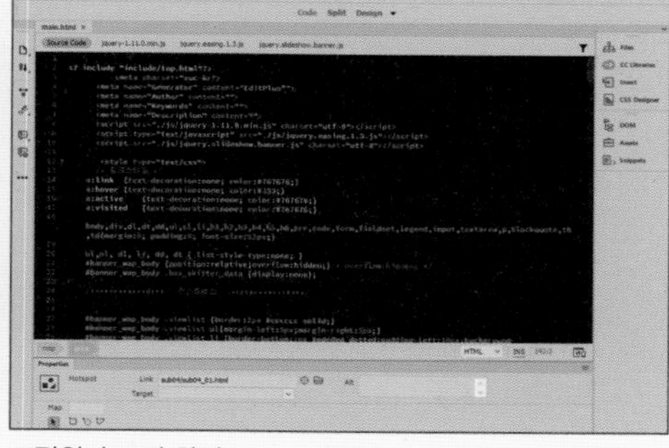

드림위버 코딩 화면

13. 캡처하기

❶ 화면 캡처 툴을 이용하여 위젯 영역을 캡처해야 합니다. 일반적으로 많이 사용하는 공개용 프로그램인 알툴바를 다운받아 설치합니다(알툴바가 아닌 다른 캡처 프로그램을 사용해도 됩니다). 캡처 메뉴에서 [단위영역]을 선택하고 ❷ 블로그 메뉴가 보이는 위젯 영역을 클릭합니다.

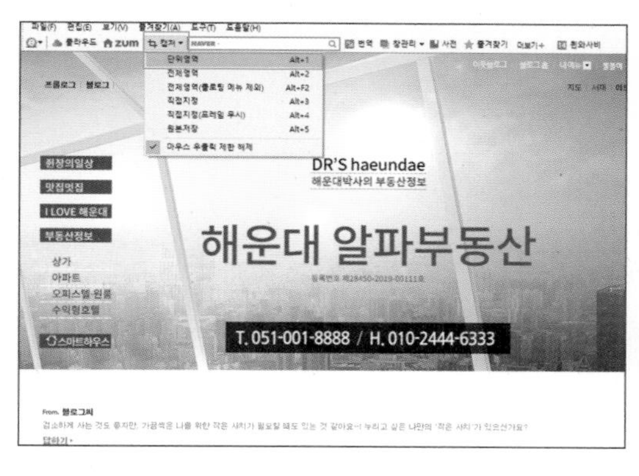

14. 저장하기

❶ 미리보기 화면이 나타나면 [저장] 버튼을 클릭합니다. ❷ 원하는 폴더에 원하는 파일명을 입력한 후 jpg 포맷으로 저장합니다. 실제로 사용하지 않고 HTML 소스만을 사용하기 때문에 임의로 지정해도 됩니다.

15. 경로 저장하기

❶ 카테고리 경로를 파악하기 위해 [권장의일상] 카테고리를 Shift를 누른 상태로 클릭합니다. 새 창이 열리면서 인터넷 익스플로러 주소창에 카테고리 경로가 보이는 것을 확인할 수 있습니다. ❷ 카테고리 경로를 모두 선택하고 Ctrl+C를 눌러 복사합니다. 메모장을 열어 Ctrl+V를 눌러 붙여넣기합니다.

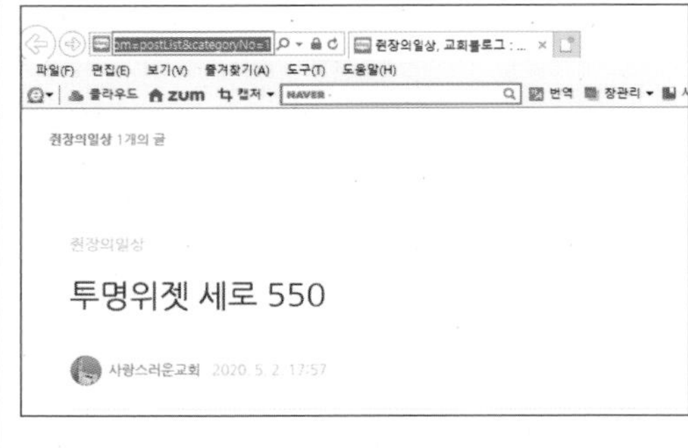

16. 이미지 불러오기

❶ 드림위버 화면을 선택하고 [Insert] 메뉴에서 [Image]를 선택합니다. 만약 화면 모드가 Code 또는 Split으로 설정되어 있다면 Design 모드를 선택합니다. ❷ Select Image Source 대화상자가 나타나면 캡처한 파일을 선택한 후 [OK] 버튼을 클릭합니다.

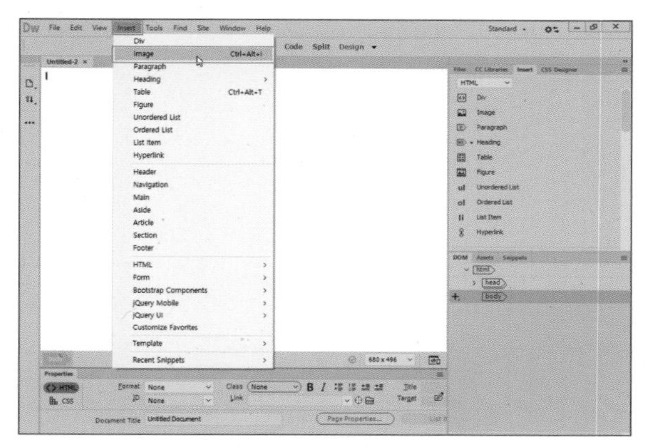

17. 링크 영역 지정하기

❶ 파일을 저장하기 위해 [File] 메뉴에서 [Save]를 선택하고 원하는 경로에 파일명을 임의로 지정한 후 [저장] 버튼을 클릭합니다. HTML 소스만을 사용하기 때문에 파일명과 경로는 중요하지 않습니다. ❷ 이미지를 클릭합니다. Properties 대화상자에서 Rectangle HotSpot Tool 버튼을 클릭하고 이미지 위에 있는 쥔장의일상 영역을 드래그합니다.

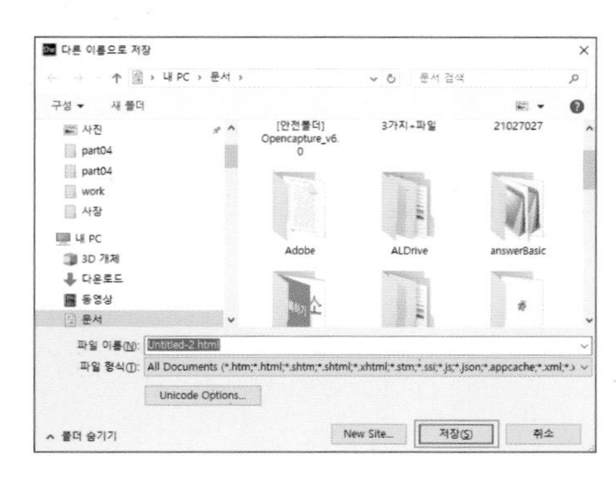

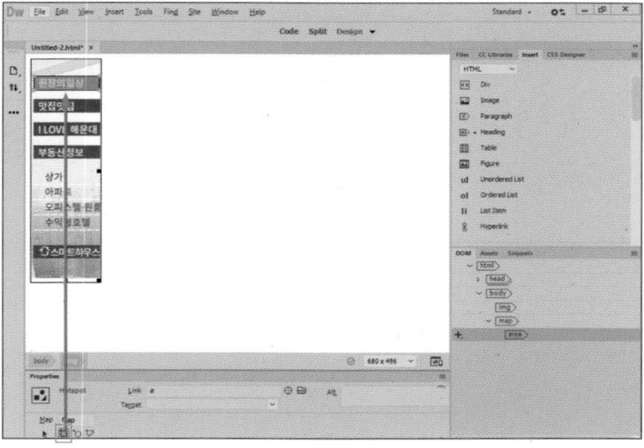

18. 링크 걸기

❶ 앞에서 복사한 쥔장의일상 카테고리 경로를 링크하기 위해 Properties 대화상자의 [Link]를 클릭하고 Ctrl+V를 눌러 복사한 경로를 붙여넣기합니다. ❷ 현재 창에서 페이지가 열리도록 Target을 _top으로 설정합니다.

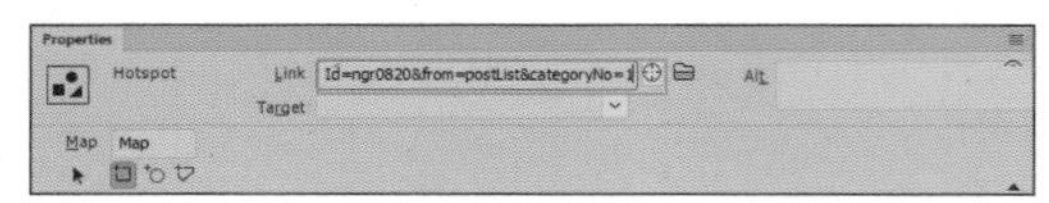

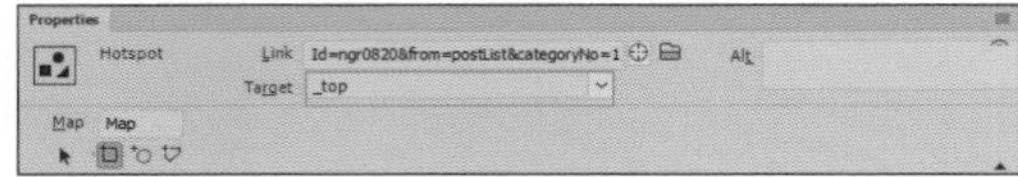

19. 코드 보여주기

❶ 같은 방법으로 해당 메뉴에 해당 카테고리를 링크합니다. ❷ HTML 소스를 보여주기 위해 [View] 메뉴에서 [Code]에 체크합니다.

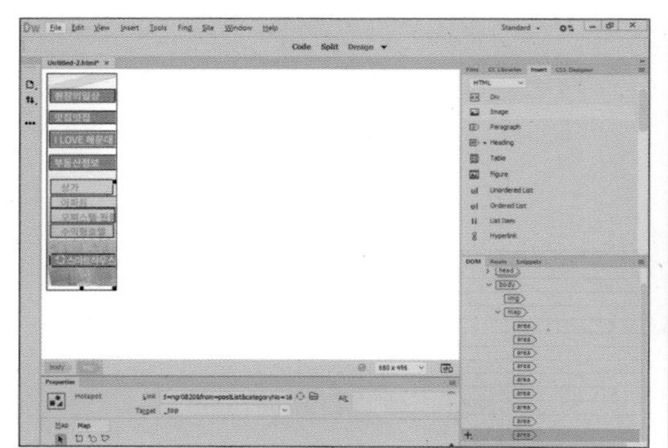

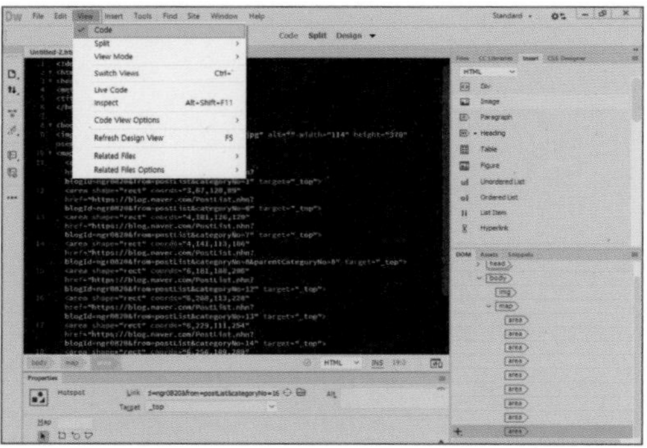

TIP 알툴바 설치하기

대표적인 화면 캡처 프로그램인 알툴바는 홈페이지 https://www.altools.co.kr/에 접속하여 [다운로드]를 클릭한 후 다운받아 설치합니다.

20. 소스 복사하기

❶ HTML code source가 보이면 〈map name="Map"〉 다음부터 〈/map〉까지 드래그하고 Ctrl +C를 눌러 복사합니다. ❷ 드림위버에서 만든 소스를 위젯에 적용하기 위해 프로필 영역 하단에 있는 [관리]를 클릭합니다. 블로그 관리의 꾸미기 설정 탭의 디자인 설정 메뉴의 [레이아웃 · 위젯 설정]을 클릭합니다.

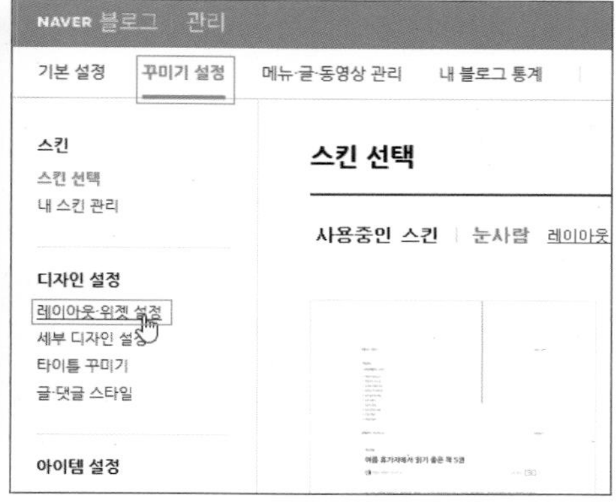

21. 소스 수정하기

❶ HTML 소스를 수정하기 위해 위젯 사용 설정에서 1의 [EDIT]을 클릭합니다. ❷ 위젯 설정에서 〈map name="Map"〉 다음부터 〈/map〉까지 드래그하여 선택하고 Delete를 눌러 삭제합니다.

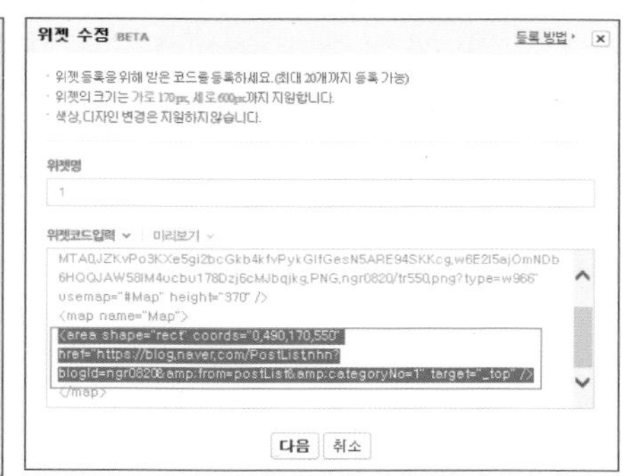

22. 소스 붙여넣기

❶ 드림위버에서 복사한 소스를 붙여넣기 위해 Ctrl+V를 누르고 [다음] 버튼을 클릭합니다.
❷ 위젯 수정이 나타나면 [수정] 버튼을 클릭합니다.

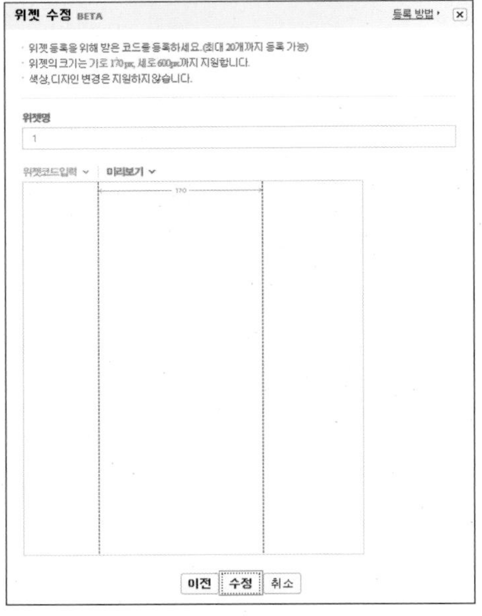

23. 적용하기

❶ '정상적으로 반영되었습니다.'라는 웹 페이지 메시지가 나타나면 [확인] 버튼을 클릭합니다.
❷ [적용] 버튼을 누르고 '레이아웃을 블로그에 적용하시겠습니까?'라는 웹 페이지 메시지가 나타나면 [확인] 버튼을 클릭합니다.

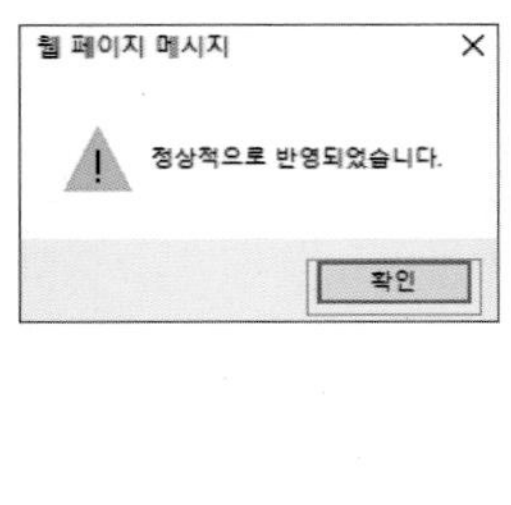

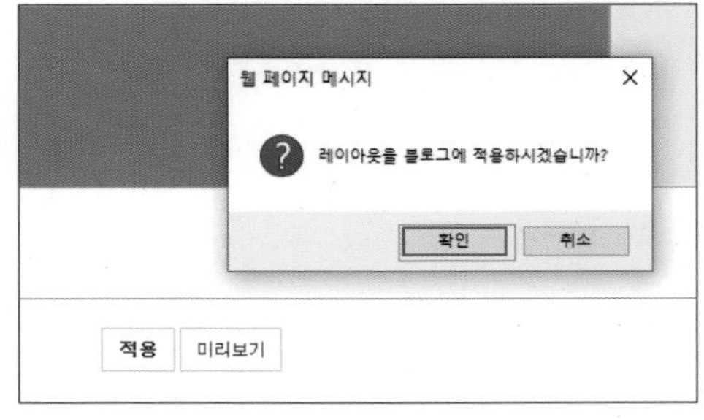

24. 링크 확인하기

❶ 블로그 배경 이미지 부동산 정보의 [아파트] 메뉴를 클릭합니다. 링크가 걸리면 손가락 모양의 아이콘이 나타납니다. ❷ 부동산 정보 카테고리의 아파트 카테고리 페이지가 나타나는 것을 확인할 수 있습니다.

25. 프로필 변경하기

프로필 영역의 [EDIT]을 클릭하여 프로필 사진을 변경합니다. 부동산 관련 블로그에서는 신뢰도를 높이기 위해 공인중개사의 사진을 프로필로 사용하는 경우가 많습니다.

Section

07

카피라이트 적용하기

블로그 전체 영역 하단에 포토샵으로 디자인한 카피라이트를 적용해보겠습니다. 길게 쓰여진 포스팅을 모두 읽고 나서 글을 쓴 블로거의 연락처를 확인하려고 하면 전화번호나 이메일을 찾기 어려울 수 있습니다. 이러한 경우 블로그 맨 하단에 카피라이트를 적용하면 편리하게 연락처를 노출할 수 있습니다.

블로그 하단에 적용된 카피라이트

1. 하단 영역 지정하기

❶ 프로필 영역 하단에 있는 [관리]를 누르고 블로그 관리에서 [꾸미기 설정] 탭의 [디자인 설정] 메뉴에 있는 [세부 디자인 설정]을 클릭합니다. 리모콘의 전체 박스를 선택하고 하단 영역의 높이에 50을 입력한 후 [파일 등록] 버튼을 클릭합니다. ❷ 업로드할 파일 선택 대화상자가 나타나면 sample 폴더에서 'part03-5c.jpg'를 선택하고 [열기] 버튼을 클릭합니다.

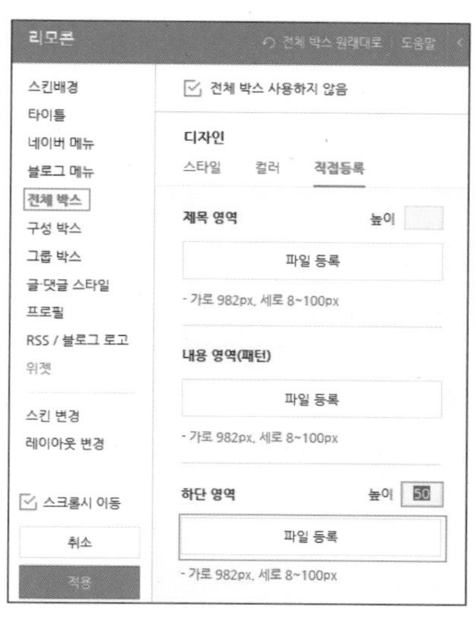

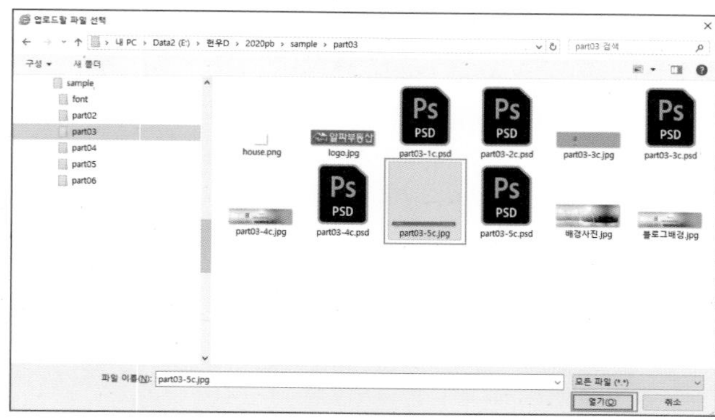

2. 적용하기

❶ 카피라이트 이미지가 적용된 것을 확인할 수 있습니다. [적용] 버튼을 클릭합니다. ❷ 세부 디자인 적용 메시지가 나타나면 [적용] 버튼을 클릭합니다.

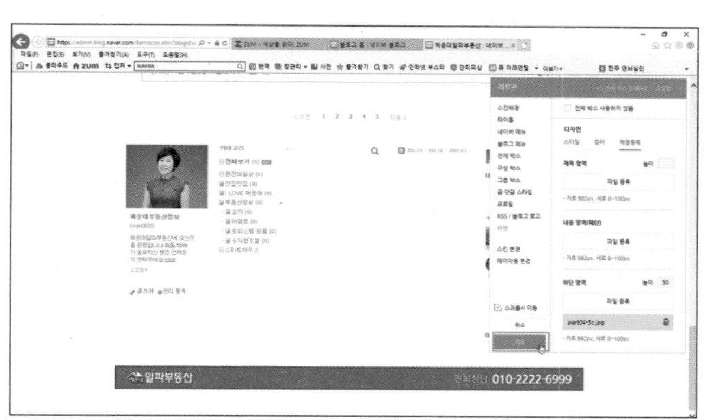

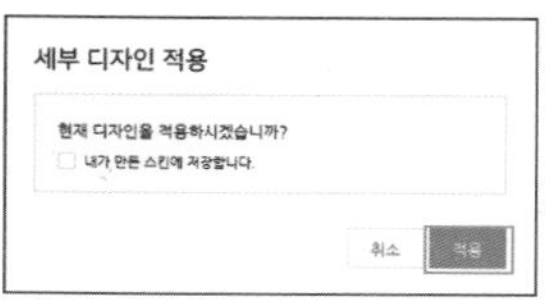

3. 위젯 배열 조정하기

❶ 다시 한 번 레이아웃 · 위젯 꾸미기 설정에서 위젯 사용 설정에 있는 2, 3, 4, 5 위젯을 체크하고 타이틀 아래의 1 위젯 오른쪽에 배치합니다. ❷ 글 영역 하단에 있는 프로필 관리 위젯을 1 위젯 아래에 배치합니다.

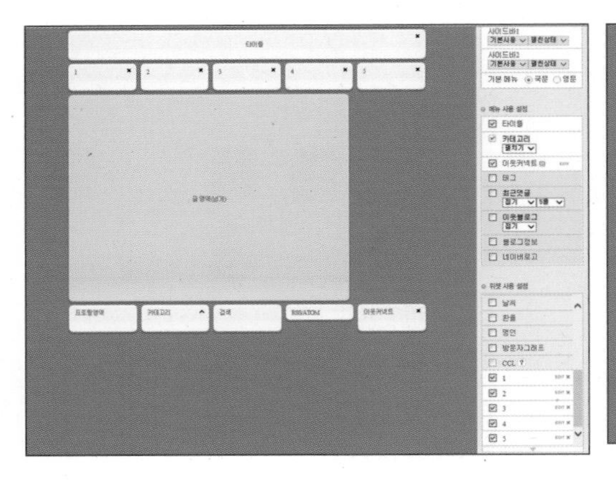

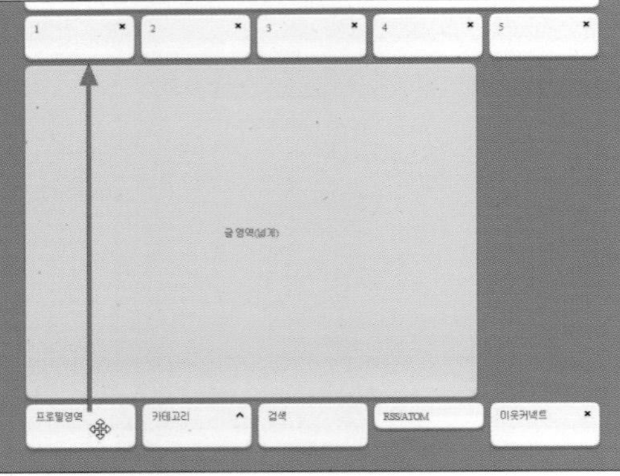

4. 위젯 적용하기

❶ 그림과 같이 카테고리, 검색, 최근댓글, 이웃커넥트 위젯을 배치합니다. ❷ [적용] 버튼을 누르고 '레이아웃을 블로그에 적용하시겠습니까?'라는 웹 페이지 메시지가 나타나면 [확인] 버튼을 클릭합니다.

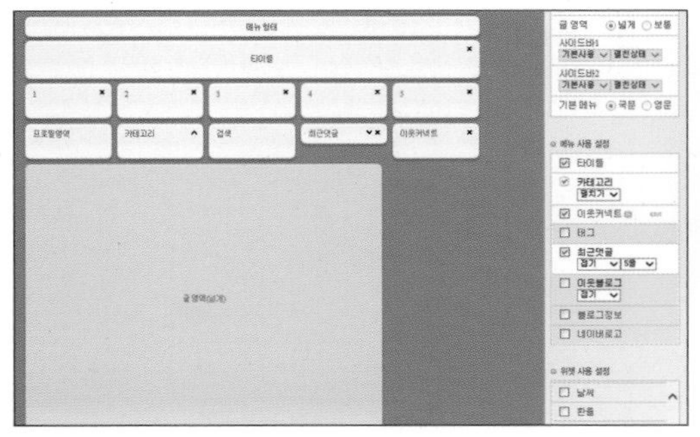

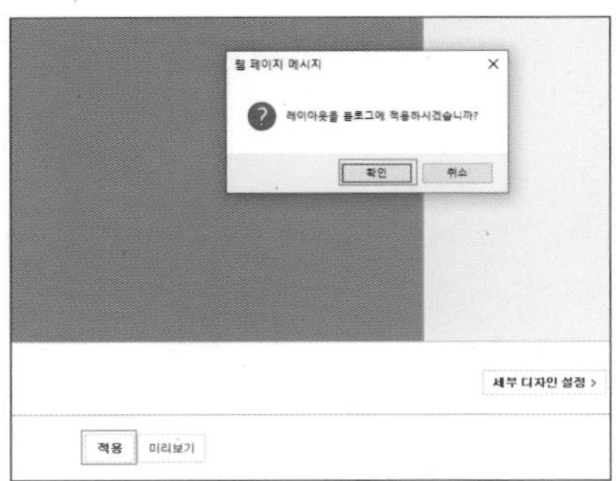

5. 확인하기

블로그 상단 스킨 배경에 프로필관리, 카테고리, 검색, 이웃커넥트 위젯이 배치된 것을 확인할 수 있습니다. 블로그 관리자에 따라 프로필 영역을 하단에 배치하는 경우가 있고 상단에 배치하는 경우가 있습니다. 상단 메뉴에서 프롤로그를 클릭하면 카테고리 위젯은 나타나지 않습니다.

■ 스킨 변경

2020년 3월경 부동산 블로그의 스킨을 새롭게 변경했습니다. 이처럼 포스팅의 성격과 방문자의 특성에 따라 스킨을 변경하는 경우가 있습니다. 스킨 이미지를 멋지게 만드는 것도 좋지만 블로그의 성격과 방문자의 기호에 맞추어 디자인하는 것도 중요한 요소입니다.

변경된 스킨

메모하세요

PART 04

병원 홈페이지형 블로그 만들기

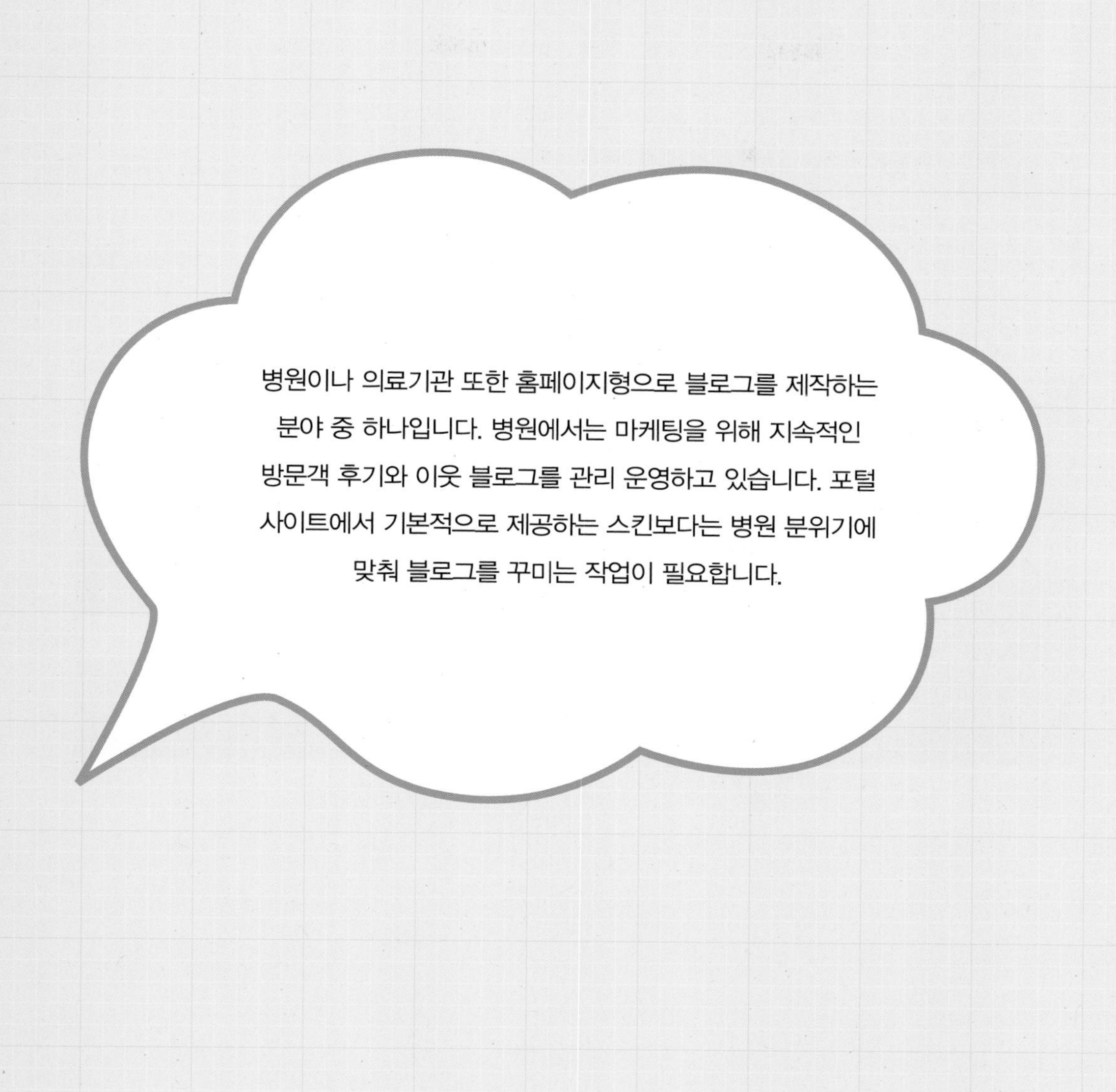
병원이나 의료기관 또한 홈페이지형으로 블로그를 제작하는
분야 중 하나입니다. 병원에서는 마케팅을 위해 지속적인
방문객 후기와 이웃 블로그를 관리 운영하고 있습니다. 포털
사이트에서 기본적으로 제공하는 스킨보다는 병원 분위기에
맞춰 블로그를 꾸미는 작업이 필요합니다.

Section 01

배경 이미지 만들기

영상의학과, 내과 블로그의 상단 영역 배경 이미지를 만들어보겠습니다. 배경 사진의 선택과 메인 문구, 보조 문구의 크기, 컬러 배치가 중요합니다.

예제 파일 part04-1.psd 완성 파일 part04-1c.psd

완성된 병원 블로그 배경이미지

1. 파일 열기

❶ 포토샵을 실행하고 [파일] 메뉴에 있는 [열기]를 이용하여 sample 폴더에 있는 'part04-1.psd'를 엽니다. ❷ 레이어 팔레트에서 [파랑하단] 레이어를 선택합니다.

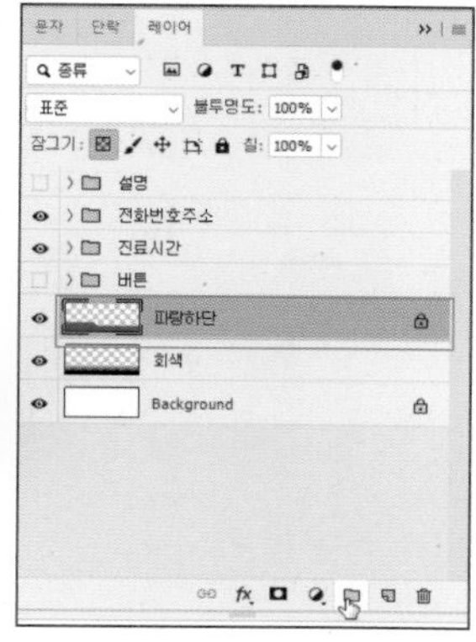

2. 영역 지정하기

❶ 새 그룹을 만들기 위해 레이어 팔레트 하단에 있는 새 그룹을 만듭니다 버튼을 클릭합니다. 새로운 레이어를 만들기 위해 새 레이어를 만듭니다 버튼을 클릭합니다. ❷ 안내선이 보이지 않을 경우 Ctrl+H를 누릅니다. 사각형 모양으로 선택하기 위해 사각형 선택 윤곽 도구(M)를 클릭하고 흰색 바탕의 사각형 모양을 드래그합니다.

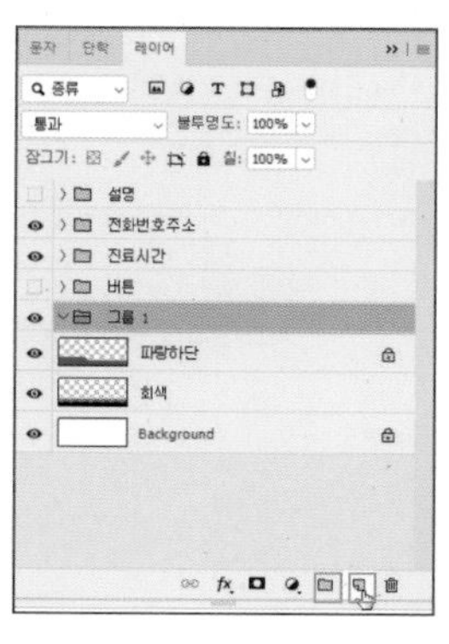

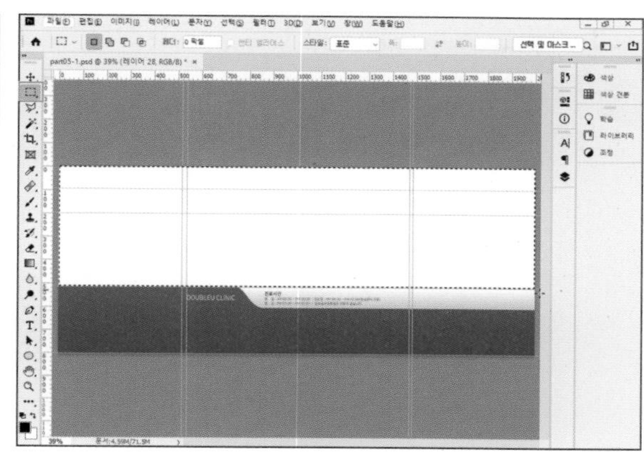

TIP

블로그 제작을 위한 사진 촬영

홈페이지와 블로그 제작을 위해 포토그래퍼와 사진 촬영 작업을 진행했습니다. 사진의 퀄리티는 블로그, 홈페이지 품질에 많은 영향을 미치므로 전문가에게 의뢰하여 촬영하는 것이 좋습니다. 인물 사진에 필자가 있으니 한번 찾아보기 바랍니다.

의료진, 손님과 촬영한 사진

병원 출입구

내부 로비

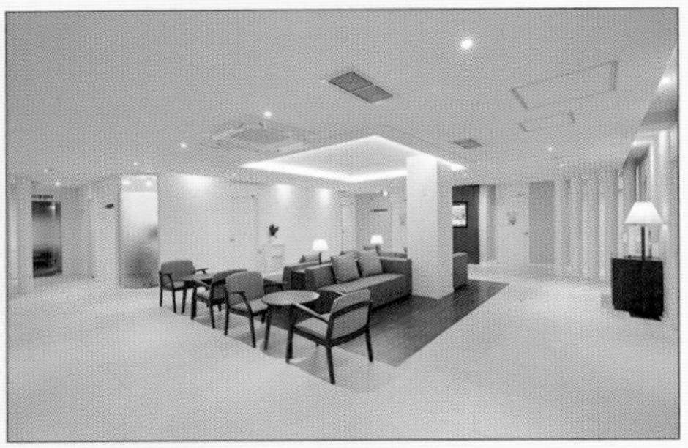

환자 대기실

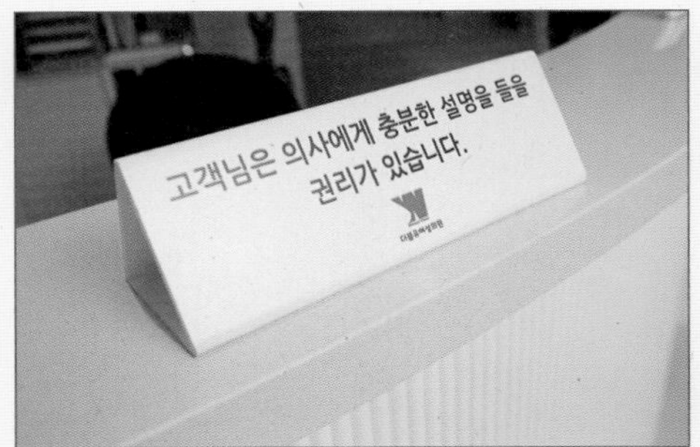

병원 슬로건

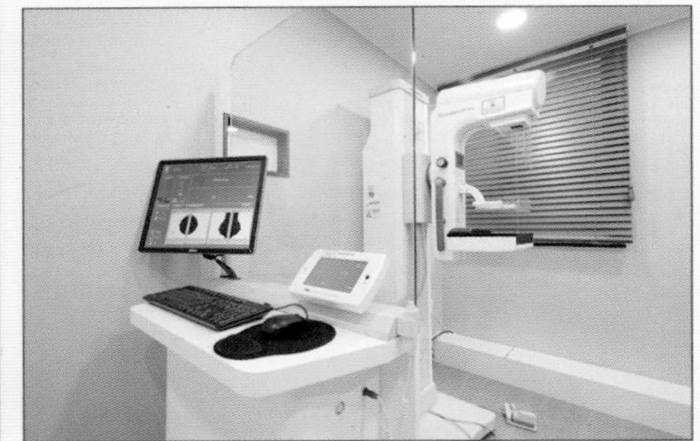

각종 장비 사진

3. 이미지 가져오기

❶ 전경색과 배경색을 초기화하기 위해 D를 누릅니다. 전경색으로 색을 채우기 위해 Alt+Delete를 누른 후 Ctrl+D를 눌러 선택을 해제합니다. ❷ 병원의 배경 이미지를 삽입하기 위해 [파일] 메뉴에서 [포함 가져오기]를 선택하고 sample 폴더에 있는 '상담배경사진.jpg'를 선택한 후 [가져오기] 버튼을 클릭합니다. 그림과 같이 배치한 후 이미지 내부를 더블클릭합니다.

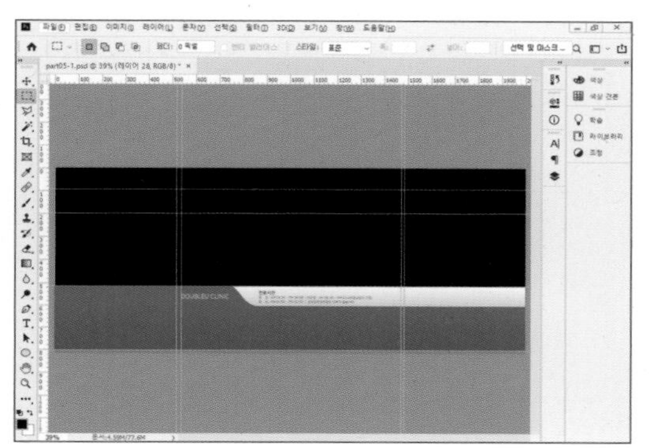

4. 새 레이어 만들기

❶ 검정색 영역만큼만 이미지를 보여주기 위해 [레이어] 메뉴에서 [클리핑 마스크 만들기]를 선택합니다. ❷ 새로운 레이어를 만들기 위해 Ctrl+Shift+N을 누르고 새 레이어 대화상자가 나타나면 이름에 '검정'을 입력하고 [확인] 버튼을 클릭합니다.

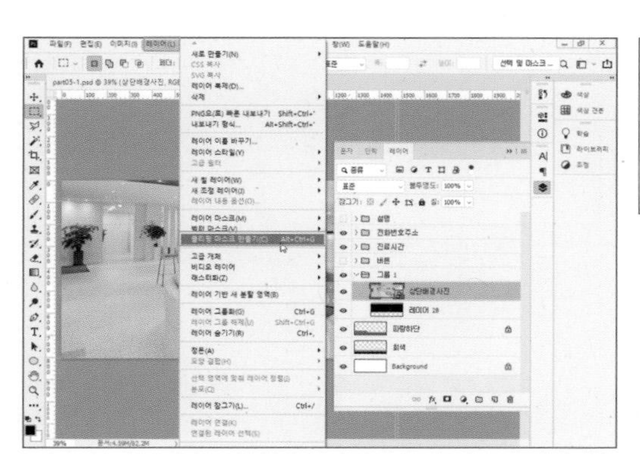

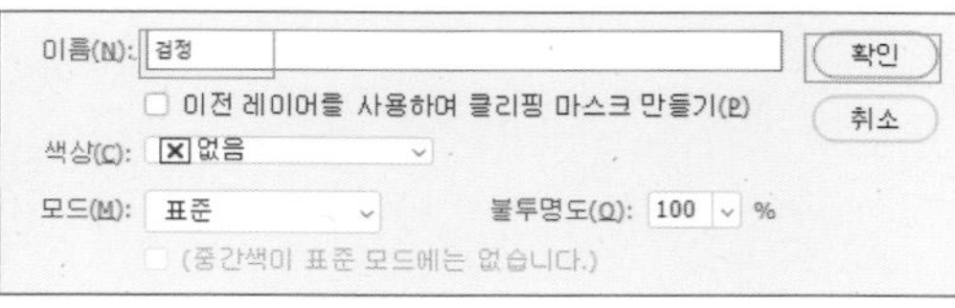

TIP

클리핑 마스크란?

클리핑 마스크란 두 개의 레이어 중 아래에 있는 레이어 영역만큼 위에 있는 레이어가 나타나는 것입니다. Alt를 누르고 두 레이어 사이를 클릭하면 클리핑 마스크가 적용됩니다.

■ 1번 레이어

색상이 채워진 원형 이미지입니다.

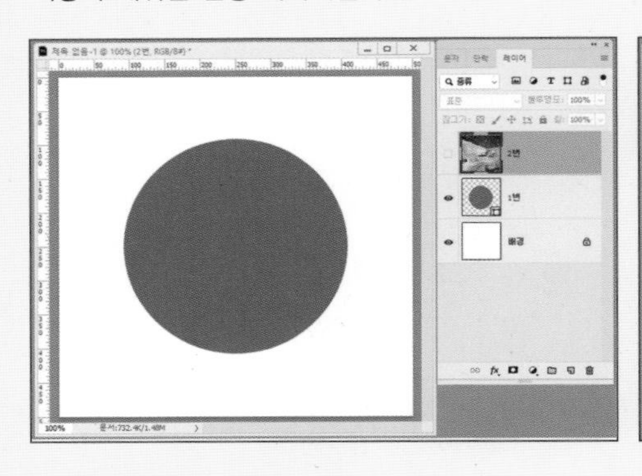

■ 2번 레이어

병원 내부 전경이 담긴 이미지입니다.

■ 클리핑 마스크

Alt를 누르고 1번 레이어와 2번 레이어 사이를 클릭합니다.

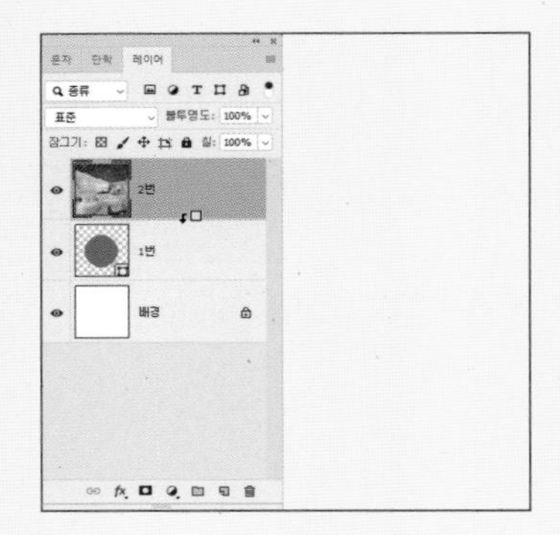

■ 결과

1번 원형 레이어 영역만큼의 사진이 나타나는 것을 확인할 수 있습니다. 물론 Alt를 누르고 다시 한 번 1번, 2번 레이어 사이를 클릭하면 클리핑 마스크가 해제됩니다.

5. 영역 선택하기

❶ 왼쪽 눈금자에서부터 오른쪽 방향으로 드래그하여 X : 1000.0 픽셀 위치에 새로운 안내선을 만들어줍니다. ❷ 사각형 선택 윤곽 도구(M)로 배경 이미지에서 사각 영역을 드래그하여 선택합니다.

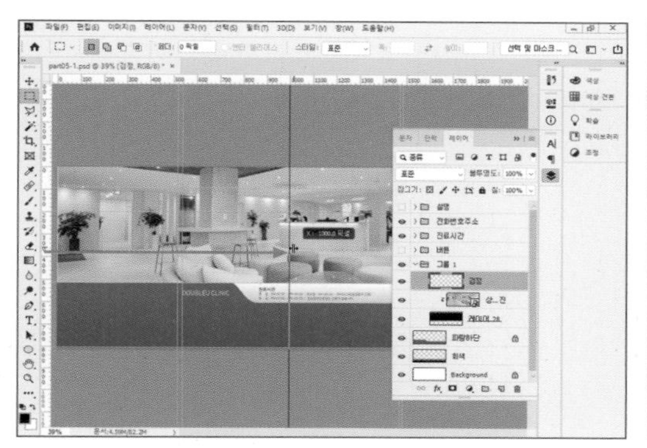

6. 왜곡하기

❶ 전경색으로 색을 채우기 위해 Alt+Delete를 누른 후 Ctrl+D를 눌러 선택을 해제합니다. ❷ [편집] 메뉴의 [변형]에서 [왜곡]을 선택하여 이미지를 변경합니다.

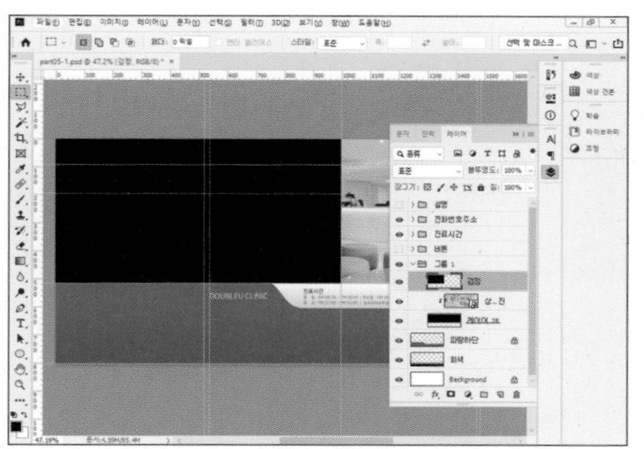

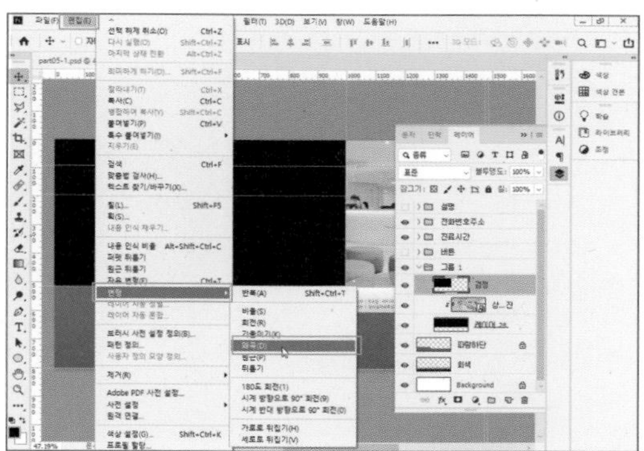

7. 불투명도 지정하기

우측 하단 끝점을 왼쪽으로 -10.0도 정도 이동합니다. 검정 레이어의 불투명도를 60%로 설정합니다.

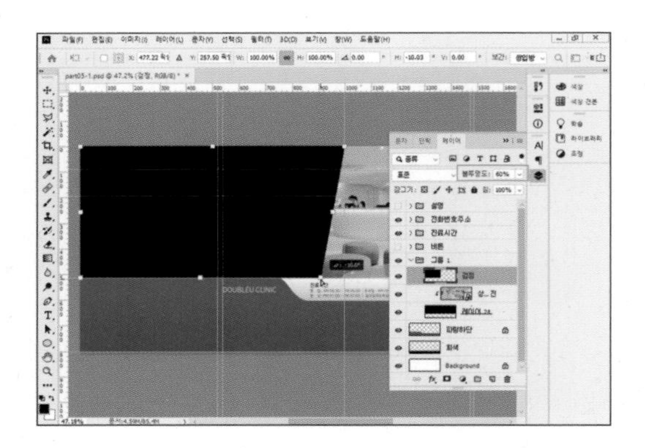

8. 영역 키우기

❶ 레이어 팔레트에서 [그룹1] 이름을 더블클릭하고 '배경'으로 변경합니다. ❷ 이미지의 크기를 조절하기 위해 Ctrl+T를 누르고 우측 가운데 점을 오른쪽으로 이동하여 조금 키워준 후 Enter를 누릅니다.

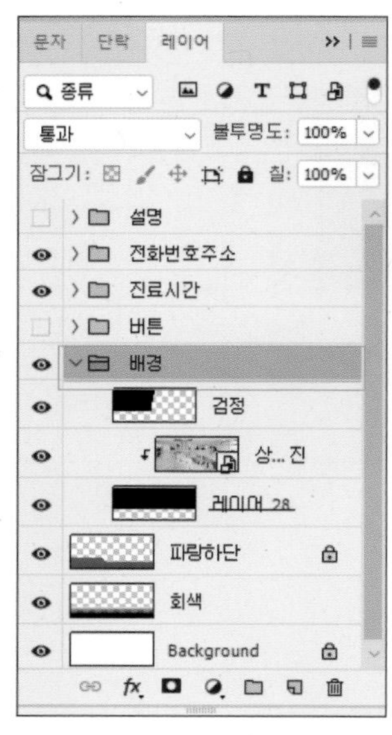

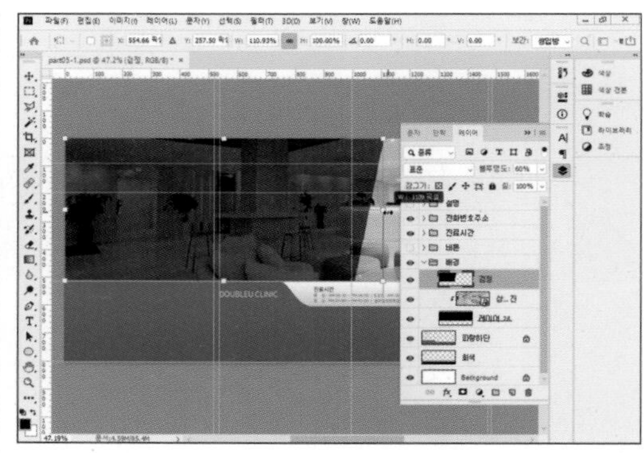

9. 새 그룹 만들기

❶ 레이어 팔레트에서 설명 그룹을 선택하고 내용을 보여주기 위해 설명 앞에 있는 레이어 가시성을 나타냅니다[ ]를 클릭합니다. ❷ 새로운 그룹을 만들기 위해 [레이어] 메뉴에서 [새로 만들기]의 [그룹]을 선택합니다.

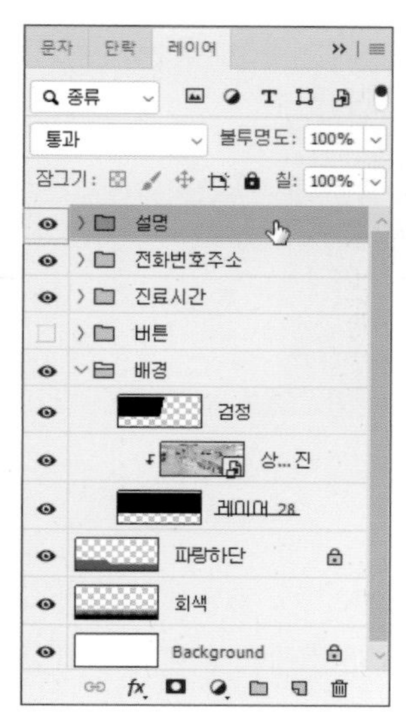

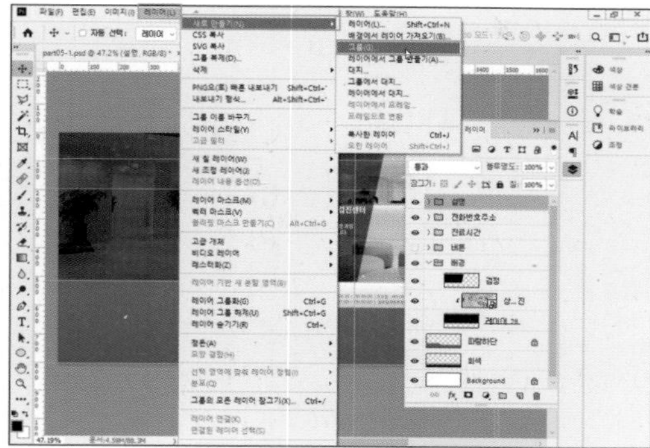

10. 문자 글꼴, 크기 지정하기

❶ 새 그룹 대화상자가 나타나면 이름에 '로고영역'을 입력하고 [확인] 버튼을 누릅니다. ❷ 문자를 입력하기 위해 도구상자에서 수평 문자 도구(T)[T]를 선택하고 상부 옵션에서 글꼴을 Noto Sans CJK KR, 굵기를 Bold, 크기를 30pt로 설정합니다. 글꼴은 임의로 지정해도 괜찮습니다.

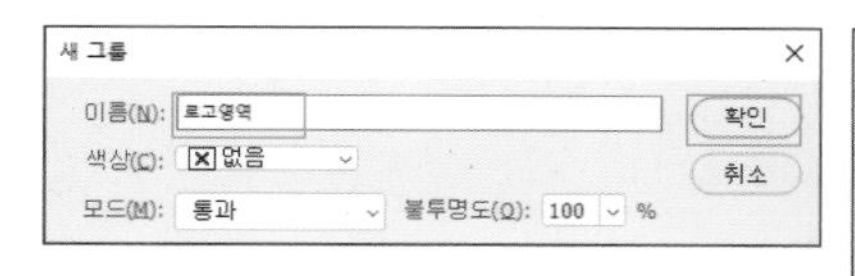

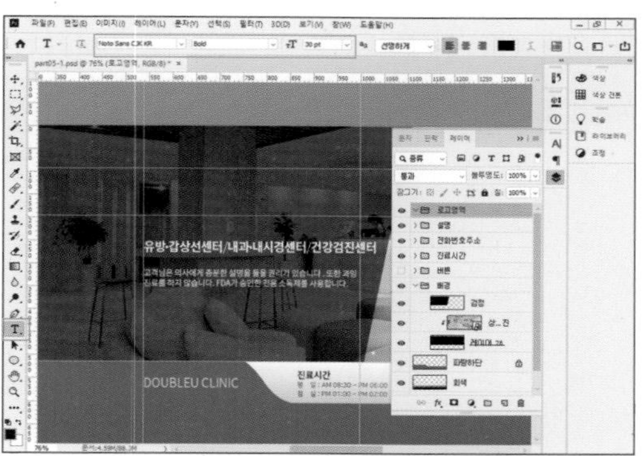

11. 문자 색상 지정하기

❶ 바탕을 클릭하고 '과잉진료없는 그린처방의원선정'이라는 문구를 입력합니다. ❷ '그린처방의원선정' 문구를 드래그하여 선택하고 상부 옵션에서 색상을 녹색으로 지정합니다.

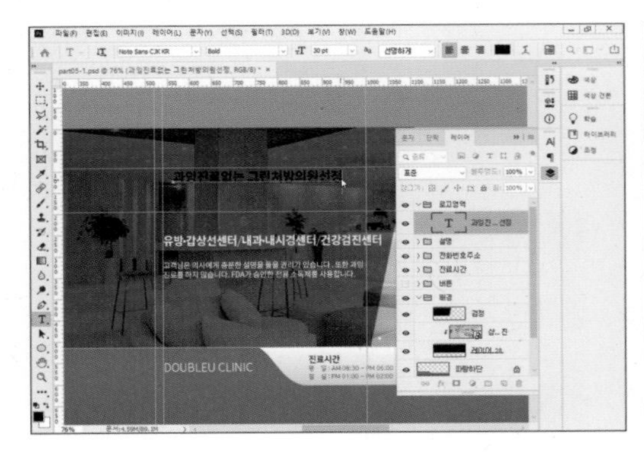

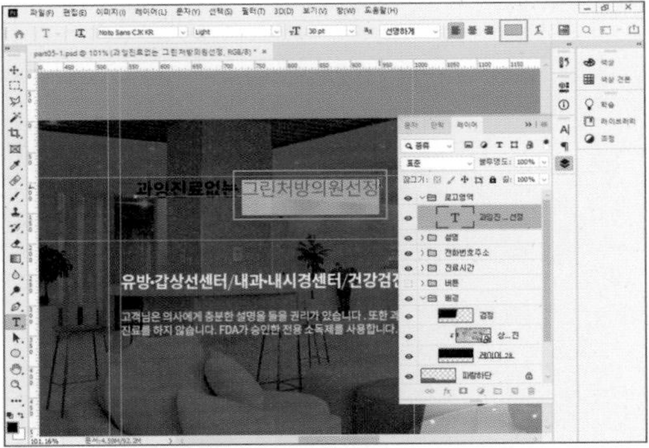

12. 문자 이동하기

❶ 다시 한 번 '과잉진료없는' 문구를 드래그하여 선택하고 상부 옵션에서 컬러를 흰색으로 지정합니다. ❷ 도구상자에 있는 이동 도구(V) [이동 도구 아이콘]를 이용하여 그림과 같이 이동합니다.

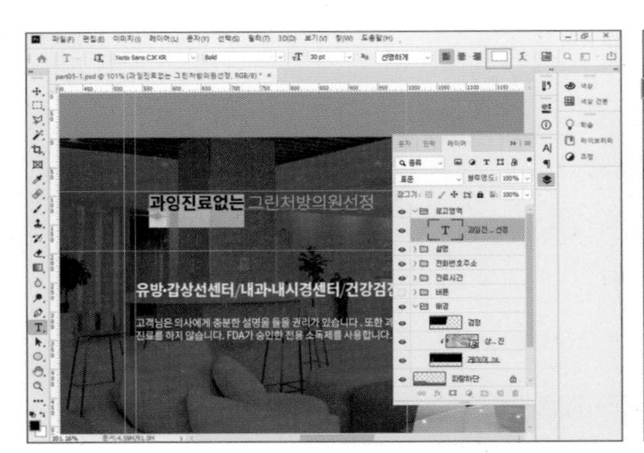

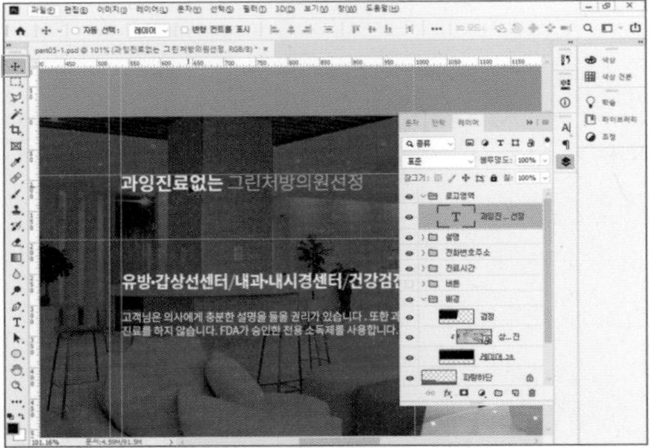

13. 로고 삽입하기

❶ 일러스트레이터에서 만든 로고(ai 파일)를 삽입하기 위해 [파일] 메뉴에서 [포함 가져오기]를 선택합니다. 포함 가져오기 대화상자가 나나타면 sample 폴더에 있는 'w로고타입.ai' 파일을 선택하고 [가져오기] 버튼을 클릭합니다. ❷ 고급 개체로 열기 대화상자가 나타나면 [확인] 버튼을 누릅니다.

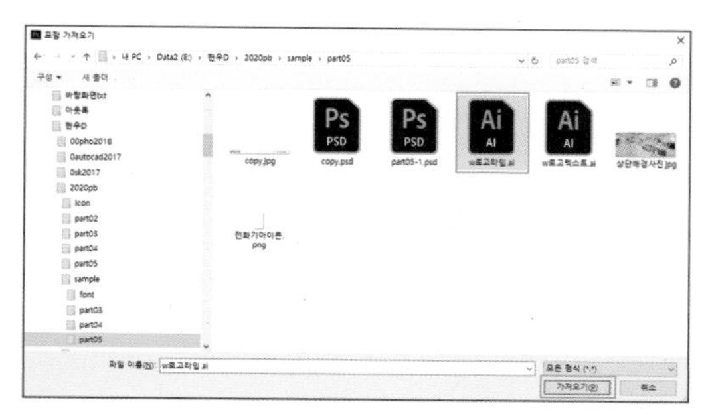

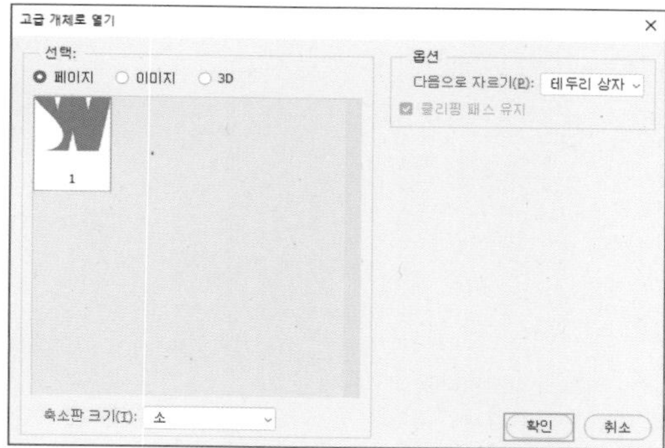

14. 로고 문자 삽입하기

❶ 크기와 위치를 설정하고 Enter를 누릅니다. ❷ 다시 한 번 [파일] 메뉴에서 [포함 가져오기]를 선택합니다. 포함 가져오기 대화상자가 나타면 sample 폴더에 있는 'w로고텍스트.ai'를 선택하고 [가져오기] 버튼을 클릭합니다. 고급 개체로 열기 대화상자가 나타나면 [확인] 버튼을 누릅니다. 크기와 위치를 설정하고 Enter를 누릅니다.

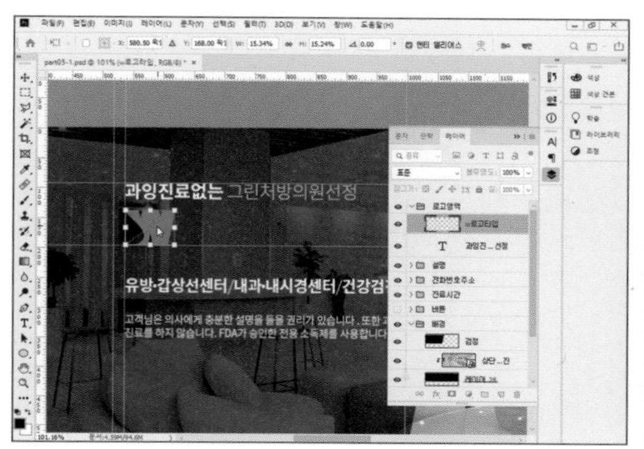

15. 색상 입히기

❶ 레이어에 색상을 입히기 위해 [w로고텍스트] 레이어를 선택하고 레이어 팔레트 하단에 있는 레이어 스타일을 추가합니다[fx]를 클릭한 후 색상 오버레이를 선택합니다. ❷ 레이어 스타일 대화상자가 나타나면 색상 오버레이의 색상 혼합 모드를 표준, 색상을 흰색, 불투명도를 100%로 설정하고 [확인] 버튼을 누릅니다.

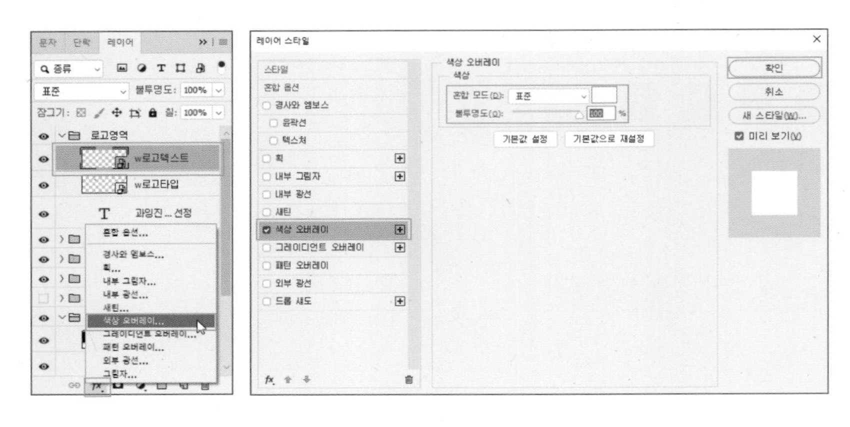

16. 라운드 사각형 만들기

❶ 전화번호주소 그룹에 있는 주소 레이어의 내용을 보여주기 위해 설명 앞에 있는 레이어 가시성을 나타냅니다[ ]를 클릭합니다. ❷ 사각형을 만들기 위해 도구상자에 있는 모서리가 둥근 사각형 도구(U)[ ]를 선택하고 상부 옵션에서 선택 도구 모드를 모양으로 지정하고 칠을 NONE, 획을 흰색, 두께를 3픽셀, 모양 획 유형 설정을 실선, 반경 20픽셀로 지정한 다음 바탕 화면을 클릭합니다.

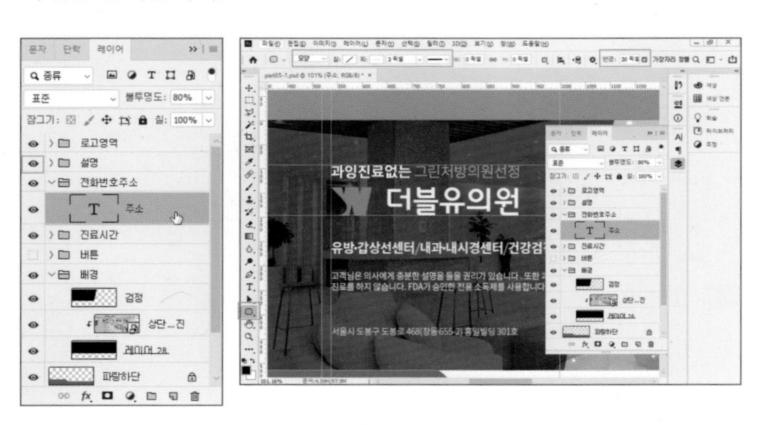

17. 크기와 위치 지정하기

❶ 사각형 만들기 대화상자가 나타나면 폭 380픽셀, 높이 40픽셀로 설정하고 [확인] 버튼을 누릅니다. ❷ 이동 도구(V) 를 이용하여 주소 위로 이동합니다.

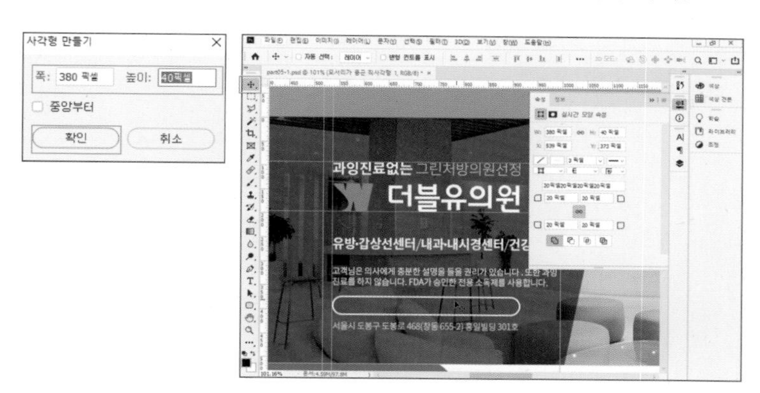

18. 아이콘 삽입하기

❶ 전화기 아이콘을 삽입하기 위해 [파일] 메뉴에서 [포함 가져오기]를 선택합니다. 포함 가져오기 대화상자가 나타나면 sample 폴더에 있는 '전화기아이콘.png'를 선택하고 [가져오기] 버튼을 클릭합니다. ❷ 모서리가 둥근 사각형 내부 왼쪽에 배치하고 Enter를 누릅니다.

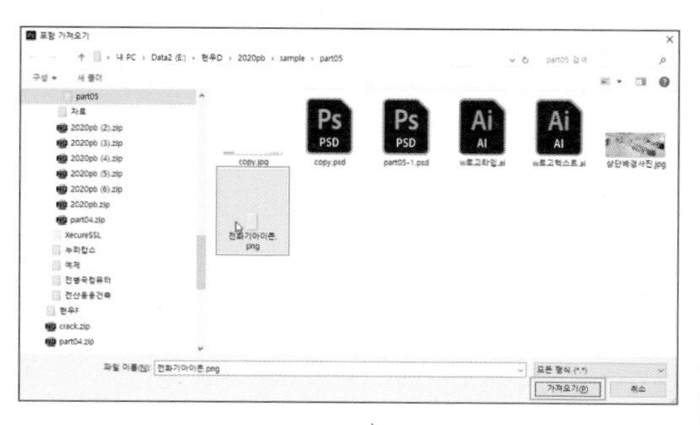

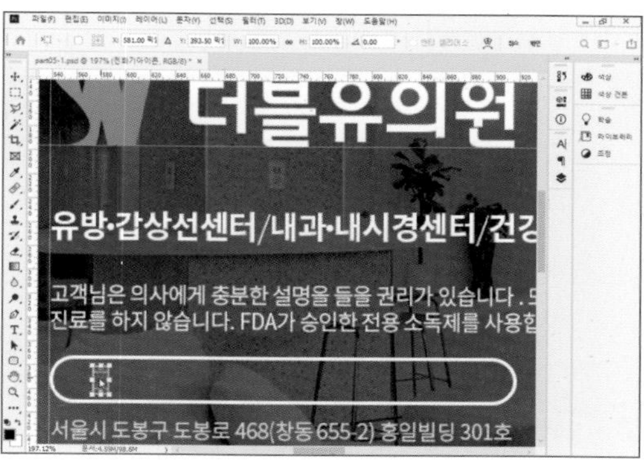

19. 전화번호 입력하기

❶ 문자를 입력하기 위해 도구상자에서 수평 문자 도구Ⓣ 를 선택하고 상부 옵션에서 글꼴을 Tmon몬소리, 크기를 24pt, 색상을 흰색으로 설정합니다. 글꼴은 임의로 지정해도 상관없습니다. ❷ 바탕을 클릭하고 '상담/예약 02.990.6868'을 입력합니다. Tmon몬소리 글꼴은 무료로 사용할 수 있는 폰트입니다.

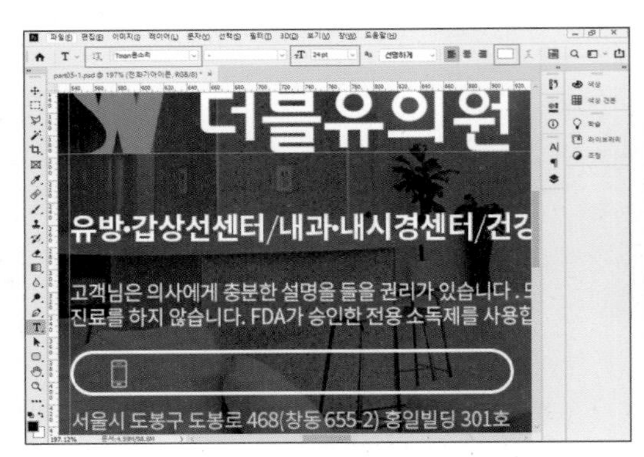

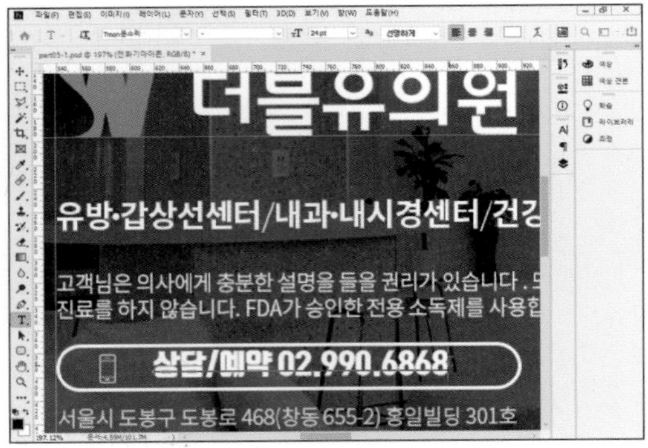

20. 버튼 보여주기

❶ 이동 도구Ⓥ 를 이용하여 전화기 아이콘 오른쪽에 배치합니다. ❷ 버튼 그룹 내용을 보여주기 위해 배경 앞에 있는 레이어 가시성을 나타냅니다 를 클릭합니다.

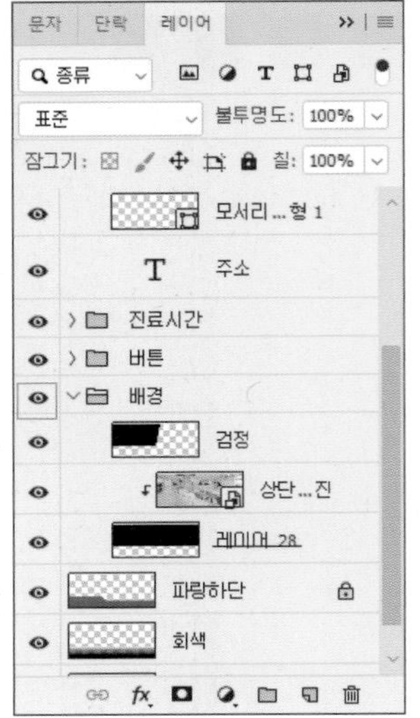

21. 확인하기

병원 블로그의 배경 이미지가 완성되었습니다. 문자의 크기, 위치, 색상은 예제와 다르게 설정해도 크게 문제가 되지 않습니다. 배경 이미지와 컬러가 어울리게 설정하면 됩니다.

Section

02 프로필 만들기

블로그를 대표하는 프로필 이미지를 만들어보겠습니다. 프로필 이미지는 작은 아이콘 형식으로 보이기 때문에 여러 가지 컬러를 사용하는 것보다 두세 가지 색상을 이용하여 만드는 것이 좋습니다. 대부분 회사의 로고를 이용하여 만드는 경우가 많습니다.

완성 파일 part04-2c.psd

병원 로고를 삽입한 프로필 이미지

1. 새 이미지 만들기

❶ 새로운 이미지를 만들기 위해 [파일] 메뉴에서 [새로 만들기]를 선택합니다. ❷ 새로 만들기 문서 대화상자가 나타나면 폭에 500픽셀, 높이 500픽셀, 해상도 72픽셀/인치, 배경 내용을 흰색으로 선택하고 [제작] 버튼을 누릅니다. ❸ 원형을 만들기 위해 도구상자에 있는 타원 도구(U)를 선택하고 상부 옵션에서 선택 도구 모드를 모양으로 지정하고 칠을 하늘색으로 지정합니다.

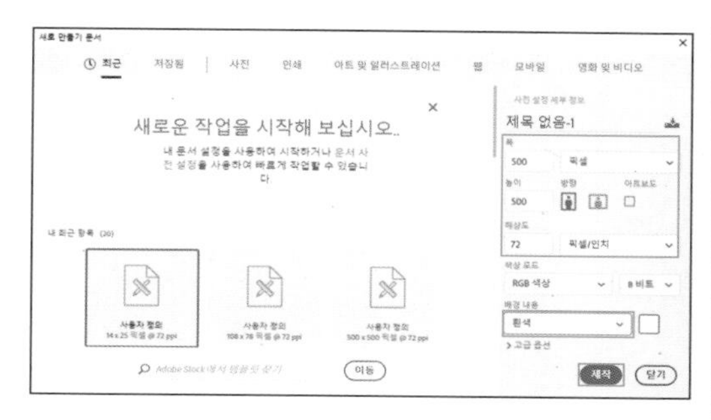

2. 타원 만들기

❶ 획은 NONE으로 선택한 후 바탕을 클릭합니다. ❷ 타원 만들기 대화상자가 타나면 폭에 400픽셀, 높이에 400픽셀을 입력하고 [확인] 버튼을 누릅니다.

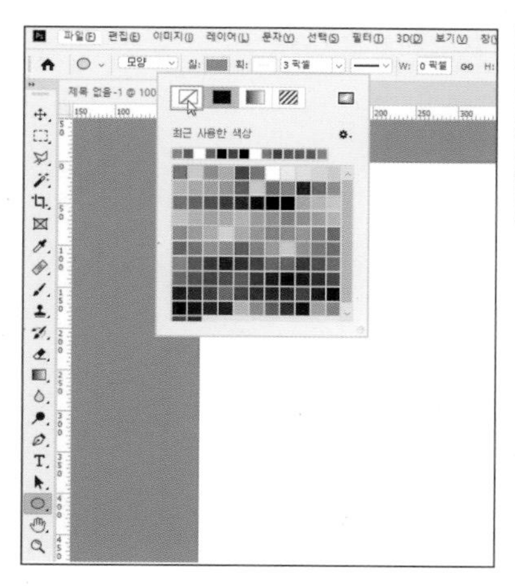

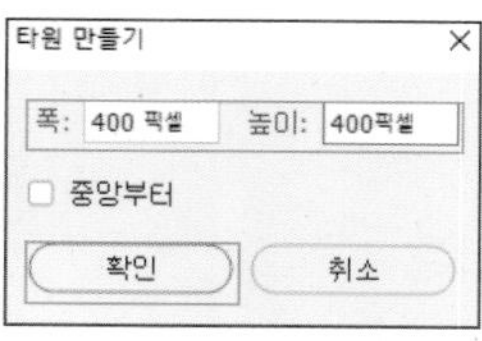

3. 정렬하기

❶ 레이어를 추가 선택하기 위해 Ctrl을 누르고 배경 레이어를 클릭합니다. 타원과 배경 레이어를 정렬하기 위해 이동 도구(V)를 선택합니다. ❷ 상부 옵션에서 수평 중앙 정렬을 클릭하고 수직 가운데 정렬을 한 번 더 클릭합니다.

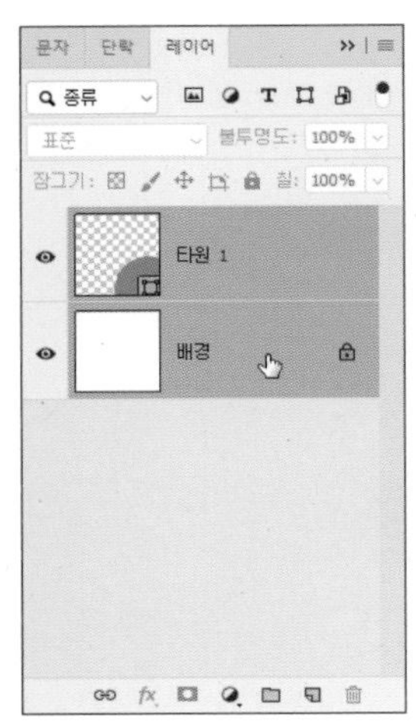

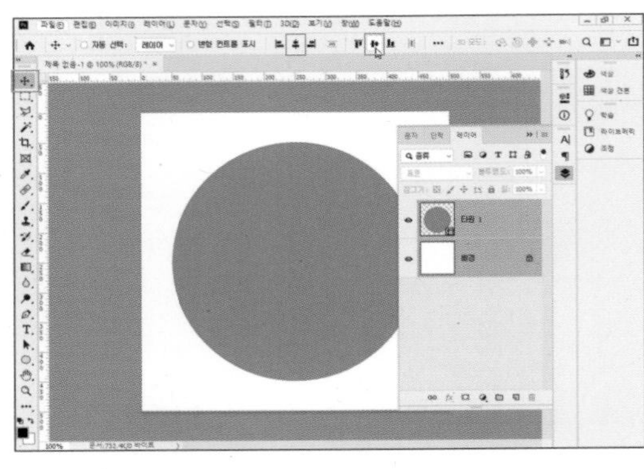

4. 색상 변경하기

❶ 원형 내부 색을 변경하기 위해 타원 1의 섬네일을 더블클릭합니다. ❷ 색상 피커(단색) 대화상자가 나타나면 #에 '1c5fd4'를 입력하고 [확인] 버튼을 누릅니다.

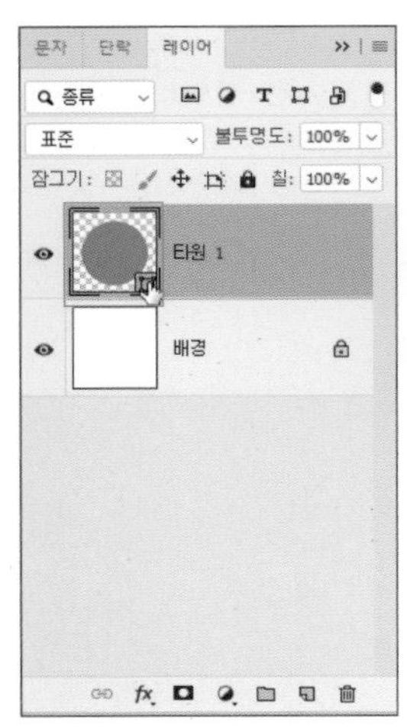

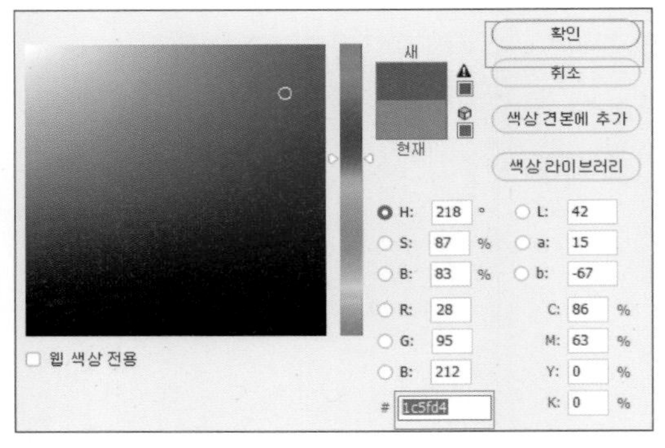

5. 로고 가져오기

❶ 일러스트레이터에서 만든 로고를 삽입하기 위해 [파일] 메뉴에서 [포함 가져오기]를 선택하고 sample 폴더에 있는 'w로고타입.ai'를 선택한 후 [가져오기] 버튼을 클릭합니다. ❷ 선택 대화상자가 나타나면 [확인] 버튼을 누릅니다.

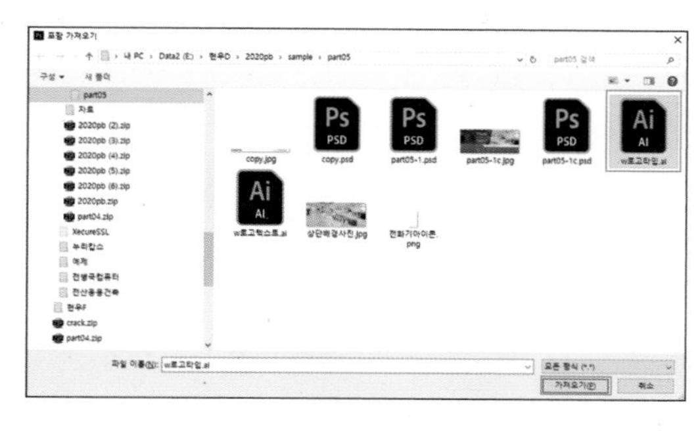

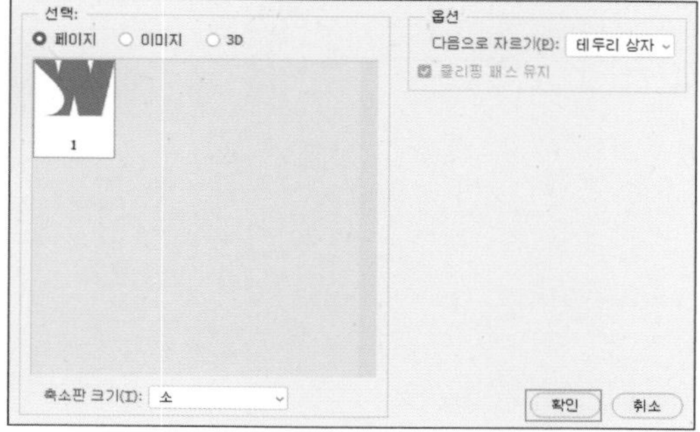

6. 레이어 스타일 추가하기

❶ 크기와 위치를 지정하고 Enter를 누릅니다. ❷ [w로고타입] 레이어의 색상을 입히기 위해 레이어 스타일을 추가합니다 fx 버튼을 클릭합니다.

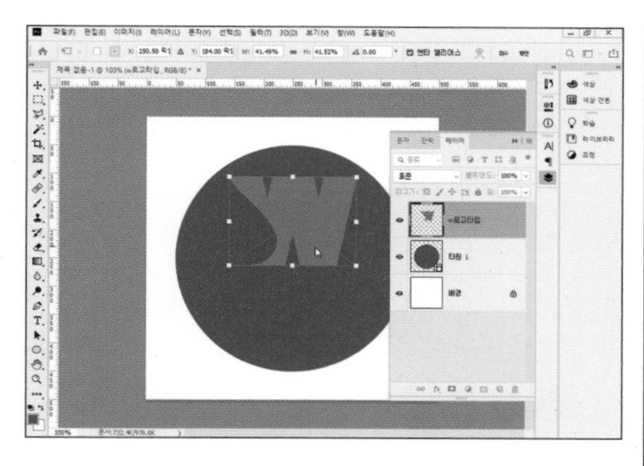

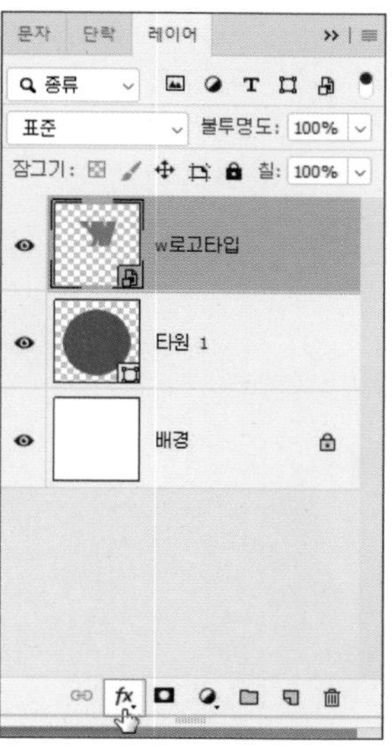

7. 레이어 스타일 복사하기

❶ 레이어 스타일 대화상자가 나타나면 색상 오버레이의 색상 혼합 모드를 표준으로 설정합니다. 색상을 흰색으로 지정하고 불투명도를 100%로 설정한 후 [확인] 버튼을 누릅니다. ❷ 색상 오버레이를 복사하기 위해 [w로고타입] 레이어에서 마우스 오른쪽 버튼을 클릭하고 [레이어 스타일 복사]를 선택합니다.

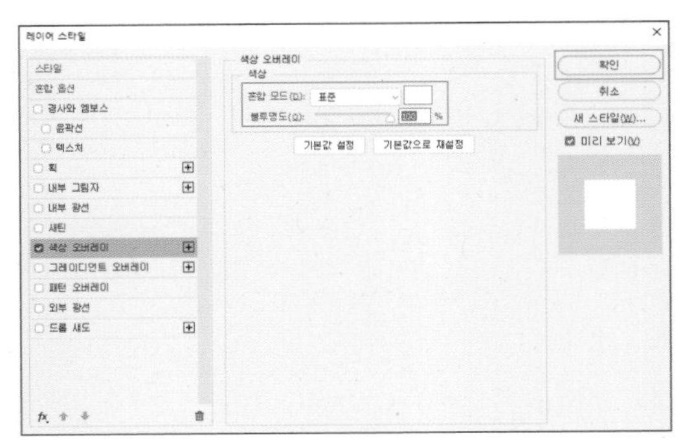

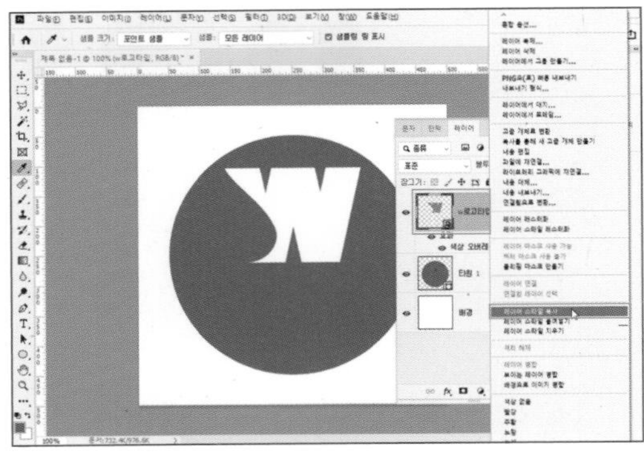

8. 레이어 스타일 붙여넣기

❶ 로고 문자를 삽입하기 위해 [파일] 메뉴에서 [포함 가져오기]를 선택하고 sample 폴더에 있는 'w로고텍스트.ai'를 선택한 후 [가져오기] 버튼을 클릭합니다. 선택 대화상자가 나타나면 [확인] 버튼을 클릭합니다. 이어서 크기와 위치를 지정하고 Enter를 누릅니다. ❷ 색상 오버레이를 붙여넣기 위해 [w로고텍스트] 레이어에서 마우스 오른쪽 버튼을 누르고 [레이어 스타일 붙여넣기]를 선택합니다.

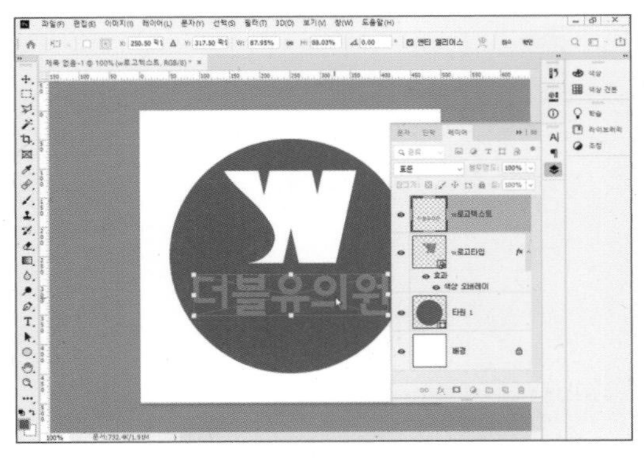

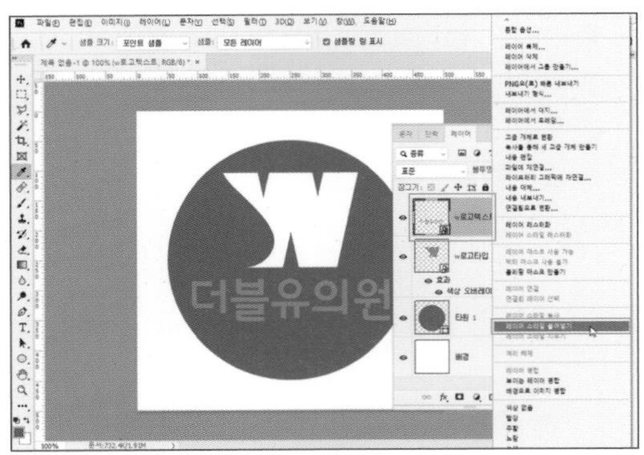

Section 03

모바일용 블로그 배경 만들기

핸드폰 블로그 배경에 사용할 이미지를 만들어보겠습니다. 모바일 블로그에는 기본적으로 블로그명, 별명, 프로필, 방문자수, 로고, 돋보기 아이콘이 미리 설정되어 있기 때문에 위치와 크기를 고려하여 모바일용 배경 이미지를 만들어야 합니다.

완성 파일 part04-3c.psd

완성된 모바일용 배경 이미지

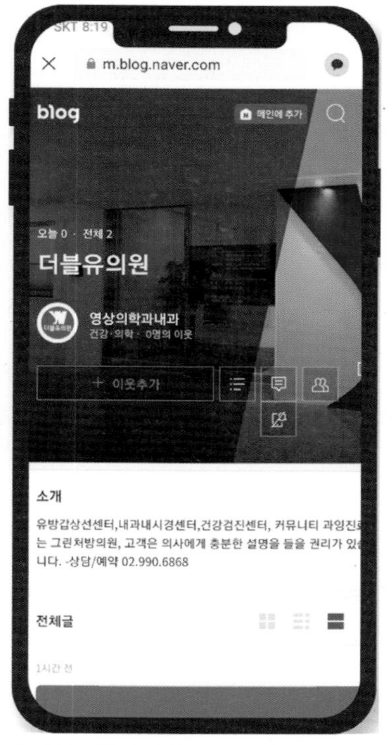

핸드폰에 적용된 경우

1. 새로운 이미지 만들기

❶ [파일] 메뉴에서 [새로 만들기]를 선택합니다. 새로 만들기 문서 대화상자가 나타나면 폭에 750픽셀, 높이 900픽셀, 해상도 72픽셀/인치, 배경 내용을 흰색으로 선택하고 [제작] 버튼을 누릅니다. ❷ 배경 이미지를 삽입하기 위해 [파일] 메뉴에서 [포함 가져오기]를 선택하고 sample 폴더에 있는 '모바일배경소스.jpg'를 선택한 후 [가져오기] 버튼을 클릭합니다.

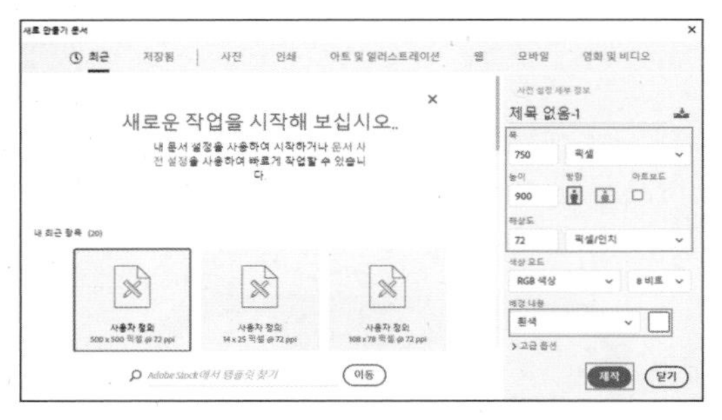

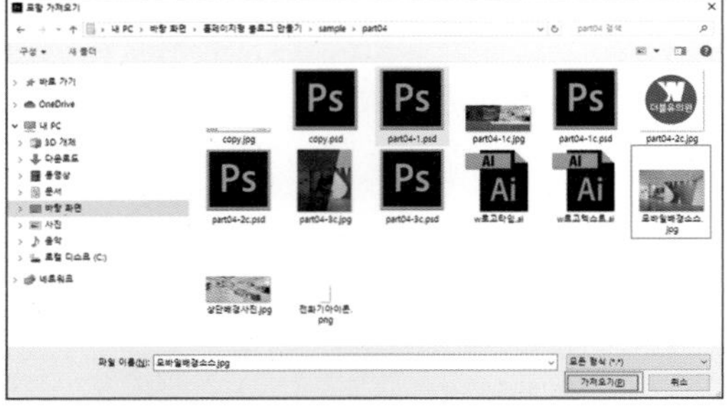

2. 안내선 만들기

❶ 크기와 위치를 설정하고 Enter를 누릅니다. 새 안내선을 만들기 위해 [보기] 메뉴에서 [새 안내선]을 선택합니다. ❷ 새 안내선 대화상자가 나타나면 방향을 세로로 지정하고 위치에 600을 입력한 후 [확인] 버튼을 클릭합니다.

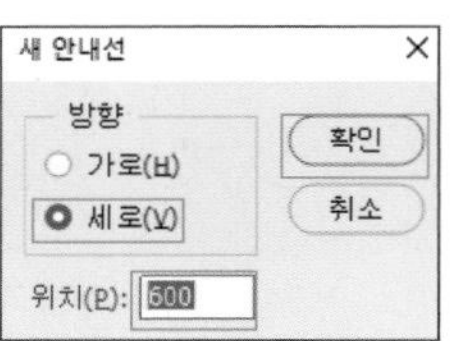

3. 새 레이어 만들기

❶ 다시 한 번 새 안내선을 만들기 위해 [보기] 메뉴에서 [새 안내선]을 선택합니다. 새 안내선 대화상자가 나타나면 방향을 세로로 지정하고 위치에 400을 입력한 후 [확인] 버튼을 누릅니다. ❷ 새로운 레이어를 만들기 위해 Ctrl+Shift+N을 누르고 새 레이어 대화상자가 나타나면 이름에 '검정색'을 입력한 후 [확인] 버튼을 클릭합니다.

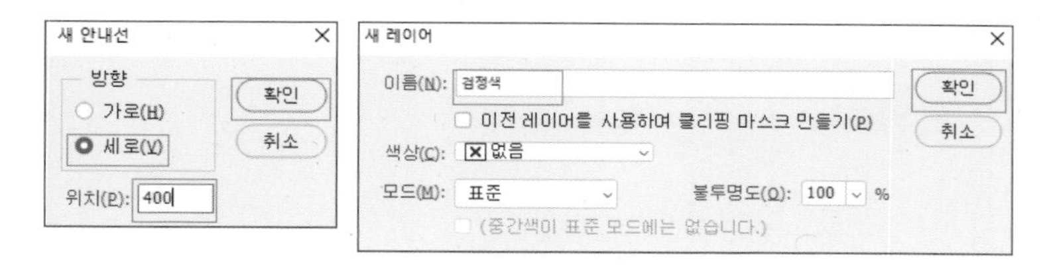

4. 사각형 만들기

❶ 사각형을 만들기 위해 사각형 선택 윤곽 도구(M)를 이용하여 드래그하여 선택합니다. ❷ 색을 채우기 위해 [편집] 메뉴에서 [칠]을 선택하고 칠 대화상자가 나타나면 내용을 검정, 혼합의 불투명도를 60%로 설정한 후 [확인] 버튼을 누릅니다.

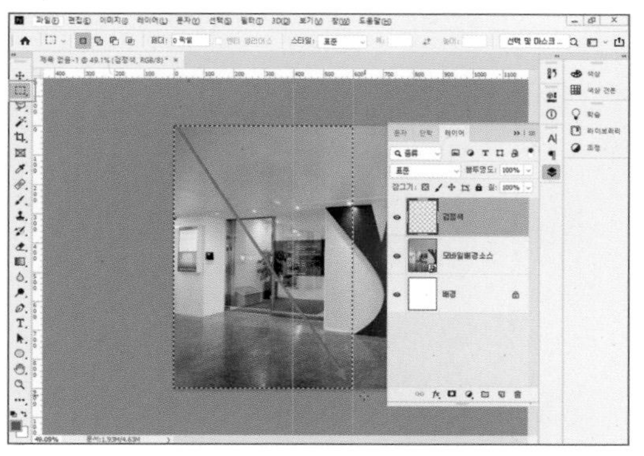

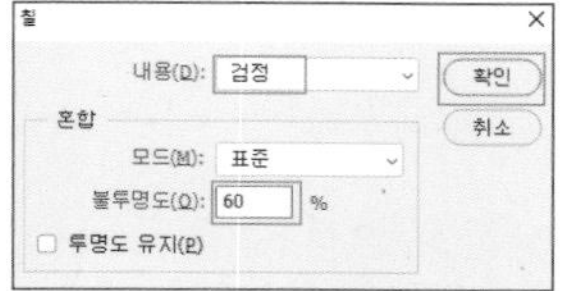

모양에서 안내선 만들기

사각형, 모서리가 둥근 직사각형, 타원, 다각형, 선, 사용자 정의 모양으로 만든 도형으로 안내선을 만들려면 [보기] 메뉴에 있는 [모양]에서 [새 안내선 만들기]를 선택합니다.

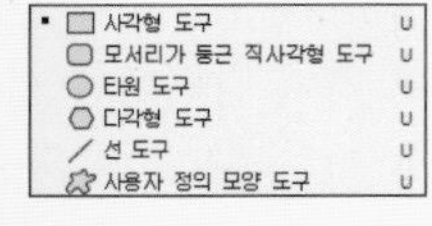

모양으로 도형을 만든 경우

안내선을 만든 경우

5. 왜곡하기

❶ 선택을 해제하기 위해 Ctrl+D를 누릅니다. ❷ 이미지를 변경하기 위해 [편집] 메뉴의 [변형]에서 [왜곡]을 선택합니다. 우측 하단 끝점을 왼쪽으로 조금 이동하고 Enter를 누릅니다.

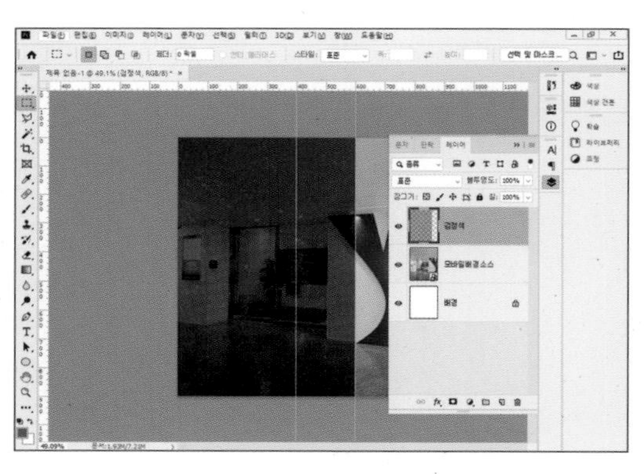

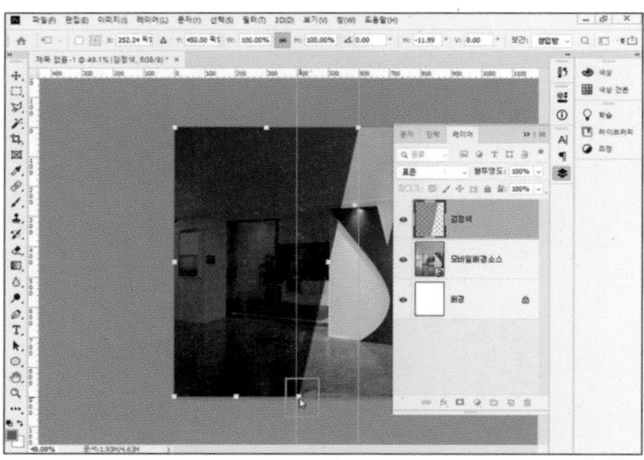

6. 웹용으로 저장하기

❶ 모바일 배경 이미지를 저장하기 위해 [파일] 메뉴에서 [내보내기]를 선택하고 [웹용으로 저장(레거시)]을 선택합니다. 이어서 사전 설정에서 JPEG를 지정한 후 원하는 파일명을 입력한 다음 [저장] 버튼을 누릅니다. ❷ 네이버에 로그인하고 블로그에서 [내블로그]를 클릭한 후 글쓰기 메뉴 오른쪽의 [관리]를 클릭합니다.

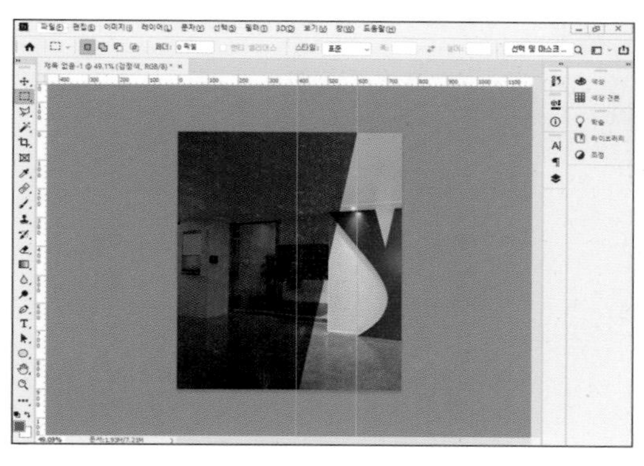

7. 블로그 정보 변경하기

❶ 블로그 정보를 병원에 맞게 입력하고 블로그 프로필 이미지를 변경하기 위해 [등록] 버튼을 누릅니다. ❷ 이미지 첨부 창이 나타나면 [찾아보기] 버튼을 클릭합니다.

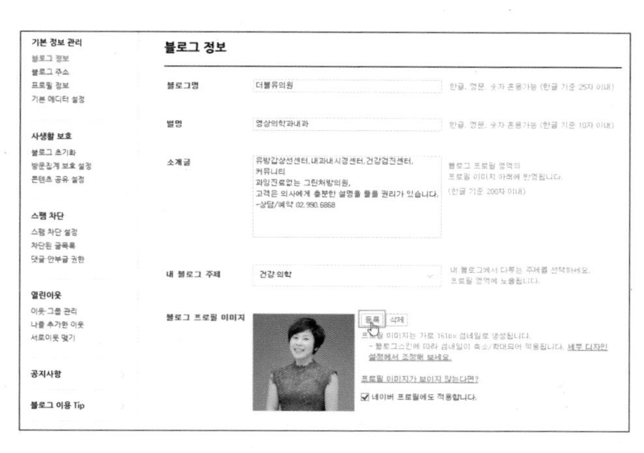

8. 이미지 첨부하기

❶ 업로드할 파일 선택 대화상자가 나타나면 sample 폴더에 있는 'part04-2c.jpg'를 선택하고 ❷ 다시 이미지 첨부 창으로 돌아오면 [확인] 버튼을 누릅니다.

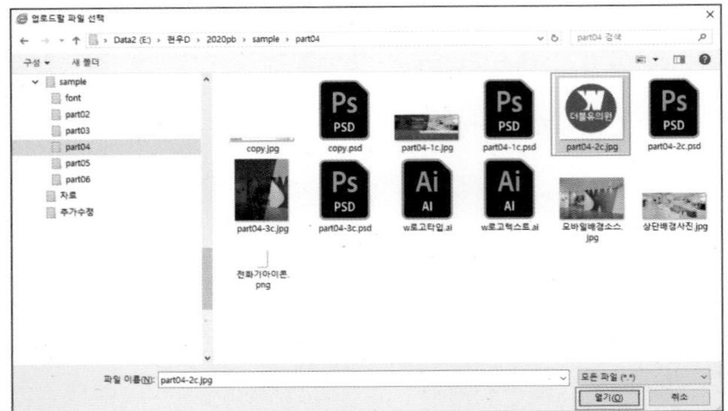

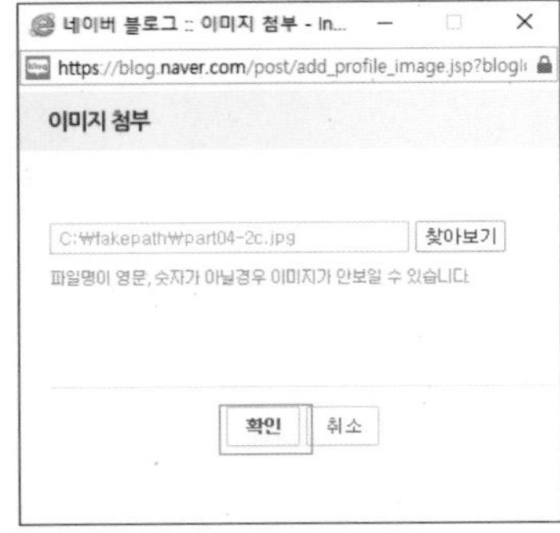

9. 모바일 커버 이미지 변경하기

❶ 모바일용 블로그 배경 이미지를 변경하기 위해 모바일 앱 커버 이미지의 [등록] 버튼을 클릭합니다. ❷ 이미지 첨부 창이 나타나면 [찾아보기] 버튼을 클릭합니다.

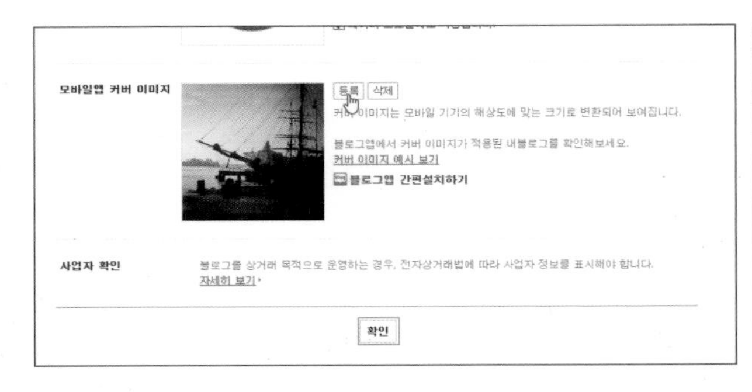

10. 이미지 지정하기

❶ 업로드할 파일 선택 대화상자가 나타나면 sample 폴더에 있는 'part04-3c.jpg'를 선택하고 ❷ 다시 이미지 첨부창으로 돌아오면 [확인] 버튼을 누릅니다.

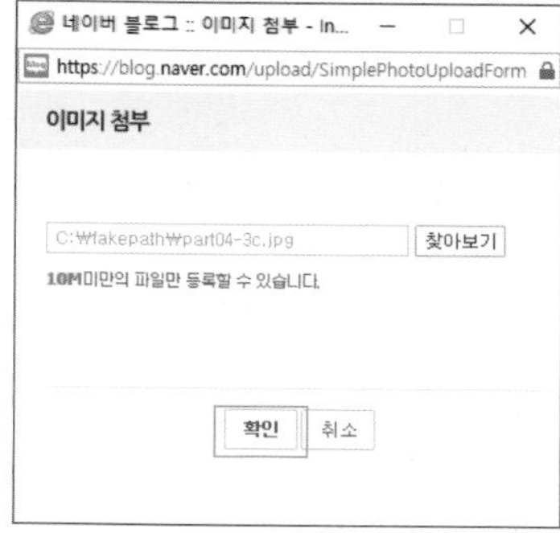

11. 반영하기

❶ 블로그 정보를 반영하기 위해 [확인] 버튼을 누릅니다. ❷ '성공적으로 반영되었습니다.'라는 메시지가 나타나면 [확인] 버튼을 누릅니다.

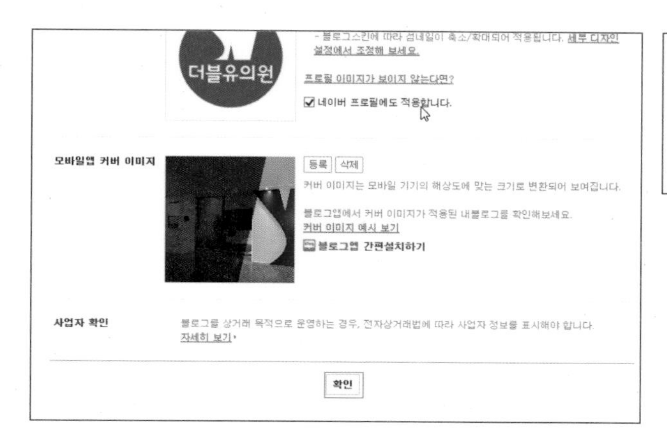

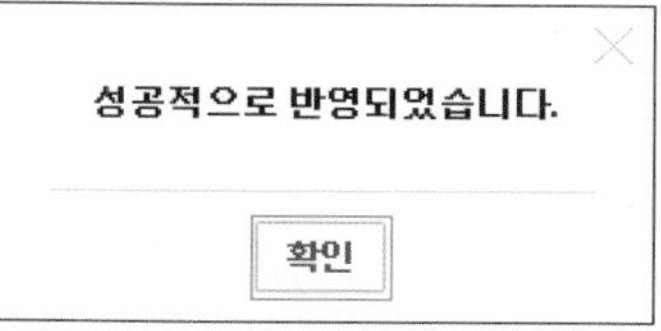

Section

04 블로그 세팅하기

블로그 배경 이미지를 삽입하고 투명 위젯에 링크를 수정해서 블로그를 세팅해보겠습니다. 상단 이미지의 세로 높이가 변경되었기 때문에 타이틀 높이를 조절해야 합니다. 또한 투명 위젯의 좌표를 변경하고 링크를 수정해서 세팅을 완료합니다.

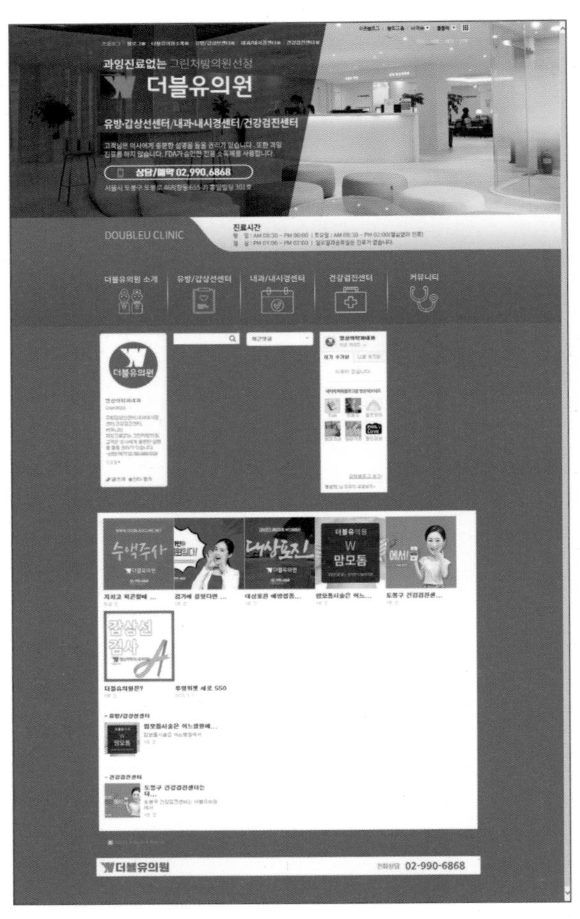

세팅된 블로그

1. 스킨 배경 등록하기

❶ 블로그 관리의 [꾸미기 설정] 탭의 디자인 설정 메뉴에서 [세부 디자인 설정]을 클릭합니다. ❷ 리모콘 대화상자가 나타나면 [스킨 배경]을 선택하고 배경 이미지를 지정하기 위해 [직접등록]을 클릭한 후 상단 영역의 [파일 등록]을 클릭합니다.

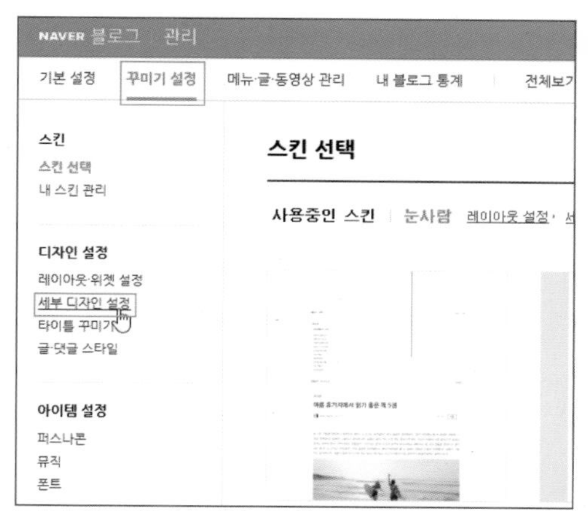

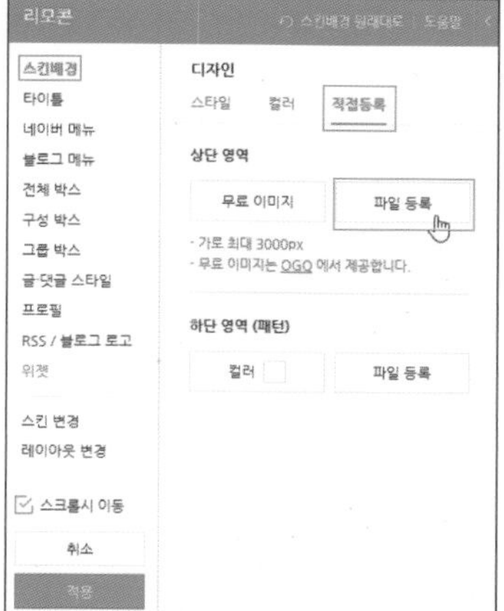

2. 타이틀 높이 지정하기

❶ 업로드할 파일 선택 대화상자가 나타나면 sample 폴더에 있는 'part04-1c.jpg'를 선택하고 [열기] 버튼을 클릭합니다. ❷ 타이틀 영역의 세로 크기를 지정하기 위해 리모콘에서 [타이틀]을 선택하고 영역 높이를 350으로 설정한 후 [적용] 버튼을 누릅니다.

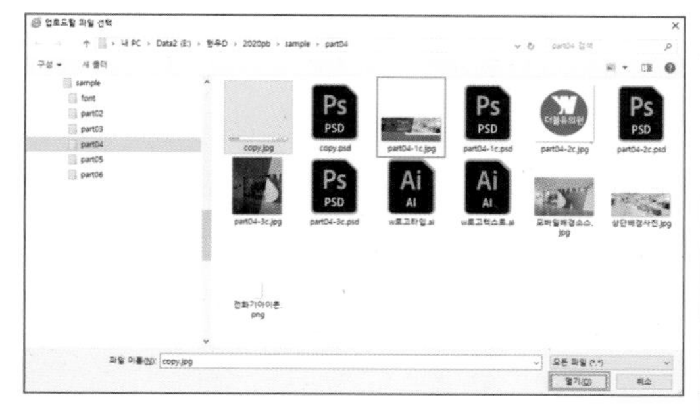

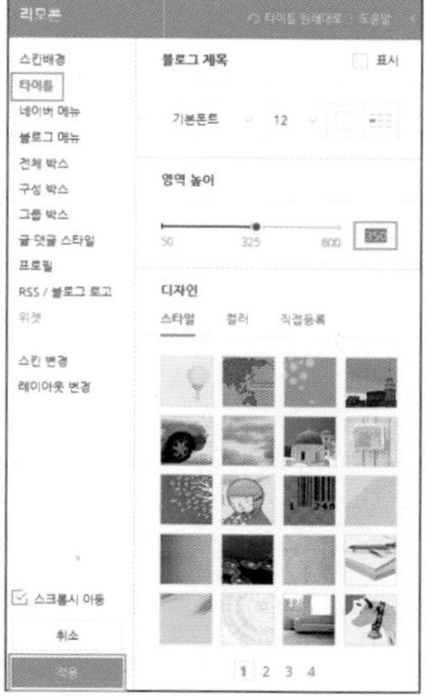

타이틀 사용하지 않기

블로그 상단에 있는 타이틀을 사용하지 않으려면 레이아웃 · 위젯 설정의 메뉴 사용 설정에서 타이틀을 해제해야 합니다. 타이틀 영역을 클릭하면 블로그 메인 화면으로 돌아갑니다.

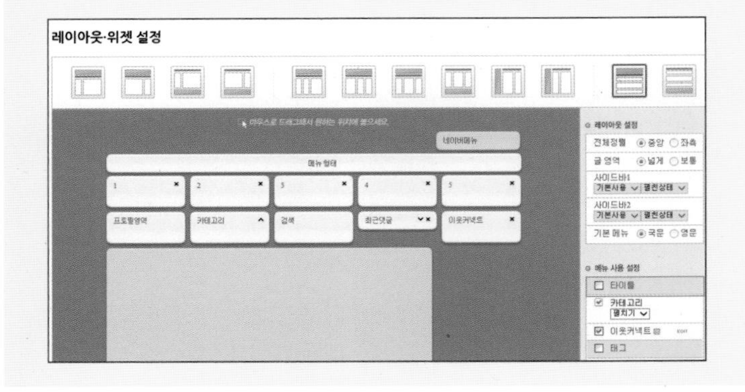

3. 확인하기

❶ 세부 디자인 적용 창이 나타나면 [적용] 버튼을 누릅니다. ❷ 블로그 전체를 확인하면 상단 배경 이미지와 프로필 이미지가 변경된 것을 확인할 수 있습니다.

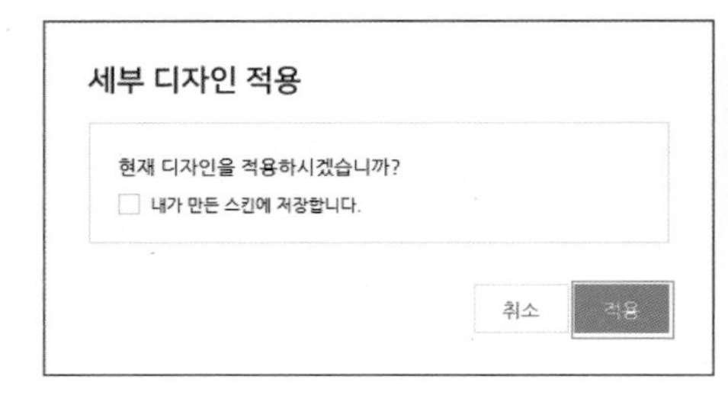

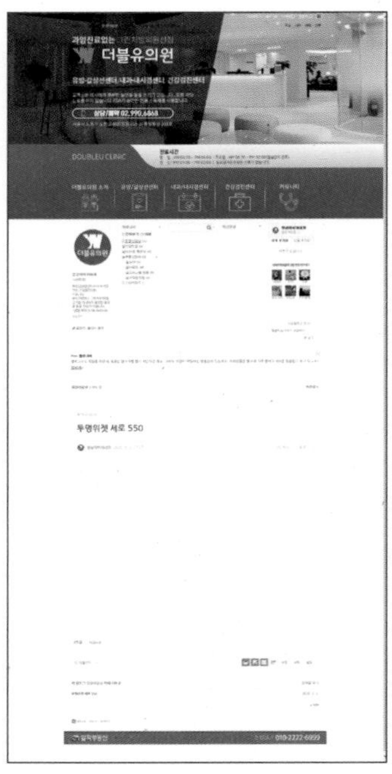

4. 세부 디자인 설정

❶ 다시 한 번 글쓰기 메뉴 오른쪽의 [관리]를 누릅니다. ❷ 블로그 관리의 [꾸미기 설정] 탭에서 디자인 설정 메뉴의 [세부 디자인 설정]을 클릭합니다.

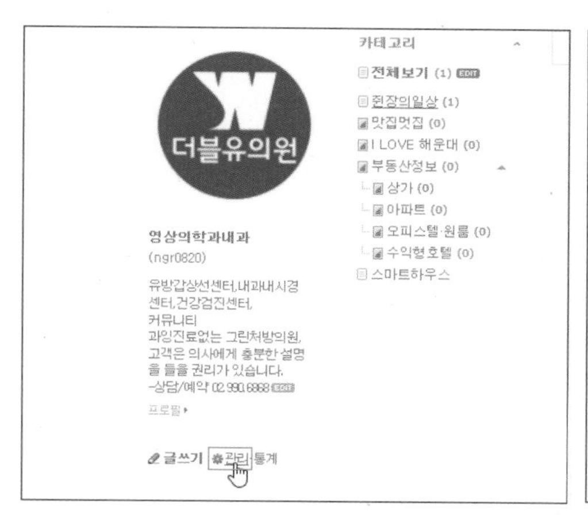

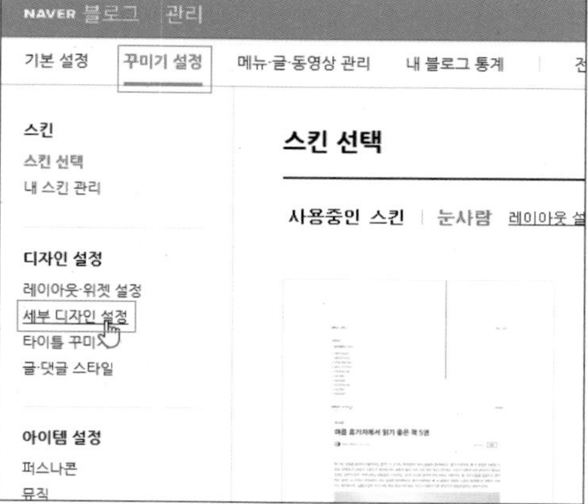

TIP 스킨 관리

[꾸미기 설정] 탭의 [내 스킨 관리] 메뉴에서 [아이템 팩토리 바로가기]를 클릭하면 더 많은 스킨을 불러올 수 있습니다.

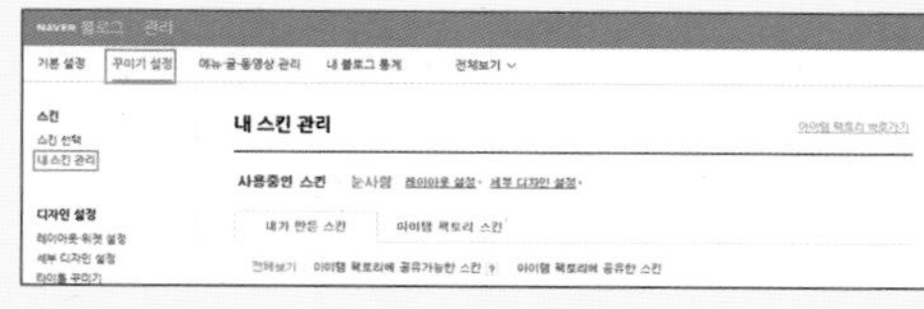

내 스킨 관리

아이템 팩토리

5. 배경색 지정하기

❶ 리모콘 대화상자가 나타나면 스킨 배경을 선택하고 컬러를 선택한 후 '#1c4fd4'를 입력하고 [입력] 버튼을 누릅니다. ❷ 다시 한 번 스킨 배경을 선택하고 배경 이미지를 지정하기 위해 [직접등록]을 클릭한 후 상단 영역의 파일 등록을 클릭해서 'part04-1c.jpg'를 설정합니다.

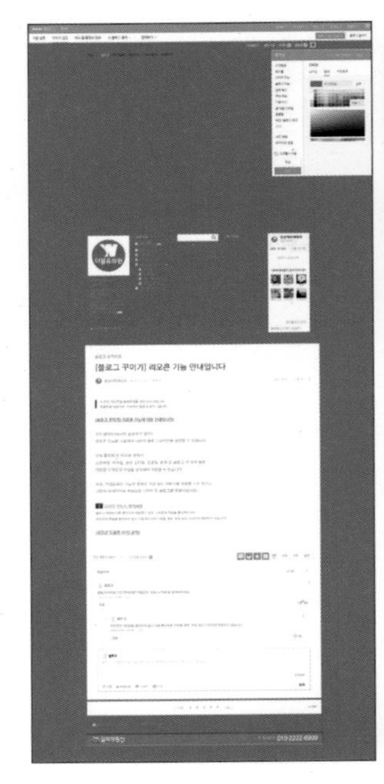

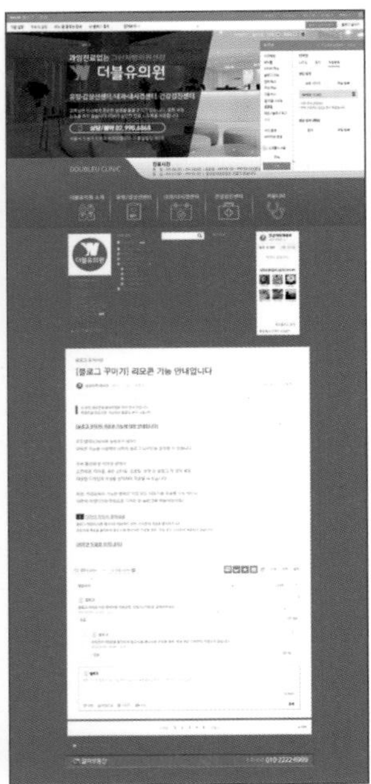

6. 구성 박스 스타일 설정하기

❶ [블로그 메뉴]를 선택하고 디자인의 [스타일]에서 강조색을 하늘색으로 지정합니다. ❷ [구성 박스]를 선택하고 [스타일]에서 세 번째 스타일을 선택합니다.

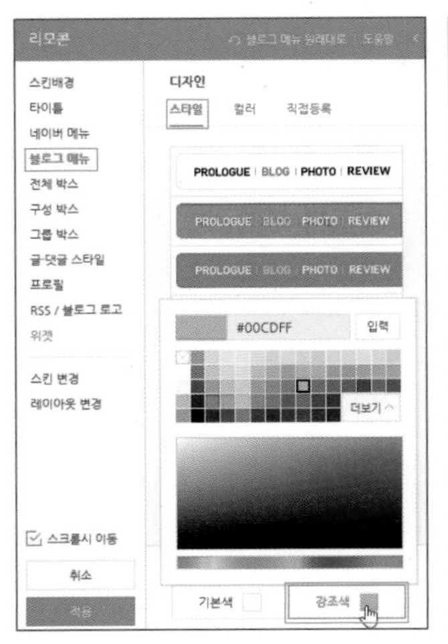

7. 하단 이미지 적용하기

❶ 프로필을 선택하고 [스타일]에서 다섯 번째 스타일을 선택합니다. 스타일은 블로그 배경 이미지와 컬러에 맞게 지정하면 됩니다. ❷ 하단 영역 이미지를 설정하기 위해 전체 박스를 선택하고 디자인에서 [직접등록]을 선택합니다. 하단 영역의 높이에 50을 입력하고 [파일 등록] 버튼을 누릅니다.

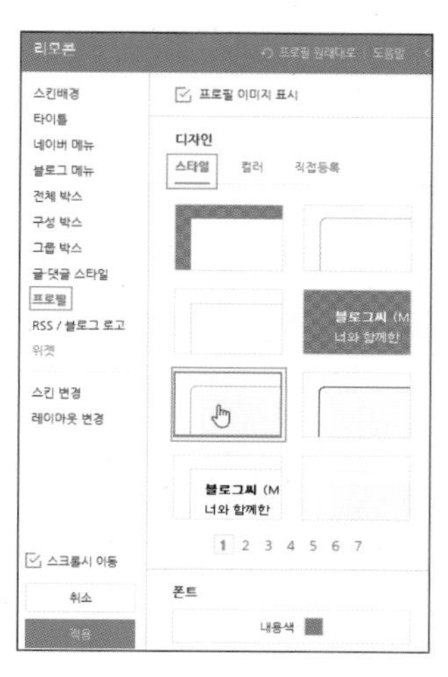

8. 적용하기

❶ 업로드할 파일 선택 대화상자가 나타나면 sample 폴더에 있는 'copy.jpg'를 선택하고 [열기] 버튼을 누른 후 [적용] 버튼을 누릅니다. ❷ 세부 디자인 적용 창이 나타나면 [적용] 버튼을 누릅니다.

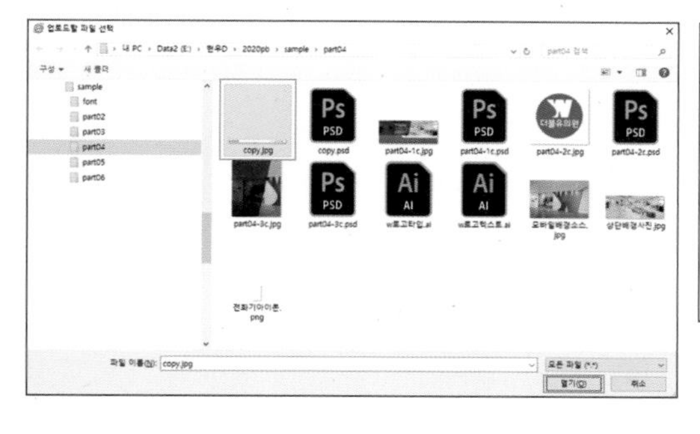

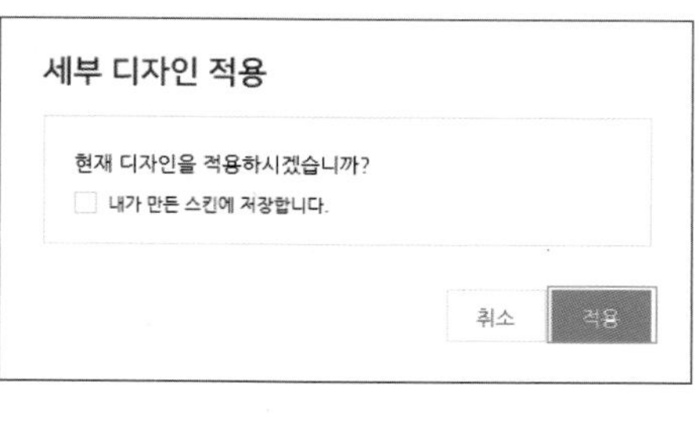

9. 프롤로그 지정하기

❶ 이번에는 블로그 관리에서 [메뉴 · 글 · 동영상 관리]를 클릭하고 [상단메뉴 설정]을 클릭합니다. 상단메뉴 설정의 메뉴사용 관리에서 메뉴명에 있는 프롤로그의 대표 메뉴를 선택하고 [확인] 버튼을 누릅니다. ❷ '성공적으로 반영되었습니다.'라는 메시지가 나타나면 [확인] 버튼을 누릅니다.

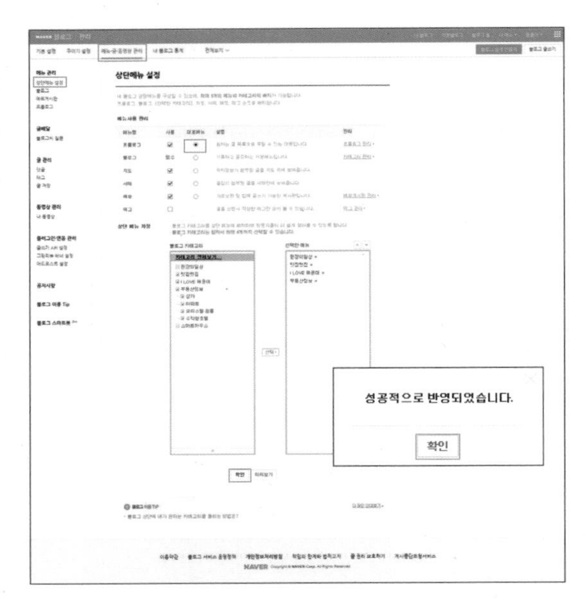

10. 카테고리 이름 변경하기

❶ 프로필 영역 하단에 있는 [관리]를 클릭합니다. 블로그 관리에서 [메뉴 · 글 · 동영상 관리]를 클릭하고 메뉴관리에서 [블로그]를 클릭합니다. ❷ 카테고리 전체보기의 [쥔장의일상]을 클릭하고 오른쪽에 있는 카테고리명을 '더블유의원'으로 변경합니다. 나머지 카테고리도 '유방/갑상선센터', '내과/내시경센터', '건강검진센터', '커뮤니티'로 변경합니다.

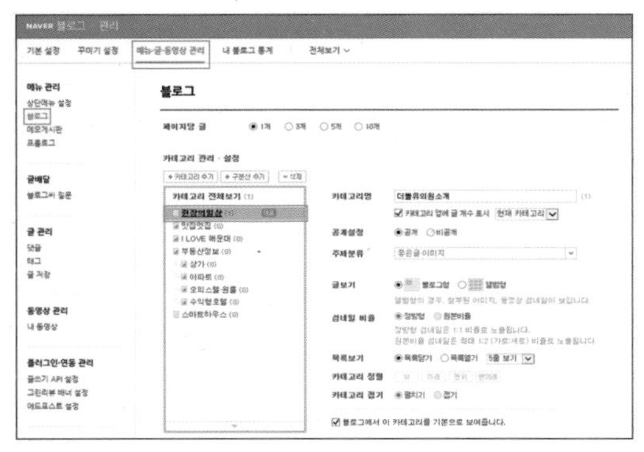

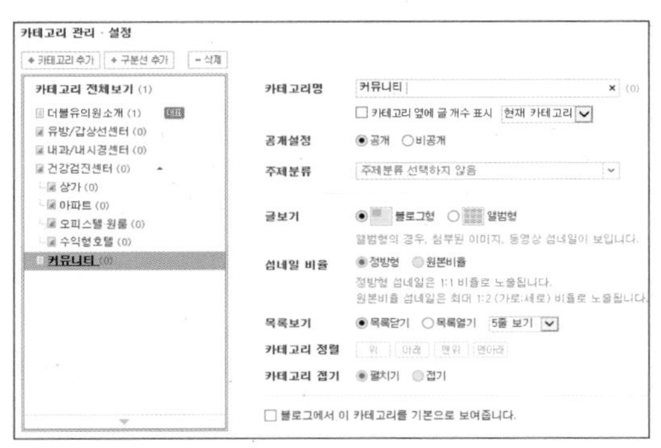

11. 카테고리 삭제하기

❶ 카테고리를 삭제하기 위해 상가를 클릭하고 상단에 있는 [삭제] 버튼을 누릅니다. 카테고리 삭제창이 나타나면 [확인] 버튼을 누릅니다. ❷ 아파트, 오피스텔 · 원룸, 수익형호텔 카테고리를 삭제하고 [확인] 버튼을 누릅니다.

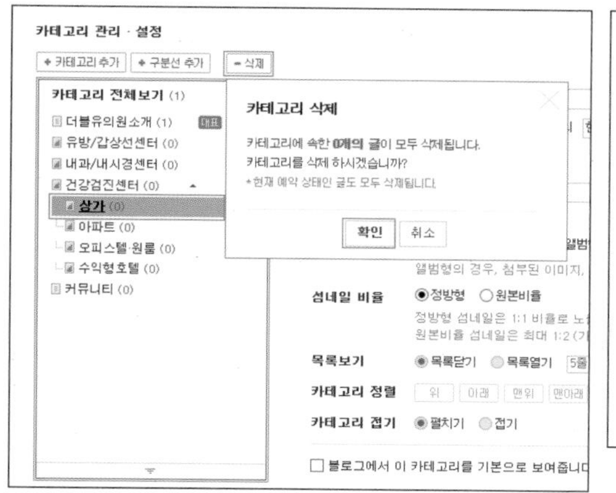

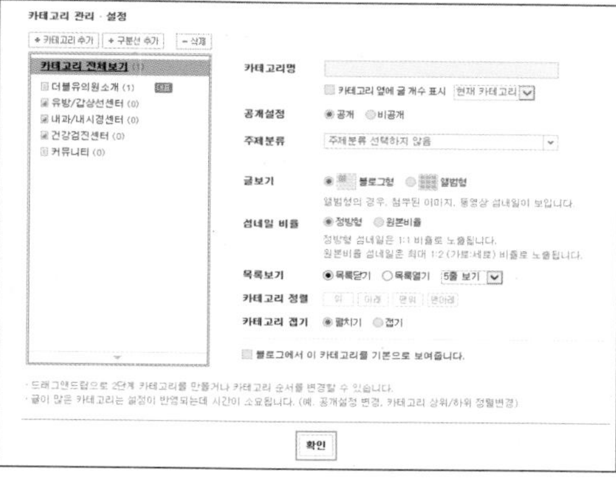

12. 프롤로그 설정하기

❶ '성공적으로 반영되었습니다.'라는 메시지가 나타나면 [확인] 버튼을 누릅니다. ❷ 프롤로그를 설정하기 위해 메뉴관리의 프롤로그를 클릭하고 프롤로그에서 이미지 강조를 선택합니다. 2번, 3번 글목록을 체크하고 이미지 개수를 1줄로 지정합니다.

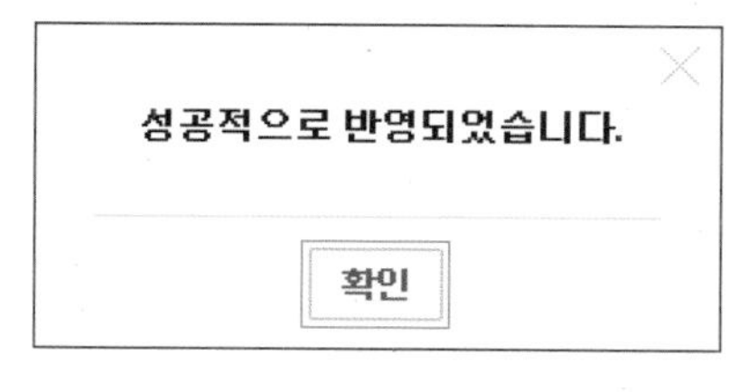

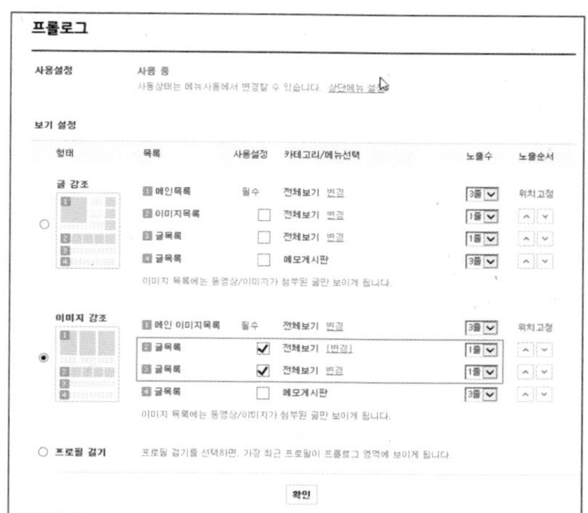

13. 글목록 변경하기

❶ 2번 글목록의 카테고리를 변경하기 위해 전체보기 옆에 있는 [변경]을 클릭합니다. ❷ 카테고리 전체보기에서 [유방/갑상선센터]를 선택하고 [확인] 버튼을 누릅니다. 3번 글목록을 건강검진센터로 변경하고 [확인] 버튼을 누른 후 '이미지 강조형으로 설정되었습니다.'라는 메시지가 나타나면 [확인] 버튼을 클릭합니다.

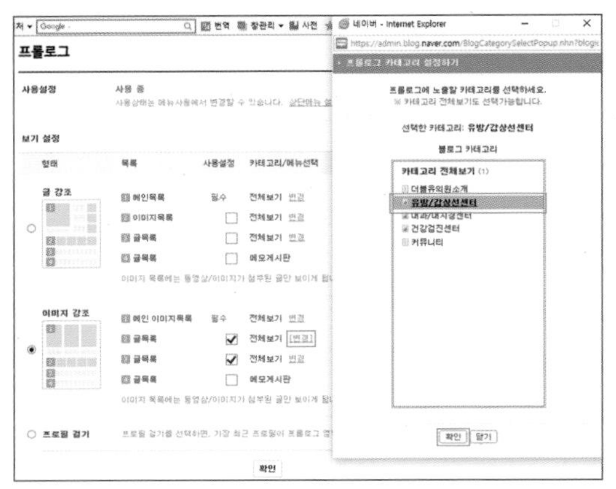

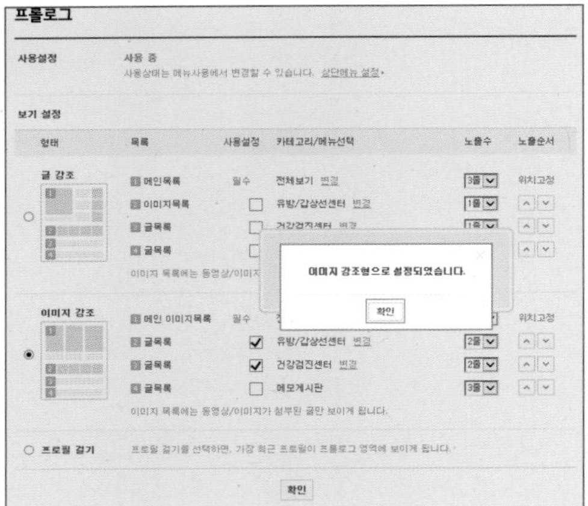

14. 글쓰기

❶ 블로그 관리의 우측 상단의 [내블로그]를 클릭합니다. 블로그 타입이 프롤로그로 설정되었습니다. 포스팅된 내용이 없어서 잘 구분되지 않습니다. 간단하게 포스팅을 해보겠습니다. ❷ 프로필 하단에 있는 [글쓰기]를 클릭합니다.

15. 제목 입력과 사진 불러오기

❶ 제목과 내용을 간단하게 입력하고 추가 [+] 버튼을 클릭합니다. ❷ 사진을 추가하기 위해 [사진]을 클릭합니다.

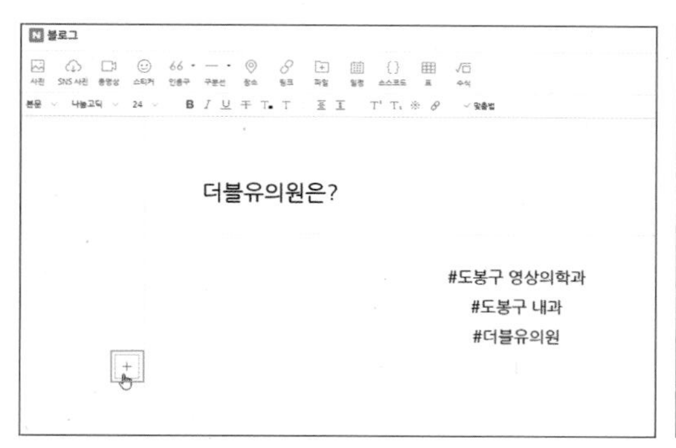

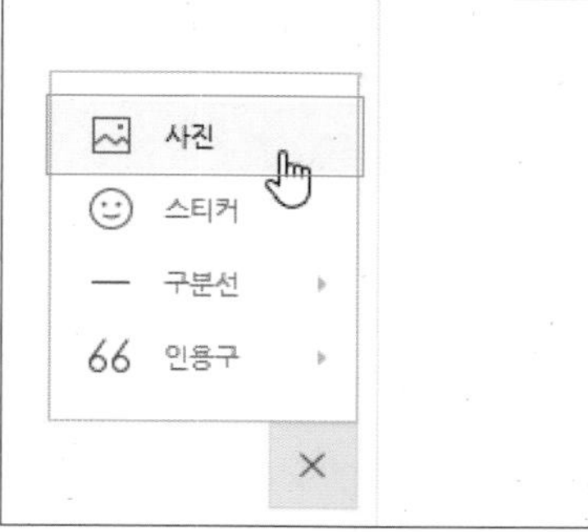

16. 발행하기

❶ 적당한 이미지를 불러오고 우측 상단에 있는 [발행] 버튼을 누릅니다. ❷ 카테고리를 더블유의원소개로 지정하고 공개 설정을 전체공개로 한 다음 우측 하단에 있는 [발행] 버튼을 누릅니다.

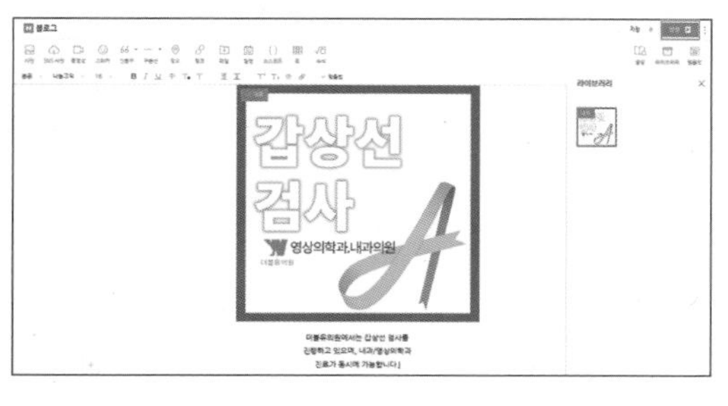

17. 확인하기

❶ 포스팅을 5개 더 발행하고 블로그 상부에 있는 [프롤로그]를 클릭합니다. ❷ 이미지 강조형으로 레이아웃이 변경된 것을 확인할 수 있습니다.

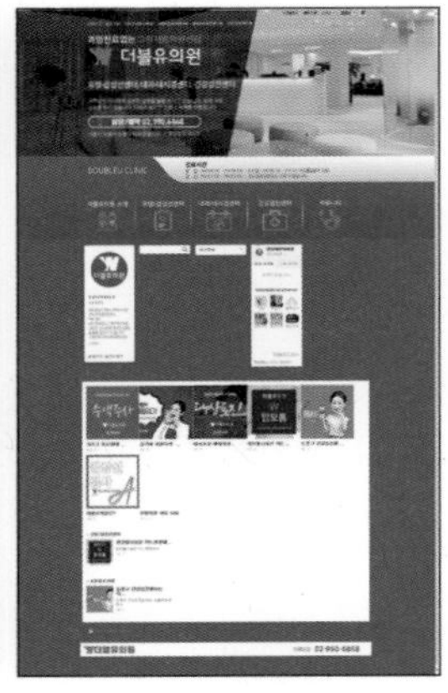

TIP 프롤로그와 블로그 대표 메뉴의 차이점

메뉴 사용 관리에서 프롤로그를 대표 메뉴로 설정하면 글 강조, 이미지 강조 형태의 레이아웃을 만들 수 있습니다. 반면 블로그를 대표 메뉴로 설정하면 포스팅된 내용이 길게 나열됩니다.

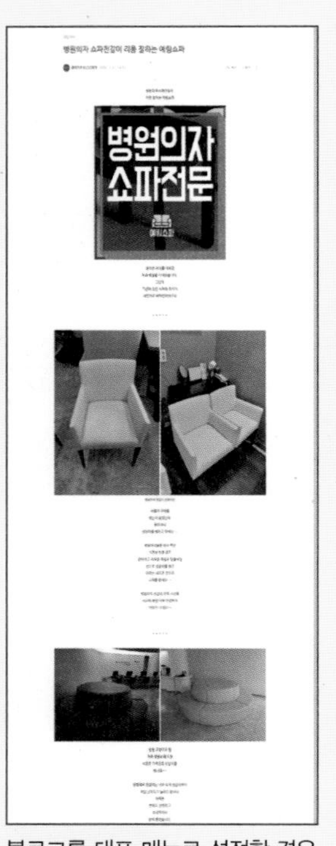

프롤로그를 대표 메뉴로 설정한 경우 블로그를 대표 메뉴로 설정한 경우

Section

05

투명 위젯 링크 수정하기

중복적으로 사용되고 있는 상단 메뉴를 삭제합니다. 파트3의 배경 이미지에 있는 카테고리 영역과 파트4의 병원 배경 이미지에 있는 카테고리 영역의 위치와 크기가 다르기 때문에 좌표와 링크 주소를 수정해야 합니다.

완성 파일 part04-3c.psd

투명 위젯에 링크가 걸린 화면

1. 상단메뉴 삭제하기

❶ 상단메뉴를 제거해보겠습니다. 블로그 관리의 [메뉴 · 글 · 동영상 관리]를 클릭하고 메뉴관리에서 [상단메뉴 설정]을 클릭합니다. 상단 메뉴 지정의 [선택한 메뉴]에서 더블유의원소개 측면의 ×를 클릭합니다. ❷ 나머지 유방/갑상선센터, 내과/내시경센터, 건강검진센터를 삭제하고 [확인] 버튼을 누릅니다. '성공적으로 반영되었습니다.'라는 메시지가 나타나면 [확인] 버튼을 누릅니다. 우측 상단의 [내블로그]를 클릭합니다.

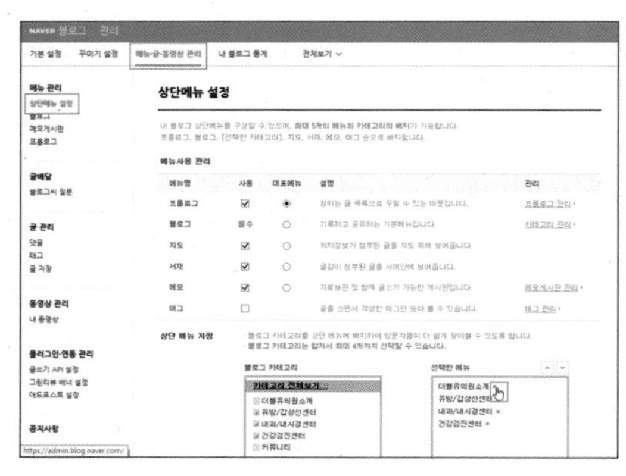

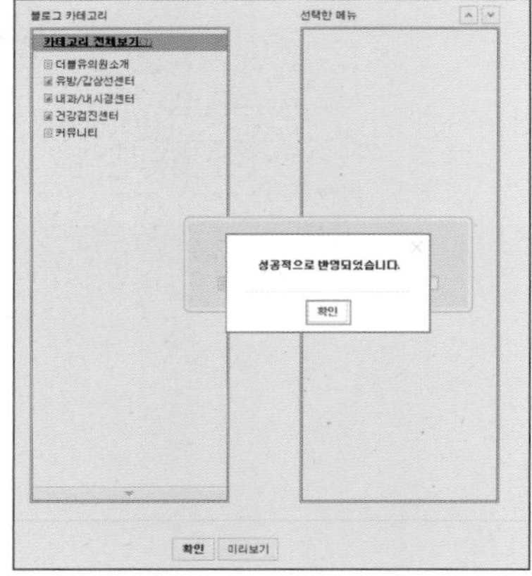

2. 경로 복사하기

❶ 상단 메뉴에서 블로그를 클릭하고 새 창에서 블로그를 띄우기 위해 Shift 를 누르고 카테고리에 있는 더블유의원 소개를 클릭합니다. ❷ 새 창에서 더블유의원소개 포스팅이 열린 것을 확인할 수 있습니다. 주소를 클릭하고 마우스 오른쪽 버튼을 클릭한 후 [복사]를 선택한 다음 창을 닫습니다.

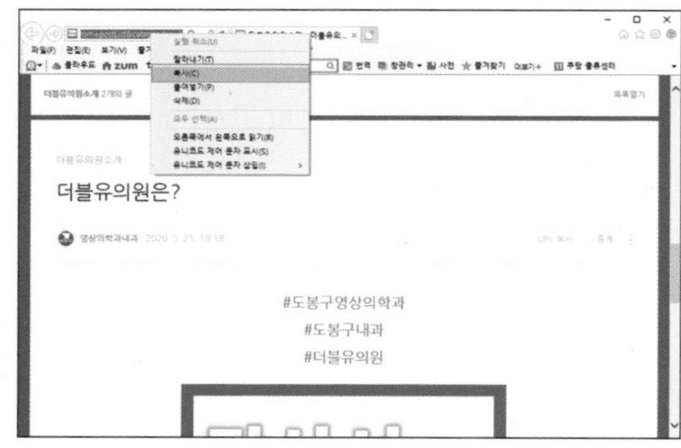

3. 위젯 수정하기

❶ 블로그 관리의 디자인 설정 메뉴에 있는 [레이아웃 · 위젯 설정]을 클릭합니다. ❷ 위젯 사용 설정에서 1 위젯의 [EDIT]을 클릭합니다.

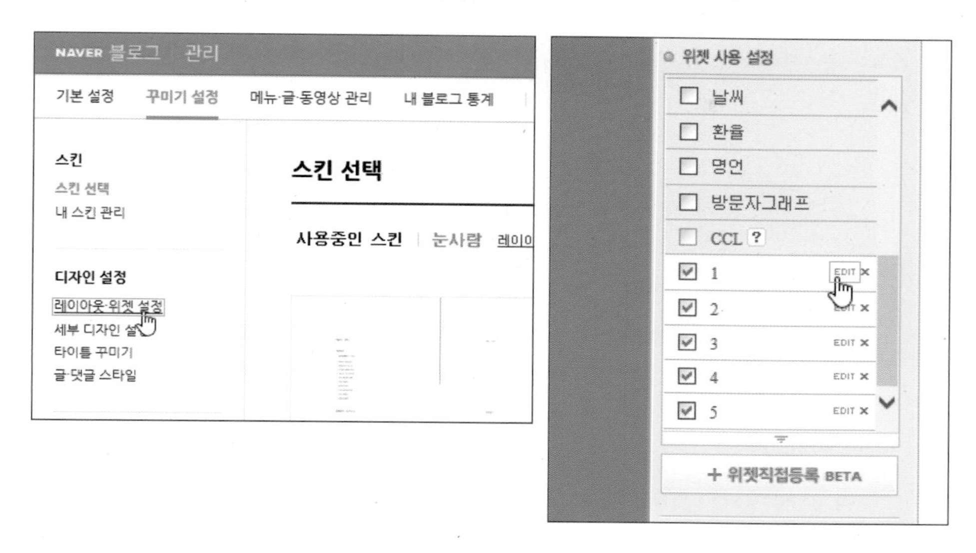

4. 좌표 및 경로 삭제하기

❶ 위젯 수정이 나타나면 위젯코드입력에서 coords를 0,220,170,370으로 변경합니다. ❷ 기존에 걸려있는 링크를 삭제하기 위해 첫 번째 area 소스 안에 있는 https://blog.naver.com~=1을 드래그하여 선택하고 Delete를 누릅니다.

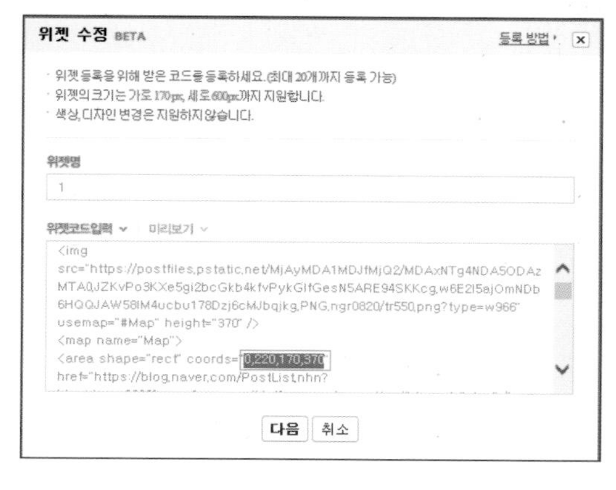

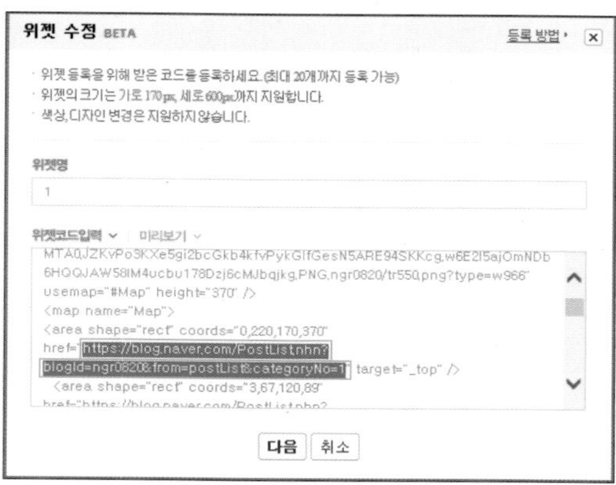

5. 소스 선택하기

❶ 두 번째 area 소스부터 쭉 드래그합니다. ❷ 아래 방향으로 더 드래그하여 </map> 앞까지 선택합니다.

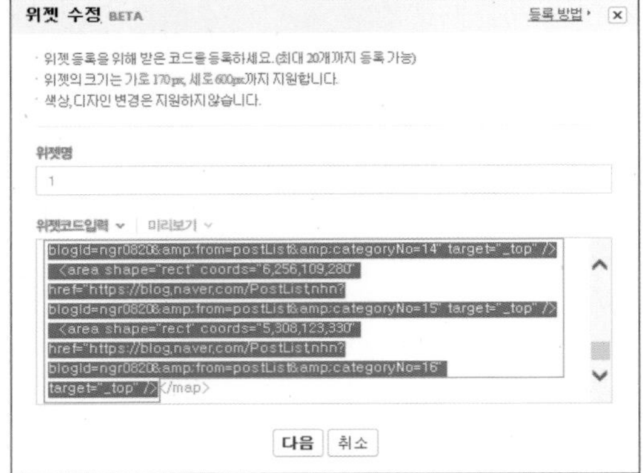

6. 소스 복사하기

❶ Delete 를 눌러 선택한 소스를 삭제합니다. ❷ 다시 한 번 모든 소스를 선택하고 마우스 오른쪽 버튼을 클릭해 [복사]를 선택하고 [다음] 버튼을 누릅니다.

7. 위젯 수정하기

❶ [수정] 버튼을 클릭합니다. 웹 페이지 메시지가 나타나면 [확인] 버튼을 클릭합니다. ❷ 이번에는 위젯 사용 설정에서 2 위젯의 [EDIT]을 클릭합니다.

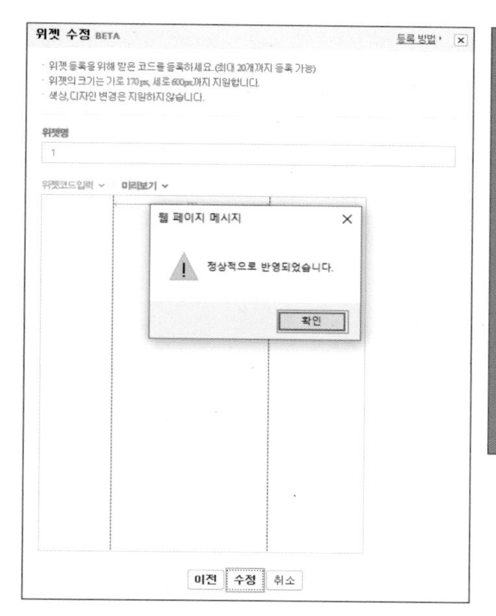

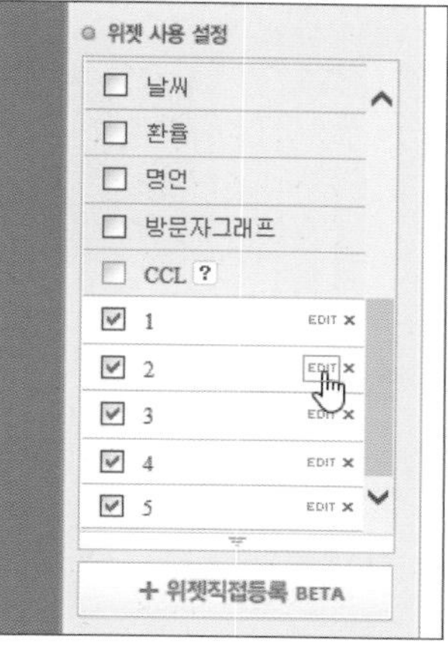

8. 소스 붙여넣기

❶ 위젯 수정이 나타나면 위젯코드입력에 있는 모든 소스를 선택하고 Delete를 눌러 삭제합니다. ❷ 1 위젯의 소스를 붙여넣기 위해 Ctrl+V를 누르고 [다음] 버튼을 클릭합니다.

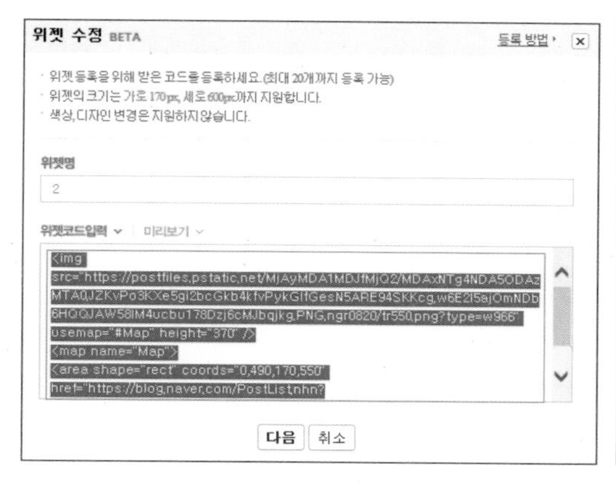

9. 위젯 수정하기

❶ 위젯 수정에서 [수정] 버튼을 클릭하고 웹 페이지 메시지가 나타나면 [확인] 버튼을 누릅니다. ❷ 최종 블로그에 반영하기 위해 [적용] 버튼을 누르고 다시 한 번 웹 페이지 메시지가 나타나면 [확인] 버튼을 클릭합니다.

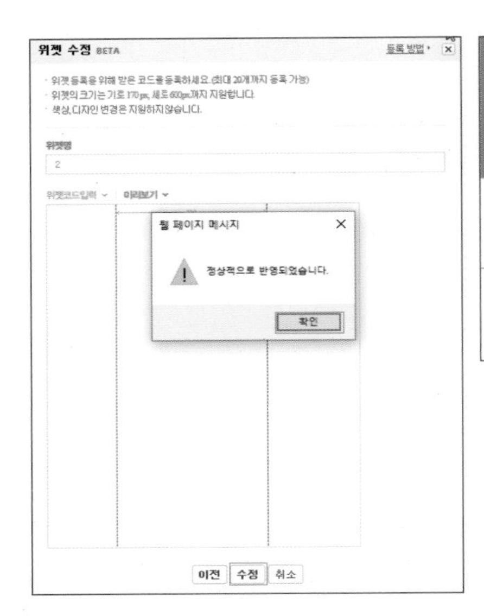

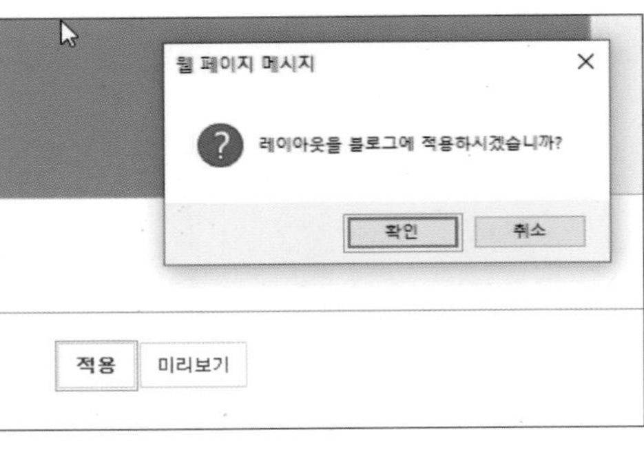

10. 다시 한 번 경로 복사하기

❶ 상단 메뉴에서 [블로그]를 클릭하고 새 창에서 블로그를 띄우기 위해 Shift를 누르고 카테고리에 있는 유방/갑상선센터를 클릭합니다. ❷ 새 창에서 유방/갑상선센터가 열린 것을 확인할 수 있습니다. 주소를 클릭하고 마우스 오른쪽 버튼을 클릭한 후 [복사]를 선택한 다음 창을 닫습니다.

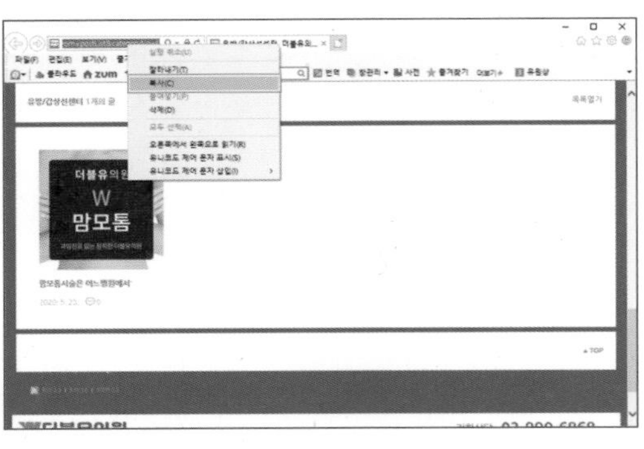

11. 경로 붙여넣기

❶ 블로그 관리의 디자인 설정에 있는 [레이아웃 · 위젯 설정]을 클릭합니다. 위젯 사용 설정에서 2 위젯의 [EDIT]을 클릭하고 위젯 수정의 위젯코드입력에서 경로를 드래그하여 선택한 후 Delete를 눌러 삭제합니다. ❷ 복사한 경로를 붙여넣기 위해 Ctrl+V를 누르고 [다음] 버튼을 클릭합니다.

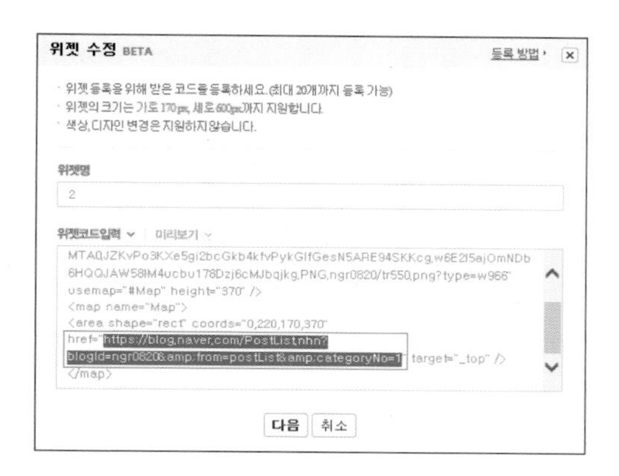

12. 반영하기

❶ [수정] 버튼을 누르고 웹 페이지 메시지가 나타나면 [확인] 버튼을 누릅니다. 3, 4, 5 위젯도 같은 방법으로 카테고리 경로를 재설정합니다. ❷ 최종 반영하기 위해 [적용] 버튼을 누르고 다시 한 번 웹 페이지 메시지가 나타나면 [확인] 버튼을 클릭합니다.

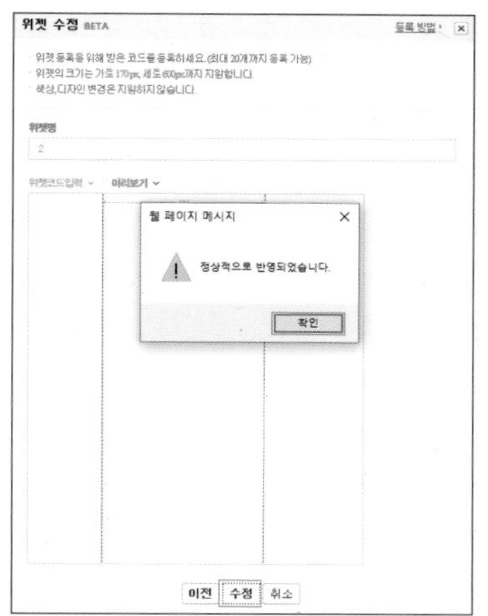

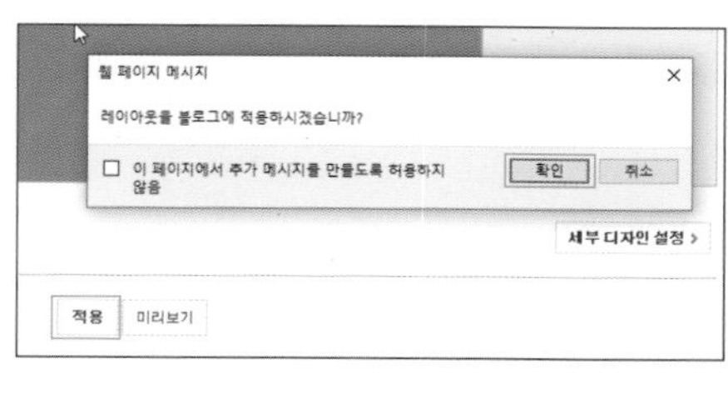

13. 확인하기

상단 배경 이미지의 카테고리명에 마우스를 올리면 손가락 모양이 나타납니다. 링크가 정확하게 걸렸다는 것을 의미합니다. 5개 모두 확인해서 손가락 모양이 나타나면 됩니다. 하지만 홈페이지형 블로그를 제작할 때 이 부분에서 오류가 가장 많이 발생하므로 반복적인 학습이 필요할 수 있습니다.

TIP 재활의학과 홈페이지형 블로그

재활의학과 블로그 디자인입니다. 홈페이지와 함께 제작했던 블로그로, 원장님의 약력을 강조해달라는 요청에 따라 인물 프로필 사진을 메인으로 배치하고 프로필이 잘 보이도록 디자인했습니다.

TIP

더블유의원 홈페이지 디자인

더블유의원의 블로그 제작에 앞서 홈페이지를 먼저 제작했습니다. 병원을 확장 이전하면서 홈페이지를 개편하고 블로그 디자인을 새롭게 꾸미게 된 것입니다. http://doubleuclinic.net/에 접속하면 디자인을 확인할 수 있습니다.

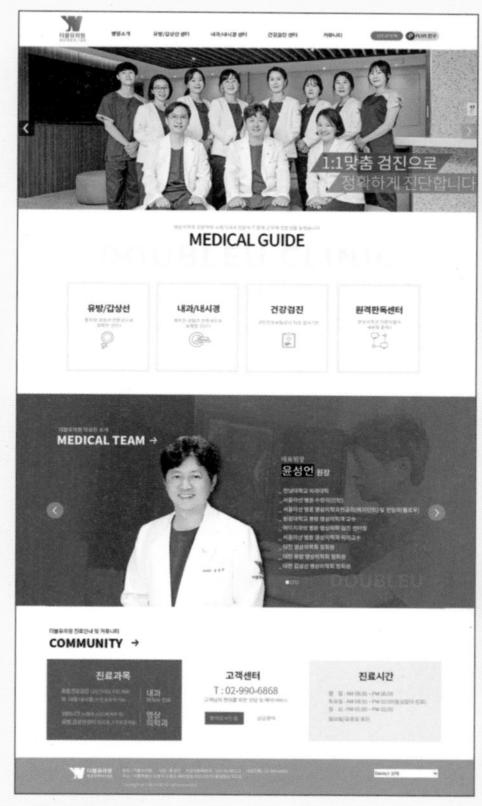

PC용 홈페이지

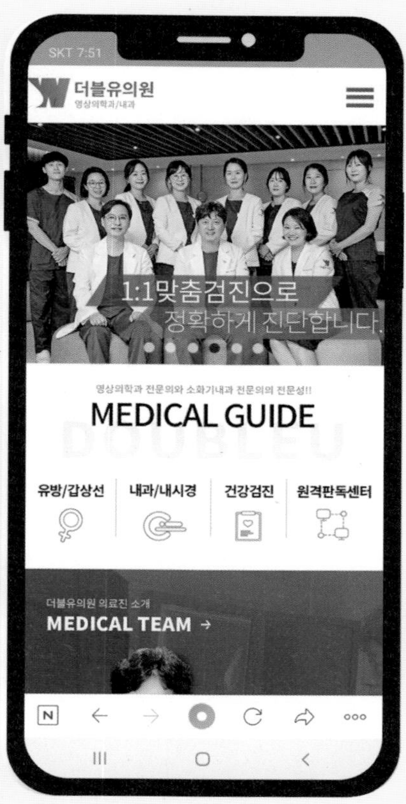

모바일용 홈페이지

PART 05

건축, 인테리어 포트폴리오 블로그 만들기

건축, 인테리어, 디자인 관련 분야 종사자들은 포트폴리오를 책자로 만들어 취업 시 면접에 사용하거나 거래처에 제출할 때 사용합니다. 하지만 포트폴리오 내용을 변경하거나 사진, 이미지, 작품을 추가로 수정했을 경우 다시 책자로 만드는 데는 어려움이 많습니다. 따라서 블로그를 이용하여 포트폴리오를 제작하면 관리하기가 매우 수월해집니다. 요즘 들어 건축, 인테리어, 디자인 분야에서 블로그로 포트폴리오를 제작하는 경우가 많아졌습니다.

Section

01 메인 이미지 만들기

요즘은 건축, 인테리어, 디자인 관련 분야에서 포트폴리오를 만들 때 블로그를 많이 이용합니다. 포트폴리오의 내용을 수정하거나 추가하기 쉽고 블로그 주소만 있으면 언제 어디서든 상담이 가능하기 때문입니다. 필자가 제주도 여행에서 찍은 사진을 이용하여 블로그 메인 이미지를 만들어보겠습니다.

예제 파일 part05-1.psd 완성 파일 part05-1c.psd

완성된 블로그 메인 이미지

1. 새 레이어 만들기

❶ 포토샵을 실행하고 [파일] 메뉴에 있는 [열기]를 클릭하여 sample 폴더에 있는 'part05-1.psd'를 엽니다. ❷ 새로운 레이어를 만들기 위해 Ctrl+Shift+N을 누르고 새 레이어 대화상자가 나타나면 이름에 카피라이트를 입력한 후 [확인] 버튼을 클릭합니다.

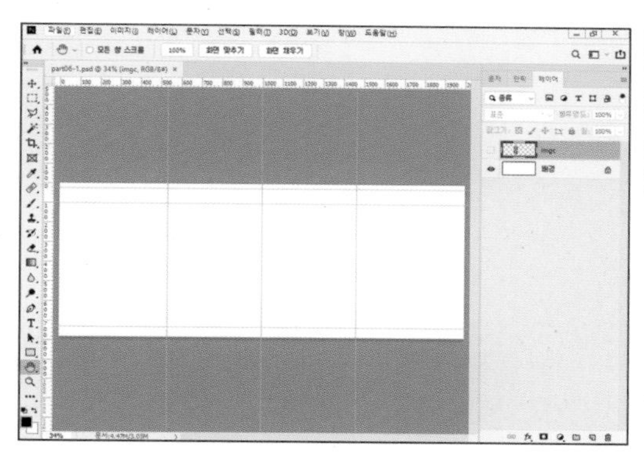

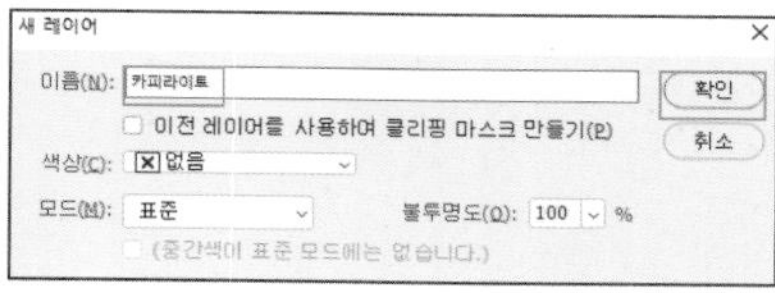

2. 색상 지정하기

❶ 사각형 선택 윤곽 도구(M)를 클릭하고 하단 사각 영역을 드래그하여 선택합니다. ❷ 색을 채우기 위해 [편집] 메뉴에서 [칠]을 선택하고 칠 대화상자가 나타나면 내용을 [색상]으로 변경합니다.

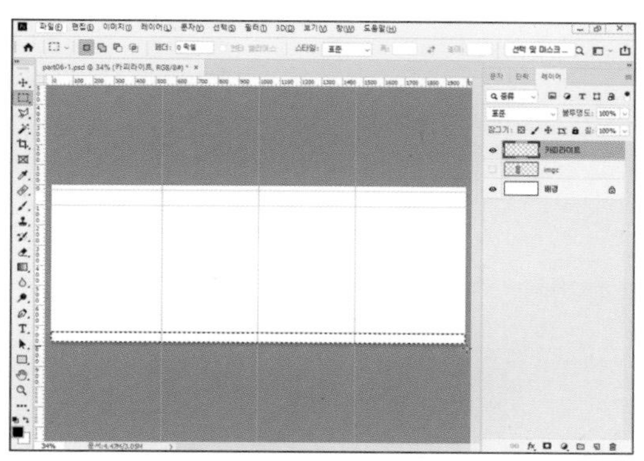

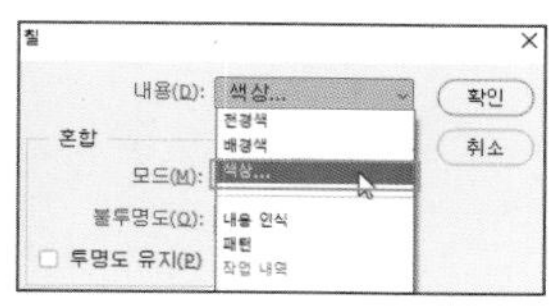

3. 색상 입히기

❶ 색상 피커(칠 색상) 대화상자가 나타나면 #에 '3c3c3c'를 입력하고 [확인] 버튼을 클릭합니다.
❷ 다시 칠 대화상자가 나타나면 [확인] 버튼을 클릭합니다.

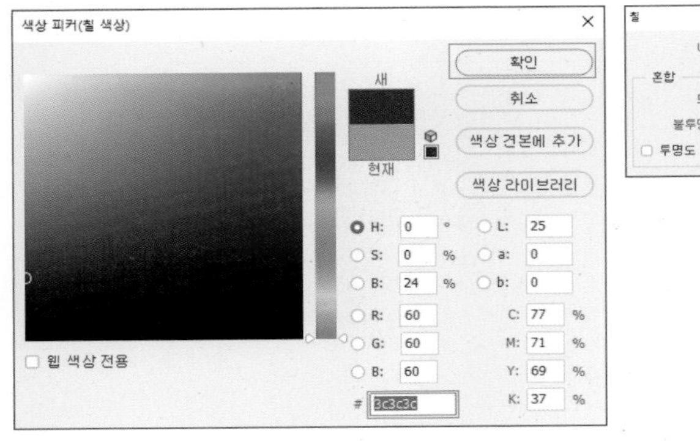

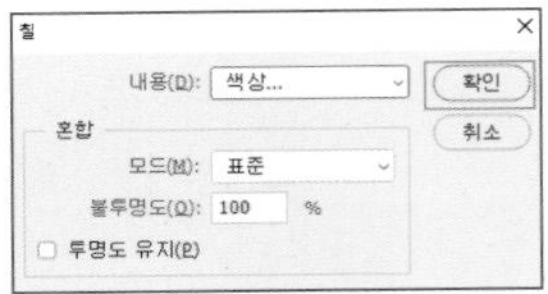

4. 새 레이어 다시 만들기

❶ 다시 한 번 새로운 레이어를 만들기 위해 Ctrl+Shift+N을 누르고 새 레이어 대화상자가 나타나면 이름에 'main-img'를 입력하고 [확인] 버튼을 클릭합니다. ❷ 사각형 선택 윤곽 도구(M)로 중간의 사각 영역을 드래그하여 선택합니다.

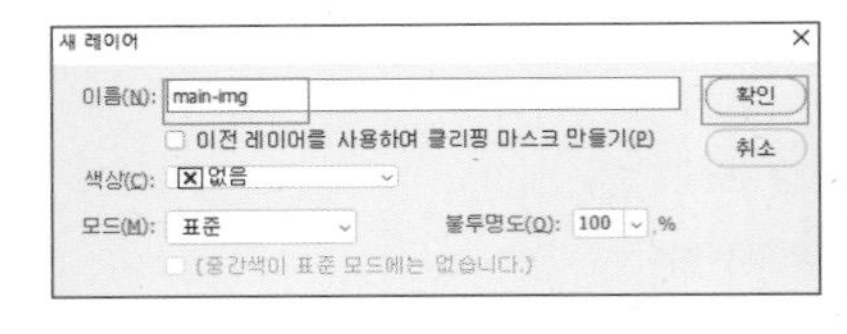

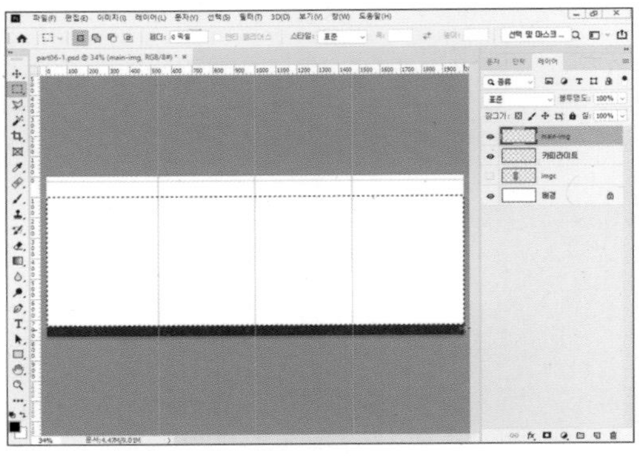

TIP

선 패턴 만들기

홈페이지 또는 블로그 메인 이미지를 만들 때 사진 위에 선 패턴을 채우는 경우가 있습니다. 이런 경우 패턴을 만들어 사진 위에 채워줍니다.

1. [파일] 메뉴에 있는 [열기]를 클릭하여 'line.png'를 엽니다. Ctrl+A를 눌러 전체 영역을 선택하고 패턴을 만들기 위해 [편집] 메뉴에 있는 [패턴]을 선택합니다. 패턴 이름 대화상자가 나타나면 이름에 '라인패턴'을 입력하고 [확인] 버튼을 누릅니다.

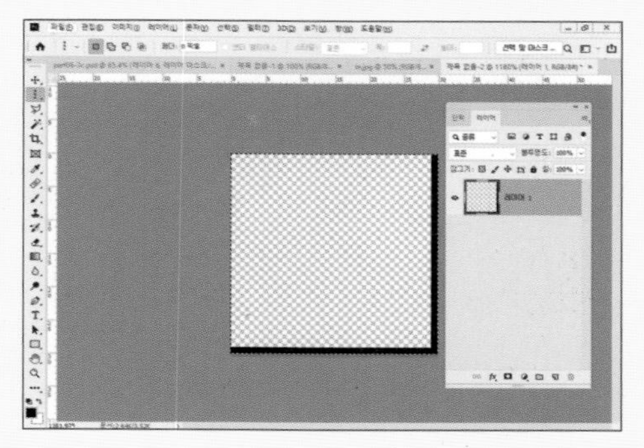

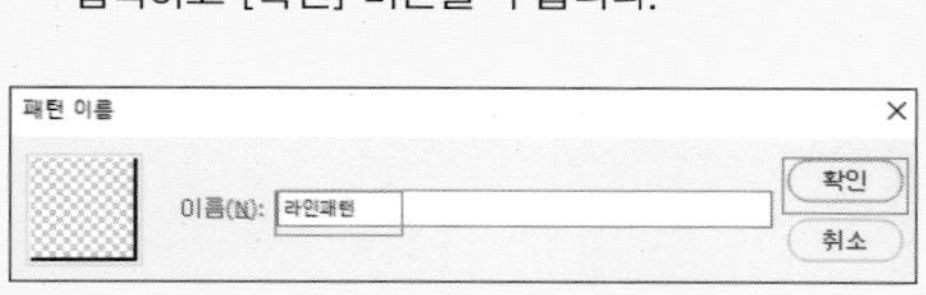

2. 'tn.jpg'를 엽니다. 새로운 레이어를 만들기 위해 Ctrl+Shift+N을 누르고 새 레이어 대화상자가 나타나면 이름에 '패턴'을 입력한 후 [확인] 버튼을 클릭합니다. 패턴을 채우기 위해 [편집] 메뉴에서 [칠]을 선택합니다. 칠 대화상자가 나타나면 내용에서 [패턴]을 선택합니다.

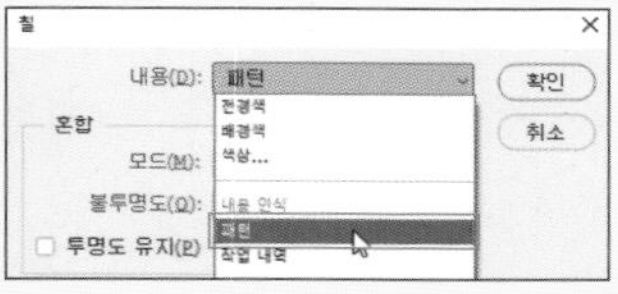

3. 옵션의 사용자 정의 패턴에서 새로 만든 라인패턴을 선택하고 혼합의 투명도 유지를 해제한 후 [확인] 버튼을 누릅니다.

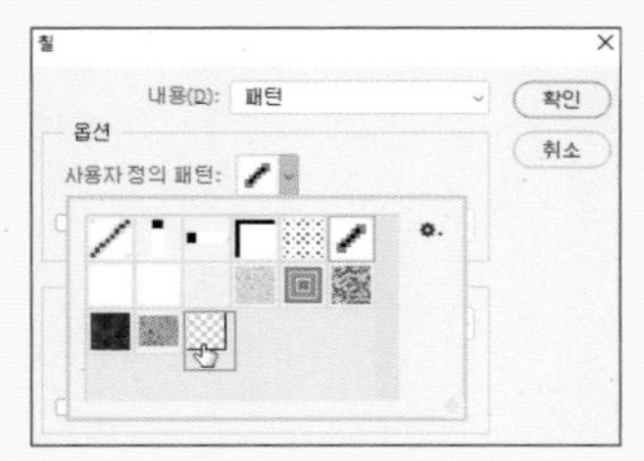

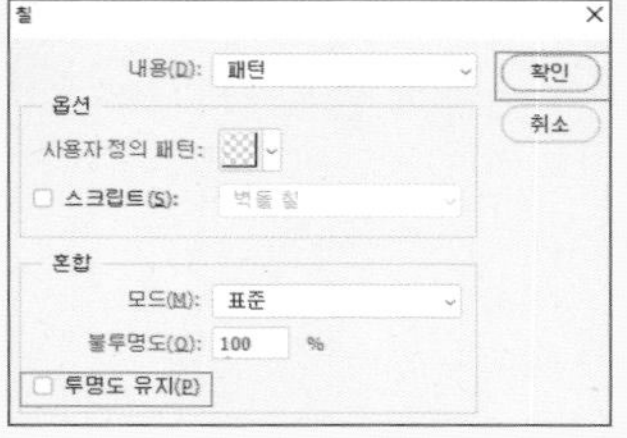

4. 패턴이 채워진 것을 확인할 수 있습니다. 패턴 레이어의 불투명도를 조절한 후 이미지를 저장하여 사용합니다.

5. 로고 만들기

❶ 전경색, 배경색을 초기화하기 위해 D를 누르고 Alt+Delete를 눌러 전경색으로 채워줍니다. Ctrl+D를 눌러 선택을 해제합니다. ❷ 로고를 만들기 위해 기초도형인 'type.psd'를 불러옵니다. Ctrl+A를 눌러 이미지 전체를 선택하고 Ctrl+C를 눌러 복사한 후 Ctrl+W를 눌러서 창을 닫습니다.

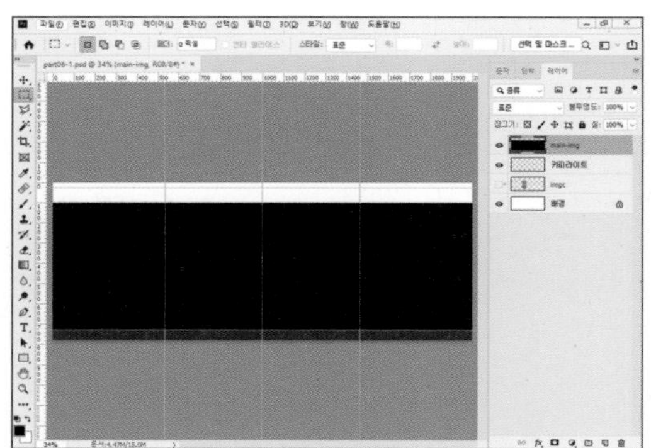

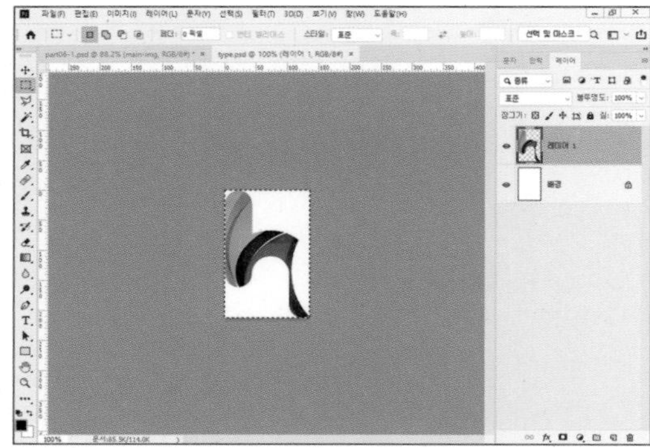

6. 색상 지정하기

❶ 복사한 이미지를 붙여넣기 위해 Ctrl+V를 누르고 Ctrl+T를 눌러 크기와 위치를 조절한 후 Enter를 누릅니다. ❷ [편집] 메뉴에서 [칠]을 선택하고 칠 대화상자가 나타나면 내용을 [색상]으로 변경합니다.

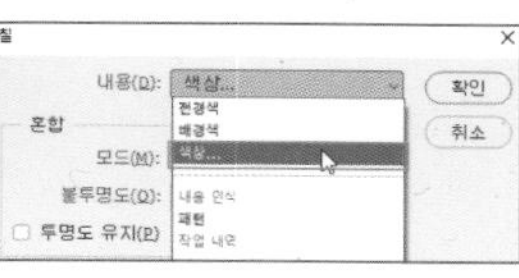

7. 색상 입히기

❶ 색상 피커(칠 색상) 대화상자가 나타나면 #에 '2d4177'을 입력하고 [확인] 버튼을 클릭합니다. ❷ 다시 칠 대화상자가 나타나면 맨 하단에 있는 투명도 유지를 체크한 후 [확인] 버튼을 클릭합니다.

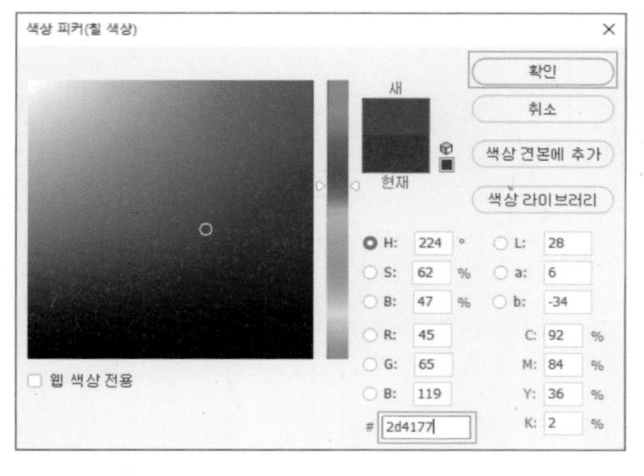

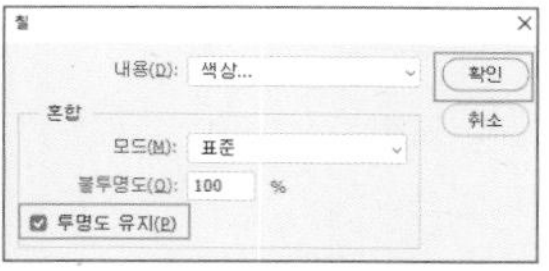

TIP

투명도 유지

칠 대화상자의 투명도 유지는 현재 레이어의 이미지 영역에만 색이 채워지는 것을 의미합니다. 칠 대화상자의 투명도 유지와 레이어 팔레트의 투명 픽셀 잠그기[아이콘]는 동일한 기능입니다.

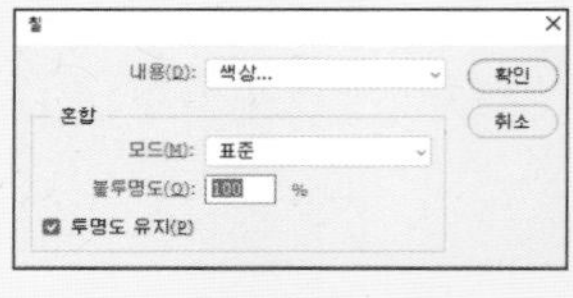

1. '투명도유지.psd'를 열고 사각형 선택 윤곽 도구(M)[아이콘]를 클릭한 후 사각형 모양을 선택합니다. [편집] 메뉴에서 [칠]을 선택한 후 칠 대화상자가 나타나면 내용을 [색상]으로 지정하고 분홍색을 지정한 다음 투명도 유지를 해제하고 [확인] 버튼을 클릭합니다.

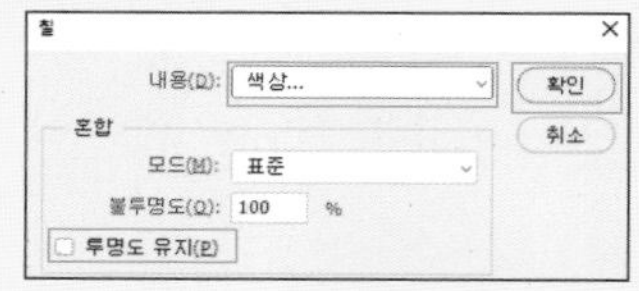

2. 사각 영역 모두 색이 채워진 것을 확인할 수 있습니다. Ctrl+Z를 눌러 채우기를 취소하고 다시 한 번 [편집] 메뉴에서 [칠]을 선택합니다. 칠 대화상자가 나타나면 투명도 유지에 체크하고 [확인] 버튼을 클릭합니다.

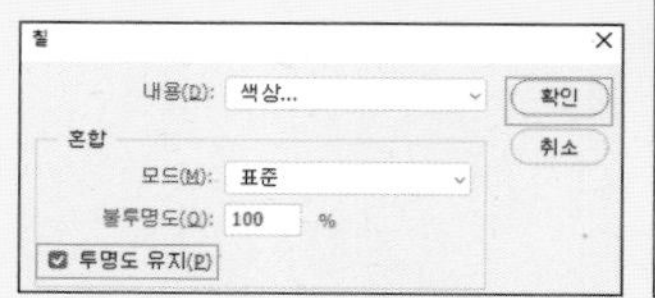

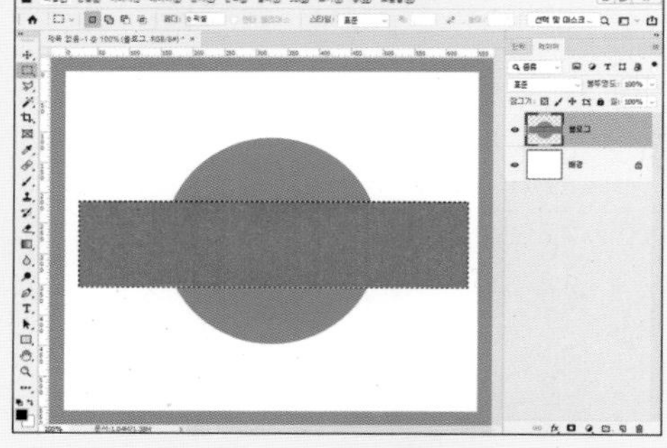

3. 블로그 레이어 원형에만 색상이 채워진 것을 확인할 수 있습니다.

8. 문자 쓰기

❶ 도구상자에서 수평 문자 도구(T)[T]를 선택하고 상부 옵션에서 글꼴을 Noto Sans CJK KR, 굵기를 Regular, 크기를 24pt, 색상을 R: 45, G:65, B:119로 설정합니다. 글꼴은 임의로 지정해도 상관없습니다. ❷ 흰색 바탕을 클릭하고 영문 대문자로 'ARCHI'를 입력합니다.

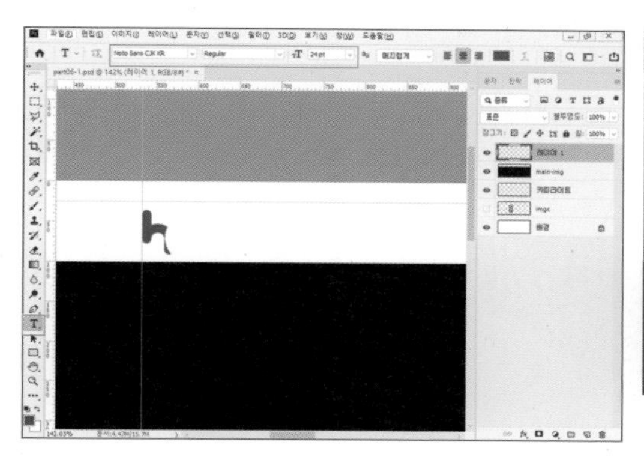

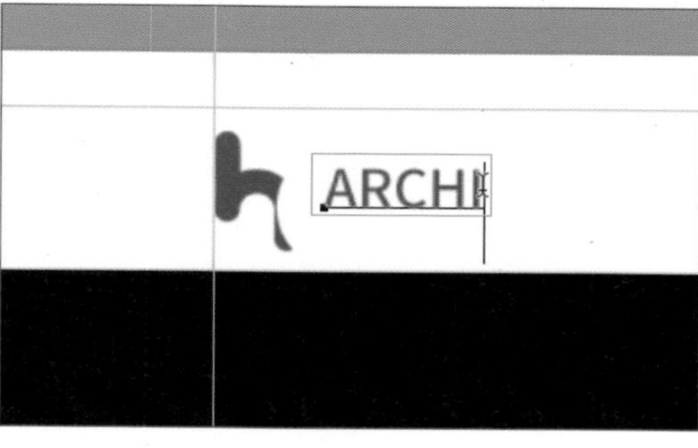

9. 문자 기호 입력하기

❶ 커서를 A 앞으로 이동하고 (ㅁ)을 입력한 후 (한자)를 누릅니다. ❷ 기호 리스트에서 내부가 채워진 원을 선택합니다.

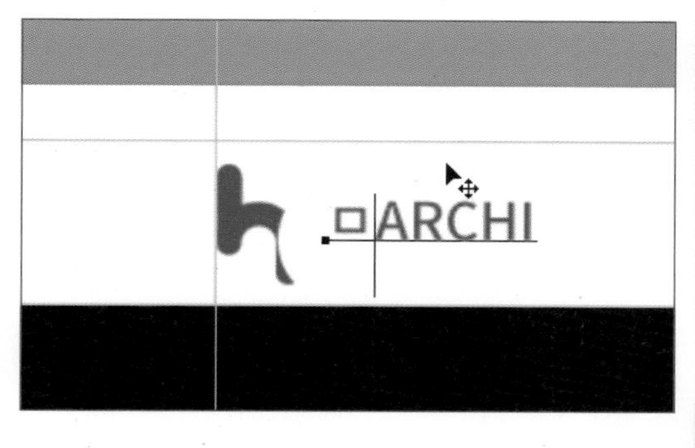

10. 문자 설정하기

❶ 원형 점을 드래그하여 선택하고 크기를 6pt로 지정합니다. ❷ 원형 점을 위로 이동하기 위해 문자 및 단락 패널 켜기/끄기 버튼을 클릭합니다. 문자 대화상자가 나타나면 기준선 이동 설정에 6pt를 입력하고 이동 도구(V)를 이용하여 로고 옆으로 이동합니다.

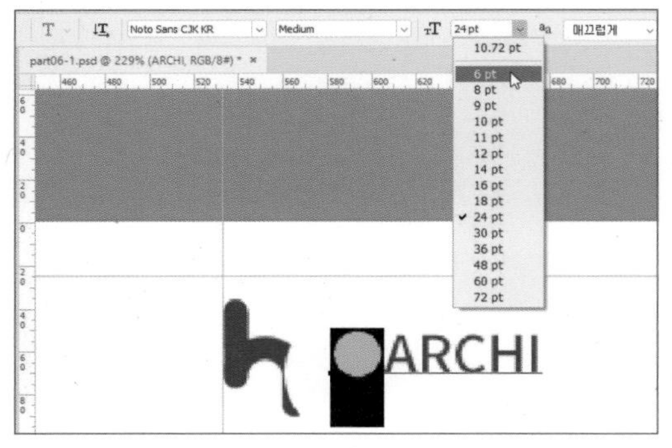

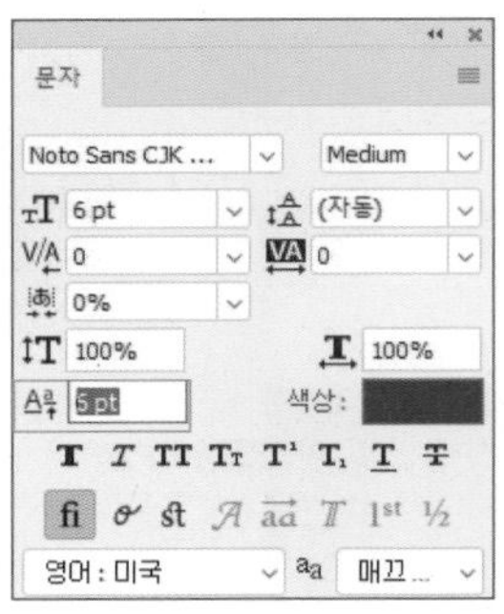

11. 카테고리 입력하기

❶ 블로그 카테고리에 해당하는 'SERVICE PROJECT ABOUT CONTACT ARCHITECT'를 입력합니다. ❷ 문자 전체를 선택하고 상부 옵션에서 굵기를 Medium, 크기를 17pt로 입력한 후 텍스트 오른쪽 정렬을 클릭합니다.

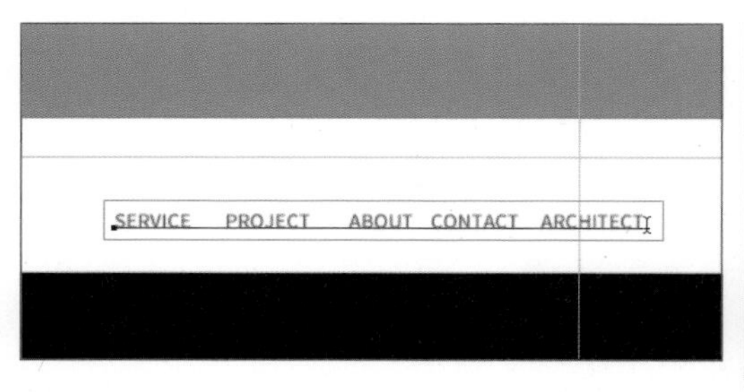

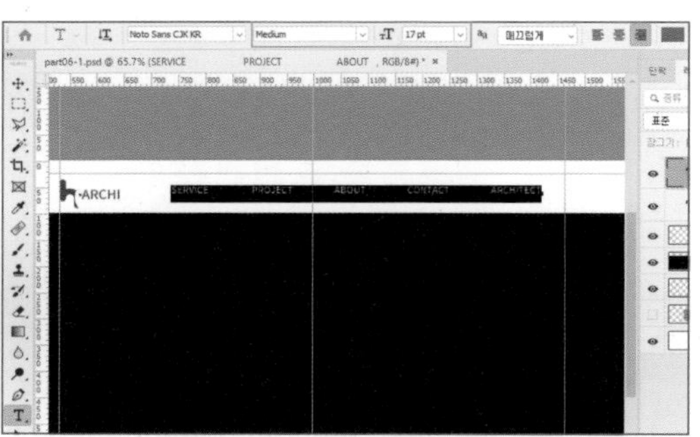

12. 카피라이트 입력하기

❶ 이동 도구(V) ✥를 이용하여 우측 안내선에 맞춰 배치합니다. ❷ 하단에 'H Architecture All Rights Reserved. Designed by Lineart'를 입력합니다. 크기는 13pt, 색상은 회색으로 지정하고 이동 도구(V) ✥를 이용하여 왼쪽 안내선에 맞춰 배치합니다.

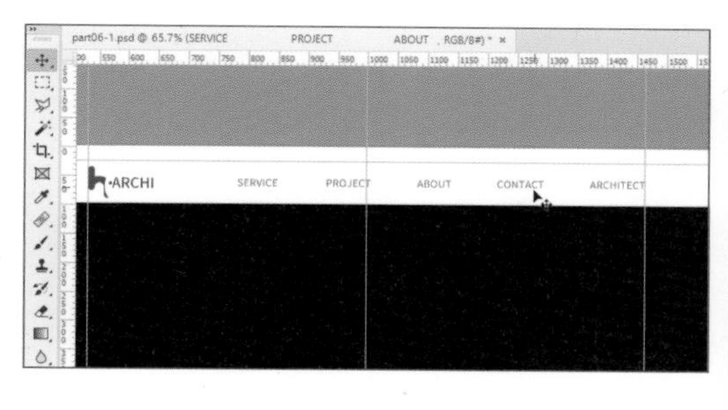

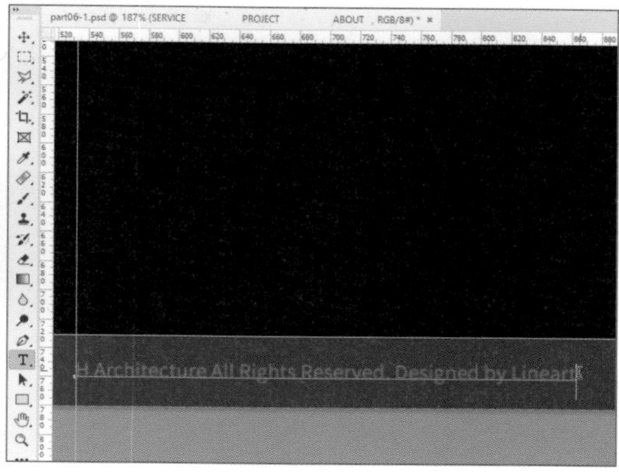

13. 메인 이미지 불러오기

❶ 다시 한 번 'E.archi@harchi.com | A.Seoul Gangnam'을 입력하고 우측 안내선에 맞춰 배치합니다. ❷ 블로그 메인 이미지로 사용할 'aqua.jpg'를 엽니다(필자가 제주도 여행 당시 핸드폰으로 찍은 아쿠아리움 사진입니다). Ctrl+A를 눌러 사진 전체를 선택하고 Ctrl+C로 복사한 후 Ctrl+W를 눌러 창을 닫습니다.

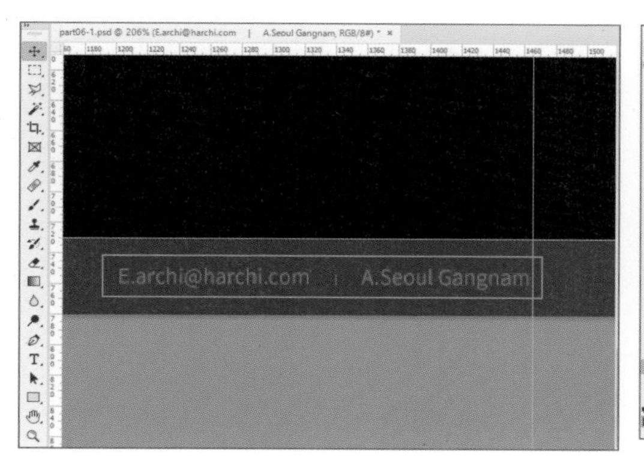

14. 크기 조절하기

❶ 레이어 팔레트에서 [main-img] 레이어를 선택하고 Ctrl+V를 눌러 복사한 사진을 붙여넣기합니다. ❷ Ctrl+T를 누르고 크기를 줄여준 후 그림과 같이 배치한 다음 Enter를 누릅니다.

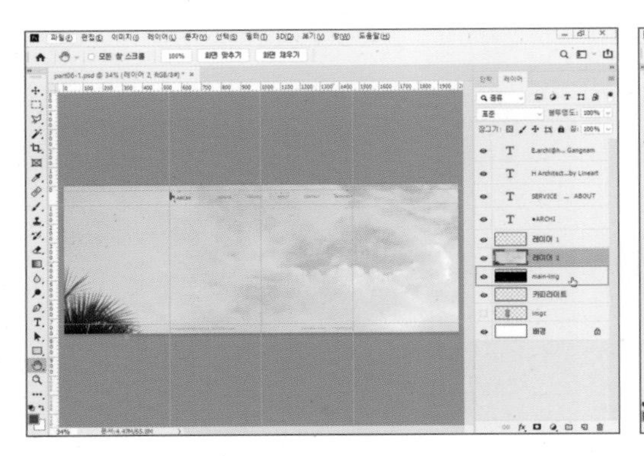

15. 클리핑 마스크 만들기

❶ main-img 검은색 영역만큼만 이미지를 보여주기 위해 [레이어] 메뉴에서 [클리핑 마스크 만들기]를 선택합니다. ❷ 기본적인 메인 이미지는 완성되었습니다. 이어서 사진을 편집해보겠습니다.

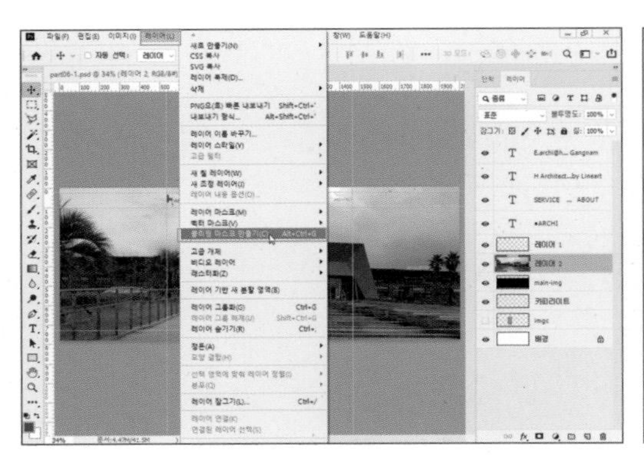

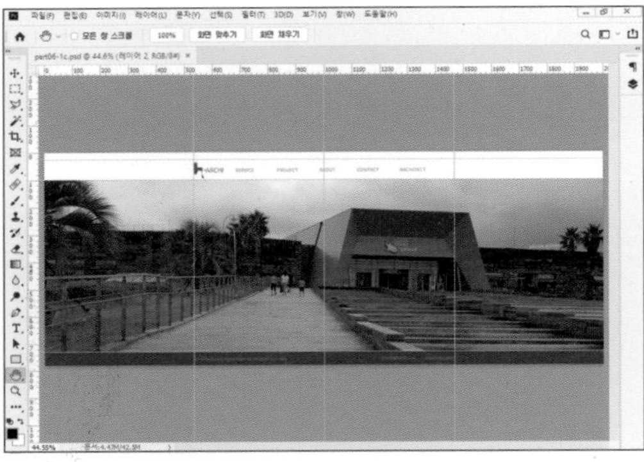

TIP

뒤틀기

[편집] 메뉴에 있는 [변형]의 [뒤틀기]를 이용하여 좀 더 자연스럽게 이미지를 변형할 수 있습니다. 자유 변형(Ctrl+T)은 8개의 조절점으로 변형할 수 있지만 뒤틀기는 12개의 조절점으로 변형할 수 있습니다.

이미지 변형 전

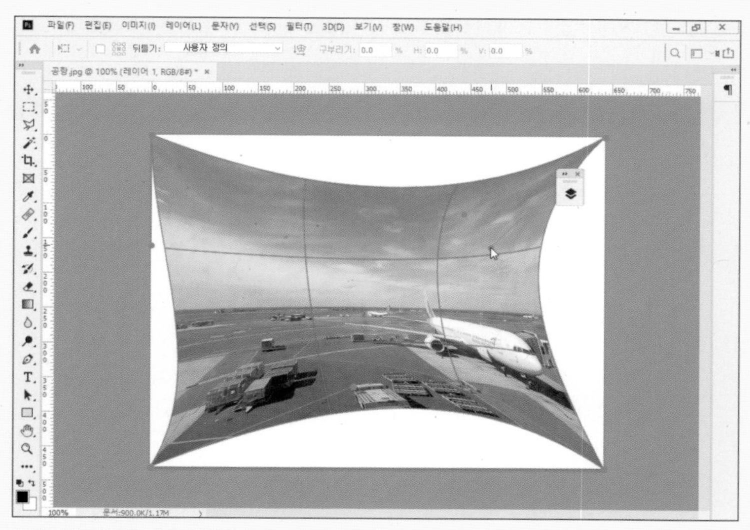

뒤틀기를 이용한 이미지 변형 후

Section 02

사진 합성하기

제주도에서 아쿠아리움 사진을 찍을 당시 날씨가 흐리고 비가 와서 어둡게 찍혔습니다. 하늘 사진을 불러와 건물 벽면과 도로에 합성하여 반사 이미지를 만들어보겠습니다. 이때 레이어 브랜딩 모드 중에서 색상 닷지를 이용합니다.

예제 파일 part05-2.psd 완성 파일 part05-2c.psd

기존의 메인 이미지

사진을 합성한 메인 이미지

1. 파일 열기

❶ 다른 레이어의 이미지와 현재 레이어 이미지 색상을 일치시키기 위해 [이미지] 메뉴에서 [조정]에 있는 [색상 일치]를 선택합니다. 색상 일치 대화상자가 나타나면 이미지 통계의 소스를 'part05-2.psd'로 선택합니다. 레이어를 imgc로 지정하고 이미지 옵션의 색상 강도를 110으로 설정한 후 [확인] 버튼을 클릭합니다. ❷ 이미지의 레벨 값을 조절하기 위해 레이어 팔레트 하단에 있는 새 칠 또는 조정 레이어를 만듭니다 버튼을 클릭하고 레벨을 선택합니다.

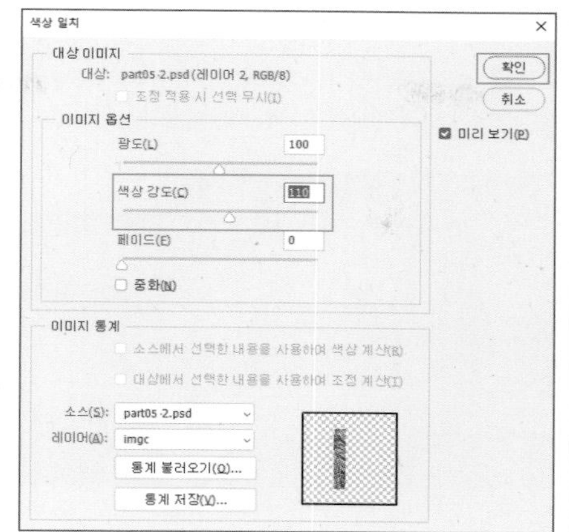

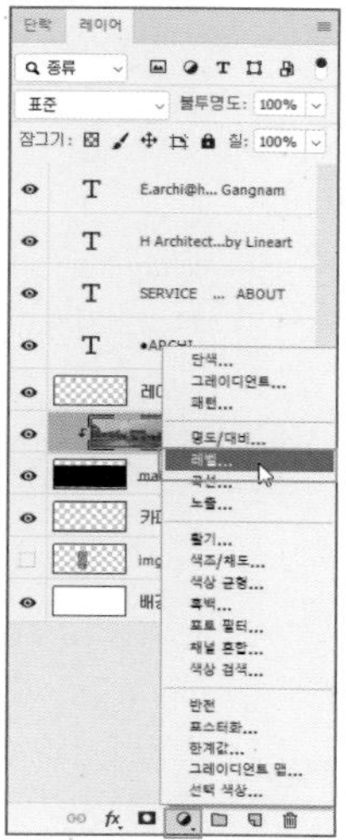

2. 클리핑 마스크 만들기

❶ 속성 대화상자가 나타나면 레벨의 사전 설정에 있는 첫 번째 슬라이더 값(어두운 영역 입력 레벨 조정)에 '30'을 입력하고 « 를 눌러 대화상자를 닫습니다. ❷ 메인 사진에만 레벨을 지정하기 위해 Alt 를 누르고 [레벨 1] 레이어와 [레이어 2] 레이어 사이를 클릭합니다.

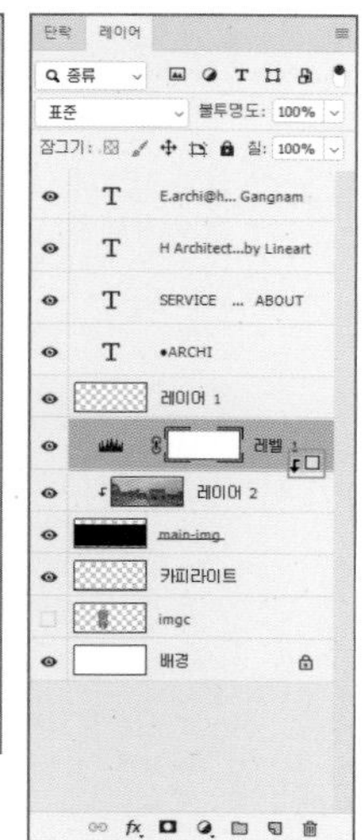

TIP

색상 일치

다른 레이어에 있는 이미지 색상을 현재 레이어의 이미지에 불러와 색을 합성할 수 있습니다. 레이어에서도 사용할 수 있지만 오픈된 이미지의 색상을 현재 레이어 이미지에 불러와 색을 합성할 수도 있습니다. 두 이미지의 크기가 같은 경우 더 자연스럽게 색상을 합성할 수 있습니다.

1. '호텔.jpg'와 '석양.jpg'를 동시에 열고 '호텔.jpg'를 선택합니다. [조정] 메뉴에 있는 [색상 일치]를 선택하고 색상 일치 대화상자가 나타나면 이미지 통계의 소스에서 '석양.jpg'를 선택한 다음 [확인] 버튼을 클릭합니다.

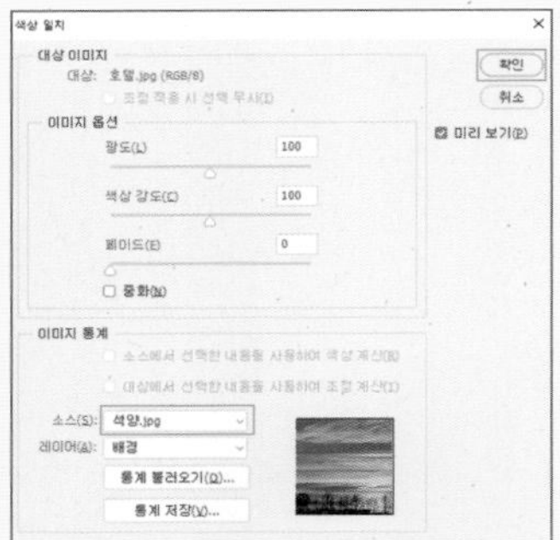

2. 호텔 이미지에 석양 이미지의 색상이 합성된 것을 확인할 수 있습니다. 색상 일치 대화상자의 이미지 옵션에서 광도, 색상 강도, 페이드, 중화를 조절하면 다양한 색상을 만들 수 있습니다.

3. 하늘 불러오기

❶ 합성할 이미지인 '하늘.jpg'를 엽니다. Ctrl+A로 이미지 전체를 선택하고 Ctrl+C로 복사한 후 Ctrl+W를 눌러 창을 닫습니다. ❷ 다시 작업하던 창이 나타나면 Ctrl+V를 눌러 레이어 팔레트에서 복사한 이미지를 붙여넣기합니다.

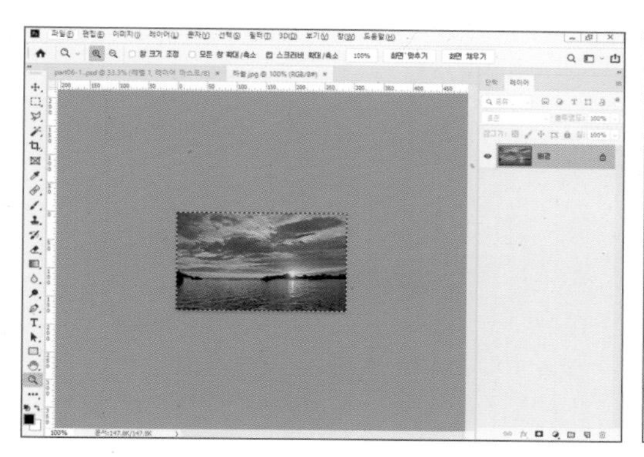

4. 왜곡하기

❶ 이미지를 변경하기 위해 [편집] 메뉴의 [변형]에서 [왜곡]을 선택합니다. 우측 상단 끝점을 건물 상부 끝점에 맞춰 이동합니다. ❷ 나머지 점들도 건물의 벽면에 맞게 조절하고 Enter를 누릅니다.

5. 브랜딩 모드 지정하기

❶ 하늘 이미지의 브랜딩 모드를 색상 닷지로 설정합니다. ❷ 다각형 올가미 도구(L) 를 이용하여 건물 외벽이 아닌 부분을 선택하고 Delete 를 눌러 삭제합니다. 이어서 Ctrl + D 를 눌러 선택을 해제합니다.

6. 삭제하기

❶ 같은 방법으로 건물 아래 부분도 삭제합니다. ❷ 만약 건물 모서리 부분이 건물에서 벗어난 부분이 있다면 그 부분도 삭제합니다.

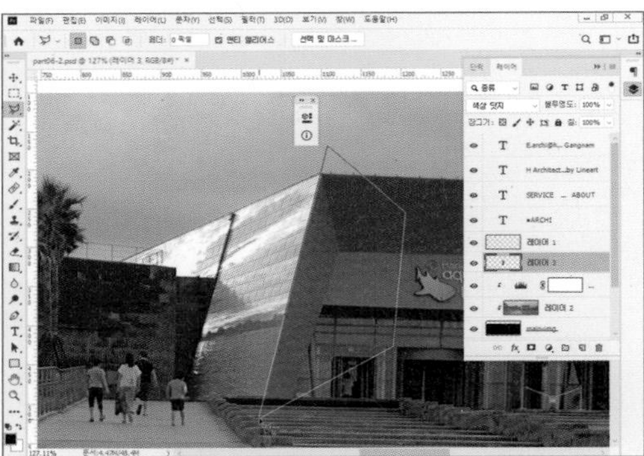

7. 브랜딩 모드 감소시키기

❶ 도구상자에서 브러시 도구(B)를 선택하고 상부 옵션에서 크기를 250 정도로 설정한 후 불투명도를 50%로 지정합니다. 만약 전경색이 아니라면 (D)를 눌러 전경색과 배경색을 초기화합니다. ❷ 석양 부분을 문질러 합성을 감소시킵니다. 만약 전경색이 검은색이었다면 붓으로 문지르는 부분은 색상 닷지가 인식되지 않습니다.

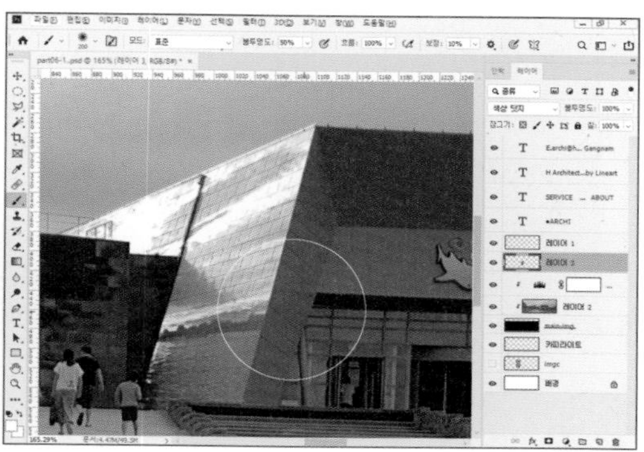

8. 마무리하기

❶ 건물 하단 부분과 왼쪽 상단 부분도 색상 닷지를 감소시킵니다. ❷ [레이어 3]의 불투명도를 30%로 조정합니다.

9. 왜곡하기

❶ 다시 복사한 이미지를 붙여넣기 위해 Ctrl+V를 누릅니다. ❷ 이미지를 변경하기 위해 [편집] 메뉴의 [변형]에서 [왜곡]을 선택하고 건물의 상부보다 조금 크게 조절한 후 Enter를 누릅니다.

TIP

브러시 모양

브러시 설정 대화상자의 [브러시 모양]에서 브러시의 모양, 뒤집기, 각도, 원형율, 경도, 간격 등을 설정할 수 있습니다.

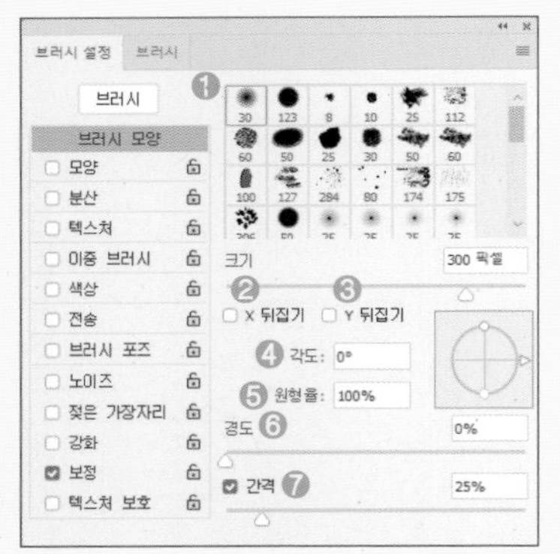

❶ 크기 : 픽셀 단위로 값을 입력하거나 슬라이더를 드래그하여 브러시 크기를 조절할 수 있습니다.
❷ X 뒤집기 : 브러시 모양의 방향을 X축으로 대칭시킵니다.
❸ Y 뒤집기 : 브러시 모양의 방향을 Y축으로 대칭시킵니다.
❹ 각도 : 브러시를 회전합니다. 원형율을 변경하고 각도를 조절하면 좀 더 쉽게 이해할 수 있습니다.
❺ 원형율 : 100% 값은 원 모양의 브러시를 나타내고 0% 값은 선형 브러시를 나타내며, 중간 값은 타원형 브러시를 나타냅니다.
❻ 경도 : 브러시 경계의 선명도를 의미합니다. 수치가 클수록 브러시의 경계가 뚜렷해집니다.

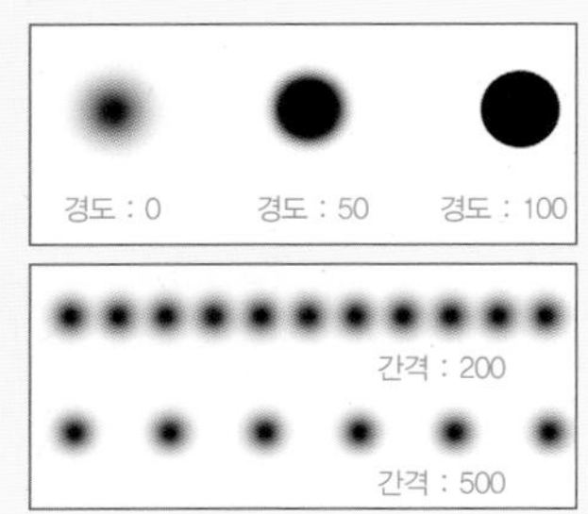

❼ 간격 : 브러시 선에 나타나는 브러시 사이의 간격을 조절합니다.

간격 : 200

간격 : 500

10. 브랜딩 모드 지정하기

❶ 하늘 이미지의 브랜딩 모드를 색상 닷지로 설정합니다. ❷ 다각형 올가미 도구(L)를 이용하여 건물 꼭대기에서 건물을 벗어난 부분을 선택하고 Delete를 눌러 삭제합니다. 이어서 Ctrl+D를 눌러 선택을 해제합니다. ❷ 같은 방법으로 우측 부분도 건물을 벗어난 부분을 선택하고 Delete를 눌러 삭제한 후 Ctrl+D를 눌러 선택을 해제합니다.

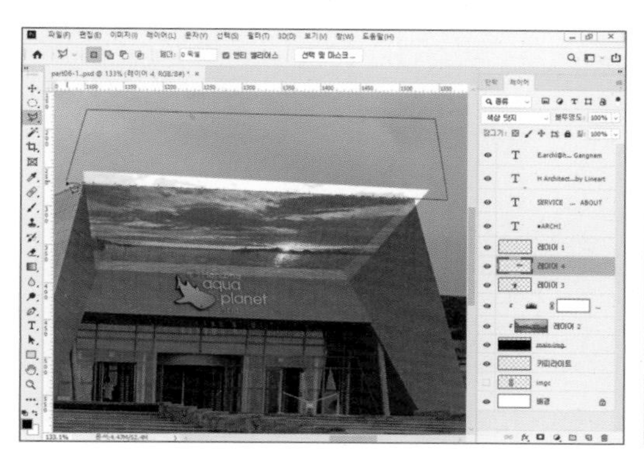

11. 색상 닷지 감소시키기

❶ 브러시 도구(B)를 선택하고 이미지를 문질러 브랜딩 모드를 감소시킵니다. ❷ 석양 부분을 문질러 합성을 감소시킵니다. ❷ [레이어 4]의 불투명도를 20%로 조정합니다.

12. 출입구 합성하기

❶ 다시 Ctrl+V를 눌러 복사한 이미지를 붙여넣기합니다. ❷ 이미지를 변경하기 위해 Ctrl+T를 누르고 출입구보다 크게 조절한 후 Enter를 누릅니다. [레이어 5]의 브랜딩 모드를 색상 닷지로 설정합니다. 브러시 도구(B)를 선택하고 상부 옵션에서 불투명도를 100%로 설정합니다. 이미지를 천천히 문질러 색상 닷지를 감소시킵니다.

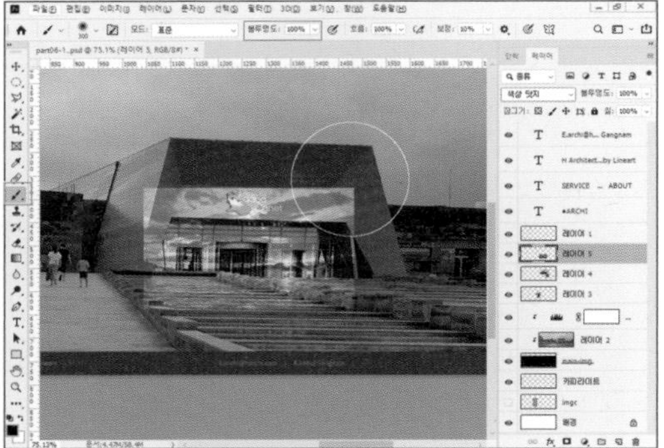

13. 도로 합성하기

❶ [레이어 5]의 불투명도를 20%로 조정합니다. ❷ 도로에 합성할 이미지인 '도로야경.jpg'를 엽니다. Ctrl+A를 눌러 이미지 전체를 선택하고 Ctrl+C로 복사한 다음 Ctrl+W를 눌러 창을 닫습니다.

14. 색상 닷지 설정하기

❶ Ctrl+V를 눌러 이미지를 붙여넣습니다. 이어서 Ctrl+T를 누르고 도로보다 조금 넓게 크기를 조절한 후 Enter를 누릅니다. ❷ [레이어 6]의 브랜딩 모드를 색상 닷지로 설정합니다.

15. 브랜딩 모드 감소시키기

❶ 브러시 도구(B) 를 선택하고 사람이 있는 안쪽 부분을 클릭하여 색상 닷지를 제거합니다.
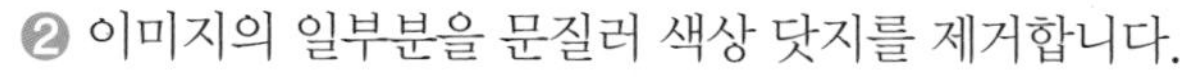
❷ 이미지의 일부분을 문질러 색상 닷지를 제거합니다.

Section

03

하이라이트 만들기

건물 사진에 빛 효과를 입혀보겠습니다. 포토샵 필터 중에 하나인 렌즈플레어와 레이어 블렌딩 모드인 스크린 모드를 이용하여 하이라이트를 만들어보겠습니다.

예제 파일 part05-3.psd 완성 파일 part05-3c.psd

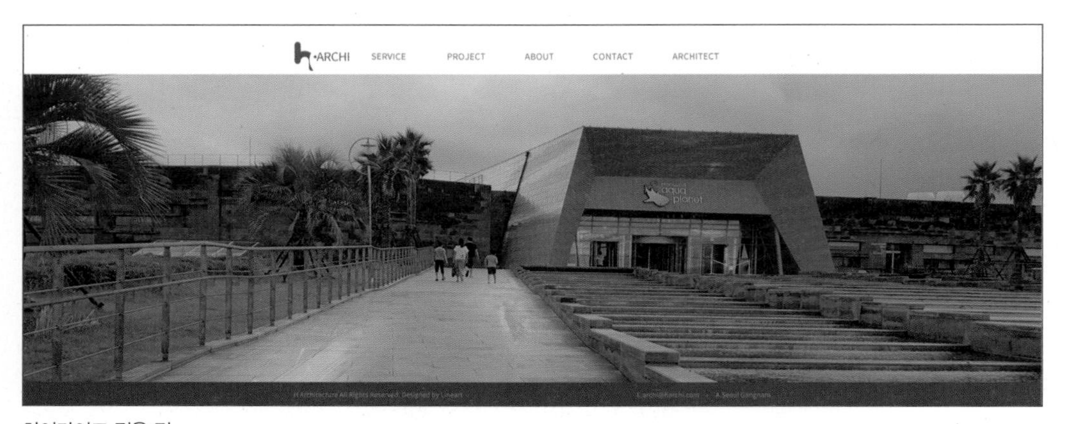

하이라이트 적용 전

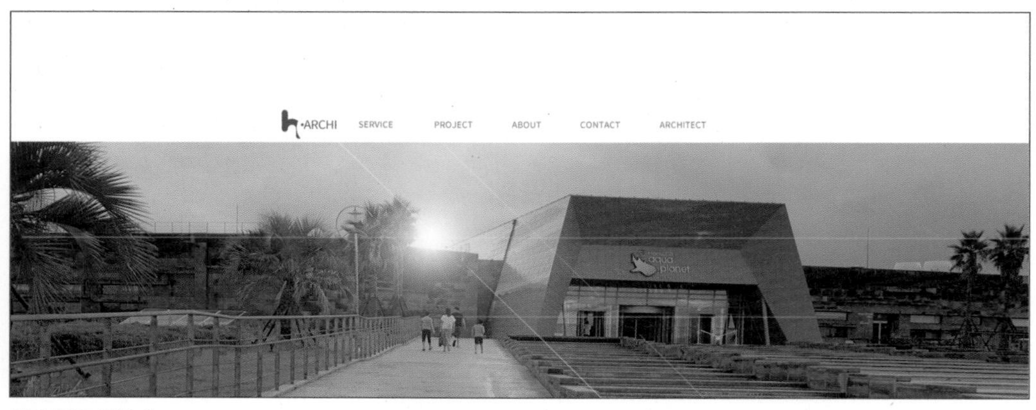

하이라이트 적용 후

1. 검은 배경 만들기

❶ 새로운 레이어를 만들기 위해 Ctrl+Shift+N을 누르고 새 레이어 대화상자가 나타나면 이름에 '하이라이트'를 입력한 후 [확인] 버튼을 누릅니다. ❷ 전경색(검은색)으로 이미지를 채우기 위해 Alt+Delete를 누릅니다.

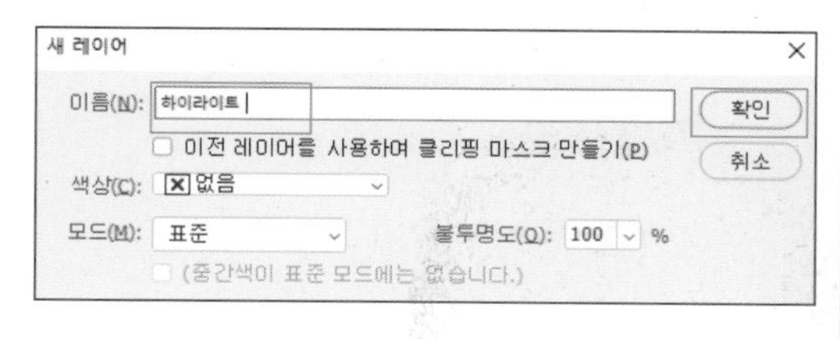

2. 하이라이트 만들기

❶ [필터] 메뉴에서 [렌더]의 [렌즈 플레어]를 선택합니다. ❷ 렌즈 플레어 대화상자가 나타나면 중앙에서 조금 왼쪽 위를 클릭하고 명도 100%, 동영상 프라임을 선택한 후 [확인] 버튼을 누릅니다.

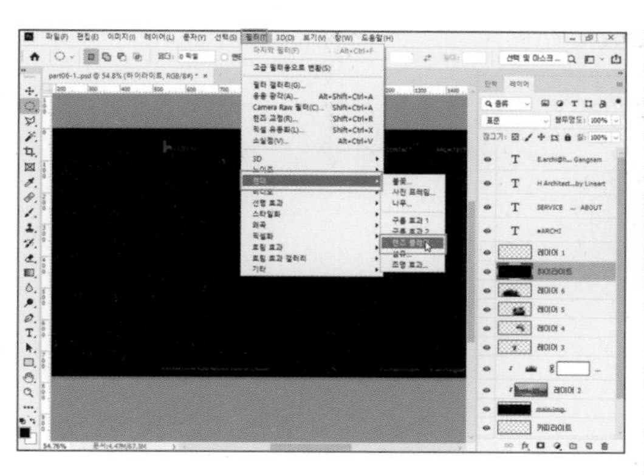

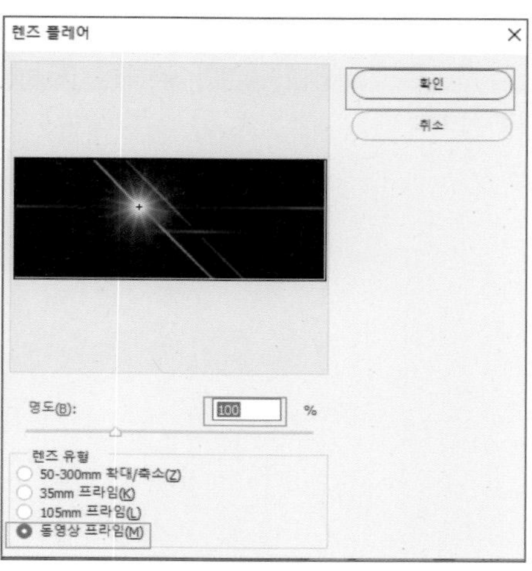

TIP

렌즈 플레어

렌즈 플레어를 이용하면 이미지 위에 카메라 렌즈에서 반사되는 빛을 만들 수 있습니다. 렌즈의 유형에 따라 빛의 모양이 달라집니다.

❶ 명도 : 빛의 강도를 의미합니다. 10%부터 300%까지 지정할 수 있습니다.

❷ 렌즈 유형 : 카메라 렌즈의 두께를 의미합니다.
- 50-300mm 확대/축소 : 표준 렌즈부터 망원 렌즈의 빛을 만들어냅니다.
- 35mm 프라임 : 표준 렌즈보다 작은 빛을 만들어냅니다.
- 105mm 프라임 : 망원 렌즈의 빛을 만들어냅니다.
- 동영상 프라임 : 동영상 제작용 렌즈의 빛을 만들어냅니다.

원본이미지

50-300mm 확대/축소

35mm 프라임

105mm 프라임

동영상 프라임

3. 브랜딩 모드 적용하기

❶ 검정 바탕에 렌즈 플레어가 적용된 것을 확인할 수 있습니다. ❷ 하이라이트의 브랜딩 모드를 스크린으로 적용하고 이동 도구(V) [이동 도구 아이콘]를 이용하여 건물의 왼쪽 상부로 이동합니다.

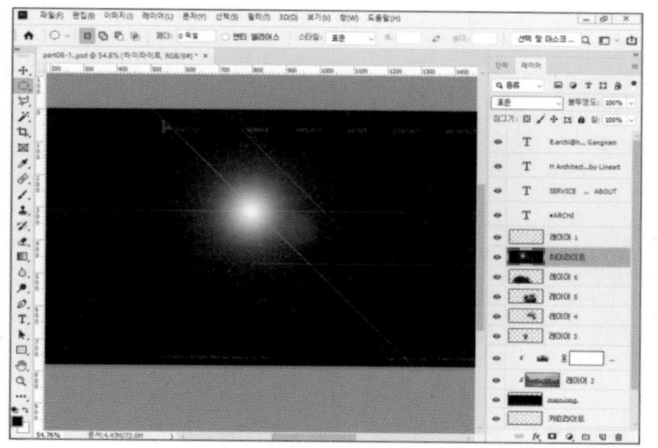

4. 특정 영역 보여주기

❶ 메인 이미지 영역을 선택하기 위해 (Ctrl)을 누르고 [main-img] 레이어의 섬네일을 클릭합니다. ❷ 메인 이미지 영역에만 하이라이트를 보여주기 위해 레이어 팔레트 하단에 있는 레이어 마스크를 추가합니다[레이어 마스크 추가 아이콘]를 클릭합니다.

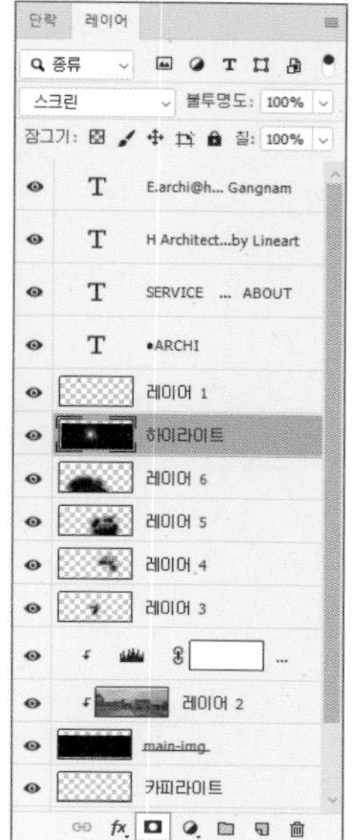

TIP

스크린 모드와 곱하기 모드

브랜딩 모드에서 스크린 모드는 현재 레이어와 아래 레이어 중에서 흰색을 추출하여 합성하고, 곱하기 모드는 현재 레이어와 아래 레이어 중에서 검은색을 추출하여 합성합니다. 검은색, 흰색으로만 구성된 이미지가 아닌 일반 사진을 적용할 경우에는 스크린 모드는 밝게 합성되고 곱하기 모드는 어둡게 합성됩니다.

- 배경 레이어 위에 블랙&화이트 레이어가 있으며 블랙&화이트 레이어에는 검은색 원과 흰색 원이 있습니다.

- 블랙&화이트의 레이어 브랜딩 모드는 곱하기로 변경합니다. 블랙&화이트 레이어에서 흰색 원은 100% 투영되고 검은색 원은 100% 노출됩니다.

- 블랙&화이트의 레이어 브랜딩 모드는 스크린으로 변경합니다. 블랙&화이트 레이어에서 흰색 원은 100% 노출되고 검은색 원은 100% 투영됩니다.

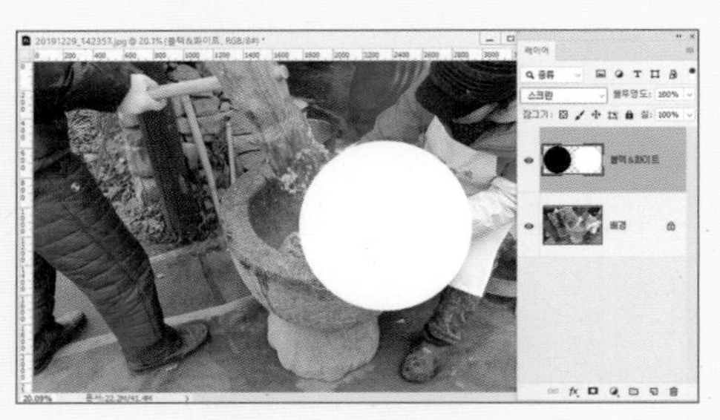

5. 영역 지정하기

❶ [레이어 6]을 선택합니다. 다시 한 번 Ctrl을 누르고 [main-img] 레이어의 섬네일을 클릭합니다. ❷ 메인 이미지 영역에만 도로의 반사 이미지를 보여주기 위해 레이어 팔레트 하단에 있는 레이어 마스크를 추가합니다 버튼을 클릭합니다.

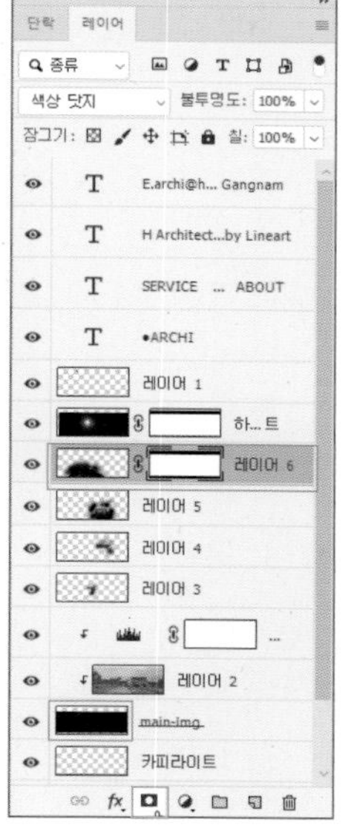

6. 저장하기

완성된 이미지를 저장하기 위해 [파일] 메뉴에서 [내보내기]를 선택하고 [웹용으로 저장(레거시)]를 선택합니다. 사전 설정에 있는 JPEG를 선택하고 최대값을 지정한 후 최적화를 체크한 다음 [저장] 버튼을 누릅니다. 최적화 다른 이름으로 저장 대화상자가 나타나면 저장 경로와 이름을 지정한 후 [저장] 버튼을 누릅니다.

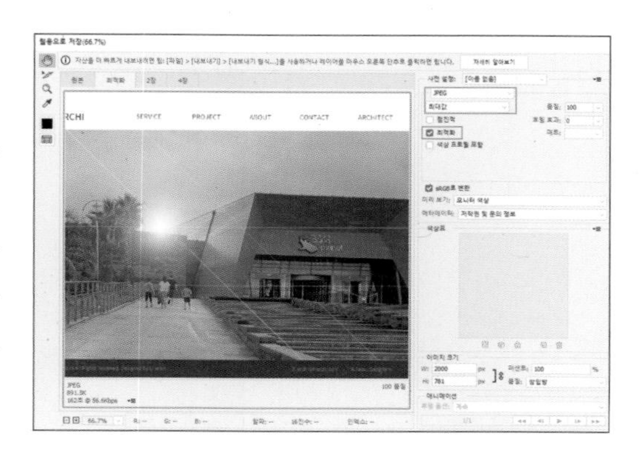

Section

04

블로그 세부 디자인 설정하기

블로그의 상단 배경 이미지를 등록합니다. 또한 블로그 스킨 배경색과 블로그 메뉴색, 글 · 댓글 영역의 배경색과 폰트색을 변경합니다. 프로필 영역에 있는 이미지는 블로그 디자인의 특성상 보이지 않게 해줍니다.

세부 디자인 설정 완료 화면

1. 블로그 배경 색상 지정하기

❶ 네이버에 로그인합니다. 로그인 화면 아래의 [블로그]를 누른 후 [내블로그]를 클릭합니다. 스킨을 변경하기 위해 프로필 영역 글쓰기 우측에 있는 [관리] 버튼을 클릭합니다. 블로그 관리의 꾸미기 설정에서 디자인 설정의 [세부디자인 설정]을 클릭합니다. ❷ 리모콘이 나타나면 [스킨 배경]을 선택하고 디자인의 컬러를 흰색으로 지정합니다.

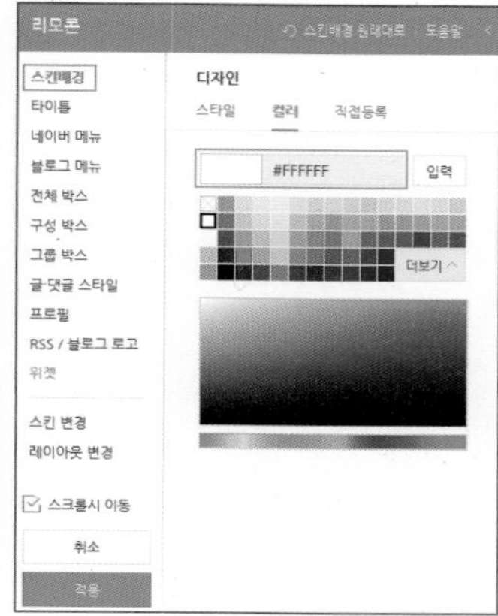

2. 배경 지정하기

❶ 배경 이미지를 지정하기 위해 [직접등록]을 클릭한 후 상단 영역의 [파일 등록]을 클릭합니다. ❷ 업로드할 파일 선택 대화상자가 타나면 sample 폴더에 있는 '블로그상단배경.jpg'을 선택하고 [열기] 버튼을 클릭합니다.

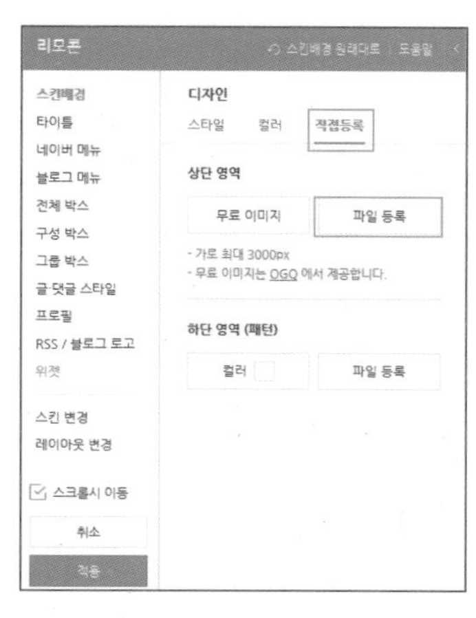

3. 블로그 메뉴 변경하기

❶ [블로그 메뉴]를 클릭하고 스타일에서 기본색을 흰색으로 지정합니다. ❷ 강조색도 흰색으로 지정합니다. 스킨 배경이 흰색이지만 메뉴색을 흰색으로 설정한 것은 블로그 메뉴를 보이지 않게 하기 위해서입니다.

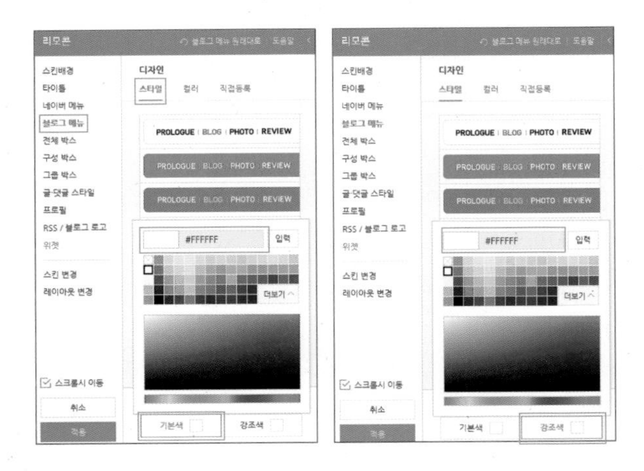

TIP 블로그 메뉴 스타일

블로그 메뉴의 스타일을 지정하면 블로그 메뉴 영역에 지정한 스타일이 적용됩니다.

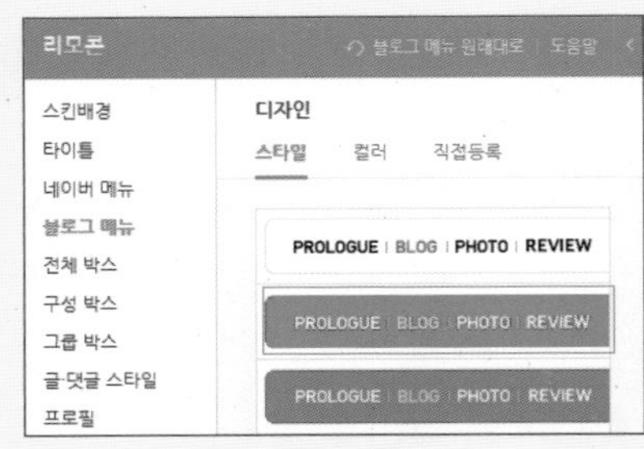
두 번째 스타일을 클릭한 경우

블로그 메뉴 영역에 적용된 경우

4. 전체 박스 설정하기

❶ 하단 영역의 이미지를 숨기기 위해 [전체 박스]를 선택하고 '전체 박스 사용하지 않음'을 해제합니다. ❷ 다시 '전체 박스 사용하지 않음'을 체크합니다. 하단 카피라이트 이미지가 보이지 않는 것을 확인할 수 있습니다.

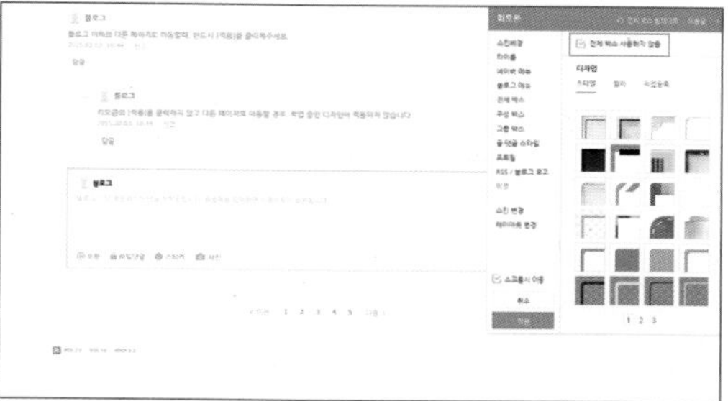

5. 글 · 댓글 스타일 설정하기

❶ [글 · 댓글 스타일]을 클릭하고 디자인의 [컬러]를 클릭합니다. 본문 영역의 색상을 어두운 회색으로 지정합니다. ❷ 댓글 영역의 색상을 회색으로 지정합니다.

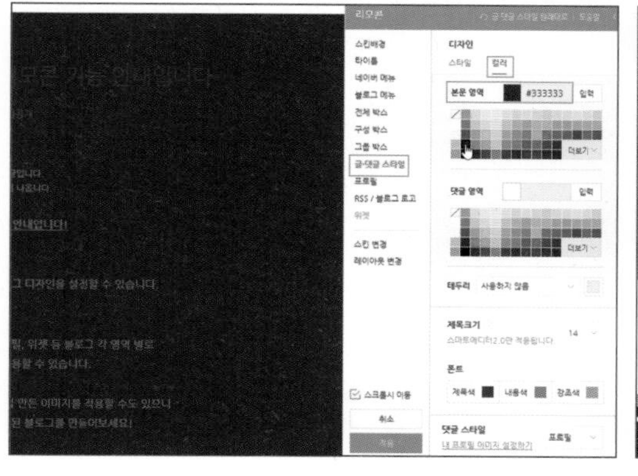

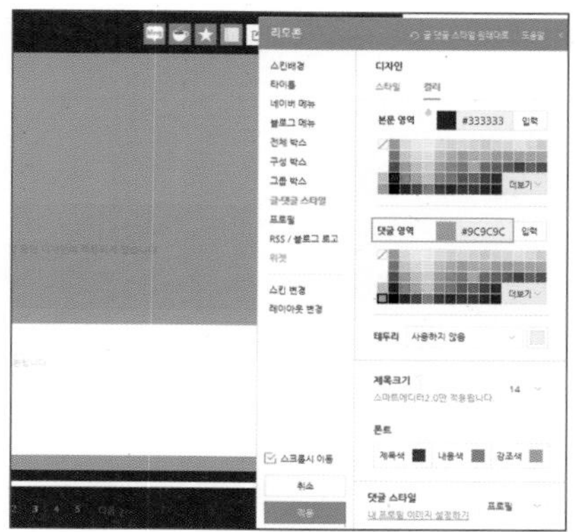

TIP 전체 박스란?

블로그에서 전체 박스는 제목 영역, 내용 영역, 하단 영역으로 나눌 수 있습니다. 각각의 영역이 궁금하다면 전체 박스에 테두리 선을 만들어보고 각 영역에 이미지를 넣어보면 알 수 있습니다. 디자인에서 [직접등록]을 이용하여 제목, 내용, 하단 영역에 이미지를 넣어서 해당 영역도 파악할 수 있습니다.

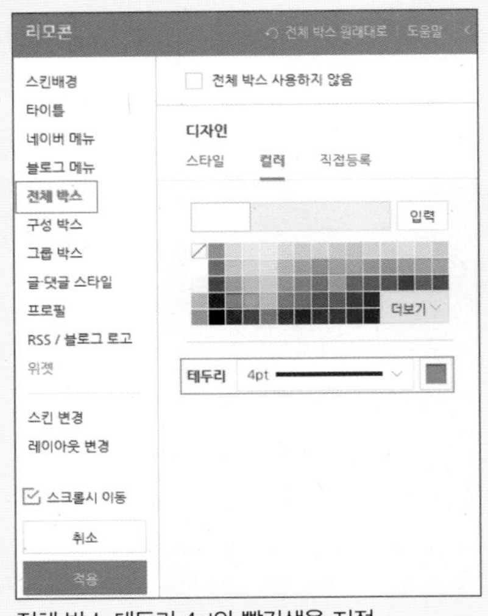

전체 박스 테두리 4pt와 빨간색을 지정

전체 박스에 테두리가 적용된 경우

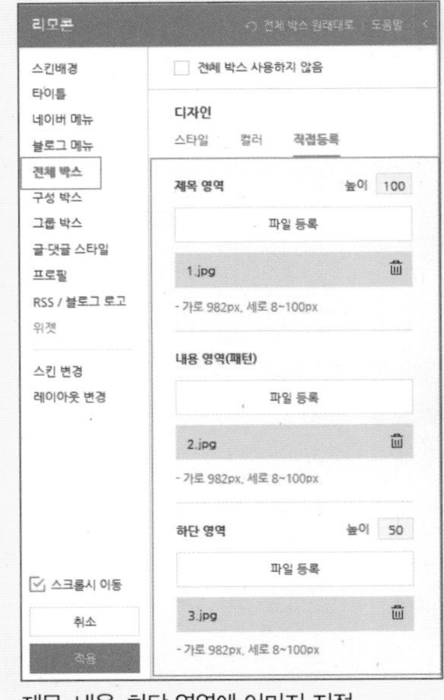

제목, 내용, 하단 영역에 이미지 지정

각 영역에 이미지가 적용된 경우

TIP

구성 박스란?

구성 박스는 블로그 카테고리 영역을 의미합니다. 스타일에서 원하는 유형을 선택하고 제목색과 내용색을 변경할 수 있으며, 컬러에서 제목, 내용 영역의 색상과 테두리를 지정할 수 있습니다.

구성 박스의 스타일을 선택한 경우

스타일이 적용된 경우

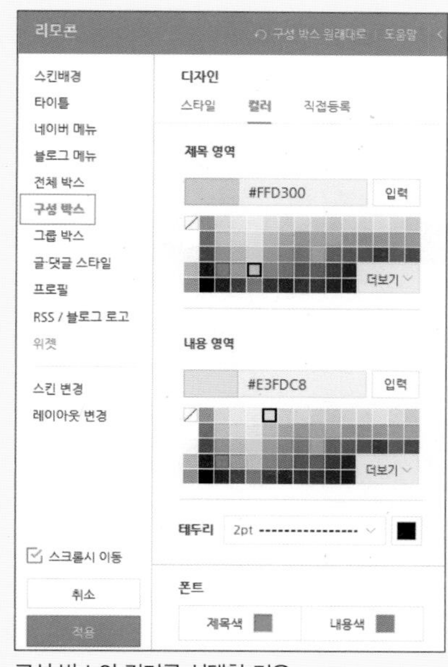

구성 박스의 컬러를 선택한 경우

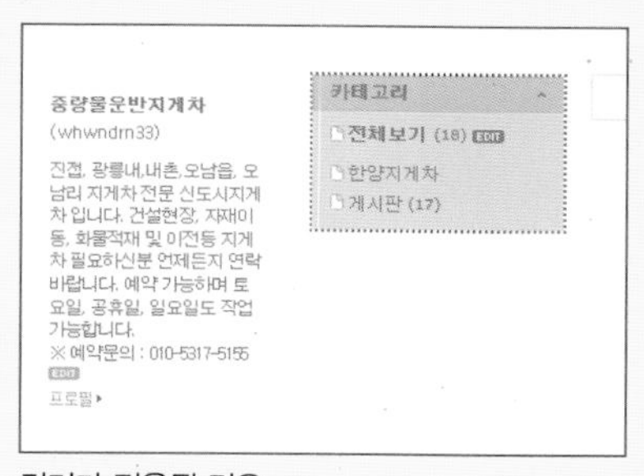

컬러가 적용된 경우

6. 폰트 색상 변경하기

❶ 제목색을 노란색으로 지정합니다. ❷ 내용색을 흰색으로 지정합니다. 왼쪽 화면에서 색상이 변경된 것을 확인할 수 있습니다.

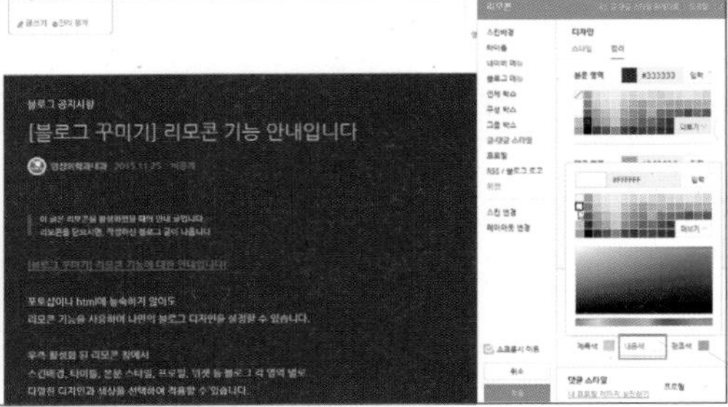

7. 프로필 설정하기

❶ 강조색을 녹색으로 지정합니다. ❷ [프로필]을 클릭하고 '프로필 이미지 표시'를 해제합니다. 변경된 내용을 반영하기 위해 [적용] 버튼을 클릭합니다.

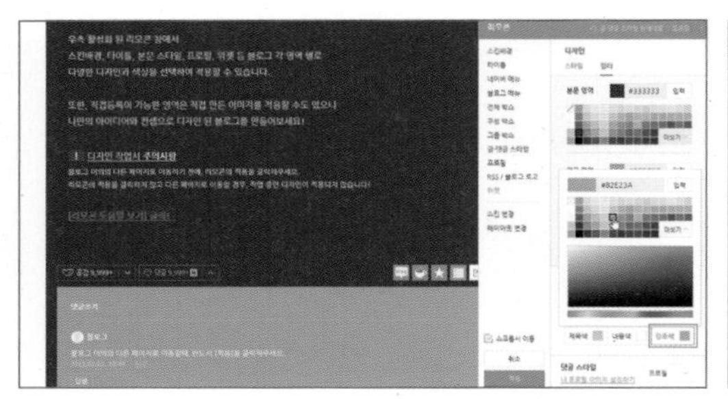

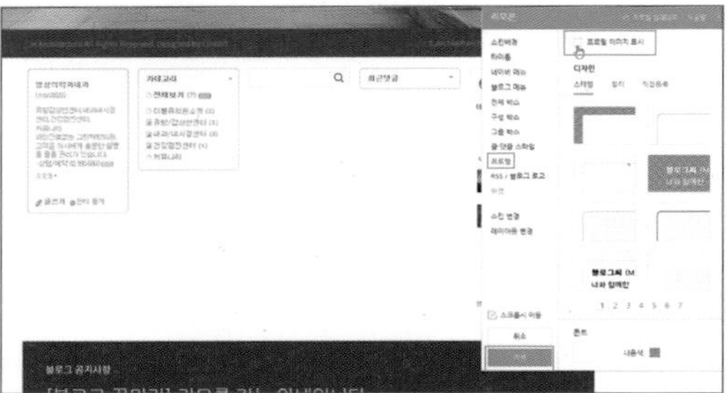

8. 반영하기

❶ 세부 디자인 적용 메시지가 나타나면 [적용] 버튼을 클릭합니다. ❷ 블로그를 확인하면 배경색 등이 변경된 것을 확인할 수 있습니다.

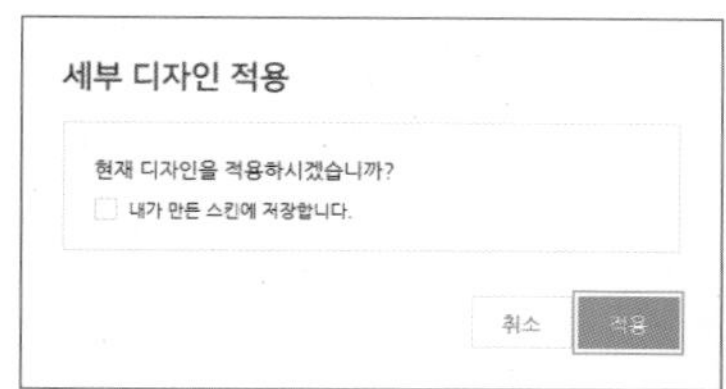

Section

05 위젯 크기 변경하기

이번 섹션에서 가장 중요한 작업은 타이틀 영역을 보이지 않게 하고 투명 위젯의 높이 값을 변경하는 것입니다. 타이틀 영역과 위젯 영역이 겹치면 링크를 지정할 수 없기 때문입니다.

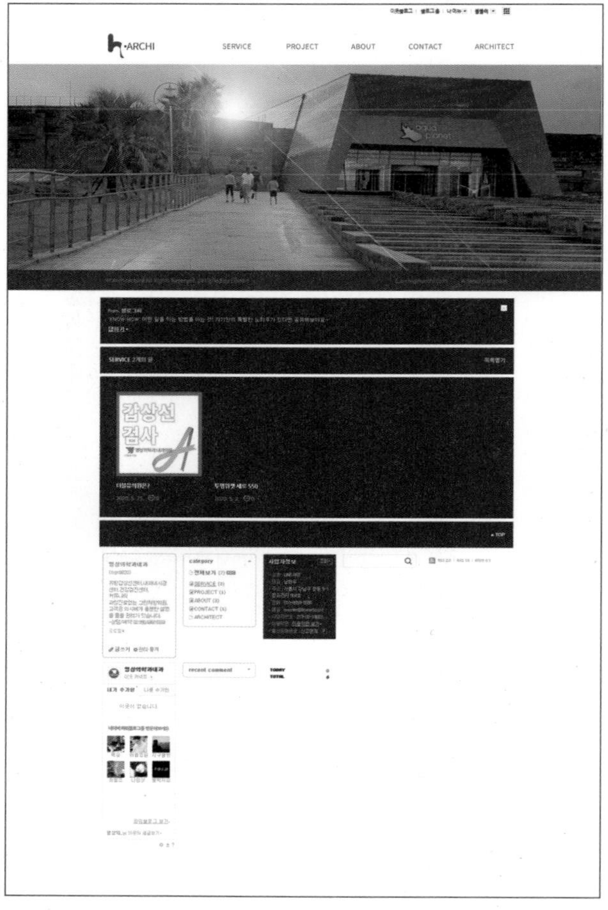

변경된 화면

1. 레이아웃 · 위젯 설정하기

❶ 스킨을 변경하기 위해 프로필 영역 글쓰기 우측에 있는 [관리] 버튼을 클릭합니다. ❷ 블로그 관리가 나타나면 꾸미기 설정 탭의 디자인 설정에 있는 [레이아웃 · 위젯 설정]을 클릭합니다.

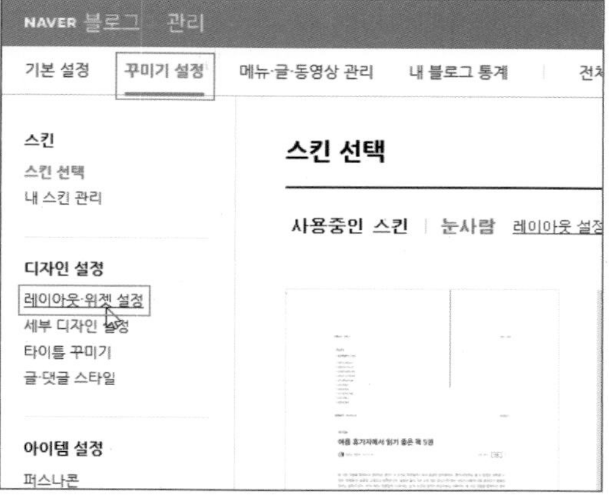

2. 사업자 정보 표시하기

❶ 위젯 사용 설정에 있는 '사업자정보'를 체크합니다. ❷ 사업자정보 설정 창이 나타나면 정보를 입력하고 [확인] 버튼을 누릅니다.

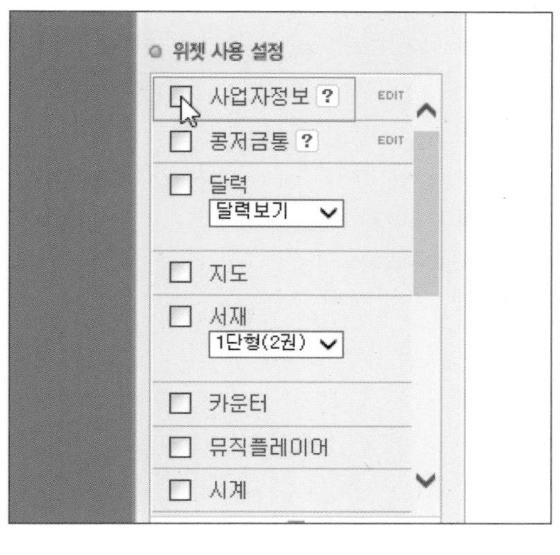

3. 위젯 이동하기

❶ 프로필영역 위젯을 글 영역 아래로 이동합니다. ❷ 마찬가지로 카테고리, 검색, 최근댓글, 이웃커넥트 위젯을 글 영역 아래로 이동합니다. 즉 타이틀 아래에는 1, 2, 3, 4, 5 위젯만 보여줍니다.

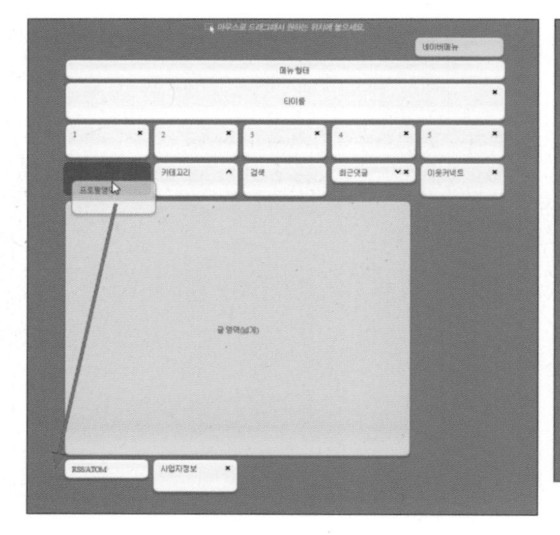

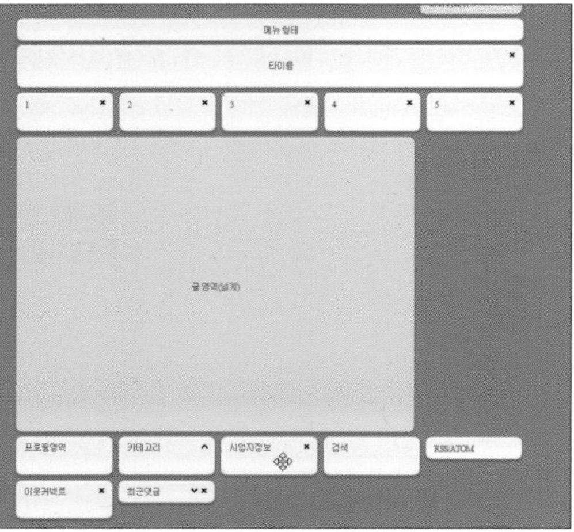

4. 카운터 및 언어 선택

❶ 방문자수를 보여주기 위해 위젯 사용 설정에서 '카운터'를 체크합니다. ❷ 메뉴의 언어를 변경하기 위해 레이아웃 설정에 있는 기본 메뉴의 '영문'을 체크합니다.

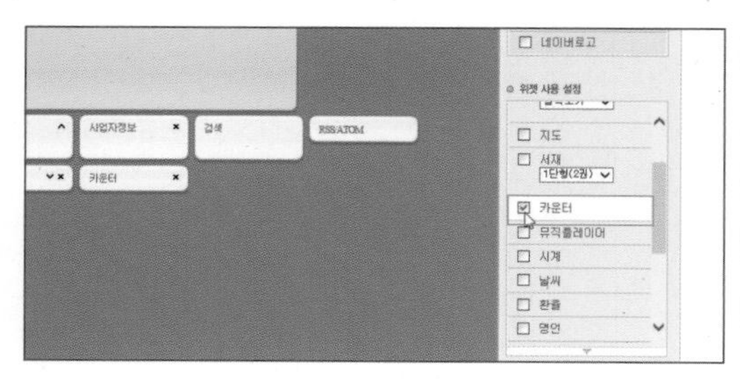

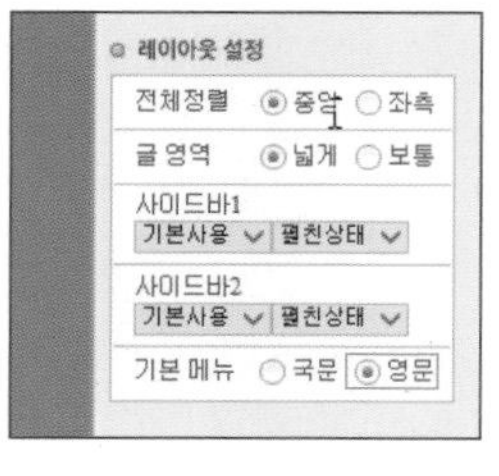

TIP

사업자 정보

블로그를 상거래 목적으로 운영하는 경우 전자상거래 등에서의 소비자 보호에 관한 법률에 따라 블로그홈에 사업자 정보를 게재해야 합니다.

5. 반영하기

❶ 변경된 내용을 반영하기 위해 [적용] 버튼을 누릅니다. '레이아웃을 블로그에 적용하시겠습니까?'라는 메시지가 나타나면 [확인] 버튼을 클릭합니다. ❷ 블로그를 확인하면 글 영역 아래에 위젯이 배치된 것을 볼 수 있습니다.

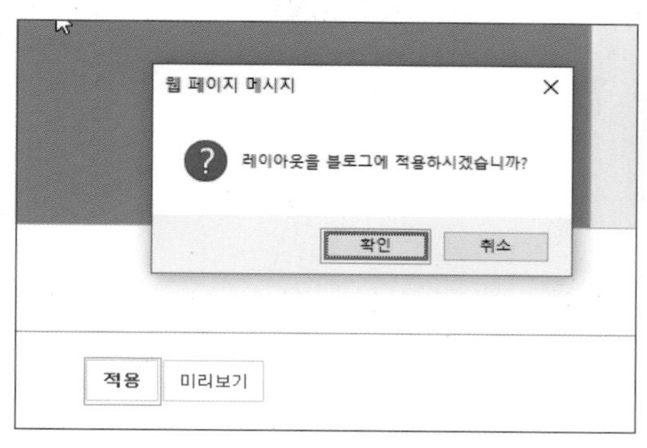

TIP 카운터 스타일 변경하기

꾸미기 설정의 세부 디자인 설정에서 리모콘에 있는 위젯과 카운터를 선택합니다. 이어서 원하는 유형을 선택한 다음 폰트색을 변경합니다.

카운터 위젯 스타일 지정

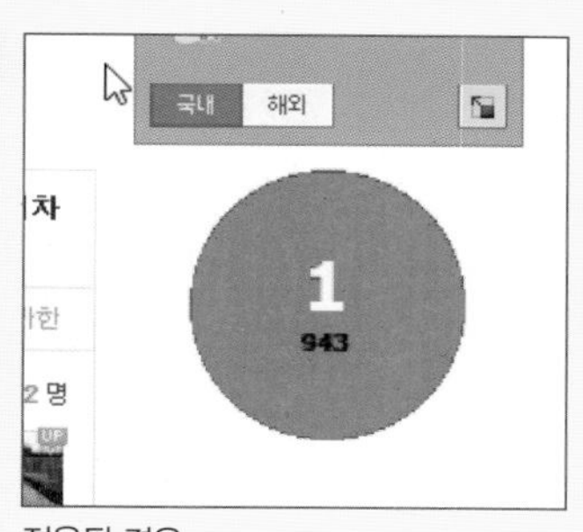

적용된 경우

6. 타이틀 없애기

❶ 스킨 배경 이미지를 sample 폴더에 있는 '블로그상단배경-높이700.jpg'로 변경합니다. 그 이유는 배경 이미지의 높이가 길고, 블로그 메뉴 이름이 겹쳐 보이기 때문입니다. ❷ 다시 한 번 [레이아웃 · 위젯 설정]에 있는 메뉴 사용 설정에서 '타이틀'을 해제합니다. 타이틀 영역과 블로그 카테고리 메뉴가 겹쳐 링크를 걸 수 없기 때문입니다.

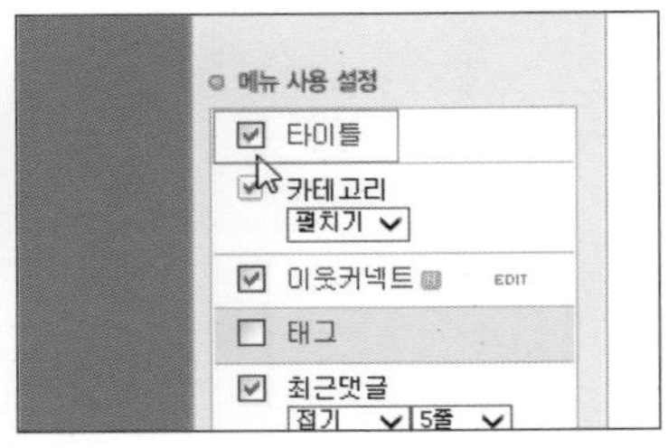

7. 투명 위젯 크기 변경하기

❶ 투명 위젯의 크기를 변경하기 위해 레이아웃 · 위젯 설정의 위젯 사용 설정에서 1 위젯의 [EDIT]을 클릭합니다. ❷ 위젯 수정에서 위젯코드입력에 있는 height의 '370'을 드래그하여 선택합니다. Delete를 눌러 삭제하고 '700'을 입력한 후 [다음] 버튼을 클릭합니다.

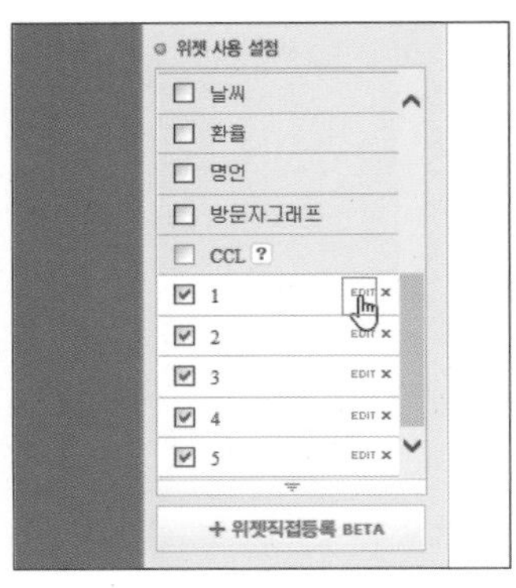

TIP

타이틀 영역이란?

블로그 타이틀 영역은 블로그명이 나타나는 영역으로 [레이아웃 · 위젯 설정]에서 위치를 변경할 수 있습니다. 보통 글 영역 상부에 배치하는 경우가 대부분이며, 리모콘에서 크기, 색상, 표시 여부를 설정할 수 있습니다.

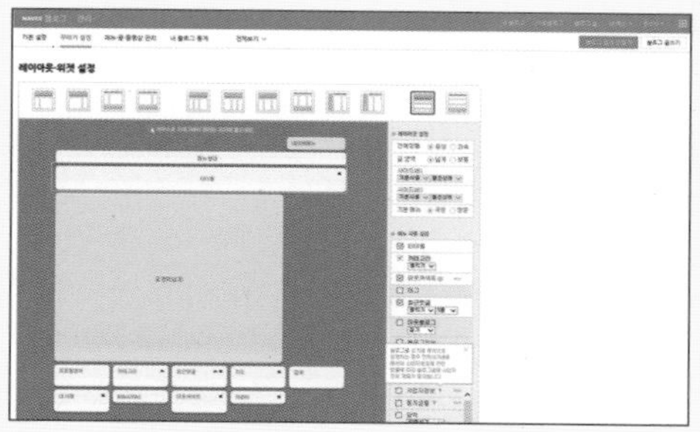
글 영역 위에 타이틀이 배치된 경우

글 영역 아래에 타이틀이 배치된 경우

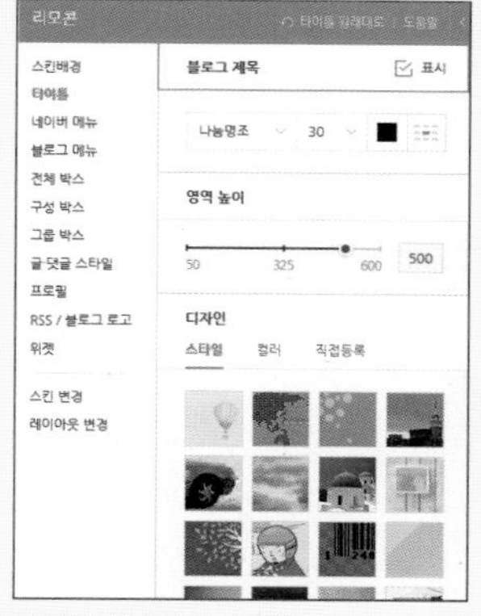

타이틀에서 블로그 제목 표시

타이틀에 블로그명이 적용된 경우

블로그 제목 해제 후 높이, 디자인을 직접등록

블로그명 해제 후 직접 디자인을 적용한 경우

8. 모두 수정하기

❶ [수정] 버튼을 누르고 웹 페이지 메시지가 나타나면 [확인] 버튼을 누릅니다. ❷ 마찬가지로 2, 3, 4, 5 위젯의 투명 이미지의 높이를 '700'으로 수정합니다.

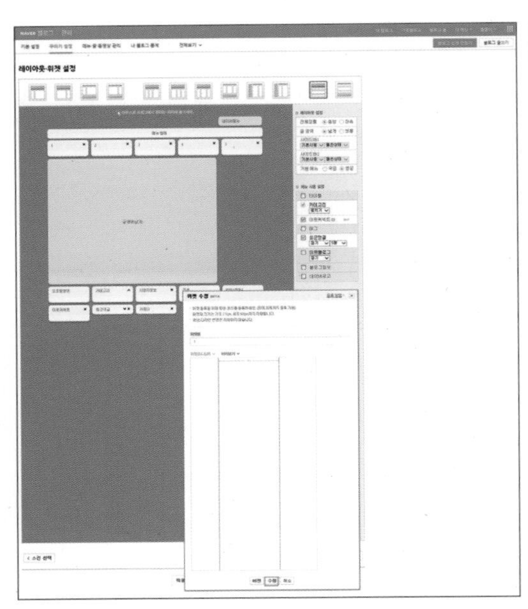

9. 반영하기

❶ [적용] 버튼을 클릭해 변경 내용을 반영합니다. '레이아웃을 블로그에 적용하시겠습니까?'라는 메시지가 나타나면 [확인] 버튼을 클릭합니다. ❷ 카테고리 이름을 변경하기 위해 블로그 관리에서 메뉴 · 글 · 동영상 관리 탭을 클릭하고 메뉴 관리에서 [블로그]를 클릭합니다.

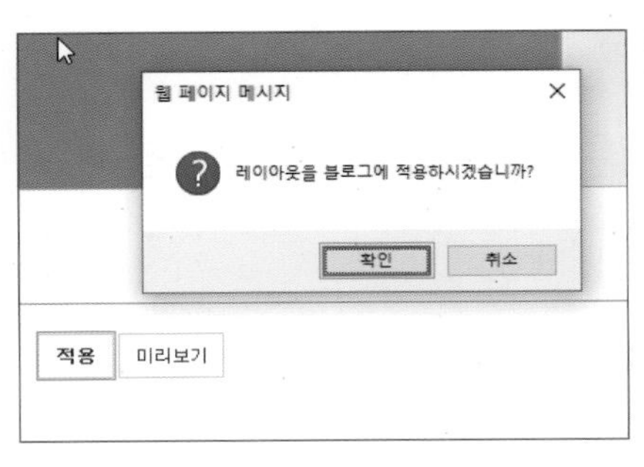

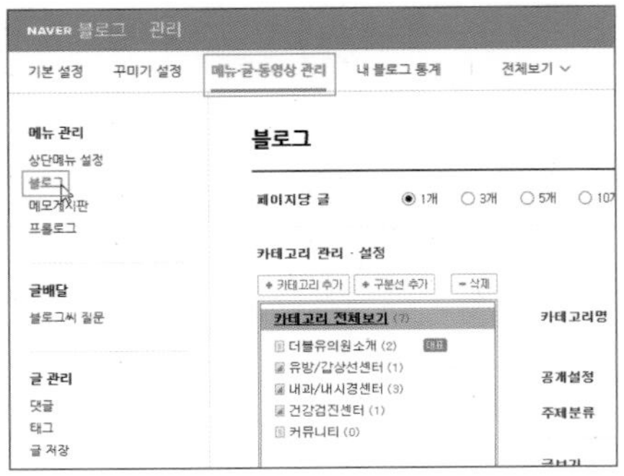

10. 이름 변경하기

❶ 카테고리 전체보기의 [더블유의원소개]를 클릭하고 오른쪽에 있는 카테고리명을 'SERVICE'로 변경합니다. 글보기를 앨범형으로 선택합니다. ❷ 마찬가지로 다른 카테고리명도 'PROJECT', 'ABOUT', 'CONTACT', 'ARCHITECT'로 변경합니다.

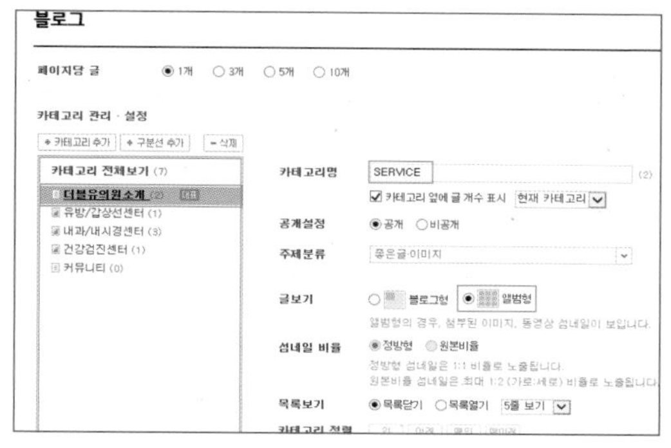

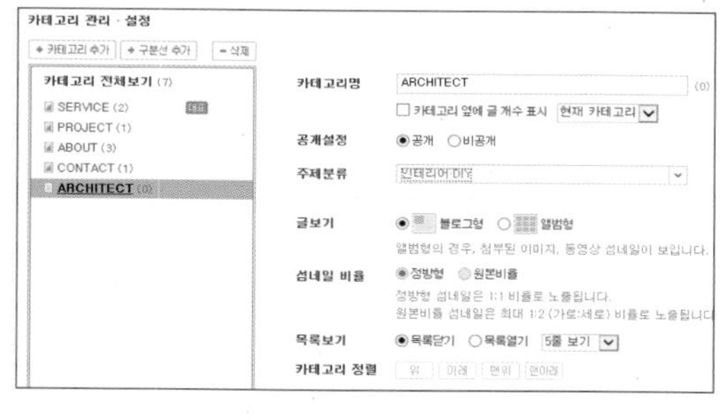

11. 대표 메뉴 설정하기

❶ [확인] 버튼을 누르고 '성공적으로 반영되었습니다.'라는 메시지가 나타나면 [확인] 버튼을 누릅니다. ❷ 대표 메뉴를 변경하기 위해 메뉴 · 글 · 동영상 관리 탭에서 [상단메뉴 설정]을 클릭합니다. 상단메뉴 설정의 메뉴사용 관리에서 블로그를 대표메뉴로 지정합니다.

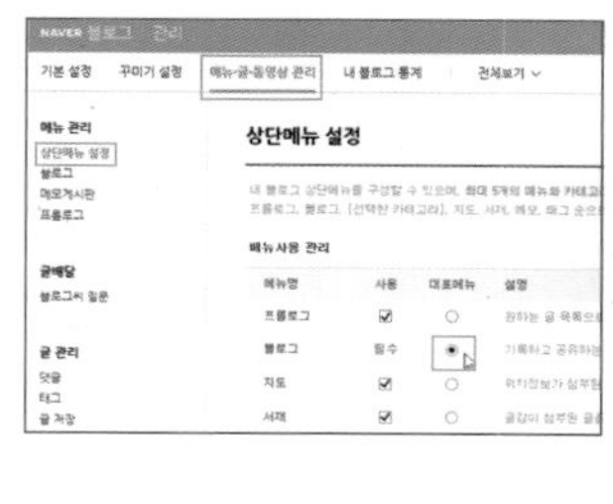

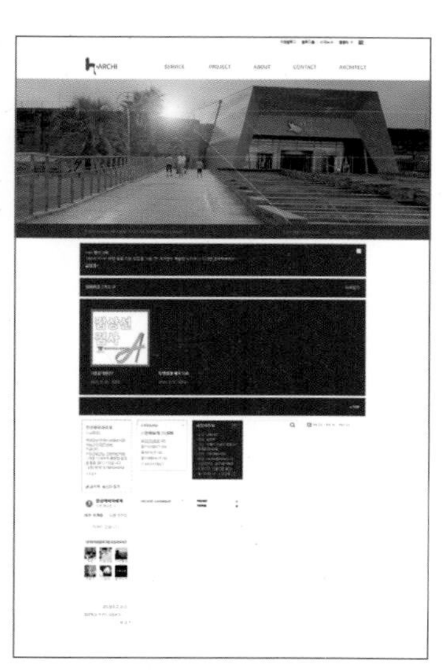

Section

06 링크 걸기

블로그 상단 카테고리 영역에 해당 블로그 카테고리로 링크를 걸어보겠습니다. 드림위버와 HTML 소스를 이용하여 링크를 겁니다.

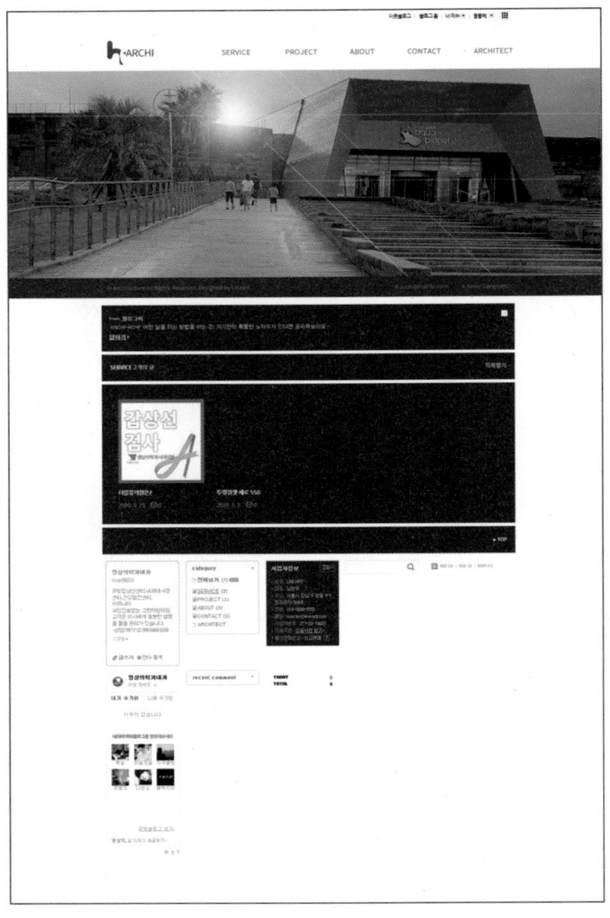

링크가 걸린 화면

1. 드림위버 실행하기

❶ HTML 문서를 편집할 수 있는 어도비 드림위버(Adobe Dreamweaver)를 실행합니다. 버전과 관계없이 공통적인 기능을 사용하기 때문에 버전은 중요하지 않습니다. ❷ 새 화면을 만들기 위해 [File] 메뉴에서 [New]를 선택하고 New Document 대화상자가 나타나면 [Create] 버튼을 클릭합니다.

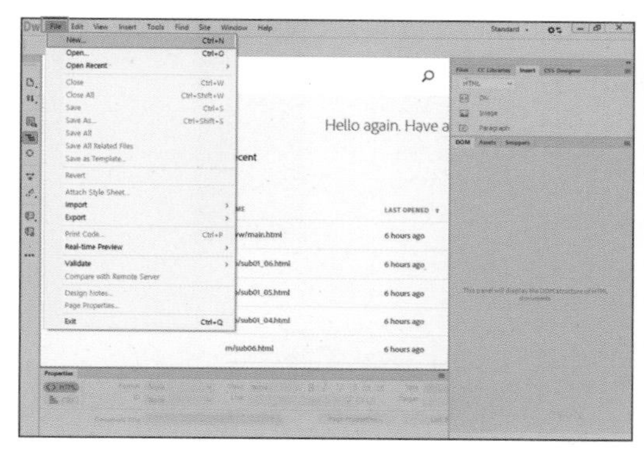

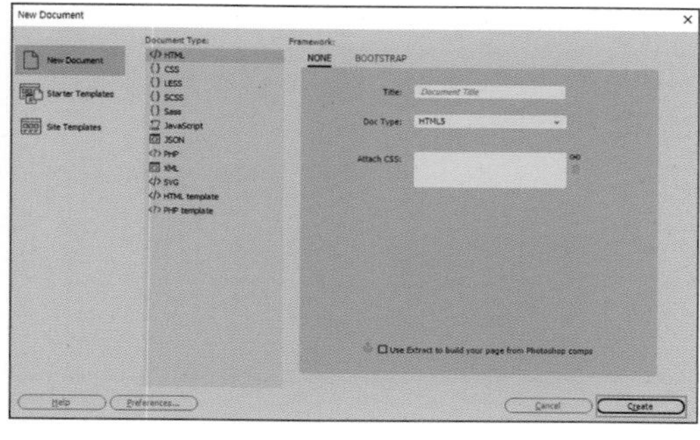

2. 이미지 불러오기

❶ 화면 모드를 변경하기 위해 [View] 메뉴에서 [View Mode – Design]을 선택합니다. ❷ 이미지를 삽입하기 위해 [Insert] 메뉴에서 [Image]를 선택합니다.

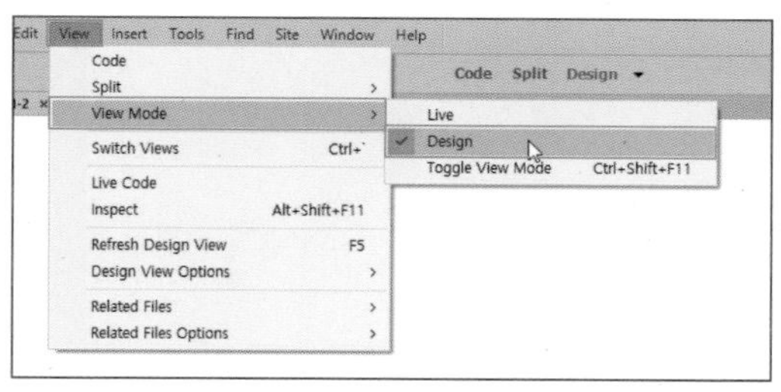

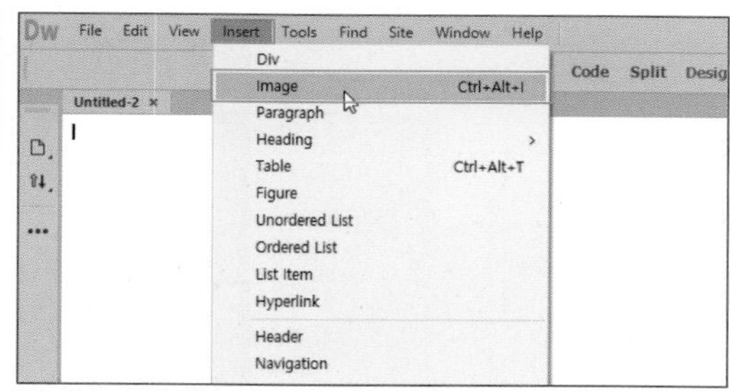

3. 새 창 띄우기

➊ Select Image Source 대화상자가 나타나면 sample 폴더에 있는 '위젯2번.jpg'를 선택하고 [OK] 버튼을 클릭합니다. ➋ 블로그를 선택하고 카테고리 경로를 파악하기 위해 카테고리에 있는 SERVICE를 Shift를 누른 상태로 클릭합니다.

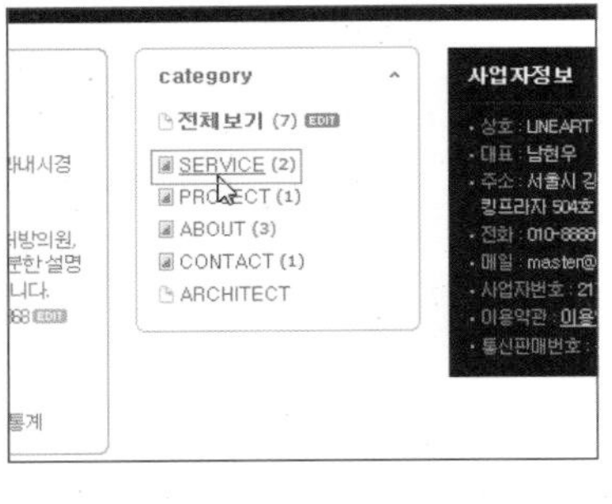

4. 영역 지정하기

➊ 새 창이 열리면서 인터넷 익스플로러 주소창에 카테고리 경로가 보이는 것을 확인할 수 있습니다. 카테고리 경로를 모두 선택하고 Ctrl+C를 눌러 복사합니다. ➋ 드림위버를 선택하고 이미지를 클릭합니다. Properties 대화상자에서 Rectangle HotSpot Tool 버튼을 클릭하고 이미지 위에 있는 SERVICE 영역을 드래그합니다.

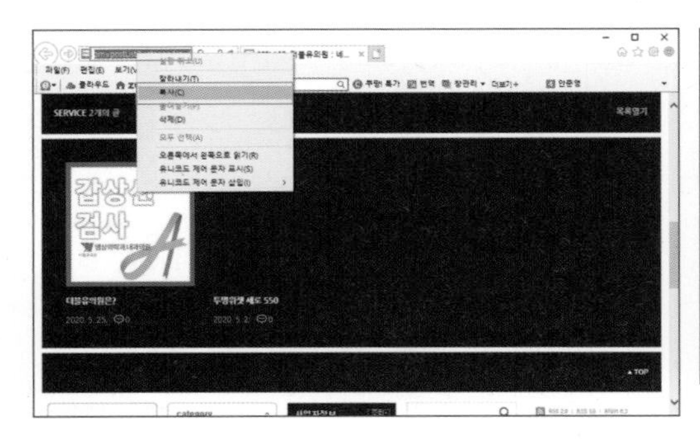

5. 코드 보여주기

❶ 앞에서 복사한 SERVICE 카테고리 경로를 링크하기 위해 Properties 대화상자의 Link를 클릭하고 Ctrl+V를 눌러 복사한 경로를 붙여넣습니다. 현재 창에서 페이지가 열리게 하기 위해 Target을 _top으로 설정합니다. ❷ HTML 소스를 보여주기 위해 [View] 메뉴에서 Code를 체크합니다.

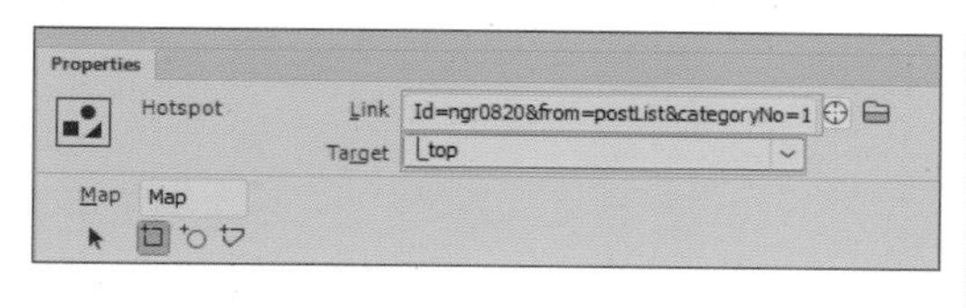

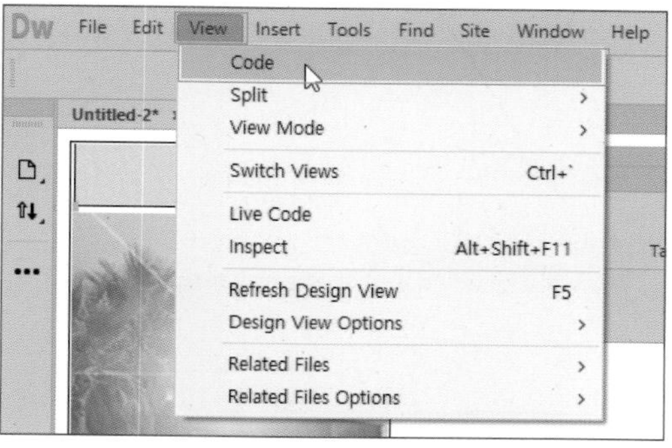

6. 위젯 편집하기

❶ HTML code source가 보이면 〈map name="Map"〉 다음부터 〈/map〉이전까지 드래그하고 Ctrl +C를 눌러 복사합니다. ❷ 블로그를 선택하고 블로그 관리의 꾸미기 설정에서 디자인 설정에 있는 [레이아웃 · 위젯설정]을 클릭합니다. 위젯 사용 설정에서 2 위젯의 [EDIT]을 클릭합니다.

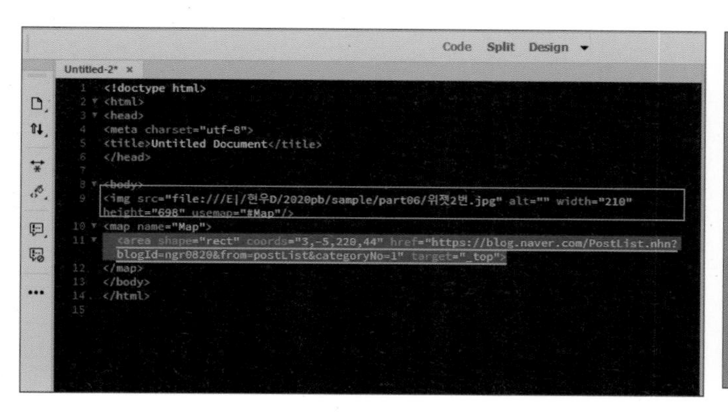


```
1  <!doctype html>
2  <html>
3  <head>
4  <meta charset="utf-8">
5  <title>Untitled Document</title>
6  </head>
7
8  <body>
9  <img src="file:///E|/현우D/2020pb/sample/part06/위젯2번.jpg" alt="" width="210"
   height="698" usemap="#Map"/>
10 <map name="Map">
11   <area shape="rect" coords="3,-5,220,44" href="https://blog.naver.com/PostList.nhn?
   blogId=ngr0820&from=postList&categoryNo=1" target="_top">
12 </map>
13 </body>
14 </html>
15
```

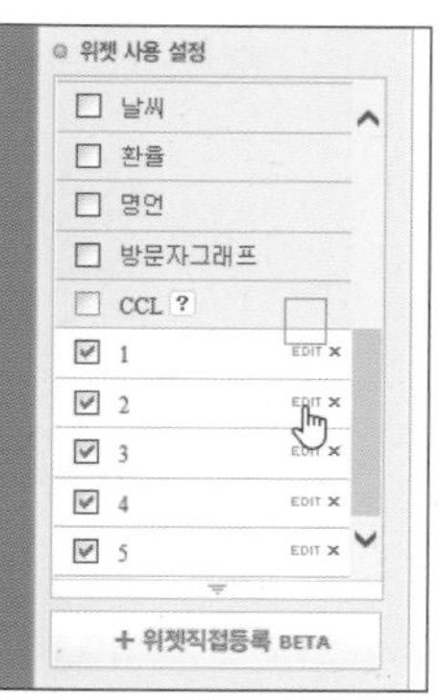

7. 소스 수정하기

❶ 위젯 수정의 위젯코드입력에서 〈map name="Map"〉다음부터 〈/map〉이전까지 드래그하여 선택하고 Delete 를 눌러 삭제합니다. ❷ 드림위버에서 복사한 소스를 붙여넣기 위해 Ctrl + V 를 누르고 [다음] 버튼을 누릅니다.

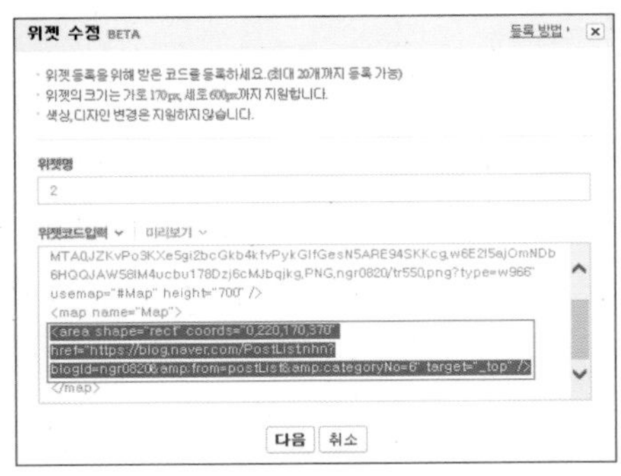

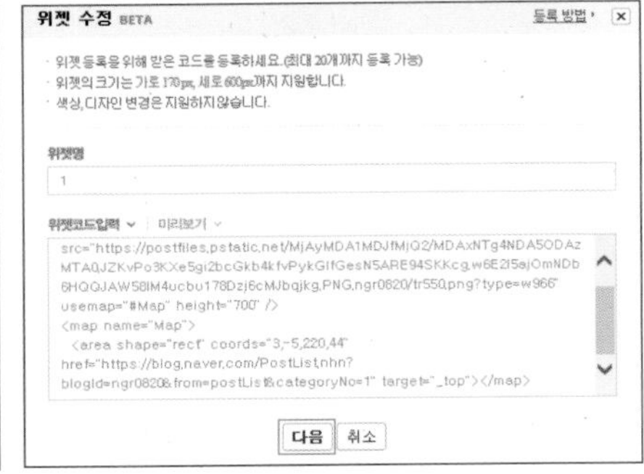

8. 반영하기

❶ 위젯 수정이 나타나면 [수정] 버튼을 누릅니다. '정상적으로 반영되었습니다.'라는 웹 페이지 메시지가 나타나면 [확인] 버튼을 누릅니다. ❷ 내용을 반영하기 위해 [적용] 버튼을 누르고 '레이아웃을 블로그에 적용하시겠습니까?'라는 웹 페이지 메시지가 나타나면 [확인] 버튼을 누릅니다.

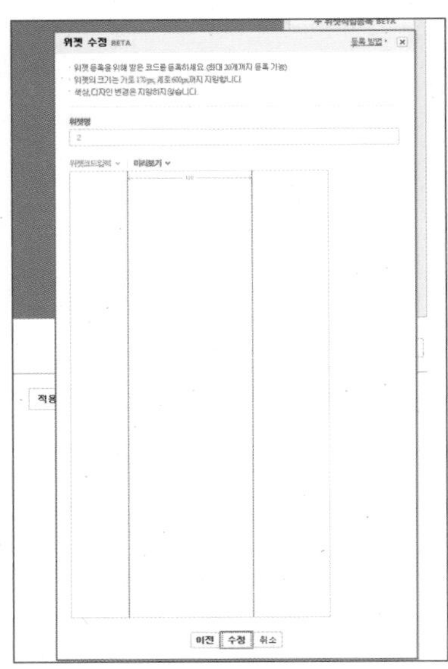

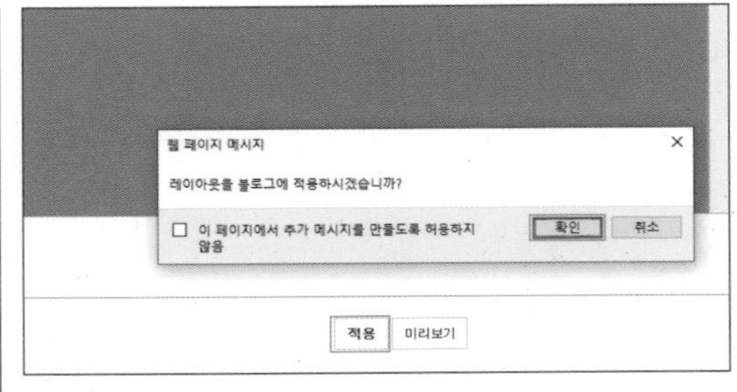

9. 새 화면 열기

❶ 다시 드림위버를 선택하고 새 화면을 만들기 위해 [File] 메뉴에서 [New]를 선택한 후 New Document 대화상자가 나타나면 [Create] 버튼을 클릭합니다. ❷ 이미지를 삽입하기 위해 [Insert] 메뉴에서 [Image]를 선택합니다.

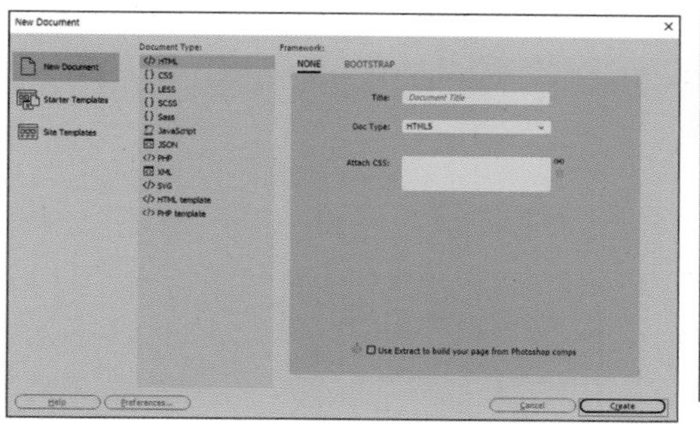

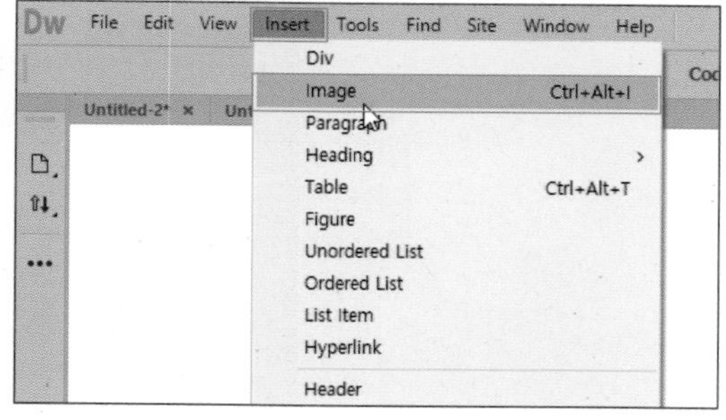

10. 새 창 띄우기

❶ Select Image Source 대화상자가 나타나면 sample 폴더에 있는 '위젯4번.jpg'를 선택하고 [OK] 버튼을 클릭합니다. ❷ 블로그를 선택하고 카테고리 경로를 파악하기 위해 카테고리에 있는 [ABOUT]을 Shift를 누른 채 클릭합니다.

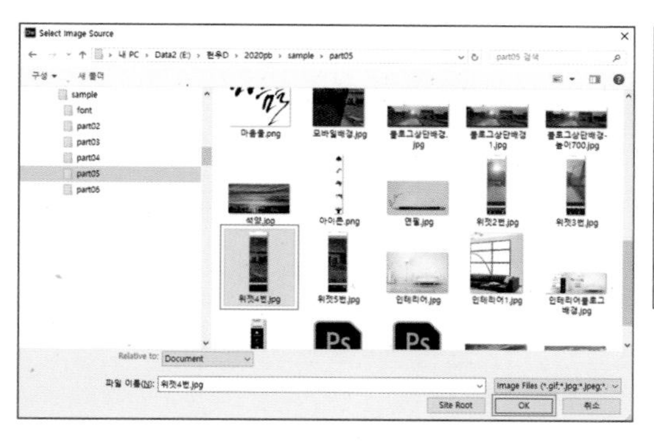

11. 영역 지정하기

❶ 새 창이 열리면서 익스플로러 주소창에 카테고리 경로가 보이는 것을 확인할 수 있습니다. 카테고리 경로를 모두 선택하고 Ctrl+C를 눌러 복사합니다. ❷ 드림위버를 선택하고 이미지를 클릭합니다. Properties 대화상자에서 Rectangle HotSpot Tool 버튼을 클릭하고 이미지 위에 있는 ABOUT 영역을 드래그하여 지정합니다.

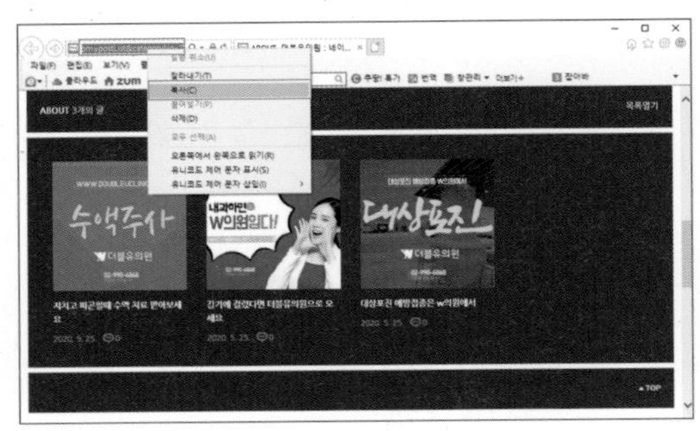

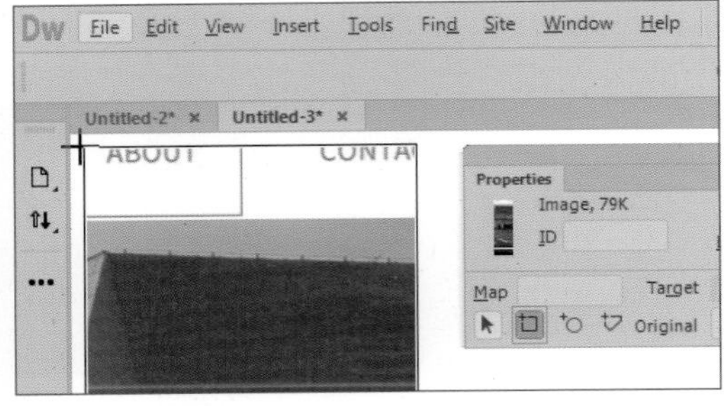

12. 다른 경로 지정하기

❶ 앞에서 복사한 SERVICE 카테고리 경로를 링크하기 위해 Properties 대화상자의 Link를 클릭하고 Ctrl+V를 눌러 복사한 경로를 붙여넣습니다. ❷ 다른 카테고리의 경로를 파악하기 위해 블로그를 선택합니다. 카테고리에 있는 CONTACT를 Shift를 누른 상태로 클릭합니다.

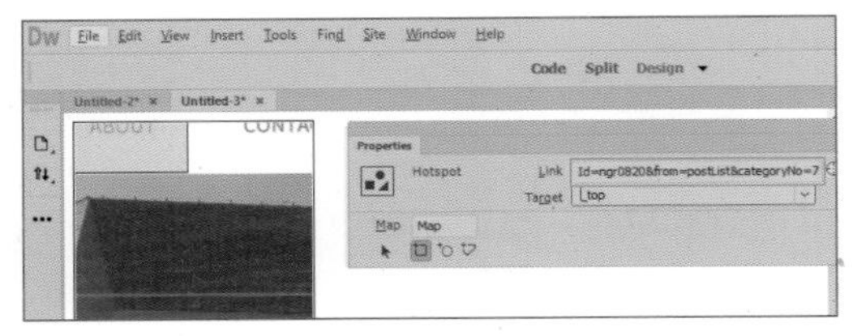

13. 영역 지정하기

❶ 새 창이 열리면서 익스플로러 주소창에 카테고리 경로가 보이는 것을 확인할 수 있습니다. 카테고리 경로를 모두 선택하고 Ctrl+C를 눌러 복사합니다. ❷ 드림위버를 선택하고 이미지를 클릭합니다. Properties 대화상자에서 Rectangle HotSpot Tool 버튼을 클릭하고 이미지 위에 있는 CONTACT 영역을 드래그하여 지정합니다.

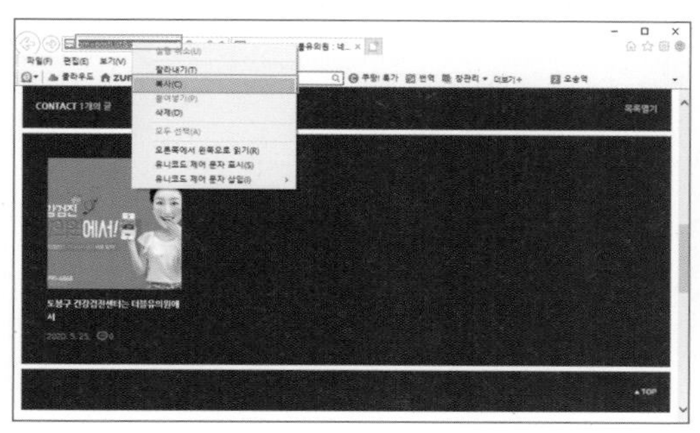

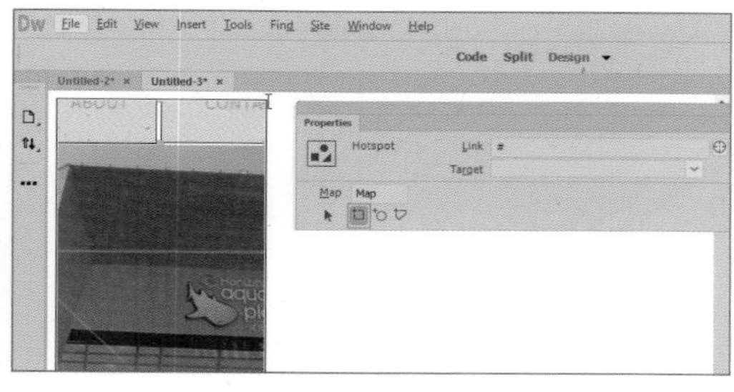

14. 코드 보여주기

❶ 앞에서 복사한 CONTACT 카테고리 경로를 링크하기 위해 Properties 대화상자의 Link를 클릭하고 Ctrl+V를 눌러 복사한 경로를 붙여넣습니다. 현재 창에서 페이지가 열리게 하기 위해 Target을 _top으로 설정합니다. ❷ HTML 소스를 보여주기 위해 View 메뉴에서 Code를 체크하고 HTML code source가 보이면 〈map name="Map"〉 다음부터 〈/map〉 이전까지 드래그한 후 Ctrl+C를 눌러 복사합니다.

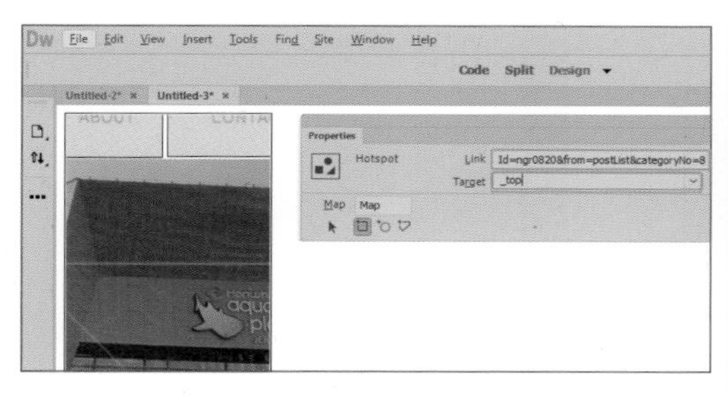

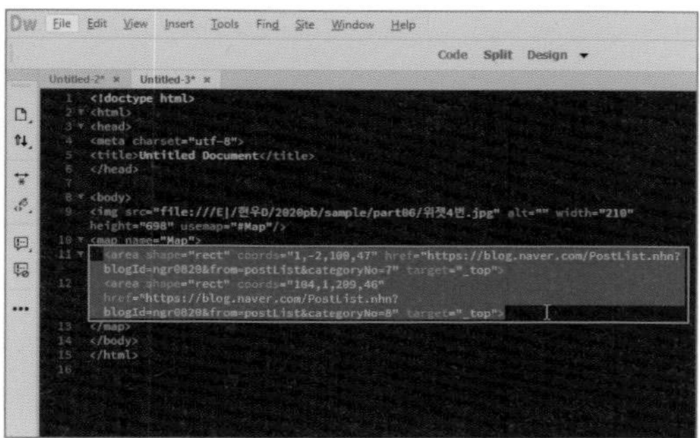

15. 소스 수정하기

❶ 블로그를 선택하고 블로그 관리의 꾸미기 설정에서 디자인 설정에 있는 [레이아웃 · 위젯 설정]을 클릭합니다. 위젯 사용 설정의 4 위젯의 [EDIT]을 클릭합니다. ❷ 위젯 수정의 위젯코드 입력에서 〈map name="Map"〉 다음부터 〈/map〉 이전까지 드래그하여 선택하고 Delete 를 눌러 삭제합니다.

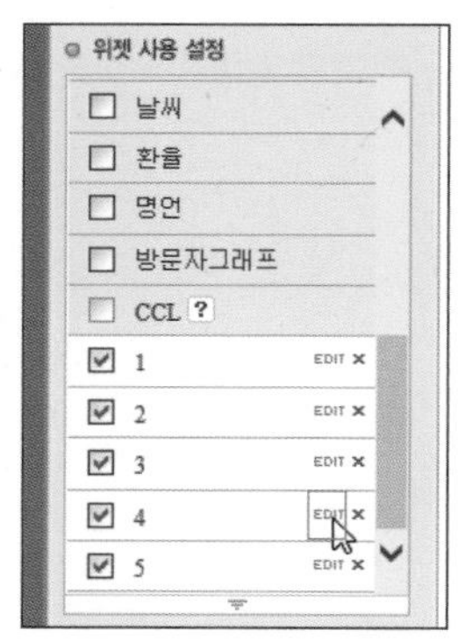

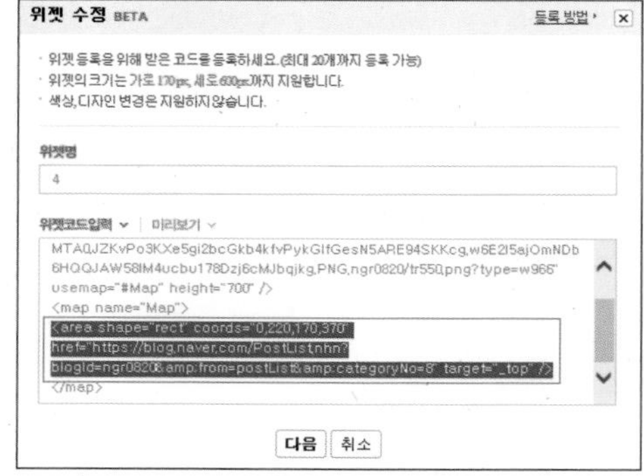

16. 반영하기

❶ 드림위버에서 복사한 소스를 붙여넣기 위해 Ctrl + V 를 누르고 [다음] 버튼을 누릅니다. ❷ 위젯 수정이 나타나면 [수정] 버튼을 누릅니다. '정상적으로 반영되었습니다.'라는 웹 페이지 메시지가 나타나면 [확인] 버튼을 누릅니다.

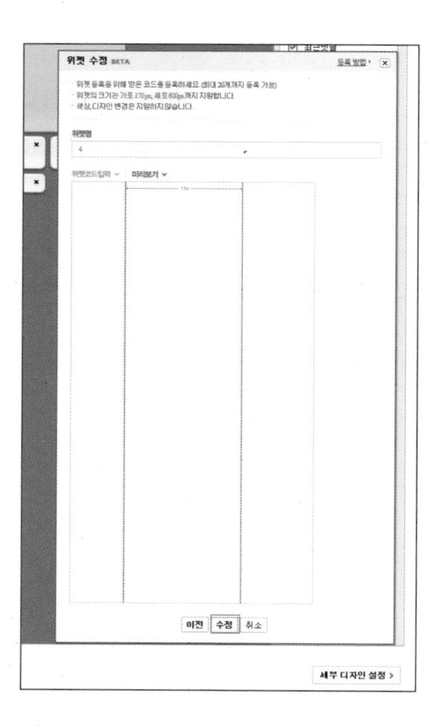

17. 확인하기

❶ 내용을 반영하기 위해 [적용] 버튼을 누르고 '레이아웃을 블로그에 적용하시겠습니까?'라는 웹 페이지 메시지가 나타나면 [확인] 버튼을 누릅니다. ❷ 링크를 확인하기 위해 상단 배경 이미지에서 CONTACT 메뉴를 클릭합니다.

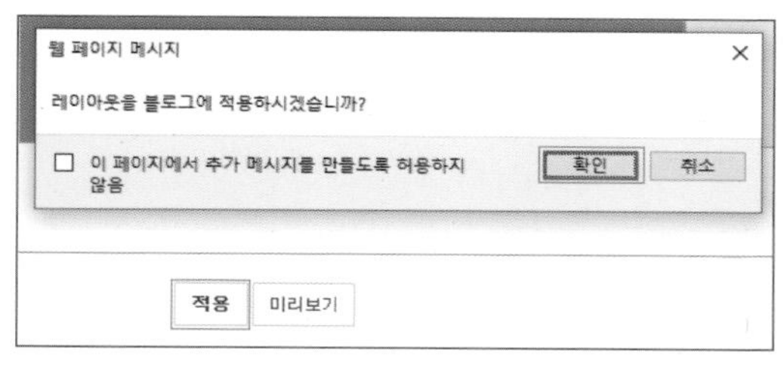

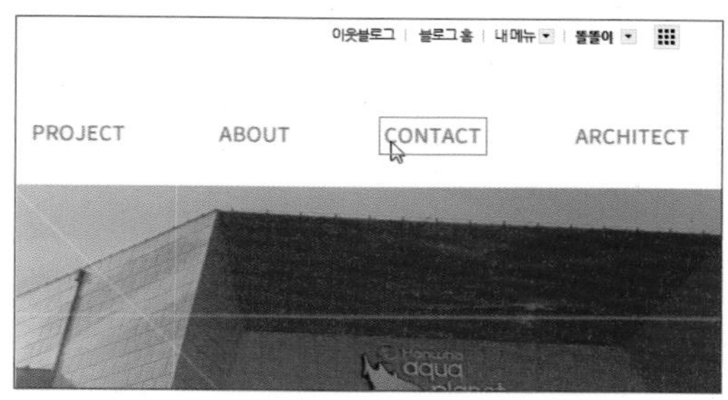

18. 마무리하기

❶ CONTACT 카테고리로 페이지가 이동된 것을 확인할 수 있습니다. 앞의 과정이 정확하기 이루어지지 않았다면 손가락 모양 버튼이 나타나지 않거나 다른 경로로 이동될 것입니다. ❷ 같은 방법으로 3번 위젯, 5번 위젯은 해당 카테고리에 링크를 걸고 1 위젯에는 블로그 주소를 링크합니다.

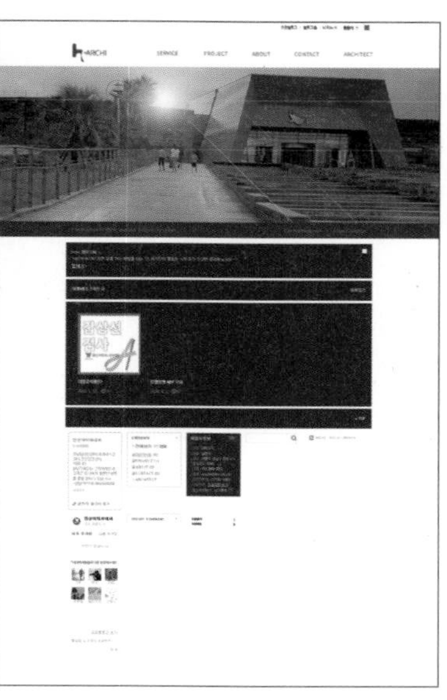

Section 07

홈페이지 바로가기 위젯 만들기

건축 인테리어 포트폴리오 블로그 하단에 위젯을 추가하려고 합니다. 이때 사용할 배너 이미지를 포토샵을 이용하여 만들어보겠습니다.

완성 파일 part05_4c.psd

완성된 바로가기 위젯

1. 새 이미지 만들기

❶ [파일] 메뉴에서 [새로 만들기]를 선택합니다. 새로 만들기 문서 대화상자가 나타나면 폭에 170픽셀, 높이 170픽셀, 해상도 72픽셀/인치, 배경 내용을 흰색으로 선택하고 [제작] 버튼을 누릅니다. ❷ 원형을 만들기 위해 도구상자에 있는 타원 도구(U) 를 선택하고 상부 옵션에서 선택 도구 모드를 모양으로 지정하고 칠의 색상 피커 버튼을 클릭합니다.

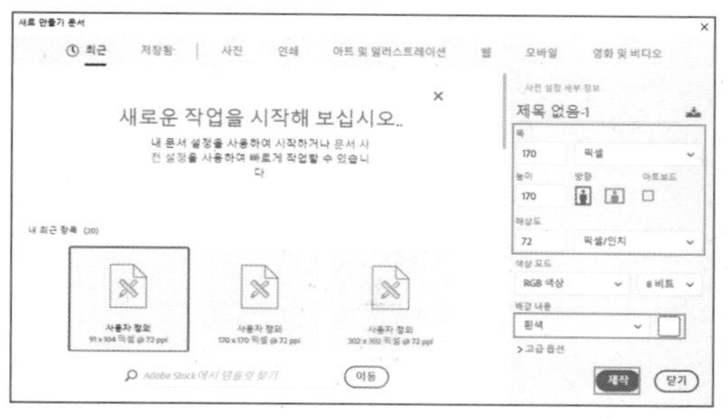

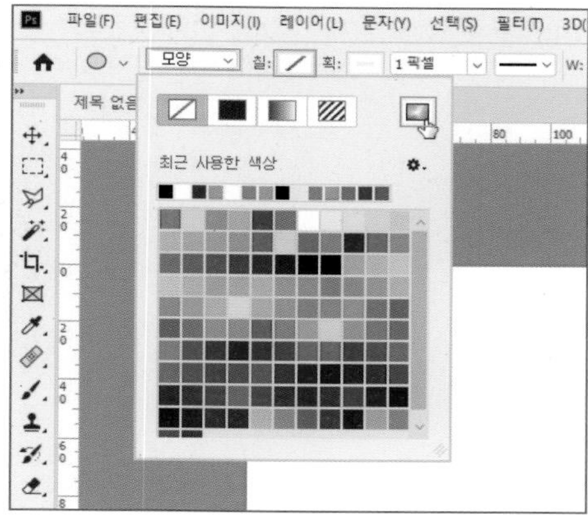

2. 색상 지정하기

❶ 색상 피커(칠 색상) 대화상자가 나타나면 #에 '1bcbc9'를 입력하고 [확인] 버튼을 클릭합니다.
❷ 도형 테두리는 필요하지 않으므로 때문에 None으로 지정하고 바탕을 클릭합니다.

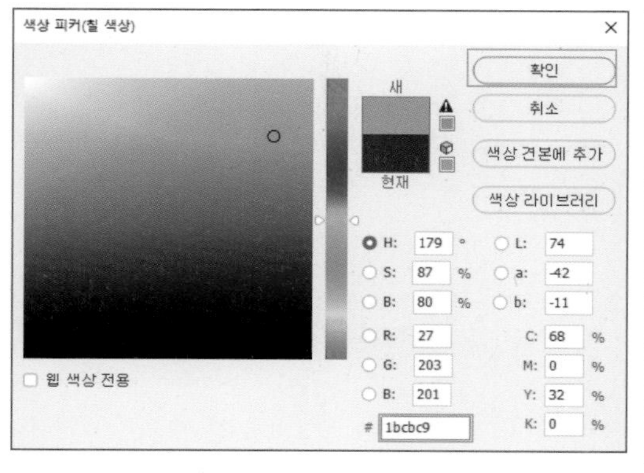

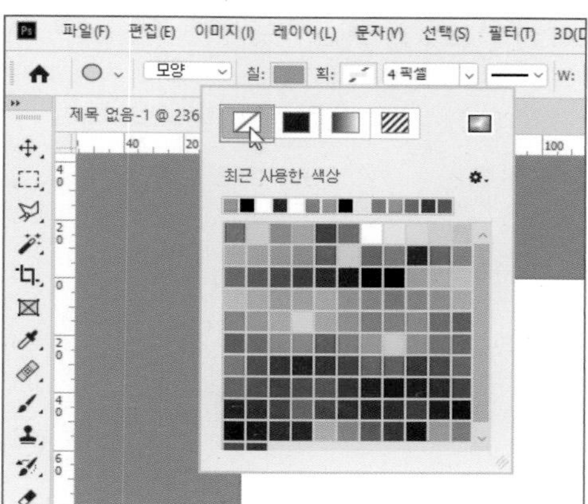

3. 선택하기

❶ 타원 만들기 대화상자가 타나면 폭에 '170픽셀', 높이에 '170픽셀'을 입력하고 [확인] 버튼을 클릭합니다. ❷ 레이어를 추가 선택하기 위해 Ctrl을 누르고 [배경] 레이어를 클릭합니다.

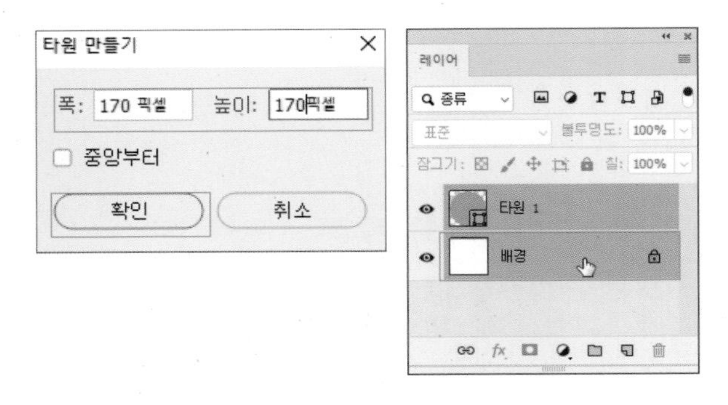

4. 정렬하고 획 지정하기

❶ 타원과 배경 레이어를 정렬하기 위해 이동 도구V 를 선택합니다. 상부 옵션에서 수평 중앙 정렬 을 클릭하고 수직 가운데 정렬 을 한 번 더 클릭합니다. ❷ [타원 1] 레이어를 다시 클릭하고 테두리 선을 추가하기 위해 레이어 스타일을 추가합니다 버튼을 클릭한 후 [획]을 선택합니다.

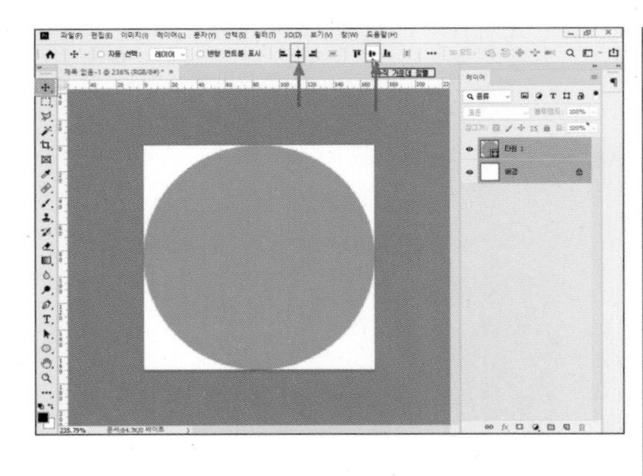

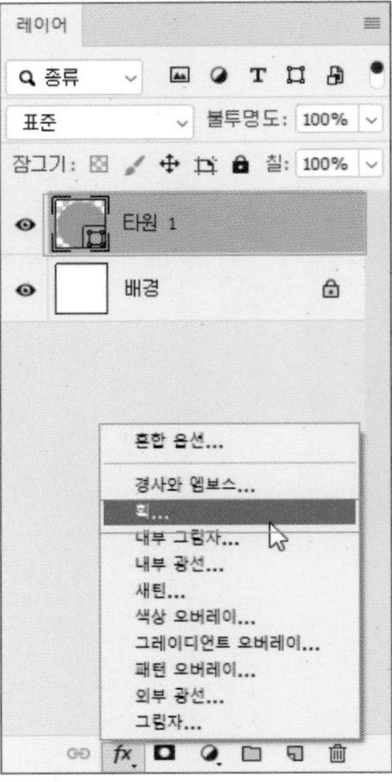

5. 획 스타일 지정하기

❶ 레이어 스타일 대화상자가 나타나면 획의 구조에 있는 크기에 '4px'를 입력하고 위치는 안쪽, 혼합 모드는 표준 불투명도 100%를 지정합니다. 칠 유형의 색상을 클릭합니다. ❷ 색상 피커(획 색상) 대화상자가 나타나면 #에 '3c3c3c'를 입력하고 [확인] 버튼을 누릅니다.

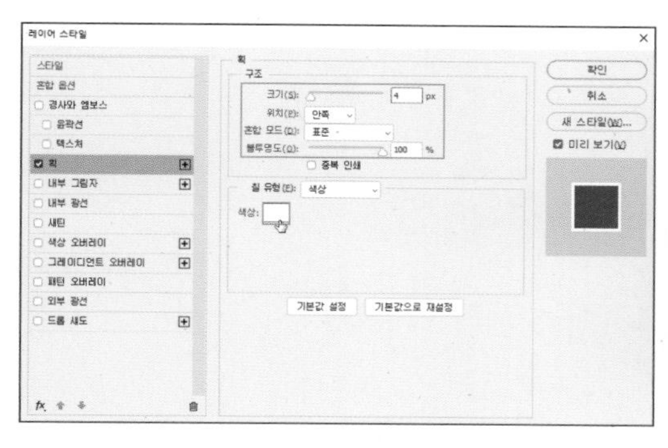

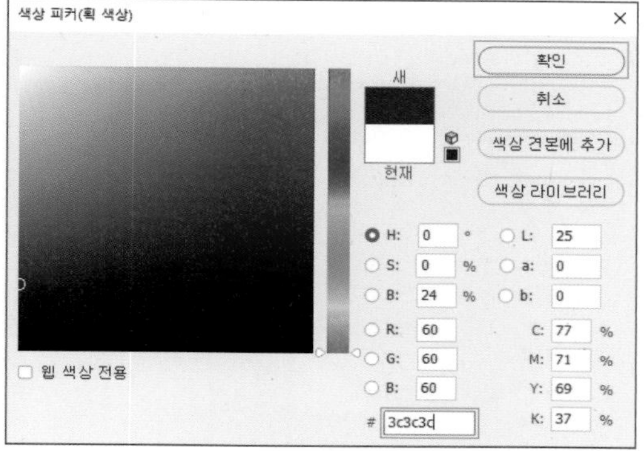

6. 레이어 복사하기

❶ 다시 레이어 스타일 대화상자가 나타나면 [확인] 버튼을 누릅니다. ❷ [타원 1] 레이어를 복사하기 위해 Ctrl+J를 누릅니다.

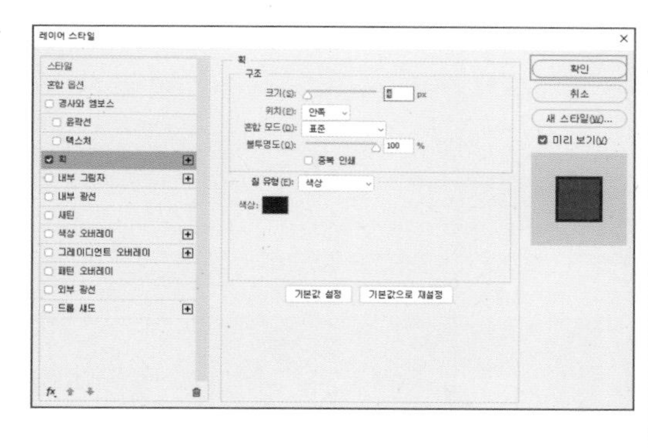

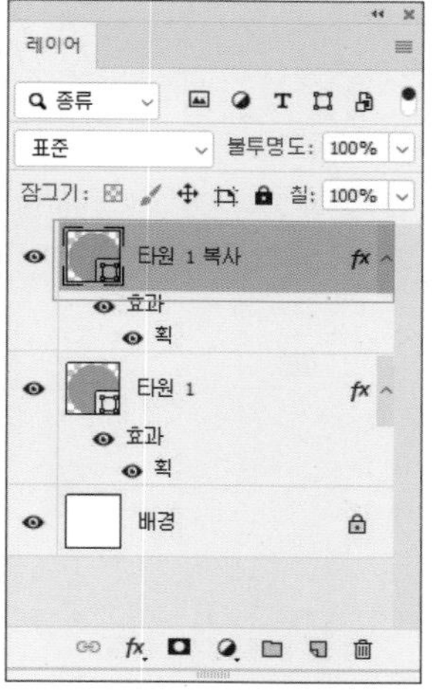

7. 레이어 스타일 변경하기

❶ 크기를 조절하기 위해 Ctrl+T를 누르고 상부 옵션에서 종횡비를 유지합니다 버튼을 누릅니다. 이어서 W에 '80'을 입력한 다음 도형 내부를 더블클릭합니다. ❷ 레이어 스타일을 변경하기 위해 [타원 1복사] 레이어의 효과에 있는 획을 더블클릭합니다.

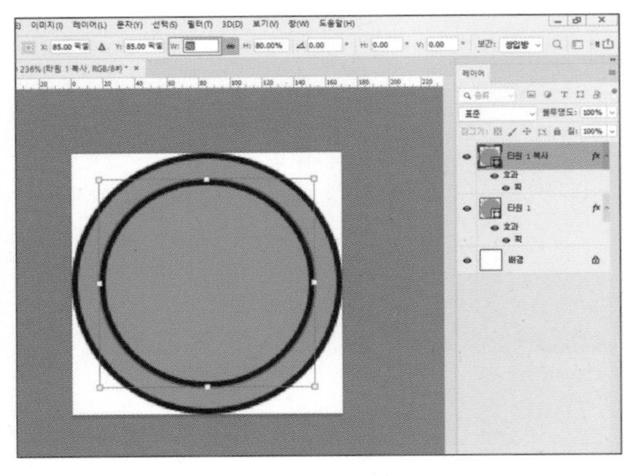

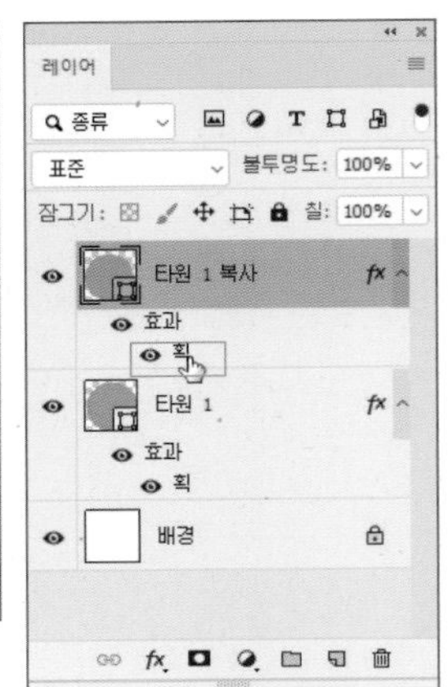

8. 그림자 만들고 문자 옵션 지정하기

❶ 레이어 스타일 대화상자가 나타나면 [획]을 해제한 후 [드롭 섀도]를 체크하고 선택합니다. 드롭 섀도의 구조에서 혼합 모드는 표준, 불투명도를 20%, 거리 0px, 스프레드 0%, 크기에 20px를 입력하고 [확인] 버튼을 클릭합니다. ❷ 문자를 입력하기 위해 도구상자에서 수평 문자 도구T T를 선택하고 상부 옵션에서 글꼴을 나눔 스퀘어, 굵기를 Regular, 크기를 20pt, 색상을 흰색으로 설정합니다. 글꼴은 임의로 지정해도 괜찮습니다.

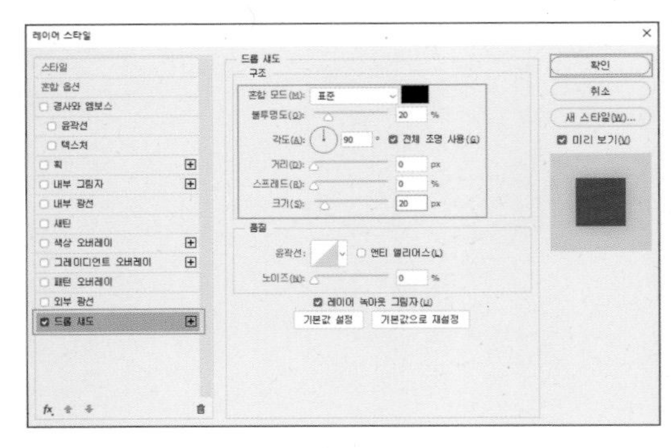

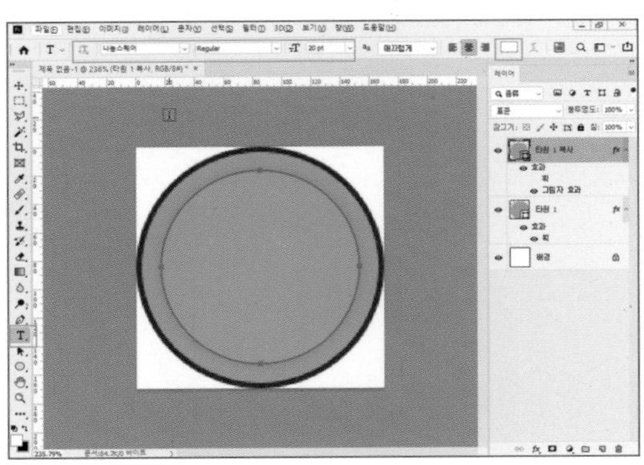

9. 문자 입력하기

❶ 흰색 바탕을 클릭하고 '포폴 홈페이지'를 입력합니다. ❷ 문자를 드래그하여 모두 선택하고 문자의 줄 간격과 자간을 조절하기 위해 문자 및 단락 패널 켜기/끄기 버튼을 클릭합니다.

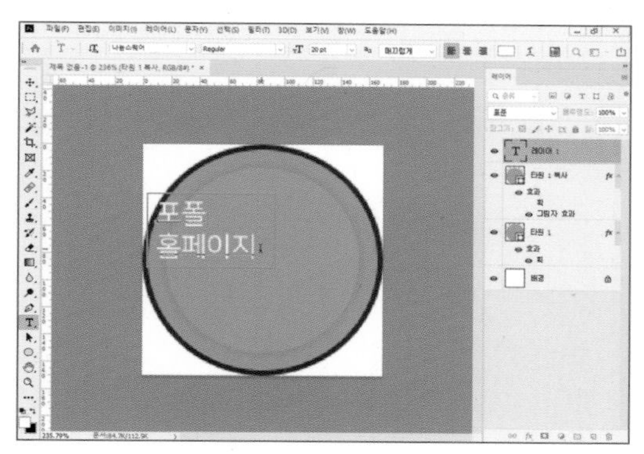

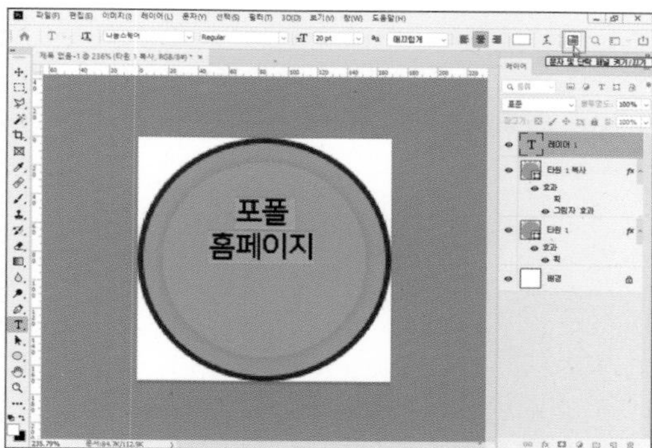

10. 자간 지정하고 정렬하기

❶ 문자 대화상자가 나타나면 행간에 20pt, 자간에 −25를 입력한 다음 이동 도구(V)를 클릭합니다. ❷ 레이어를 추가 선택하기 위해 Ctrl을 누르고 배경 레이어를 선택한 후 상부 옵션에서 수평 중앙 정렬을 클릭합니다.

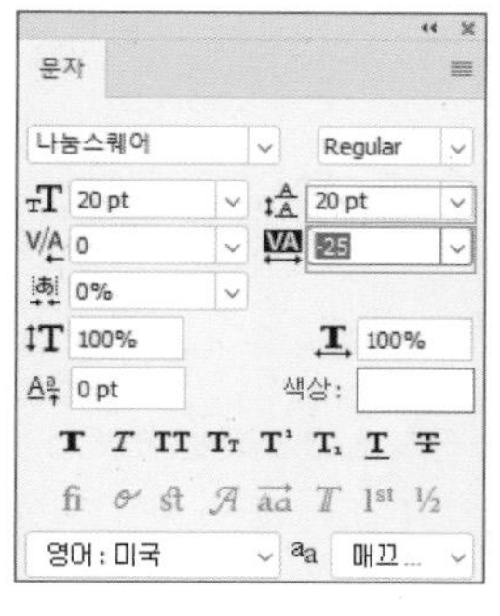

11. 문자 입력하기

❶ 문자를 복사하기 위해 Alt를 누르고 수직 방향으로 이동하기 위해 Shift를 누른 채 [포폴 홈페이지] 레이어를 아래 방향으로 드래그합니다. ❷ 복사된 문자를 'OPEN'으로 변경하고 드래그하여 선택합니다. 상부 옵션에서 굵기를 ExtraBold를 지정하고 크기를 35pt, 색상을 노란색으로 지정합니다.

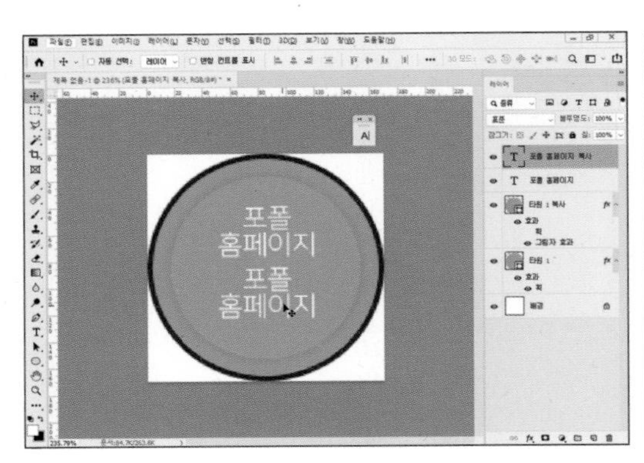

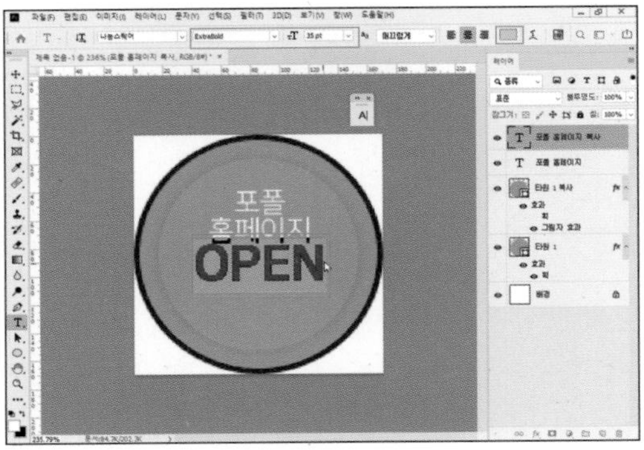

12. 이동하고 사각형 만들기

❶ 이동 도구V를 이용하여 아래 방향으로 조금 이동합니다. ❷ 사각형을 만들기 위해 도구상자에 있는 사각형 도구U를 선택하고 상부 옵션에서 선택 도구 모드를 모양으로 지정하고 칠을 NONE, 획 색상은 흰색, 두께를 1픽셀, 모양 획 유형 설정을 실선으로 지정합니다.

13. 문자 옵션 설정하기

❶ OPEN 문자 크기만큼 드래그하여 사각형을 만듭니다. ❷ 문자를 입력하기 위해 도구상자에서 수평 문자 도구(T) [T]를 선택하고 상부 옵션에서 글꼴을 나눔 스퀘어, 굵기를 Regular, 크기를 13pt, 색상을 흰색으로 설정합니다. 글꼴은 임의로 지정해도 상관없습니다.

14. 문자 폭 지정하고 완성하기

❶ 바탕을 클릭하고 '바로가기〉〉'를 입력한 후 〉〉를 드래그하여 선택합니다. ❷ 문자의 폭을 조절하기 위해 문자 및 단락 패널 켜기/끄기 [▤] 버튼을 클릭합니다. 문자 대화상자가 나타나면 가로 비율[T]에 '50%'를 입력합니다. ❸ 이동 도구(V) [✥]를 이용하여 사각형 안쪽으로 이동합니다. 이어서 블로그에 위젯을 만들어 추가하겠습니다.

Section 08

위젯 첨부하기

블로그를 서핑하다 보면 블로그 하단에 다양한 위젯이 포함되어 있는 경우를 볼 수 있습니다. 홈페이지, 맛집, 관련 분야를 이미지로 만들어 링크를 거는데, 이런 경우 위젯을 추가하고 배치하면 됩니다.

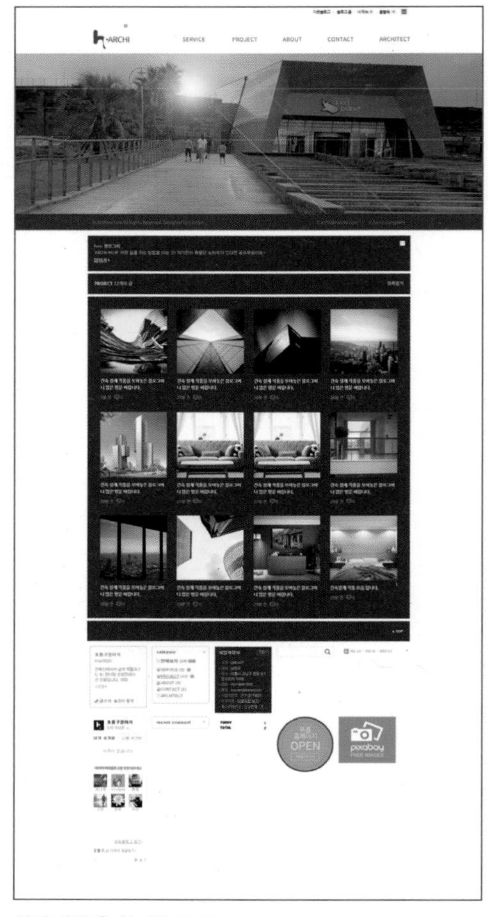

위젯 배치 후 완성된 블로그

1. 글쓰기

❶ 홈페이지 바로가기 위젯 이미지를 불러오기 위해 프로필 영역 아래에 있는 [글쓰기]를 클릭합니다. ❷ 블로그 쓰기 화면이 나타나면 제목과 내용을 입력하고 이미지를 불러 오기 위해 사진 추가[사진] 버튼을 클릭합니다. 업로드할 파일 선택 대화상자가 나타나면 'part05-4c.jpg'를 선택하고 [열기] 버튼을 클릭합니다.

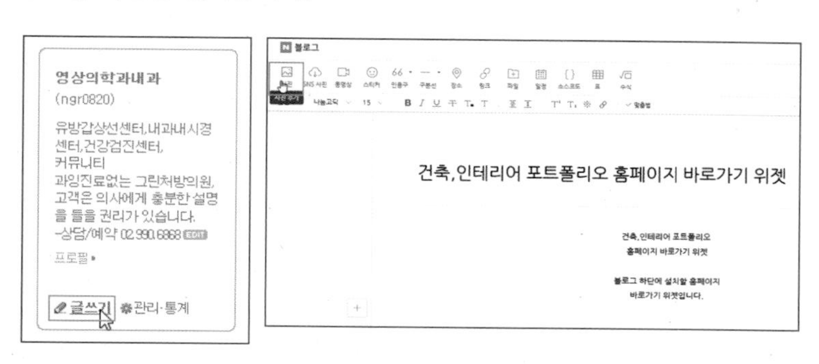

2. 발행하기

❶ 포스팅된 내용을 완료하기 위해 우측 상단의 [발행] 버튼을 누릅니다. ❷ 카테고리를 SERVICE로 지정하고 공개 설정을 전체공개로 한 후 [발행] 버튼을 누릅니다.

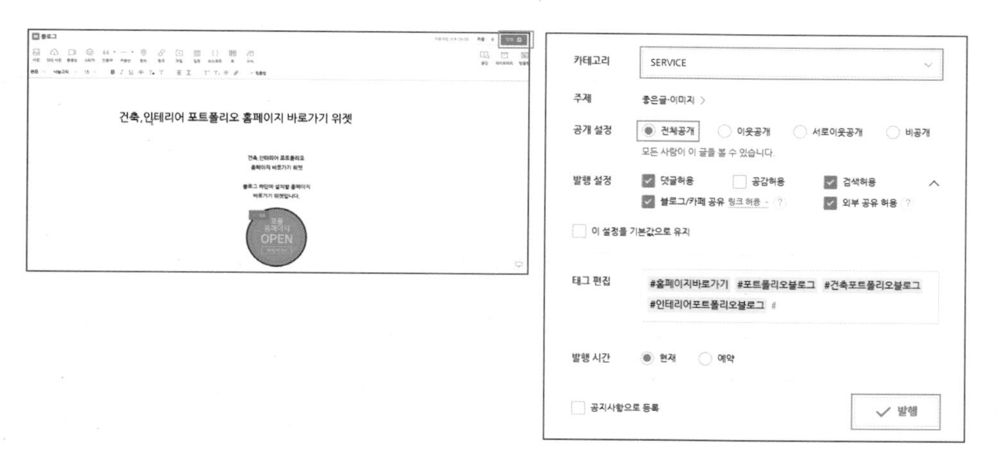

3. 경로 복사하기

❶ 홈페이지 바로가기 이미지가 보이는 것을 확인할 수 있습니다. 이미지 위에서 마우스 오른쪽 버튼을 클릭하고 [속성]을 클릭합니다. ❷ 속성 대화상자가 나타나면 주소(URL)를 모두 드래그하여 Ctrl+C를 눌러 복사하고 [확인] 버튼을 누릅니다.

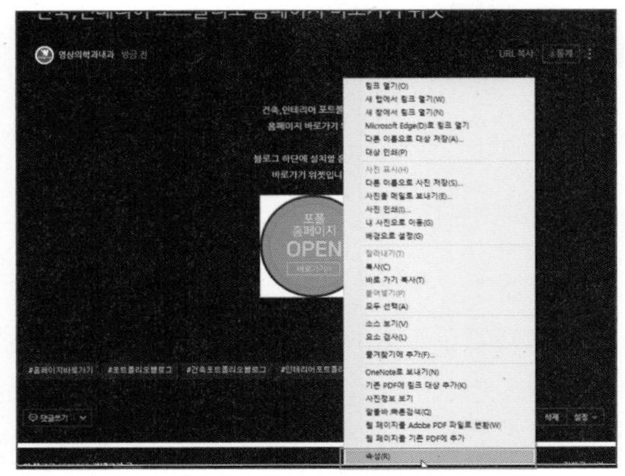

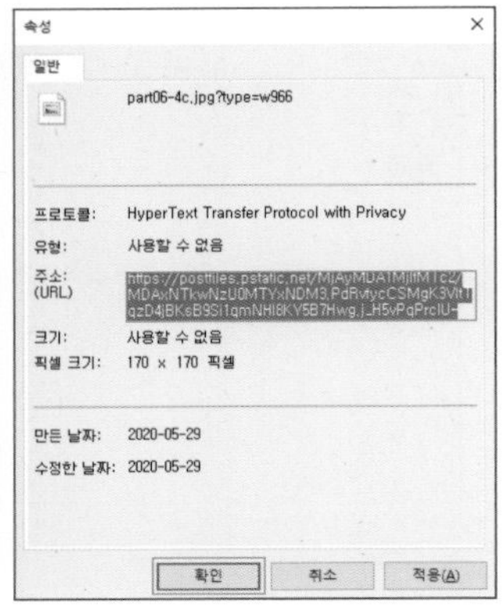

4. 새 위젯 만들기

❶ 위젯 설정을 변경하기 위해 글쓰기 우측에 있는 [관리]를 누르고 꾸미기 설정의 디자인 설정에 있는 [레이아웃 · 위젯 설정]을 클릭합니다. ❷ 새로운 위젯을 만들기 위해 위젯 사용 설정에서 [위젯직접등록] 버튼을 누릅니다.

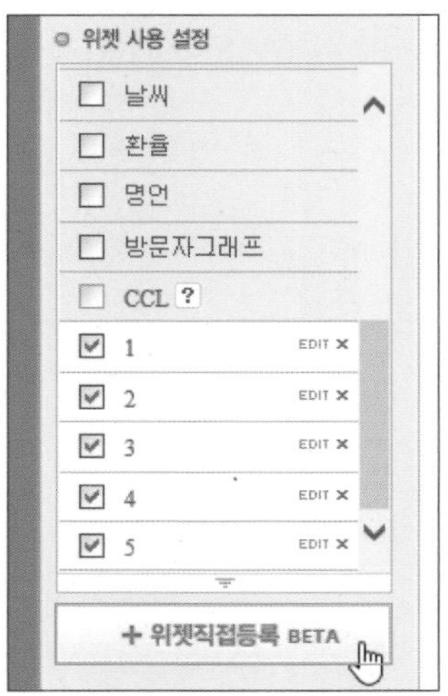

5. 소스 입력하기

❶ 위젯 직접등록이 나타나면 위젯명에 '바로가기'를 입력합니다. 위젯코드입력에 위젯 이미지의 주소를 입력하기 위해 소스 코드를 입력합니다. 이미지를 불러오는 HTML 소스인 〈img src=" 를 입력하고 앞에서 복사한 주소를 붙여넣기 위해 Ctrl+V를 누릅니다. 이어서 " border="0" usemap="#Map" /〉 소스를 입력합니다. ❷ 이어서 〈map name="Map" id="Map"〉 〈area shape="rect" coords="0,0,170,170" href="http://lineart.co.kr" target="_blank" /〉〈/map〉 HTML 소스를 추가하고 [다음] 버튼을 누릅니다.

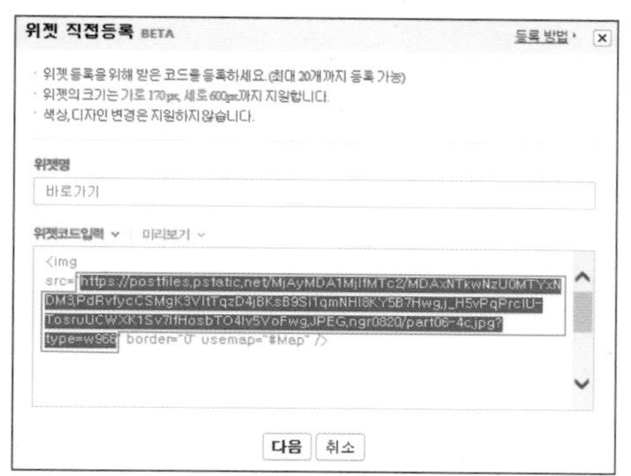

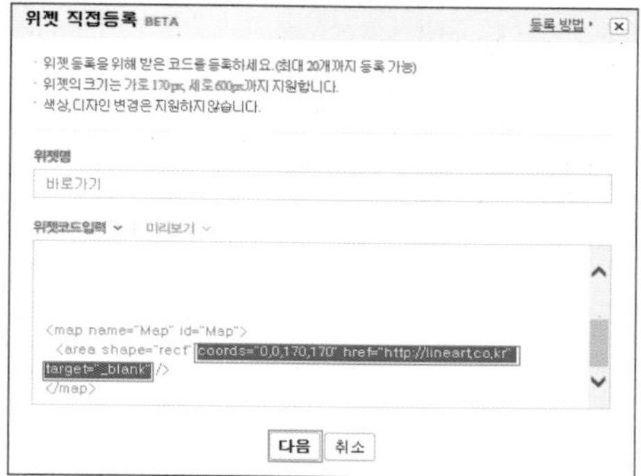

6. 등록 완료하기

❶ 위젯 직접등록 미리보기 화면이 나타나면 [등록] 버튼을 누릅니다. '정상적으로 반영되었습니다.'라는 메시지가 나타나면 [확인] 버튼을 클릭합니다. 홈페이지 바로가기 위젯 설치가 완료되었습니다. 다음은 무료 이미지를 다운받아 사용할 수 있는 웹 사이트 바로가기 위젯을 추가해 보겠습니다. 참고로 보기 바랍니다. ❷ 대표적인 무료 이미지 제공 사이트인 pixabay.com에 접속합니다.

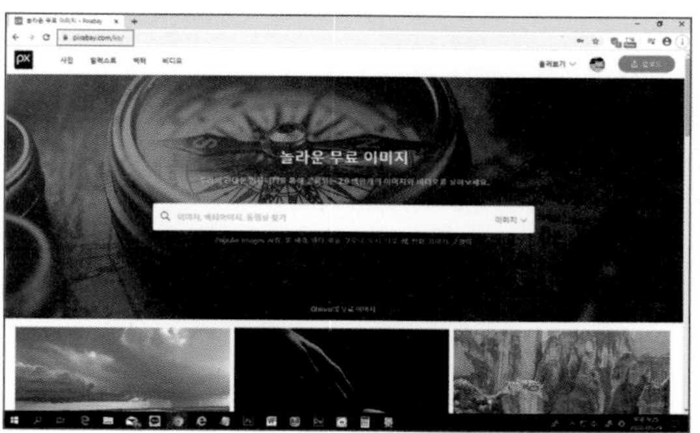

7. 소스 불러오기

❶ 픽사베이 사이트에 회원가입을 하고 로그인합니다. 둘러보기를 클릭하고 About에 있는 Pixabay 소개를 클릭합니다. ❷ 픽사베이 이미지 아래에 있는 HTML 소스를 드래그하고 Ctrl + C를 눌러 복사합니다.

8. 위젯 추가하기

❶ 글쓰기 우측에 있는 [관리]를 누르고 꾸미기 설정의 디자인 설정에 있는 [레이아웃 · 위젯 설정]을 클릭합니다. 새로운 위젯을 만들기 위해 위젯 사용 설정에서 [위젯직접등록] 버튼을 클릭합니다. ❷ 위젯 직접등록이 나타나면 위젯명에 '무료 이미지 다운 위젯'을 입력하고 위젯코드입력에 Ctrl + V를 눌러 복사한 소스를 붙여넣고 [다음] 버튼을 클릭합니다.

9. 반영하기

❶ 위젯 직접등록 미리보기 화면이 나타나면 [등록] 버튼을 누릅니다. '정상적으로 반영되었습니다.'라는 메시지가 나타나면 [확인] 버튼을 클릭합니다. ❷ '레이아웃을 블로그에 적용하시겠습니다까?'라는 메시지가 나타나면 [확인] 버튼을 클릭합니다.

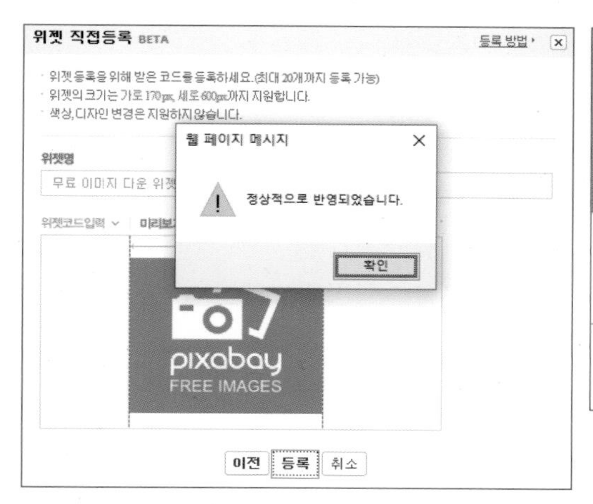

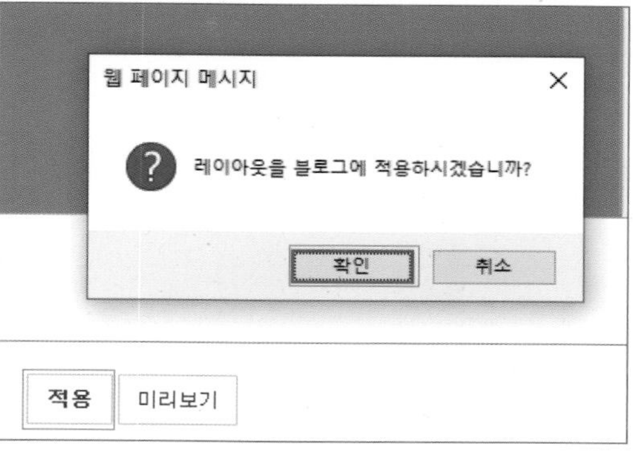

10. 확인하고 프로필 편집하기

❶ 블로그 하단을 보면 홈페이지 바로가기 위젯과 무료 이미지 제공 사이트 위젯이 설치된 것을 확인할 수 있습니다. ❷ 프로필을 편집하기 위해 프로필 영역의 [EDIT] 버튼을 클릭합니다.

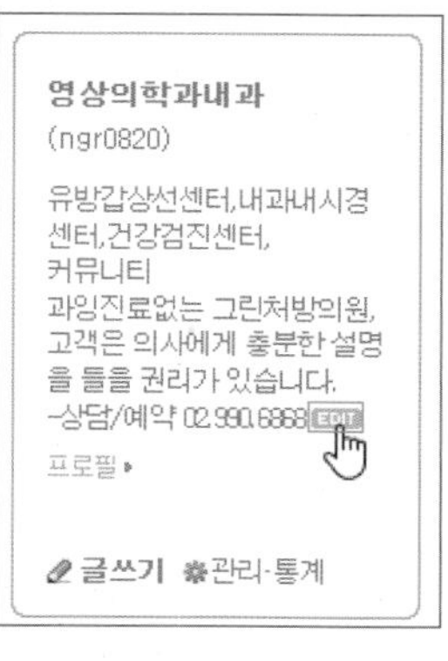

11. 정보 입력하기

❶ 블로그 정보에 블로그명, 별명, 소개글, 내 블로그 주제를 입력하고 블로그 프로필 이미지에 '로고.jpg', 모바일앱 커버 이미지에는 '모바일배경.jpg'을 등록한 후 [확인] 버튼을 누릅니다. ❷ 카테고리 설정을 변경하기 위해 카테고리의 전체보기 우측에 있는 [EDIT] 버튼을 클릭합니다.

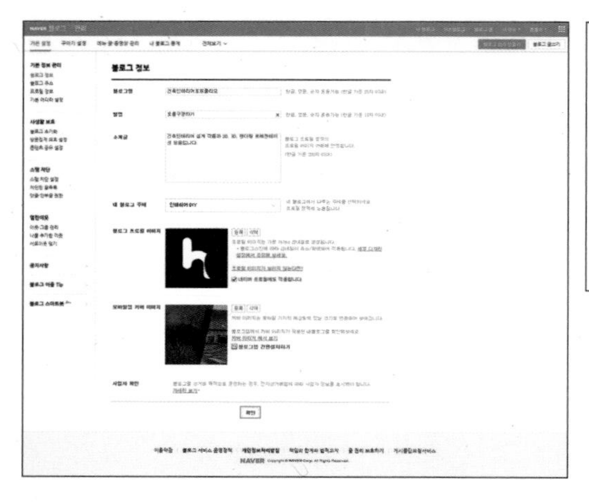

12. 대표 카테고리 변경하기

❶ 카테고리 관리 · 설정의 카테고리 전체보기에서 [PROJECT]를 선택하고 블로그에서 '이 카테고리를 기본으로 보여줍니다.'에 체크합니다. 웹 페이지 메시지가 나타나면 [확인] 버튼을 누릅니다. ❷ '성공적으로 반영되었습니다.'라는 메시지가 나타나면 [확인] 버튼을 누릅니다.

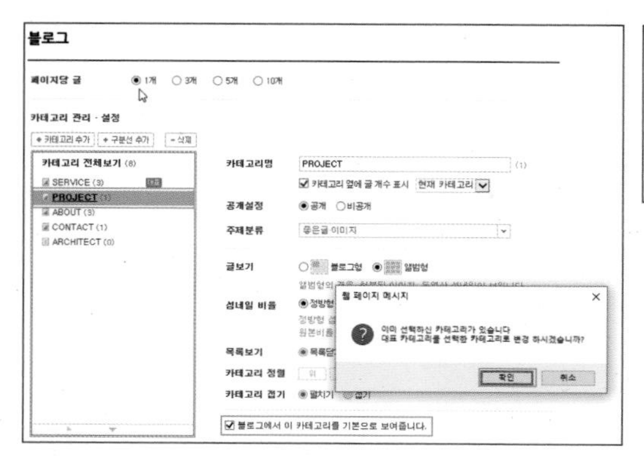

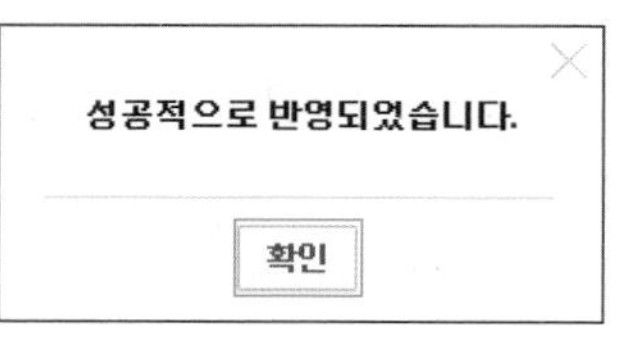

13. 완료하기

PROJECT 카테고리에 포스팅을 추가하여 건축, 인테리어 포트폴리오 블로그 제작을 완료합니다.

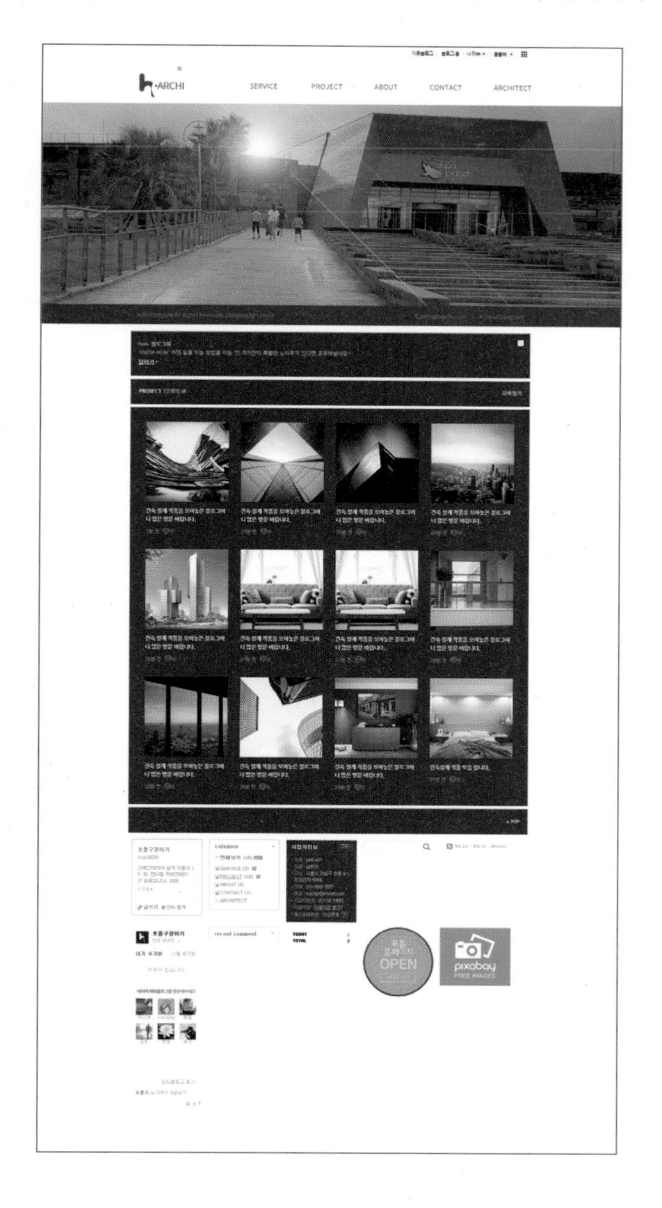

Section

09

인테리어 블로그 카테고리 영역 만들기

필자의 거래처에 해당하는 스페이스플러스 디자인, 대동인테리어의 홈페이지형 블로그를 디자인해보겠습니다. 스케치를 바탕으로 사진을 삽입하고 문구와 카테고리, 아이콘을 삽입하여 만듭니다.

완성 파일 part05-5c.psd

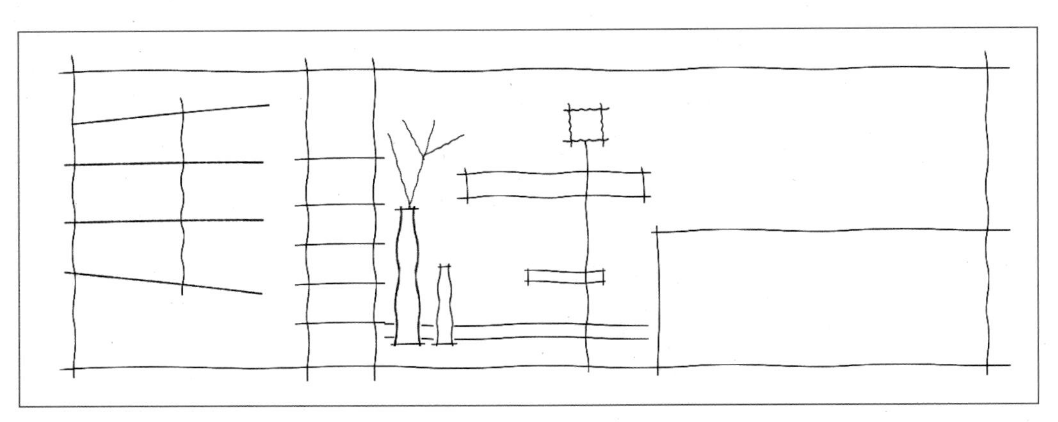

스케치

완성된 카테고리 영역

1. 배경 이미지 불러오기

❶ 포토샵을 실행하고 [파일] 메뉴에 있는 [열기]를 이용하여 sample 폴더에 있는 'part05-5.psd'를 엽니다. 도구상자에서 이동 도구(V)를 선택하고 흰색 바탕 위에서 마우스 오른쪽 버튼을 클릭한 후 [Background]를 선택합니다. ❷ '인테리어.jpg'를 열고 이미지 전체를 선택하기 위해 (Ctrl)+(A)를 누른 후 (Ctrl)+(C)를 눌러 복사한 다음 (Ctrl)+(W)를 눌러 창을 닫습니다.

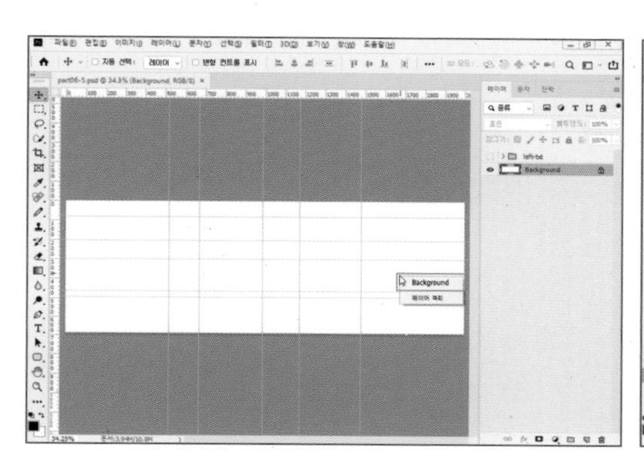

2. 이미지 삽입하기

❶ (Ctrl)+(V)로 복사한 이미지를 붙여넣고 그림처럼 이미지를 배치합니다. ❷ 다른 배경 이미지를 삽입하기 위해 [파일] 메뉴에서 [포함 가져오기]를 선택하고 sample 폴더에 있는 '인테리어 1.jpg'를 선택한 후 [가져오기] 버튼을 클릭합니다. 그림처럼 배치한 후 이미지 내부를 더블클릭합니다.

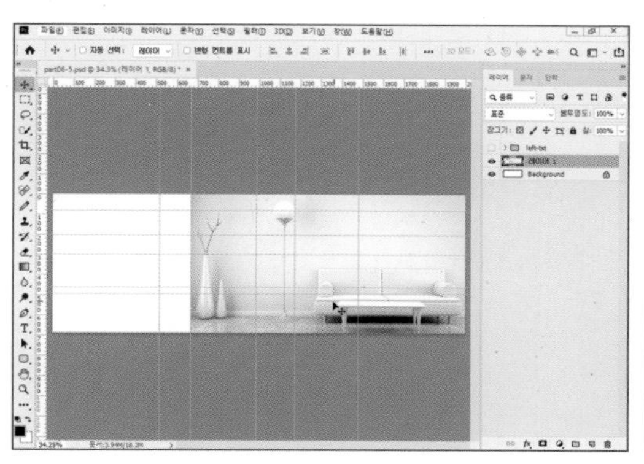

3. 레이어 마스크 만들기

❶ 이미지를 자연스럽게 합성하기 위해 [레이어] 메뉴에서 [레이어 마스크 – 모두 나타내기]를 선택합니다. ❷ 도구상자의 전경색과 배경색을 초기화하기 위해 D를 누르고 도구상자에서 그레이디언트 G 를 선택한 후 상부 옵션에 있는 그레이디언트 편집 을 클릭합니다. 그레이디언트 편집기 대화상자가 나타나면 사전 설정에 있는 2번째 그레이디언트를 선택하고 [확인] 버튼을 누릅니다.

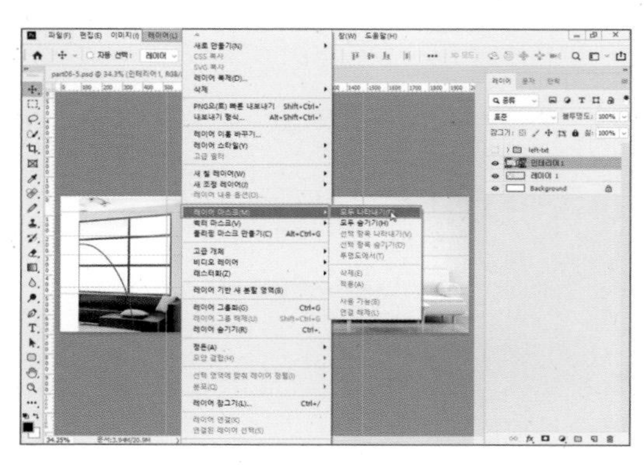

4. 합성하고 사각형 만들기

❶ 왼쪽에서 오른쪽 방향으로 드래그하여 사진과 배경색을 자연스럽게 합성합니다. ❷ 도구상자에 있는 사각형 도구 U 를 선택하고 상부 옵션에서 선택 도구 모드를 모양으로 지정하고 칠을 검은색, 획을 NONE으로 설정한 후 사각 영역을 드래그합니다.

5. 색상 지정하기

❶ 바로 위에 다시 한 번 사각 영역을 드래그하여 사각형 1개를 더 만듭니다. ❷ 색상을 변경하기 위해 [사각형 2] 레이어의 섬네일을 더블클릭하고 색상피커(단색) 대화상자가 나타나면 #에 'ececec'를 입력한 후 [확인] 버튼을 누릅니다.

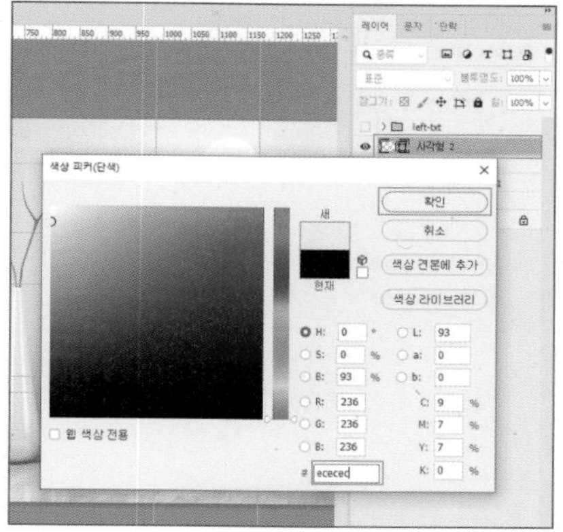

6. 연필 이미지 삽입하고 색상 변경하기

❶ 또 다른 이미지를 삽입하기 위해 [파일] 메뉴에서 [포함 가져오기]를 선택하고 sample 폴더에 있는 '연필.jpg'을 선택한 후 [가져오기] 버튼을 클릭합니다. 그림과 같이 배치하고 이미지 내부를 더블클릭합니다. ❷ 연필 배경 이미지의 색상을 변경하기 위해 [이미지] 메뉴에서 [조정 – 레벨]을 선택합니다. 레벨 대화상자가 나타나면 이미지 샘플링을 통해 흰색 점 지정 아이콘을 클릭하고 연필의 배경의 회색 부분을 클릭합니다.

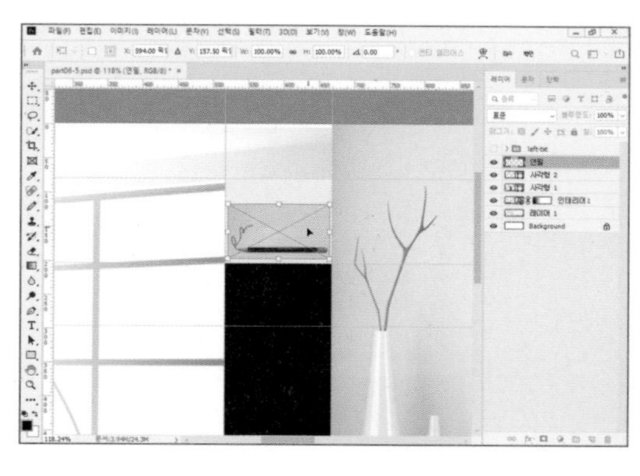

7. 브랜딩 모드 변경하고 문자 입력하기

❶ 연필 레이어의 브랜딩 모드는 곱하기로 설정합니다. ❷ 문자를 입력하기 위해 도구상자에서 수평 문자 도구(T) T를 선택하고 상부 옵션에서 글꼴을 나눔고딕, 굵기를 Bold, 크기를 20pt, 색상을 검은색으로 설정합니다. 글꼴은 임의로 지정해도 상관없습니다.

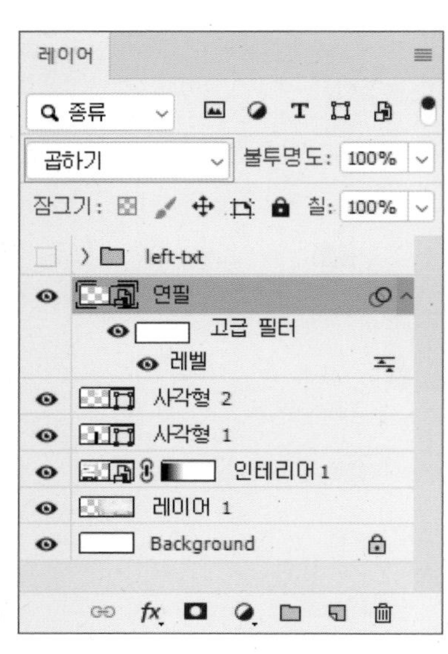

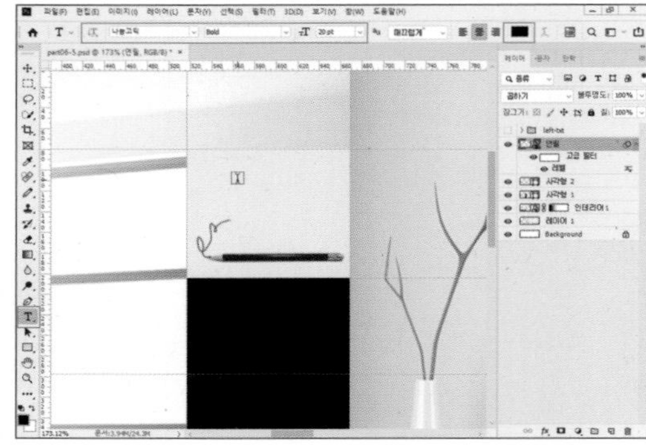

8. 문자 설정하기

❶ 회색 바탕을 클릭하고 'SPACEPLUS 대동인테리어'를 입력합니다. ❷ 문자를 드래그하여 모두 선택하고 문자 및 단락 패널 켜기/끄기 버튼을 클릭합니다. 문자 대화상자가 나타나면 행간을 자동으로 설정하고, 자간에 '-25'를 입력한 후 모두 대문자를 클릭합니다.

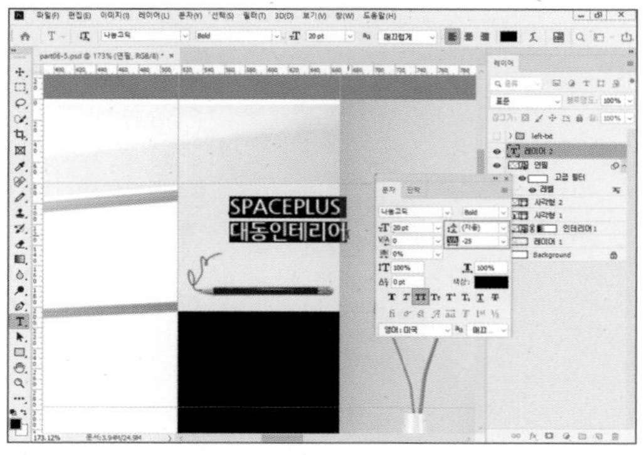

9. 정렬하기

❶ 다시 '대동인테리어' 문자를 드래그하여 선택하고 문자 대화상자에서 글꼴 크기 설정[T]을 14pt로 지정합니다. ❷ 다시 한 번 모든 문자를 드래그하여 선택하고 단락 대화상자에서 텍스트 중앙 정렬[≡] 버튼을 클릭합니다.

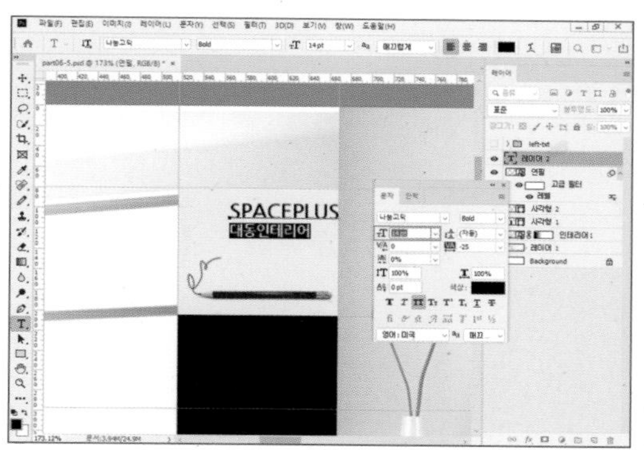

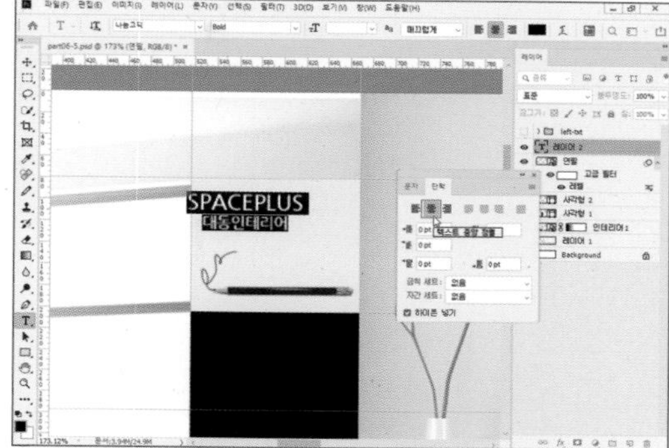

10. 이동하고 아이콘 삽입하기

❶ 이동 도구ⓥ[✥]를 이용하여 문자를 이동합니다. ❷ 카테고리 아이콘을 삽입하기 위해 [파일] 메뉴에서 [포함 가져오기]를 선택하고 sample 폴더에 있는 '아이콘.jpg'를 선택한 후 [가져오기] 버튼을 클릭합니다. 검은색 사각형 가운데로 이동한 다음 도형 내부를 더블클릭합니다.

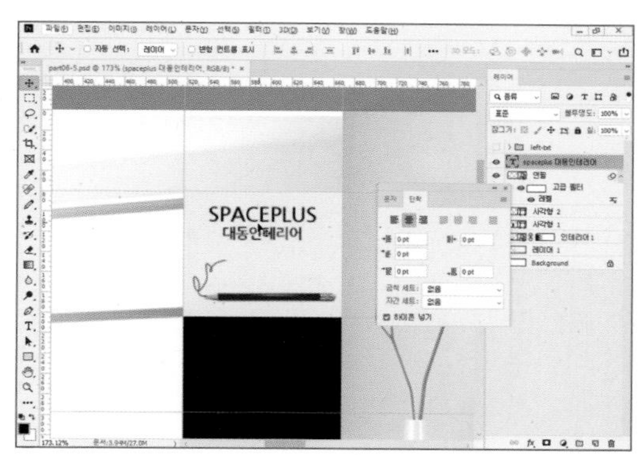

11. 반전하고 문자 입력하기

❶ 아이콘 이미지의 색을 보색으로 만들기 위해 [이미지] 메뉴에서 [조정 – 반전]을 선택합니다. ❷ 레이어 팔레트에서 [SPACECPLUS 대동인테리어]를 선택하고 Ctrl+J를 눌러 레이어를 복사한 후 이동 도구(V) 를 이용하여 첫 번째 아이콘 아래로 이동합니다. Ctrl+D를 눌러 전경색, 배경색을 초기화하고 Ctrl+Delete를 눌러 배경색으로 변경합니다.

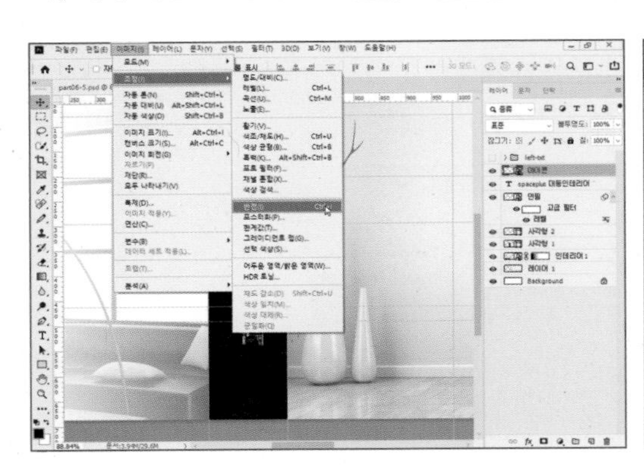

12. 문자 수정하기

❶ 도구상자에서 수평 문자 도구(T) T를 선택하고 'SPACEPLUS' 문자를 드래그한 후 ❷ Delete를 눌러 삭제합니다.

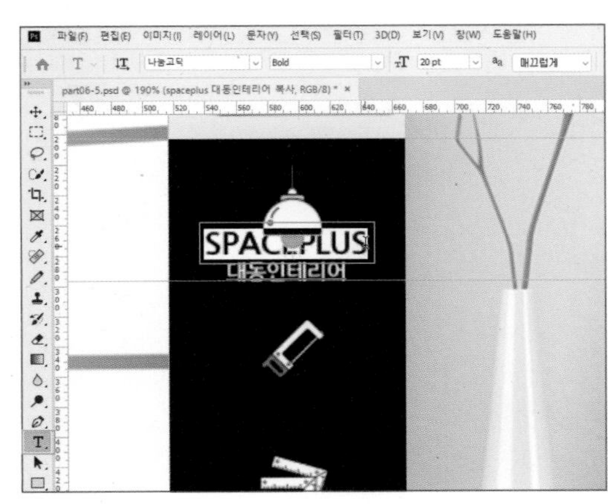

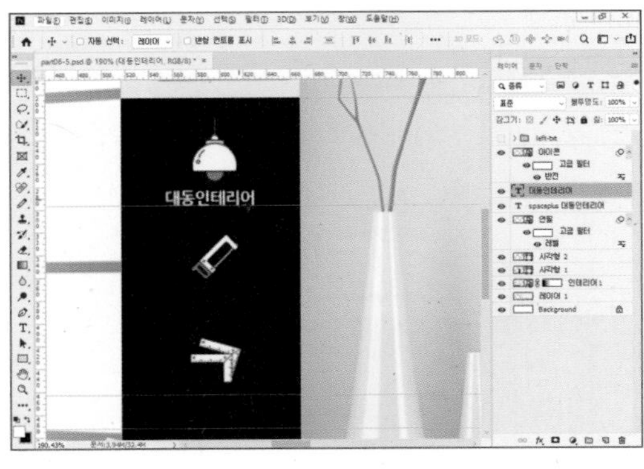

13. 문자 입력하고 줄 간격 지정하기

❶ '대동인테리어' 밑으로 '상가인테리어', '주택/빌라', '파트별인테리어', '대동인테리어'를 입력합니다. ❷ 문자를 드래그하여 모두 선택하고 줄 간격을 조절하기 위해 문자 및 단락 패널 켜기/끄기 버튼을 클릭한 후 행간에 '92pt'를 입력합니다. 이어서 이동 도구(V)를 클릭하여 문자 수정을 종료합니다.

14. 완성하기

카테고리 영역이 완성되었습니다. 이 부분에 블로그 카테고리 링크를 걸게 됩니다.

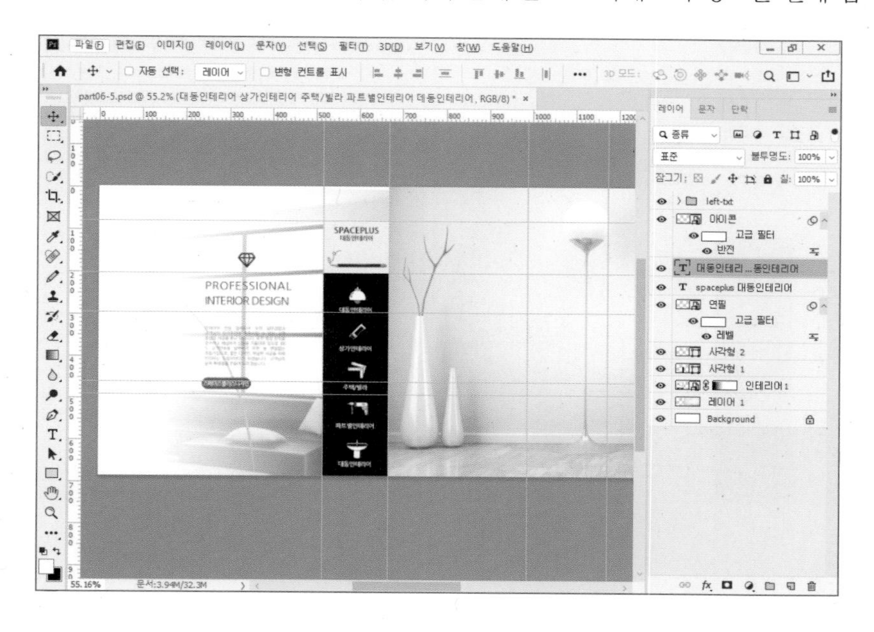

Section
10
메인 카피 만들기

인테리어 업체의 성격과 마인드를 파악할 수 있는 카피라이트를 만들어보겠습니다. 붓을 이용하여 글씨를 만들고 연필로 낙관을 만들어봅니다.

완성 파일 part05-5c.psd
완성 파일 part05-6c.psd

카피라이트 적용 전

카피라이트 적용 후

1. 버튼 만들기

❶ 버튼을 만들기 위해 도구상자에 있는 모서리가 둥근 사각형 도구(U)를 선택하고 상부 옵션에서 선택 도구 모드를 모양으로 지정한 후 칠을 빨간색, 획을 NONE으로 설정한 다음 사각 영역을 드래그하여 버튼을 만듭니다. ❷ 문자를 입력하기 위해 수평 문자 도구(T)를 선택하고 상부 옵션에서 글꼴을 나눔고딕, 굵기를 Bold, 크기를 18pt, 색상을 흰색으로 설정합니다. ❷ 바탕을 클릭하고 'T.010-6643-7100'을 입력합니다.

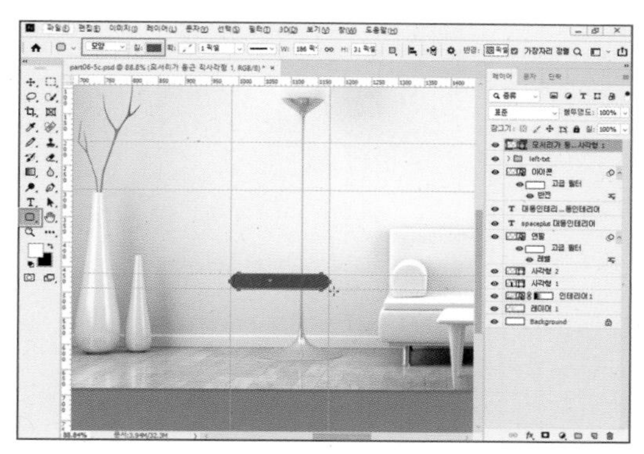

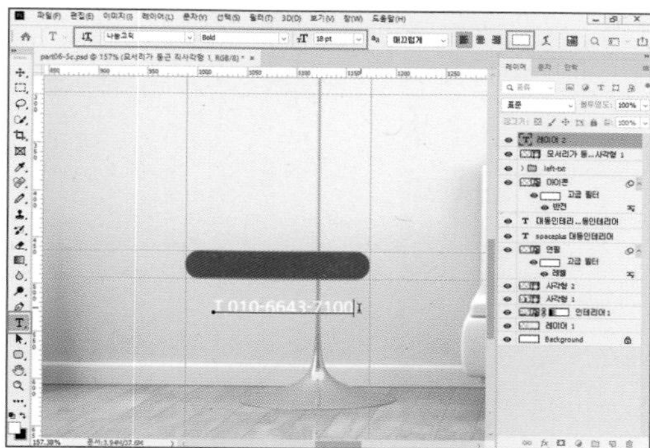

2. 이동하고 새 레이어 만들기

❶ 이동 도구(V)를 이용하여 문자를 버튼 가운데로 이동합니다. ❷ 새로운 레이어를 만들기 위해 (Ctrl)+(Shift)+(N)를 누르고 새 레이어 대화상자가 나타나면 이름에 '마음을'을 입력한 후 [확인] 버튼을 클릭합니다.

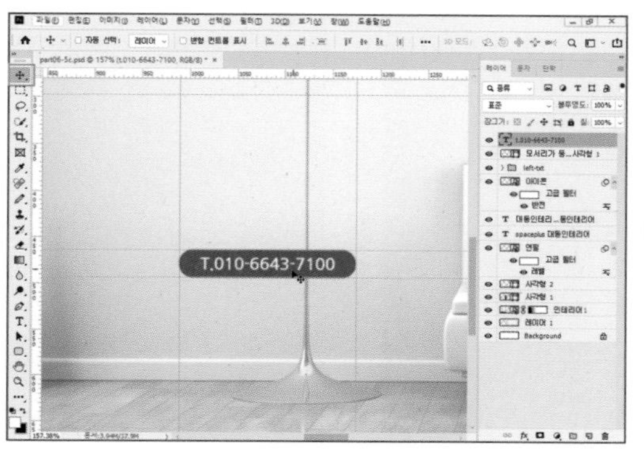

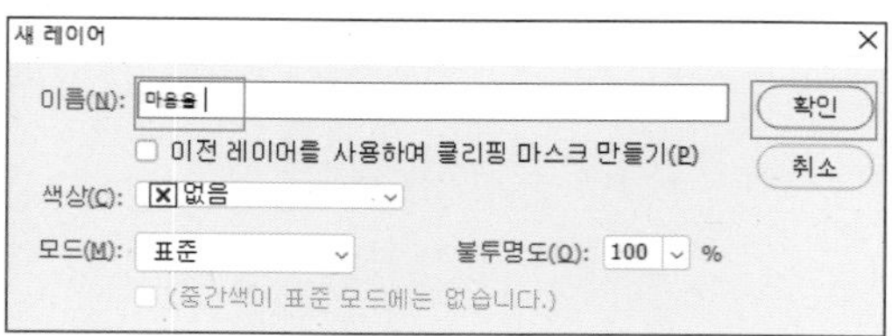

3. 브러시 설정하기

❶ 도구상자에서 브러시 도구(B) [아이콘]를 선택하고 (F5)를 눌러 브러시 설정을 보여줍니다. 브러시 설정 대화상자가 나타나면 붓의 크기를 10픽셀, 각도 45°를 입력하고 원형율을 60%로 지정합니다. ❷ 모양을 체크하고 조절을 '희미하게 하기''로 선택한 후 '60'을 입력한 다음 축소하기 [«]를 누릅니다.

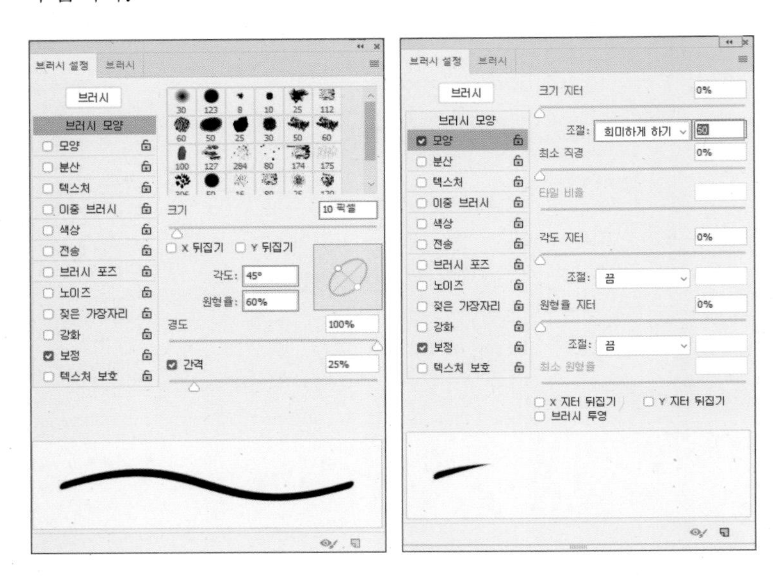

4. 손 글씨 만들기

❶ 'ㅁ' 자를 그립니다. ❷ 이어서 나머지 문자를 만듭니다. 마음에 들지 않는 경우 여러 번 반복해서 그려봅니다. 태블릿이 아닌 마우스로 문자를 그리기는 쉽지 않습니다.

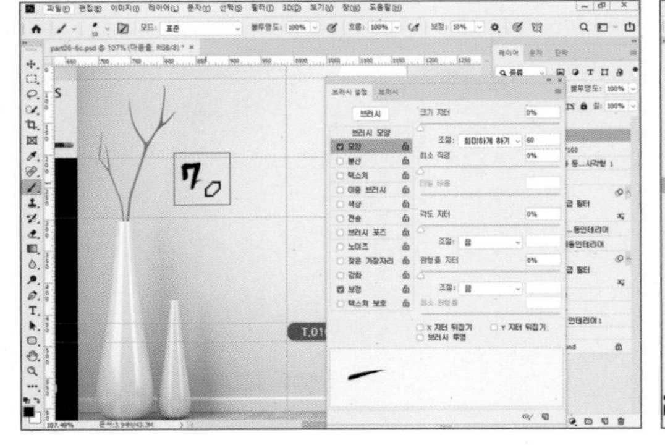

5. 문자 입력하기

❶ 도구상자에서 수평 문자 도구(T) [T]를 선택하고 상부 옵션에서 글꼴을 나눔고딕, 굵기를 Bold, 크기를 48pt, 색상은 검은색을 설정합니다. 글꼴은 임의로 지정해도 상관없습니다. 바탕을 클릭하고 '인테리어 한다!'를 입력합니다. ❷ '인테리어' 문자를 드래그하여 선택하고 굵기를 Light로 지정한 후 이동 도구(V) [✥]를 클릭합니다.

6. 이동하고 새 레이어 만들기

❶ 이동 도구(V) [✥]를 이용하여 '마음을'을 오른쪽으로 이동합니다. ❷ 새로운 레이어를 만들기 위해 (Ctrl)+(Shift)+(N)을 누르고 새 레이어 대화상자가 나타나면 이름에 '낙관'을 입력한 후 [확인] 버튼을 클릭합니다.

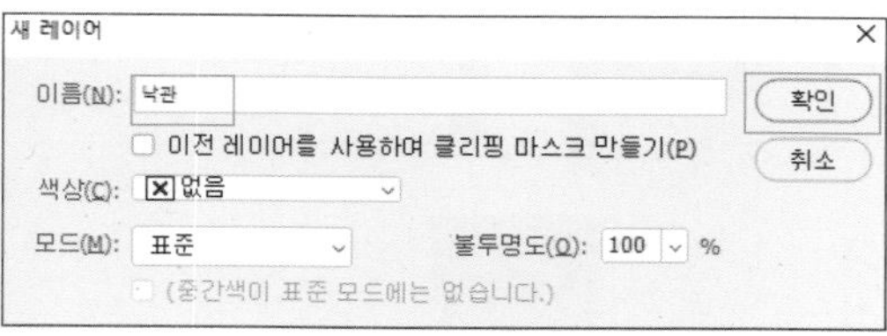

7. 사각형 만들기

❶ 사각형을 만들기 위해 사각형 선택 윤곽 도구(M)를 선택하고 문자 끝 아래 영역을 드래그합니다. ❷ 전경색을 클릭하고 색상 피커(전경색) 대화상자가 나타나면 #에 '6b0c08'을 입력한 후 [확인] 버튼을 누릅니다.

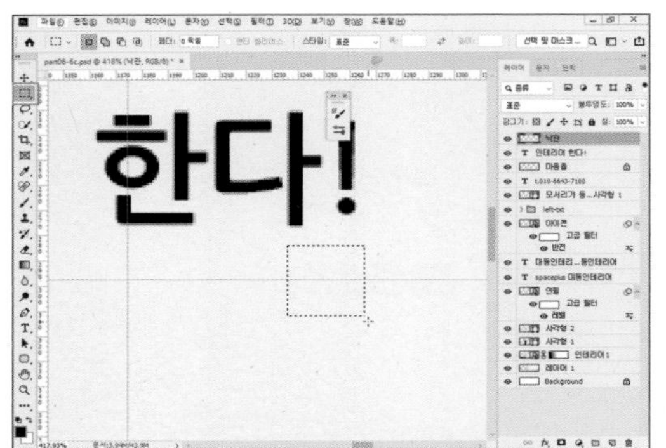

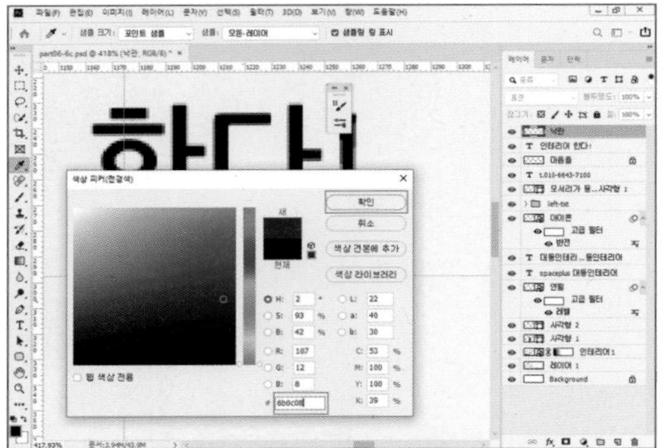

8. 연필 설정하기

❶ Alt+Delete를 눌러 전경색으로 채워주고 Ctrl+D를 눌러 선택 영역을 해제합니다. ❷ 도구상자에서 연필 도구(B)를 선택하고 F5를 눌러 브러시 설정을 보여줍니다. 브러시 설정 대화상자가 나타나면 붓의 크기를 1픽셀로 지정하고 축소하기 «를 클릭합니다.

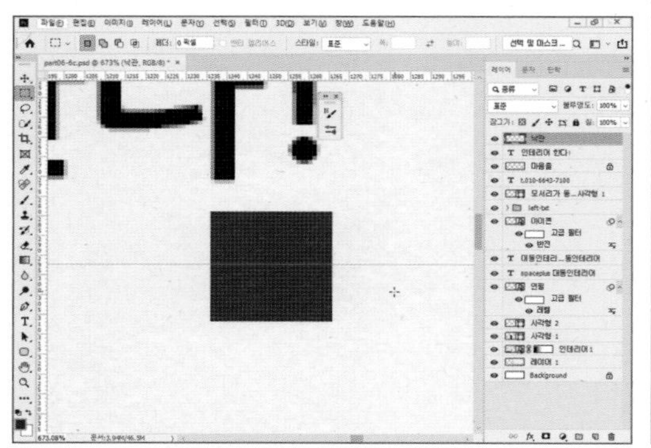

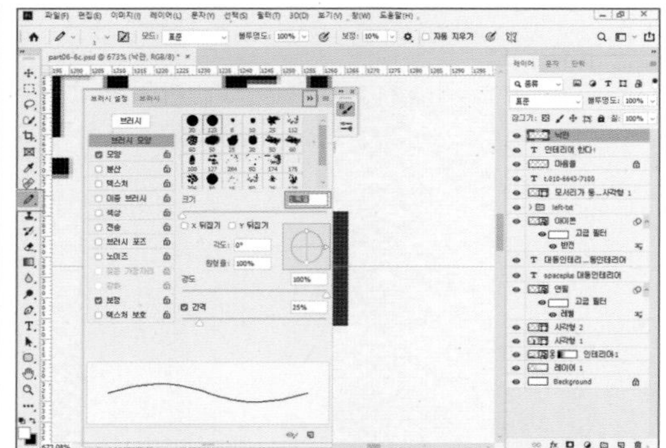

9. 문자 입력하기

❶ Ctrl+D를 눌러 전경색, 배경색을 초기화하고 사각형 안에 문자를 그립니다. 똑같이 그리지 않아도 괜찮습니다. ❷ 수평 문자 도구(T) T를 이용하여 '고객님의~대동인테리어'를 만들어줍니다. 메인 카피가 완성되었습니다.

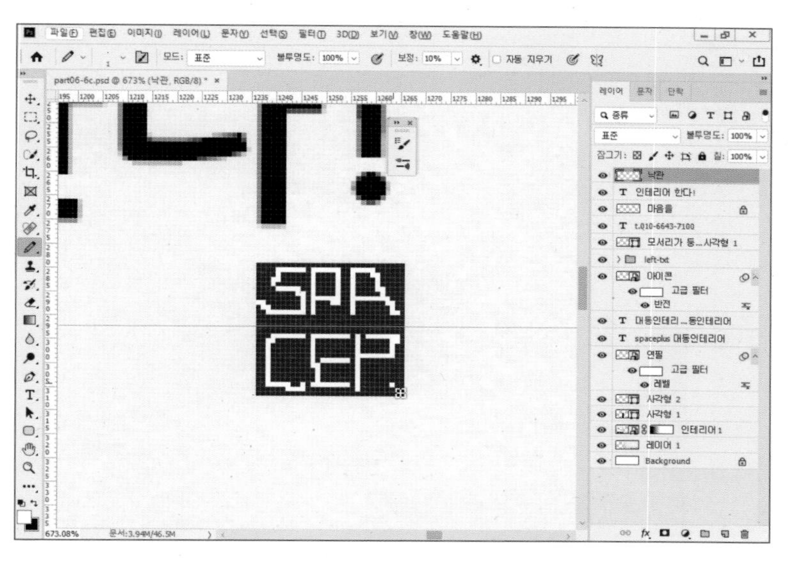

Section

11

블로그 세팅하기

인테리어 블로그 상단 배경 이미지를 삽입하고 드림위버를 이용하여 블로그 카테고리에 맞게 링크를 걸어 블로그 세팅을 완료하겠습니다.

완성된 블로그

1. 세부 디자인 설정

❶ 익스플로러 를 실행하고 네이버에 로그인합니다. 로그아웃 하단에 있는 [블로그]를 클릭한 후 [내블로그]를 클릭합니다. 블로그의 세부 디자인을 변경하기 위해 프로필 영역 아래에 있는 [관리]를 누릅니다. ❷ 블로그 관리의 꾸미기 설정 탭에서 디자인 설정에 있는 [세부 디자인 설정]을 누릅니다. 리모콘의 스킨 배경을 선택하고 상단 영역의 직접등록에서 [파일 등록] 버튼을 누릅니다.

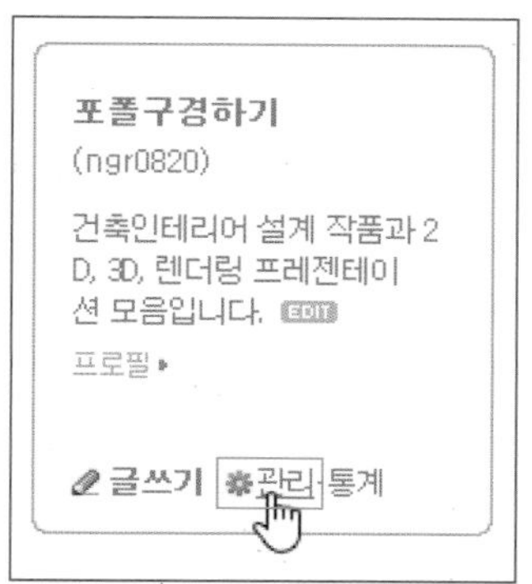

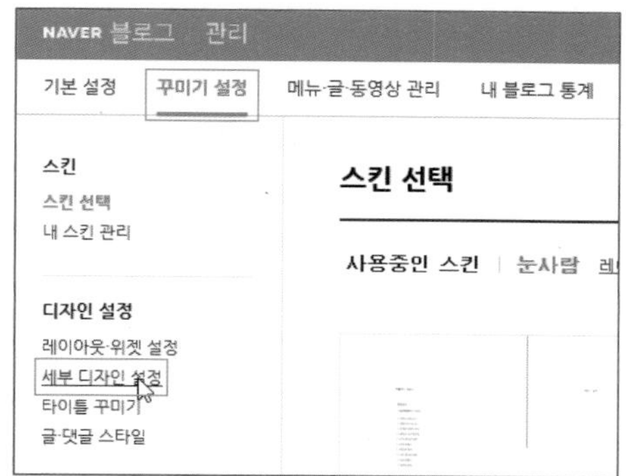

2. 블로그 메뉴 컬러 지정하기

❶ 업로드할 파일 선택 대화상자가 나타나면 sample 폴더에 있는 '인테리어블로그배경.jpg'를 선택하고 [열기] 버튼을 누릅니다. ❷ 블로그 메뉴를 선택하고 디자인의 스타일에서 기본색을 검은색, 강조색을 빨간색으로 지정한 후 [적용] 버튼을 누릅니다.

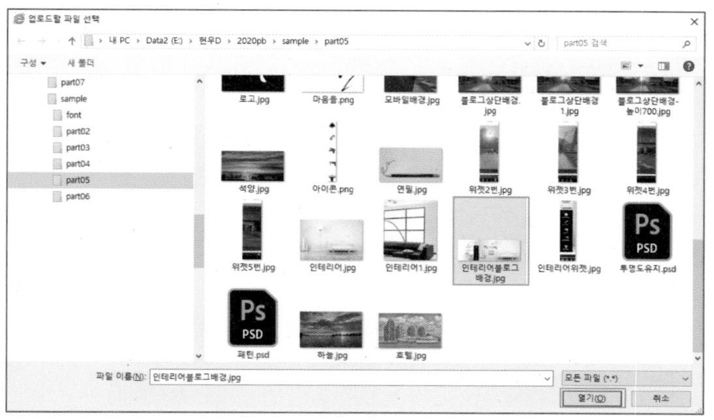

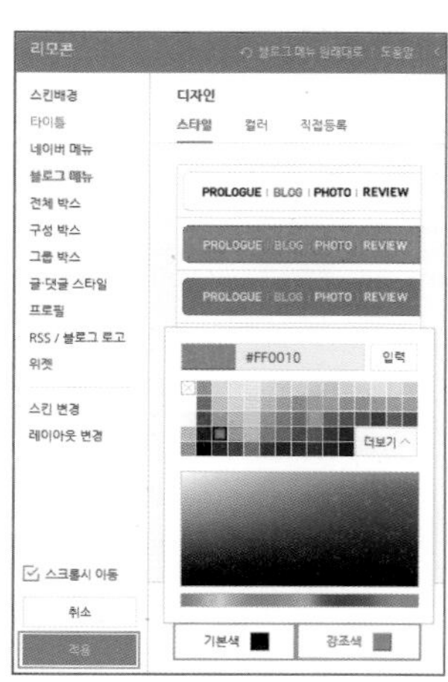

3. 카테고리 이름 변경하기

❶ 세부 디자인 적용이 나타나면 [적용] 버튼을 누릅니다. ❷ 카테고리 이름을 변경하기 위해 프로필 영역 하단에 있는 [관리]를 클릭합니다. ❷ 블로그 관리에서 [메뉴 · 글 · 동영상 관리] 탭을 클릭하고 메뉴 관리에서 [블로그]를 클릭합니다. '아파트인테리어', '상가인테리어', '주택/빌라', '파트별인테리어', '대동인테리어'로 카테고리 이름을 변경하고 [확인] 버튼을 누릅니다.

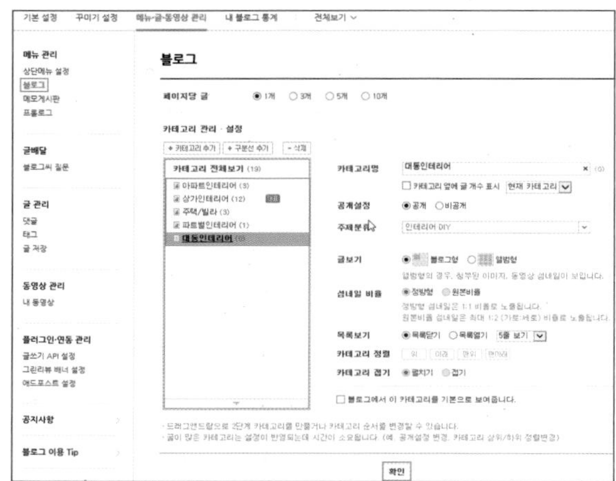

4. 경로 저장하기

❶ 카테고리 경로를 파악하기 위해 카테고리에 있는 [아파트인테리어]를 Shift를 누른 상태로 클릭합니다. ❷ 새 창이 열리면서 익스플로러 주소창에 카테고리 경로가 보이는 것을 확인할 수 있습니다. 카테고리 경로를 모두 선택하고 마우스 오른쪽 버튼을 눌러 [복사]를 선택합니다.

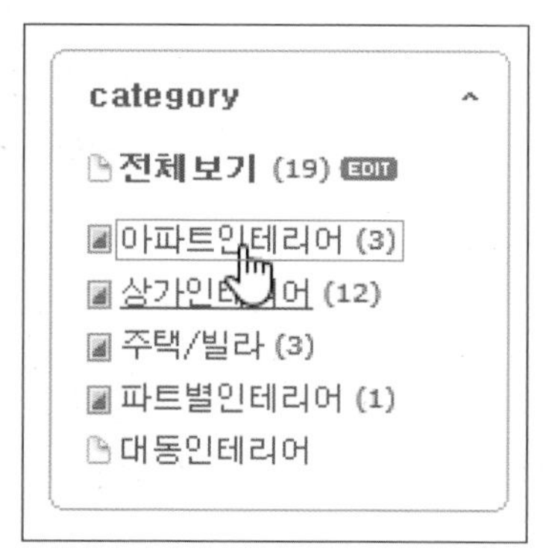

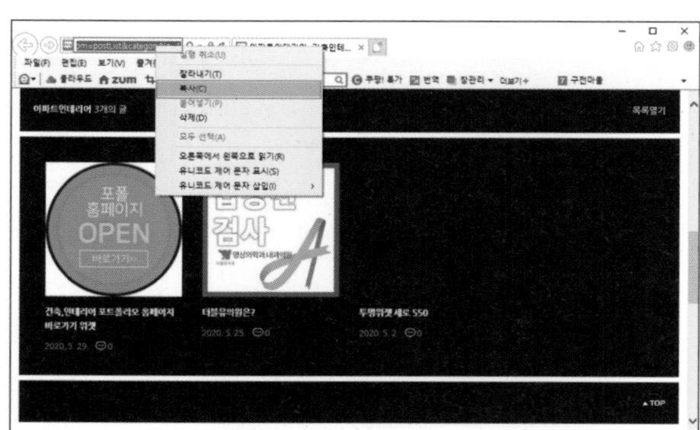

5. 드림위버로 이미지 불러오기

❶ HTML 문서를 편집할 수 있는 어도비 드림위버를 실행합니다. 버전과 관계없이 공통적인 기능을 사용하기 때문에 버전은 중요하지 않습니다. [File] 메뉴에서 [New]를 선택하고 New Document 대화상자가 나타나면 [Create] 버튼을 클릭합니다. 이미지를 삽입하기 위해 [Insert] 메뉴에서 [Image]를 선택합니다. ❷ 만약 화면 모드가 Code 또는 Split으로 설정되어 있다면 Design 모드를 선택합니다. Select Image Source 대화상자가 나타나면 '인테리어위젯.jpg'를 선택하고 [OK] 버튼을 누릅니다.

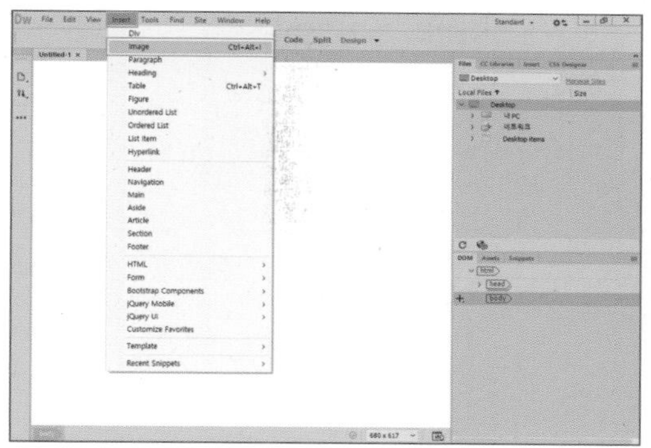

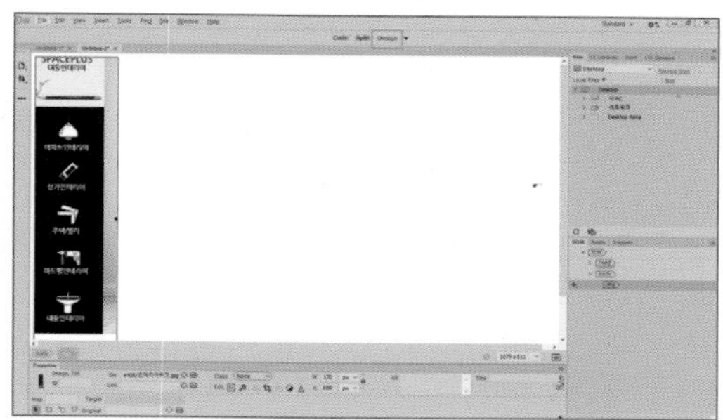

6. 경로 지정하기

❶ 이미지를 클릭합니다. Properties 대화상자에서 Rectangle HotSpot Tool 버튼을 클릭하고 이미지 위에 있는 아파트인테리어 영역을 드래그합니다. ❷ 앞에서 복사한 아파트인테리어 카테고리 경로를 지정하기 위해 Properties 대화상자의 Link를 클릭하고 Ctrl+V를 눌러 복사한 경로를 붙여넣습니다. 현재 창에서 페이지가 열리게 하기 위해 Target을 _top으로 설정합니다.

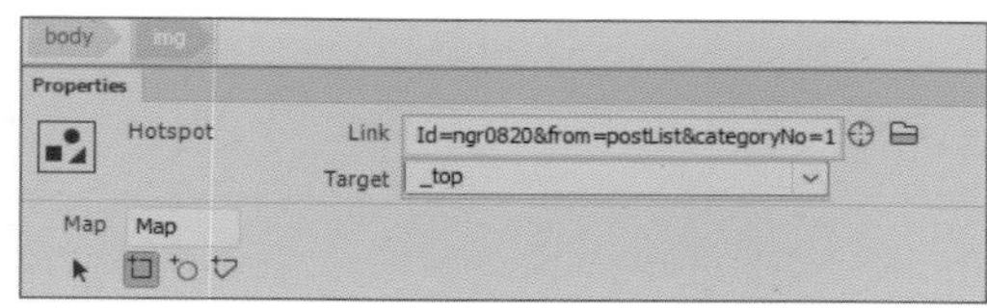

7. 소스 복사하기

❶ 동일한 방법으로 해당 메뉴에 해당 카테고리를 링크합니다. ❷ HTML 소스를 보여주기 위해 [View] 메뉴에서 [Code]를 선택합니다. ❷ HTML 소스가 나타나면 〈map name="Map"〉 다음부터 〈/map〉 이전까지 드래그하고 Ctrl+C를 눌러 복사합니다.

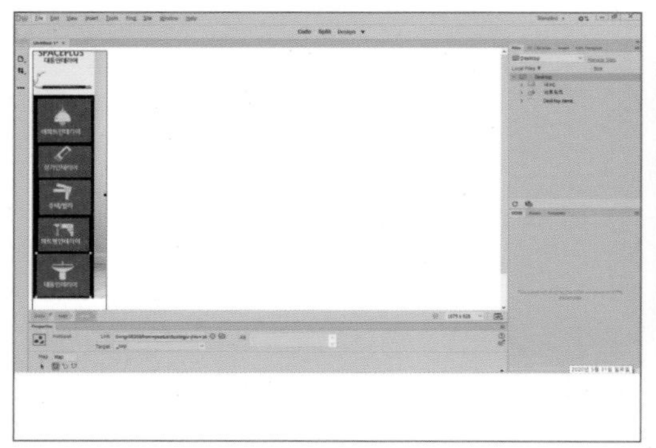

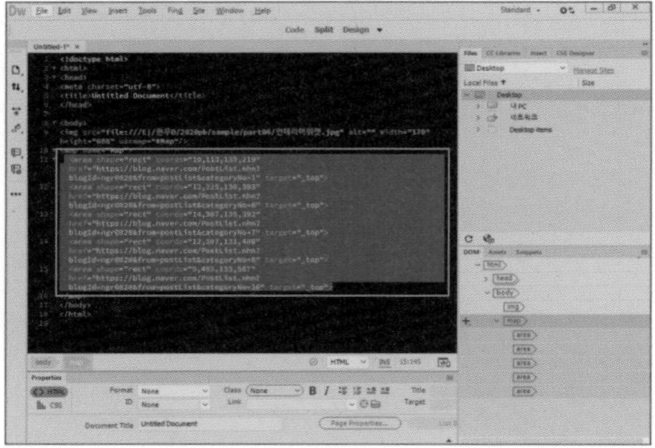

8. 위젯 수정하기

❶ 드림위버에서 만든 소스를 위젯에 적용하기 위해 프로필 영역 하단에 있는 [관리]를 클릭합니다. 블로그 관리의 꾸미기 설정에서 디자인 설정에 있는 [레이아웃 · 위젯 설정]을 클릭합니다. 위젯 사용 설정에서 2, 3, 4, 5를 체크 해제하고 1 위젯의 [EDIT] 버튼을 클릭합니다. ❷ 위젯 설정에서 〈map name="Map"〉 다음부터 〈/map〉 이전까지 드래그하여 선택하고 Delete를 눌러 삭제합니다.

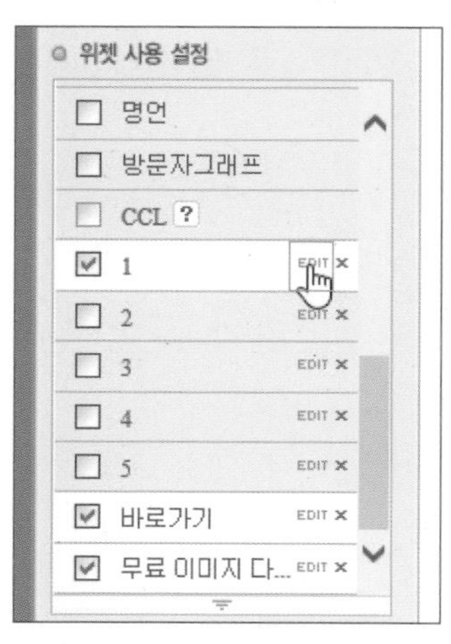

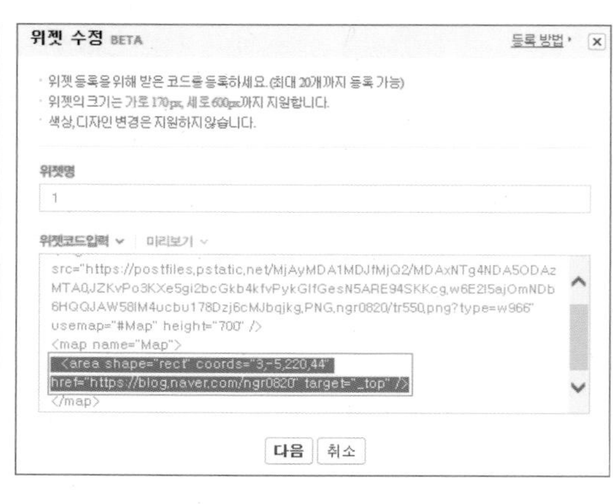

9. 수정하기

❶ Ctrl+V를 눌러 소스를 붙여넣고 [다음] 버튼을 누릅니다. ❷ 위젯 미리보기가 나타나면 [수정] 버튼을 누릅니다.

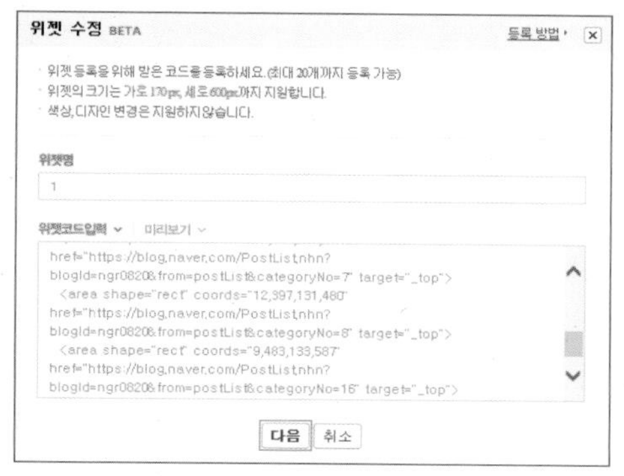

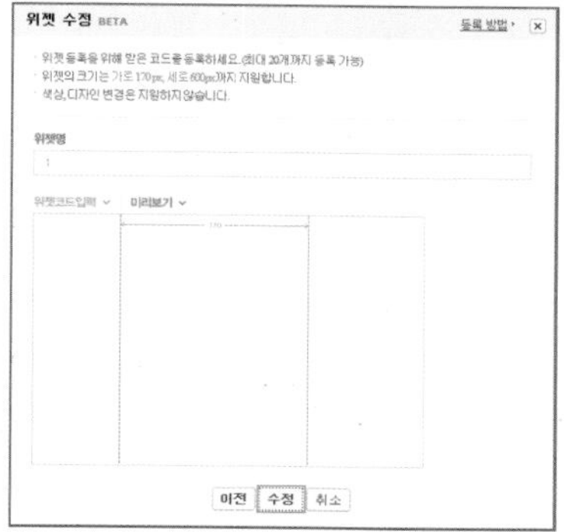

10. 완료하기

내용을 반영하기 위해 하단에 [적용] 버튼을 누릅니다. 웹 페이지 메시지가 나타나면 [확인] 버튼을 누릅니다. 나머지 프로필, 사진 입력은 원하는 대로 변경합니다.

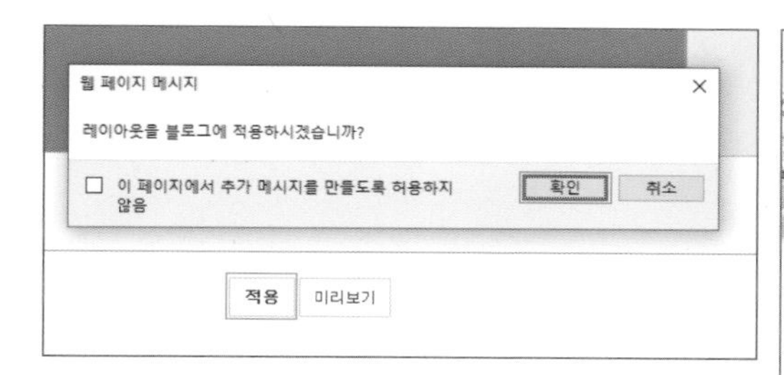

PART 06

학원 홈페이지형 블로그 만들기

20년 경력을 자랑하는 입시학원 강사의 홈페이지형 블로그 디자인을 진행해보겠습니다. 온라인 스타강사, 유명강사, 학원, 교육원, 학교의 블로그를 살펴보면 홈페이지형으로 디자인된 블로그가 많습니다. 이제 홈페이지형 블로그는 트렌드로 자리잡았다고 할 수 있으므로 제작 과정을 천천히 따라하며 익혀보기 바랍니다.

Section 01

타이틀 만들기

문자와 배경 이미지 그리고 로고 파일을 이용하여 블로그 상단 영역에 사용할 타이틀 이미지를 만들어보겠습니다. 문자 색상, 크기, 폰트를 블로그 특성을 맞게 제작해야 하며, 인물 사진 또한 정확하게 누끼를 따서 작업해야 합니다.

예제 파일 part06-1.psd 완성 파일 part06-1c.psd

완성된 학원 홈페이지형 블로그 타이틀 이미지

1. 문자 입력하기

❶ 먼저 sample 폴더의 font 폴더에 있는 모든 폰트를 C드라이브의 Windows 폴더의 Fonts 폴더에 복사해 넣습니다. 포토샵을 실행하고 [열기]를 이용하여 sample 폴더에 있는 'part06-1.psd'를 엽니다. 레이어 팔레트에서 배경색 레이어를 클릭합니다. ❷ 문자를 입력하기 위해 도구상자에서 수평 문자 도구(T) T를 선택하고 상부 옵션에서 글꼴을 Tmon몬소리, 크기를 60pt, 색상을 R: 237, G:254, B: 255로 설정합니다. 바탕을 클릭하고 '다이루어지리'를 입력합니다.

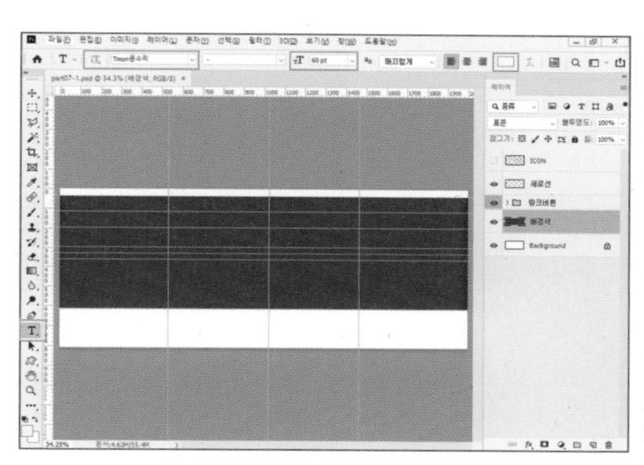

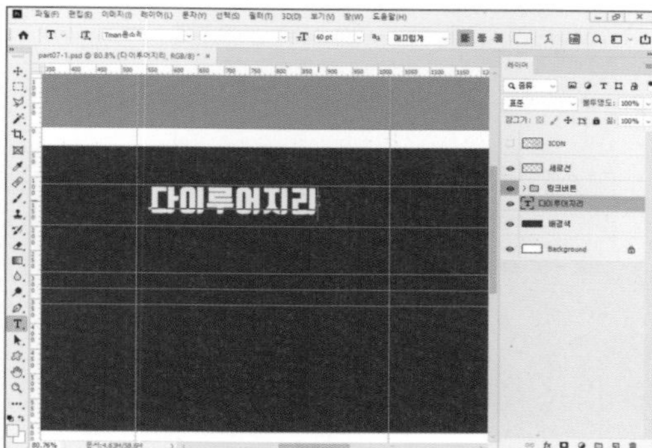

2. 옵션 변경하기

❶ '지리' 문자를 드래그하여 선택하고 문자 및 단락 패널 켜기/끄기 버튼을 클릭합니다. ❷ 문자 대화상자가 나타나면 글꼴 크기 설정 에 100pt, 기준선 이동 설정 에 -30pt, 색상은 검은색으로 설정합니다.

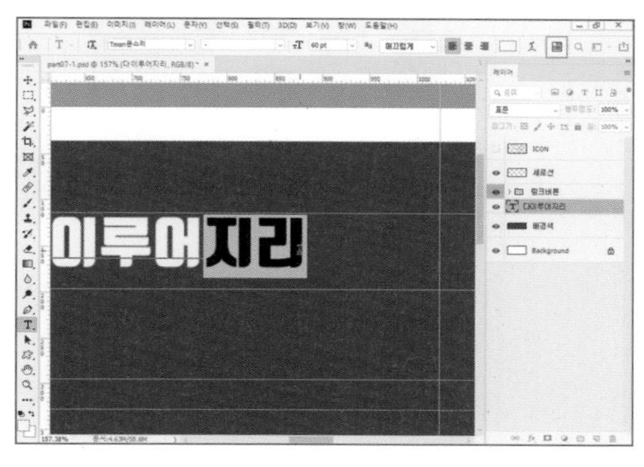

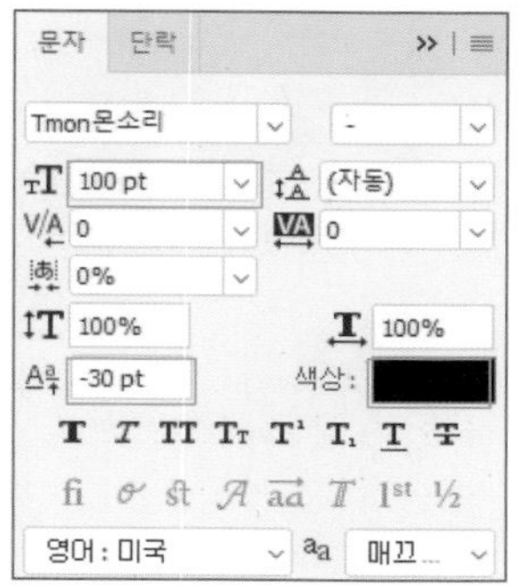

3. 복사하기

❶ 이동 도구(V) 를 이용하여 문자를 안내선에 맞게 이동합니다. ❷ 레이어를 복사하기 위해 Ctrl+J를 누르고 아래 방향으로 이동합니다.

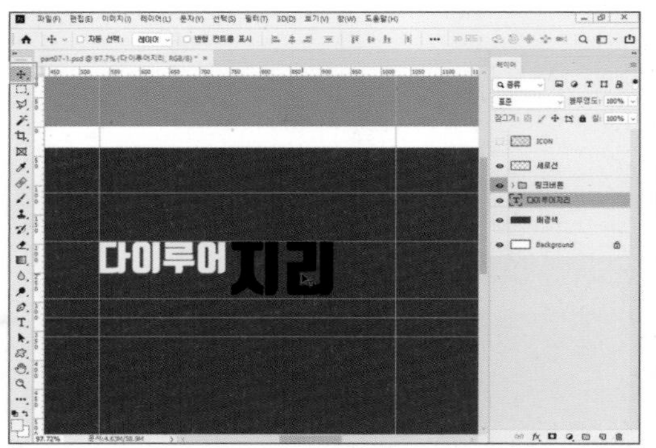

TIP

기준선 이동 설정

기준선 설정은 보통 위 첨자, 아래 첨자를 만들 때 주로 사용합니다. 각도, +, − 위 첨자를 사용할 때도 많이 사용합니다.

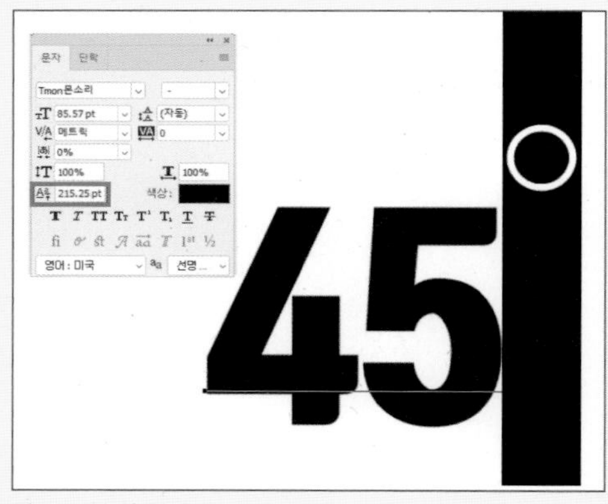

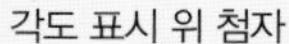
각도 표시 위 첨자

각도 표시 아래 첨자

4. 변경하기

❶ 수평 문자 도구 T 를 이용하여 복사한 문자를 드래그하여 모두 선택하고, 글꼴 크기 설정 을 50pt, 기준선 설정 에 0pt를 입력한 후 색상은 색상을 R: 237, G:254, B:255로 설정합니다. '김하영입니다'를 타이핑합니다. ❷ 다시 한 번 '입니다'를 선택하고 색상을 검은색으로 변경합니다.

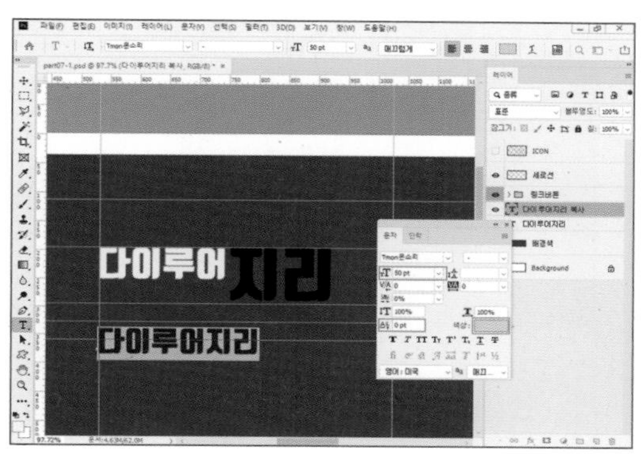

5. 이동 변경하기

❶ 이동 도구 V 를 이용하여 위에 있는 '리' 문자 위치에 맞게 이동합니다. ❷ 레이어를 복사하기 위해 Ctrl+J를 누르고 아래 방향으로 이동합니다. ❷ 수평 문자 도구 T 를 이용하여 첫 번째 '김하영입니다' 문구를 모두 선택하고, 글꼴 크기 설정 을 25pt, 색상은 흰색으로 설정합니다.

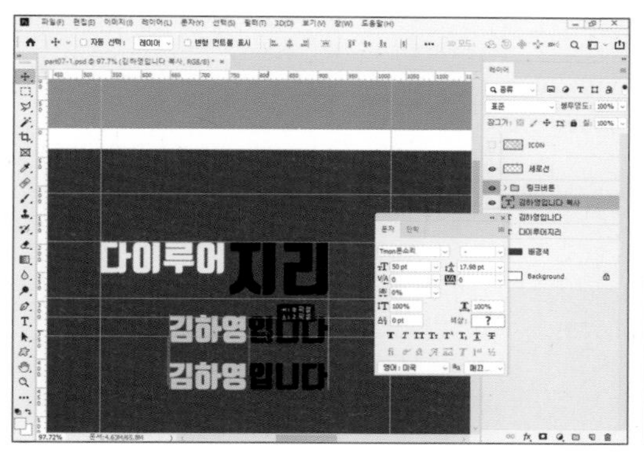

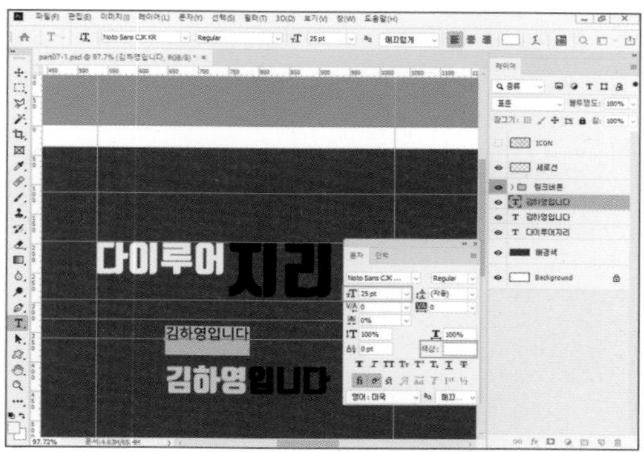

6. 문구 변경하기

❶ '김하영입니다'를 '20년차 수능입시 지리 전문가'로 변경합니다. ❷ 이동 도구(V)를 이용하여 '리' 문자 위치에 맞게 이동합니다.

7. 로고 삽입하고 새 레이어 만들기

❶ 이미지를 삽입하기 위해 [파일] 메뉴에서 [포함 가져오기]를 선택하고 sample 폴더에 있는 '지구본.png'를 선택한 후 [가져오기] 버튼을 클릭합니다. 크기와 위치를 조절하고 이미지 내부를 더블클릭합니다. ❷ 새로운 레이어를 만들기 위해 Ctrl+Shift+N을 누르고 새 레이어 대화상자가 나타나면 이름에 '가로선'을 입력한 후 색상을 노랑으로 선택한 다음 [확인] 버튼을 클릭합니다.

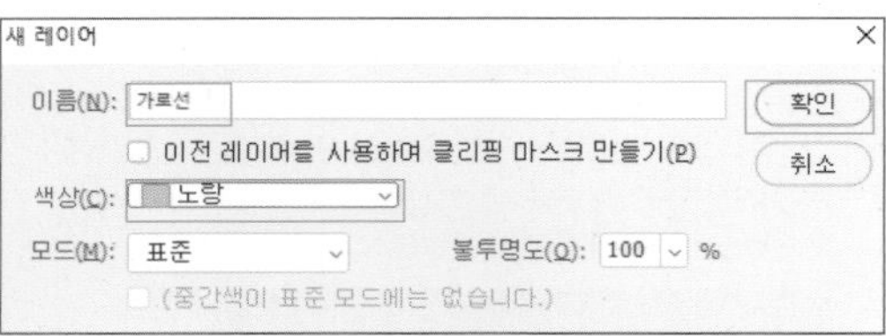

8. 선택하기

❶ 도구상자에서 단일 횡 선택 윤곽도구[icon]를 선택하고 안내선을 클릭합니다. ❷ 선택을 추가하기 위해 상부 옵션에서 선택 영역에 추가[icon]를 클릭하고 안내선을 클릭합니다.

9. 색상 채우기

❶ 도구상자에서 사각형 선택 윤곽 도구(M)[icon]를 선택하고 옵션에서 선택 영역과 교차[icon]를 클릭하고 사각형을 만들어줍니다. ❷ 전경색을 노란색으로 변경하고 (Alt)+(Delete)를 눌러 색상을 채워준 다음 (Ctrl)+(D)를 눌러 선택을 해제합니다.

TIP

선택 영역과 교차

먼저 선택한 영역과 나중에 선택한 영역의 교차된 부분만 선택됩니다.

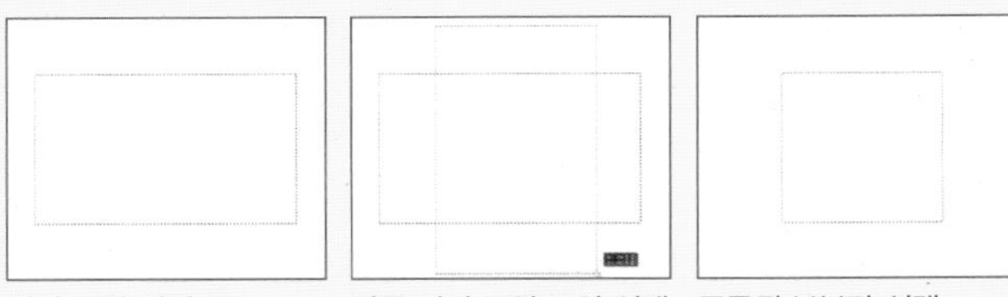

사각 모양 선택 　 다른 사각 모양 교차 선택 　 공통된 부분만 선택

TIP

허용치

자동선택도구(W)의 허용치는 클릭한 부분과 유사한 색의 범위를 의미합니다. 0부터 255까지 지정할 수 있으며 수치가 클수록 더 많은 영역을 선택할 수 있습니다.

허용치 50을 입력하고 픽셀을 클릭한 경우

선택한 결과

허용치 70을 입력하고 픽셀을 클릭한 경우

선택한 결과

10. 인물사진 불러오기

❶ [파일 – 열기]를 이용하여 sample 폴더에 있는 '프로필사진.jpg'를 불러옵니다. 도구상자에서 자동선택도구(W)를 선택하고 허용치에 '10'을 입력한 후 흰색 바탕을 클릭합니다. ❷ 선택을 추가하기 위해 상부 옵션에서 선택 영역에 추가를 클릭하고 팔꿈치 안쪽의 흰색 바탕을 클릭합니다.

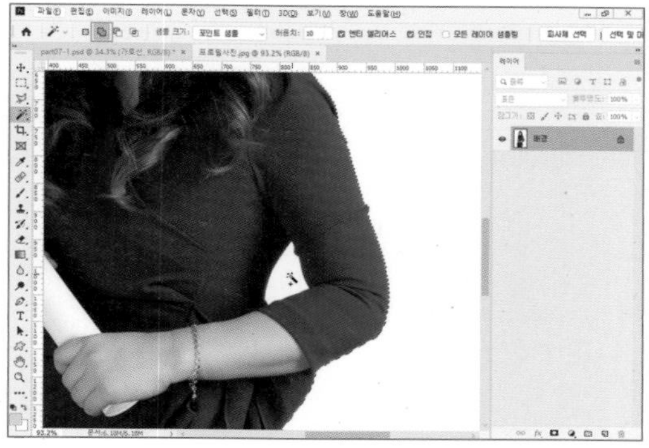

11. 복사하고 붙여넣기

❶ 선택 영역을 반대로 하기 위해 [선택] 메뉴에서 [반전]을 선택하고 복사하기 위해 Ctrl+C를 누른 후 Ctrl+W를 눌러 창을 닫습니다. ❷ 복사한 이미지를 붙여넣기 위해 Ctrl+V를 누릅니다. Ctrl+T를 누르고 크기와 위치를 조절하고 이미지 내부를 더블클릭합니다.

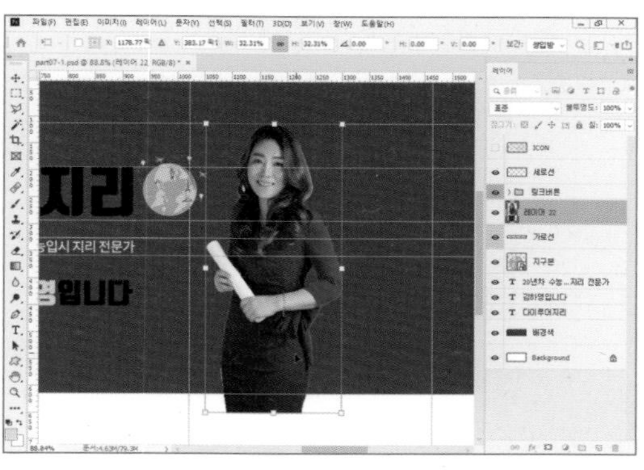

12. 선택 삭제하기

❶ 자동선택도구(W) 를 선택하고 허용치에 '70'을 입력한 후 머리카락 사이의 흰 부분을 클릭한 후 (Delete)를 눌러 삭제합니다. (Ctrl)+(D)를 눌러 선택 영역을 해제합니다. ❷ 그림자를 만들기 위해 (Ctrl)+(J)를 눌러 레이어를 복사하고 [레이어 22] 레이어를 선택합니다. 색을 채우기 위해 [편집] 메뉴에서 [칠]을 선택합니다.

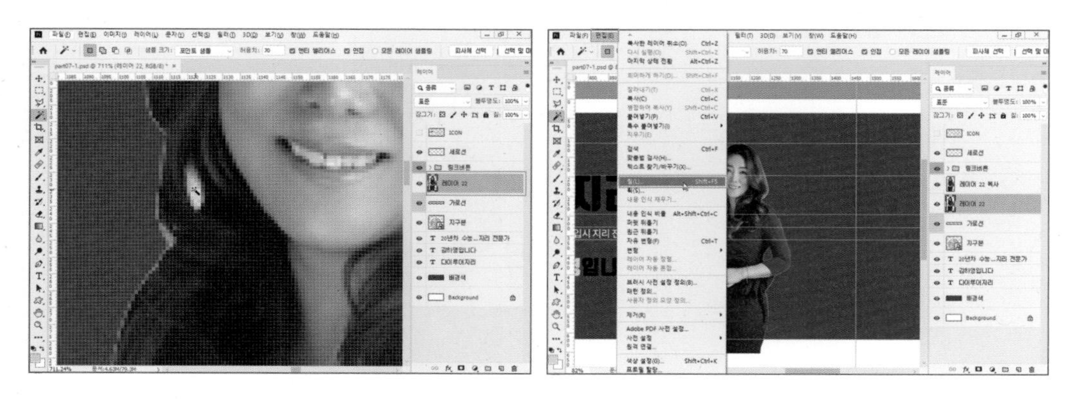

13. 색상 채우고 이동하기

❶ 칠 대화상자가 나타나면 내용을 검정으로 지정하고 투명도 유지를 체크한 후 [확인] 버튼을 클릭합니다. ❷ 도구상자의 이동 도구(V) 를 이용하여 오른쪽으로 조금 이동합니다.

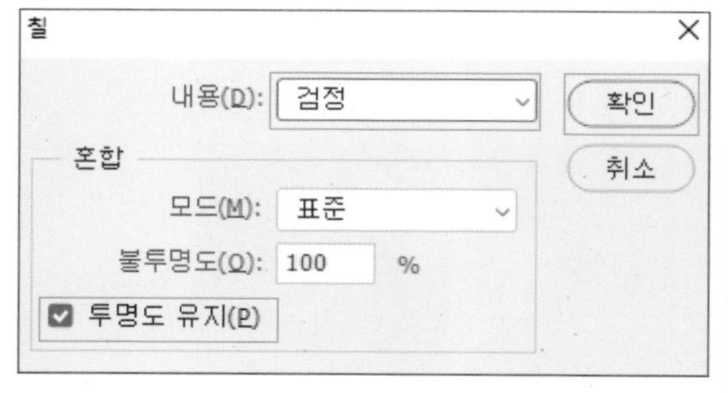

14. 그림자 만들기

❶ 이미지를 흐리게 하기 위해 [필터] 메뉴에서 [흐림 효과 – 가우시안 흐림 효과]를 선택합니다. 가우시안 흐림 효과 대화상자가 나타나면 반경에 '10'픽셀을 입력하고 [확인] 버튼을 클릭합니다. ❷ 이미지 경계에 흰색이 조금 남아 있는 것을 확인할 수 있습니다. 이를 제거해 보겠습니다. [레이어 22 복사] 레이어를 선택하고 이미지 영역을 선택하기 위해 Ctrl을 누른 후 레이어 섬네일을 클릭합니다.

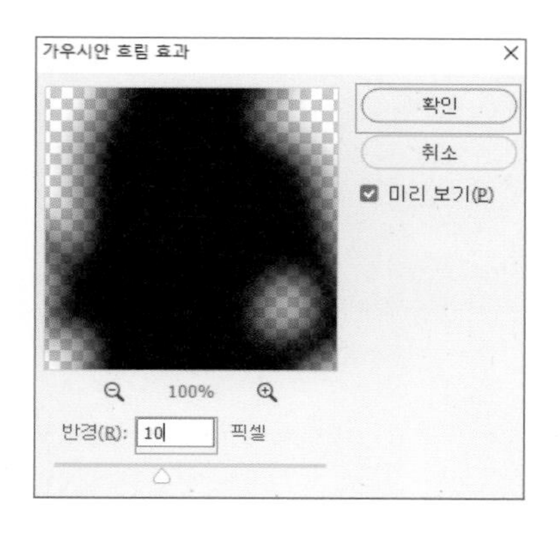

15. 선택 축소하기

❶ 선택 영역을 수정하기 위해 [선택] 메뉴에서 [수정 – 축소]를 선택합니다. ❷ 선택 영역 축소 대화상자가 나타나면 축소량에 '2' 픽셀을 입력하고 [확인] 버튼을 클릭합니다.

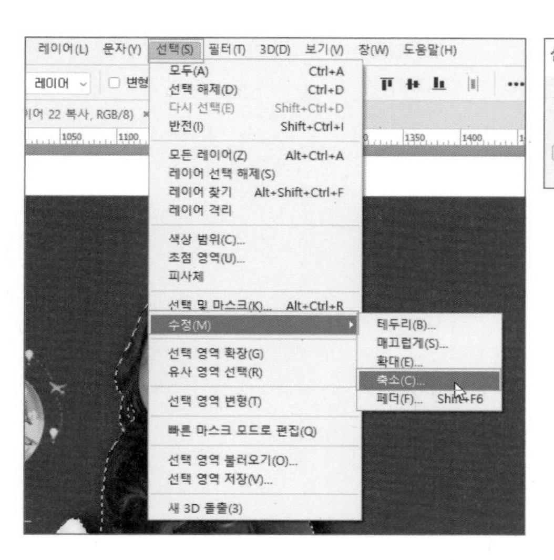

16. 반대로 선택하기

❶ 선택을 반대로 하기 위해 [선택] 메뉴에서 [반전]을 선택합니다. ❷ Delete를 눌러 선택 영역을 삭제하고 Ctrl+D를 눌러 선택 영역을 해제합니다.

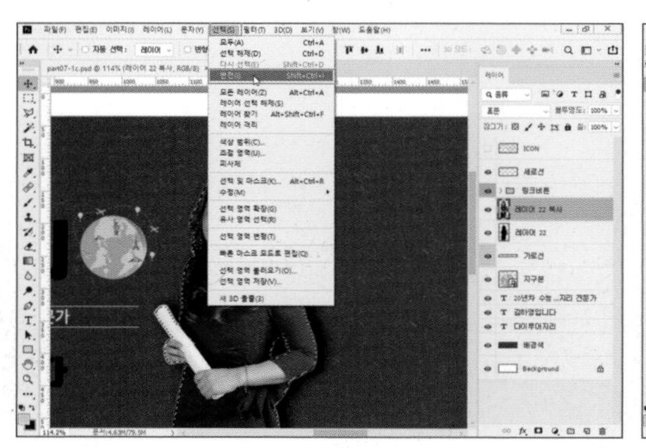

TIP

캔버스 테두리에 효과 적용

선택 수정의 매끄럽게, 확대, 축소, 페더에는 캔버스 테두리에 효과 적용이라는 것이 있습니다. 이것은 캔버스 전체를 선택했을 때 캔버스 테두리에도 효과를 적용하겠다는 것을 의미합니다.

■ **캔버스 전체를 선택한 경우**

Ctrl+A를 눌러 캔버스 전체를 선택합니다.

■ **선택 영역 확대에서 캔버스 테두리에 효과 적용을 체크한 경우**

캔버스 영역 바깥쪽으로 선택 영역이 확대된 것을 확인할 수 있습니다.

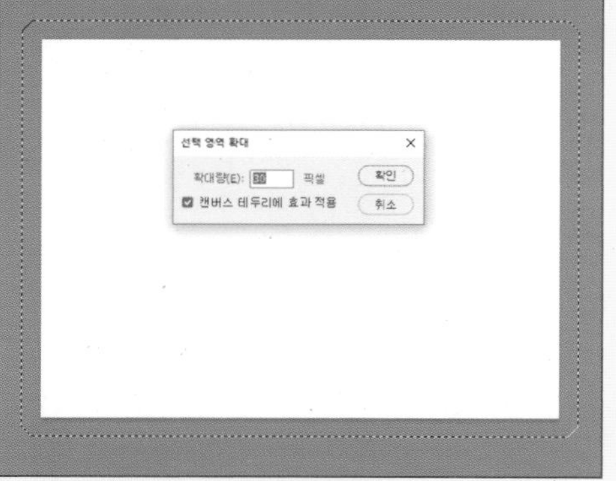

TIP

선택 수정에 대하여

선택 영역을 수정할 수 있습니다. ① 테두리는 지정한 값만큼 안쪽으로 1/2, 바깥쪽으로 1/2 테두리 선택을 하는 것입니다. ② 매끄럽게는 지정한 값만큼 모서리를 둥그렇게 선택하는 것입니다. ③ 확대는 지정한 값만큼 바깥쪽으로 선택하는 것입니다. ④ 축소는 지정한 값만큼 안쪽으로 선택하는 것입니다. ⑤ 페더는 지정한 값만큼 모서리를 둥그렇게 선택합니다. 매끄럽게와 다른 차이점은 색상을 채웠을 때 경계가 흐려지는 것입니다.

테두리(B)...
매끄럽게(S)...
확대(E)...
축소(C)...
페더(F)... Shift+F6

선택 수정 옵션

문자를 선택한 경우

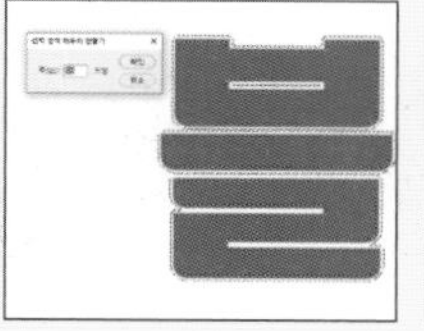

① 테두리를 지정한 경우

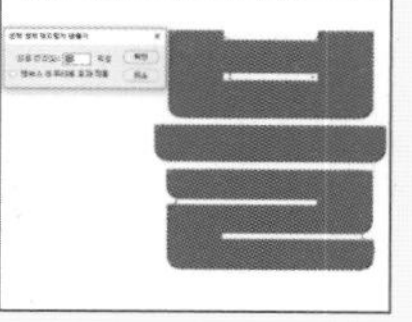

② 매끄럽게를 지정한 경우

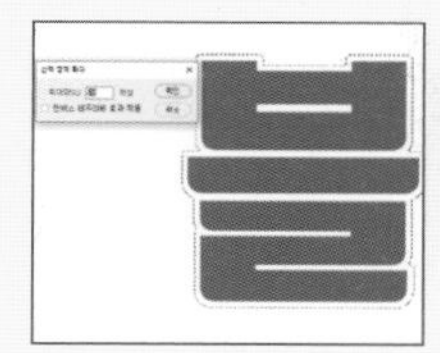

③ 확대를 지정한 경우

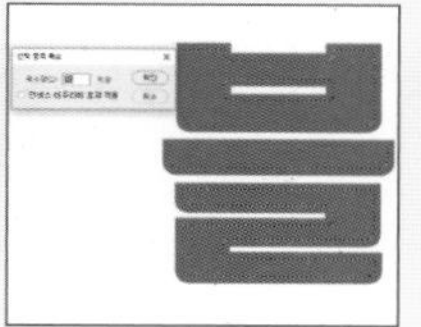

④ 축소를 지정한 경우

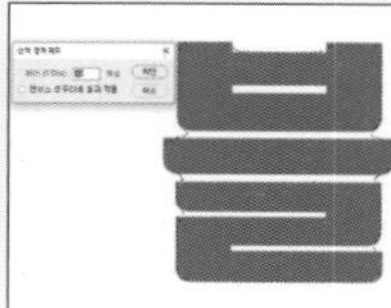

⑤ 페더를 지정한 경우

Section

02 효과 주기

메인 타이틀 문구 배경에 브러시와 색상 닷지 브랜딩 모드를 이용하여 하이라이트를 만듭니다. 이미지를 삽입하고 그 배경에 하이라이트와 빛줄기를 만들어보겠습니다. 색상 닷지 브랜딩 모드는 하이라이트, 반사 효과, 빛을 만들 때 아주 많이 사용하는 브랜딩 모드입니다.

예제 파일 part06-2.psd 완성 파일 part06-2c.psd

효과가 적용되어 완성된 이미지

1. 선택 영역 남기기

❶ [레이어 22 복사] 레이어가 선택된 상태에서 배경색 레이어의 섬네일을 클릭합니다. ❷ 선택 영역만 남기기 위해 레이어 팔레트에서 레이어 마스크를 추가합니다 버튼을 클릭합니다.

TIP

레이어 마스크 추가

레이어 팔레트에 있는 레이어 마스크를 추가합니다는 흰색 영역에는 현재 레이어가 보이고 검은색 영역에는 바로 아래에 있는 레이어를 보여줍니다. 이미지를 합성할 때 많이 사용하는 기능입니다. 특히 그레이디언트 중에서 맨 앞은 불투명, 맨 뒤는 투명 그레이디언트(G)를 함께 사용하면 좀 더 자연스러운 합성사진을 만들 수 있습니다.

■ **레이어를 만든 경우**

하늘 이미지 레이어 아래에 교실 이미지 레이어가 만들어진 경우

■ **레이어 마스크를 적용한 경우**

하늘 레이어를 선택하고 레이어 마스크를 추가합니다 버튼을 클릭합니다. 사각형 선택 윤곽 도구(M)를 이용하여 맨 위는 검은색, 중간은 회색, 맨 아래는 흰색으로 채운 경우입니다.

2. 선택 영역 남기기

❶ [레이어 22] 레이어를 선택하고 배경색 레이어의 섬네일을 클릭합니다. ❷ 선택 영역만 남기기 위해 레이어 팔레트에서 레이어 마스크를 추가합니다 버튼을 클릭합니다.

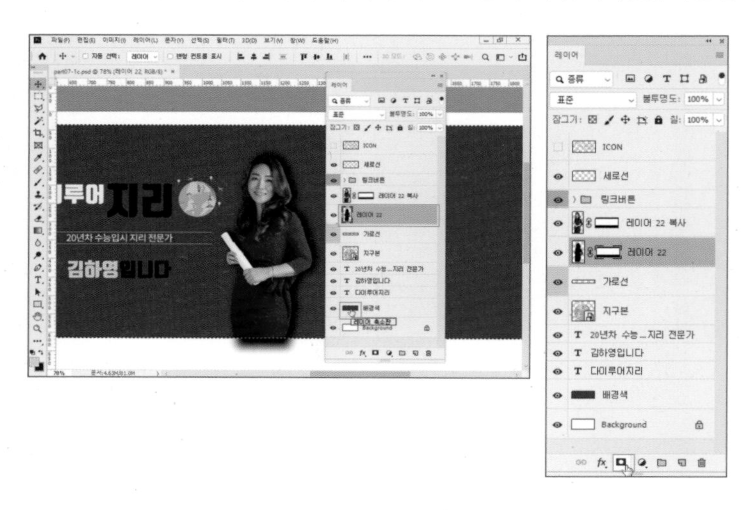

3. 레이어 보여주기 새 레이어 만들기

❶ 레이어 팔레트에서 [ICON] 레이어를 선택하고 이미지를 보여주기 위해 레이어 가시성을 나타냅니다를 클릭합니다. ❷ 새로운 레이어를 만들기 위해 Ctrl+Shift+N을 누르고 새 레이어 대화상자가 나타나면 이름에 '하이라이트 1'을 입력한 후 색상을 파랑으로 선택한 다음 [확인] 버튼을 클릭합니다.

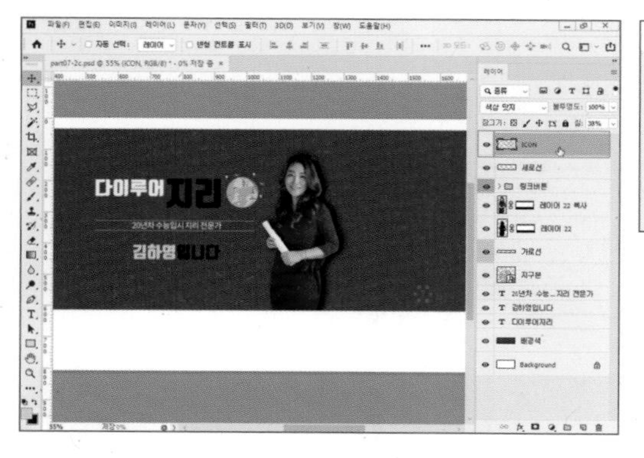

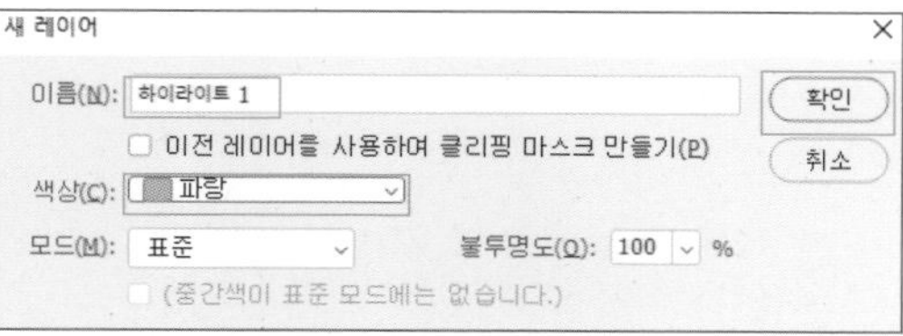

4. 색상 변경하고 브러시 설정하기

❶ 전경색을 클릭하고 색상 피커(전경색) 대화상자가 나타나면 #에 '6a8b8d'를 입력한 후 [확인] 버튼을 클릭합니다. ❷ 도구상자에서 브러시 도구(B) 를 선택하고 (F5)를 눌러 브러시 설정을 보여줍니다. 브러시 설정 대화상자가 나타나면 붓의 크기를 '800픽셀'로 입력하고 대화상자를 축소하기 위해 축소하기 « 를 눌러줍니다. 경도는 '0%'로 입력해야 합니다.

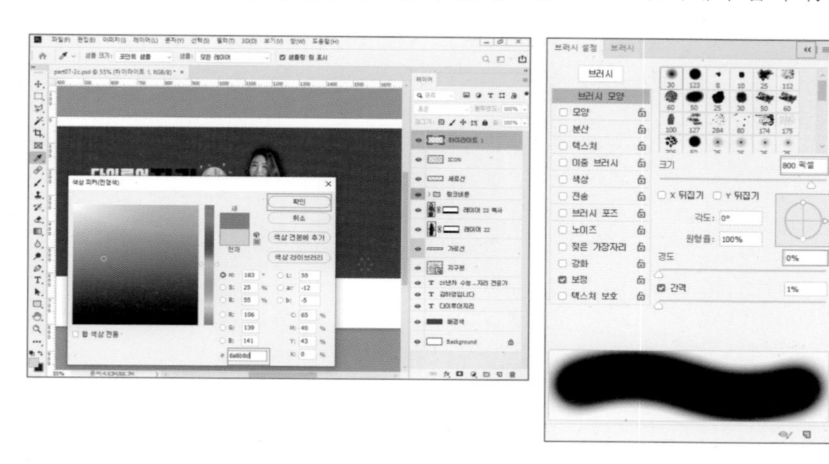

5. 브랜딩 모드 설정하기

❶ 문구 '다이루어지리'의 윗부분을 한 번 클릭합니다. ❷ [하이라이트 1] 레이어의 브랜딩 모드를 색상 닷지로 설정합니다.

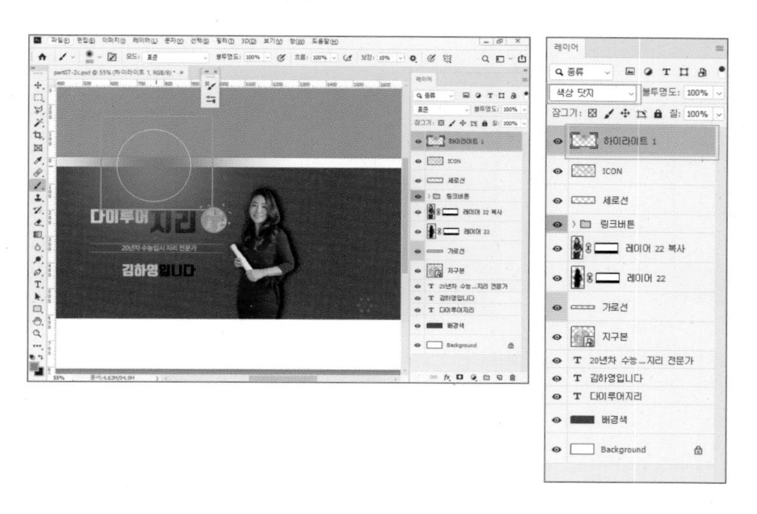

6. 하이라이트 만들기

❶ 새로운 레이어를 만들기 위해 Ctrl+Shift+N을 누르고 새 레이어 대화상자가 나타나면 이름에 '하이라이트 2'를 입력한 후 색상을 파랑으로 선택한 다음 [확인] 버튼을 클릭합니다. ❷ 붓의 크기를 400픽셀로 변경하고 팔꿈치 옆부분을 클릭합니다.

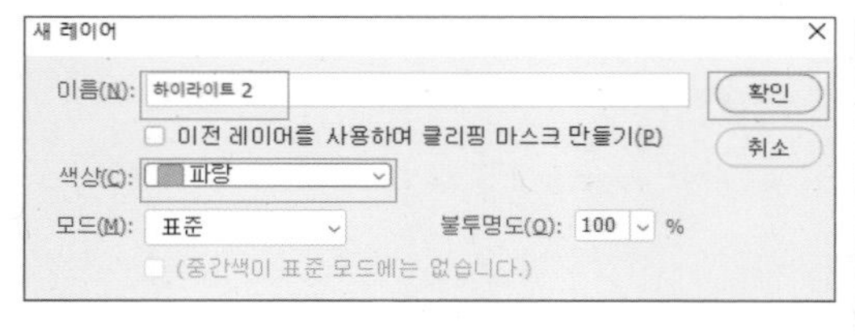

7. 흐림 효과 주고 크기 조절하기

❶ 이미지를 흐리게 하기 위해 [필터] 메뉴에서 [흐림 효과 – 가우시안 흐림 효과]를 선택합니다. 가우시안 흐림 효과 대화상자가 나타나면 반경에 '40'픽셀을 입력하고 [확인] 버튼을 클릭합니다. ❷ 크기를 조절하기 위해 Ctrl+T를 누르고 하이라이트를 적당히 줄여준 후 이미지 내부를 더블클릭합니다.

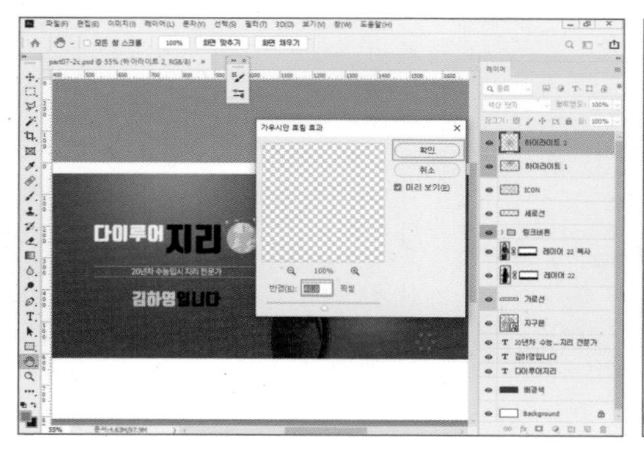

TIP

가우시안 흐림 효과

가우시안 흐림 효과는 영문으로 Gaussian Blur입니다. 수학자 가우스(Gauss)가 만든 곡선 방정식에 의해 계산된 곡선 값으로 움직이며 이미지를 흐리게 만드는 기능입니다. 반경 값이 클수록 흐림 효과가 강하며 0.1부터 1000까지 지정할 수 있습니다.

■ 반경 0.1

흐림 효과 강도인 반경 0.1은 거의 효과가 나타나지 않습니다.

■ 반경 5

이미지가 약간 흐리게 보일 정도로 효과가 나타납니다. 하지만 반경 값은 이미지의 해상도에 따라 다르게 나타날 수 있습니다.

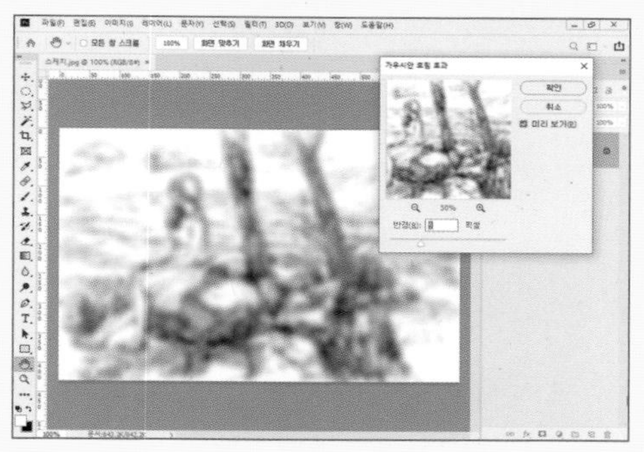

■ 반경 20

이미지가 거의 보이지 않을 정도로 효과가 나타납니다. 역시 해상도에 따라 다르게 나타날 수 있습니다.

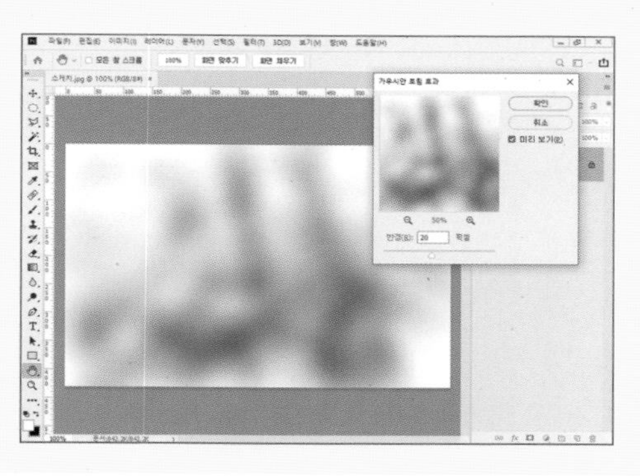

8. 색 채우고 레이어 만들기

❶ 색을 채우기 위해 [편집] 메뉴에서 [칠]을 선택하고 칠 대화상자가 나타나면 내용을 색상으로 지정한 후 색상 피커(칠 색상) 대화상자가 나타나면 색상을 '#ffe8df'으로 변경하고 [확인] 버튼을 클릭합니다. 다시 칠 대화상자가 나타나면 투명도 유지에 체크하고 [확인] 버튼을 클릭합니다. ❷ 새로운 레이어를 만들기 위해 Ctrl+Shift+N을 누르고 새 레이어 대화상자가 나타나면 이름에 '하이라이트 3'을 입력한 후 [확인] 버튼을 클릭합니다.

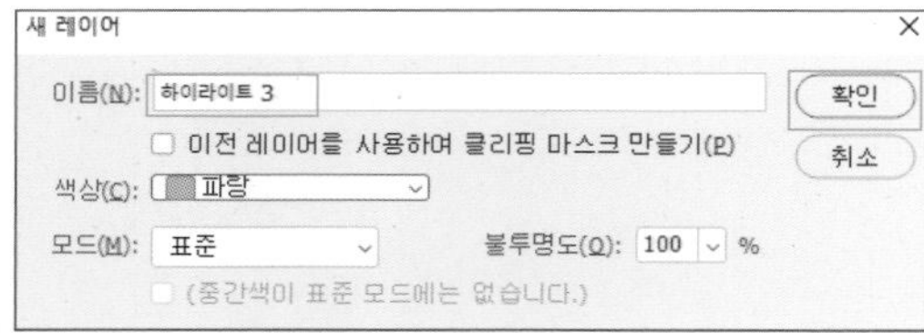

9. 빛줄기 만들기

❶ 도구상자에서 브러시 도구(B)를 선택하고 F5를 눌러 브러시 설정을 보여줍니다. 브러시 설정 대화상자가 나타나면 붓의 크기에 '300픽셀'을 입력하고 각도 45°, 원형율 1%로 설정한 후 대화상자를 축소하기 위해 축소하기 «를 눌러줍니다. ❷ 전경색을 흰색으로 설정하고 하이라이트 위를 클릭합니다.

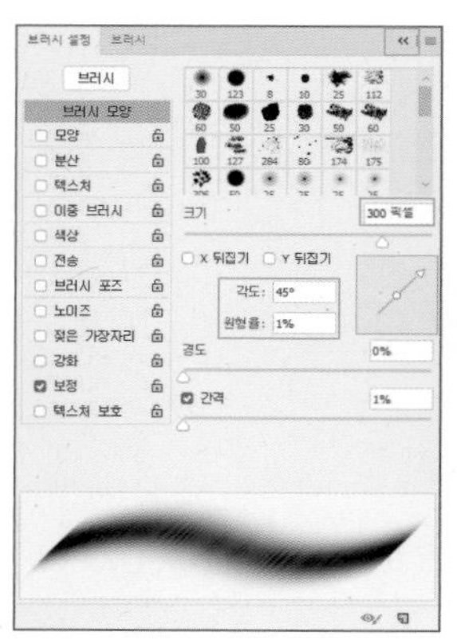

10. 이미지 삽입하기

❶ 이미지를 삽입하기 위해 [파일] 메뉴에서 [포함 가져오기]를 선택합니다. 포함 가져오기 대화상자가 나타나면 sample 폴더에 있는 '시험지.jpg'를 선택하고 [가져오기] 버튼을 클릭합니다. 크기와 위치, 회전을 지정하고 이미지 내부를 더블클릭합니다. ❷ Ctrl+J를 눌러 레이어를 복사하고 Ctrl+T를 눌러 크기와 위치, 회전을 설정하고 이미지 내부를 더블클릭합니다.

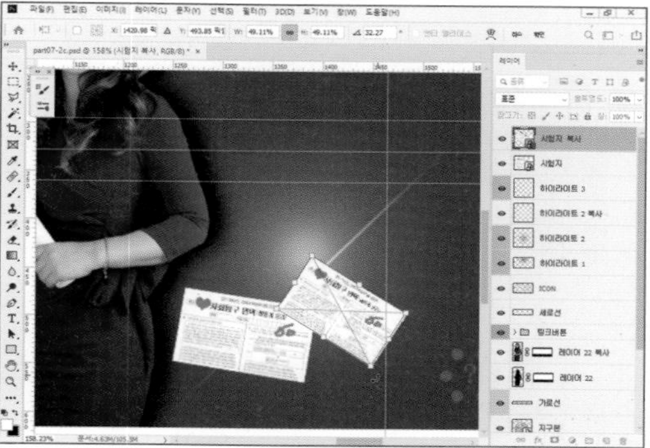

11. 인물 사진 삽입하기

❶ 링크버튼 그룹의 화살표, 5, 4, 3, 2, 1 내용을 보여주기 위해 레이어 가시성을 나타냅니다 를 클릭합니다. 레이어 팔레트에서 링크버튼 그룹에 있는 1 그룹의 [타원 1] 레이어를 선택합니다. ❷ 이미지를 삽입하기 위해 [파일] 메뉴에서 [포함 가져오기]를 선택합니다. 포함 가져오기 대화상자가 나타나면 sample 폴더에 있는 '버튼용사진.jpg'를 선택하고 [가져오기] 버튼을 클릭합니다. 크기와 위치를 지정하고 이미지 내부를 더블클릭합니다.

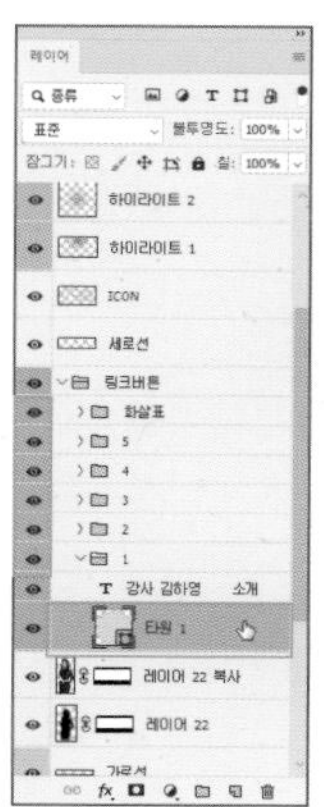

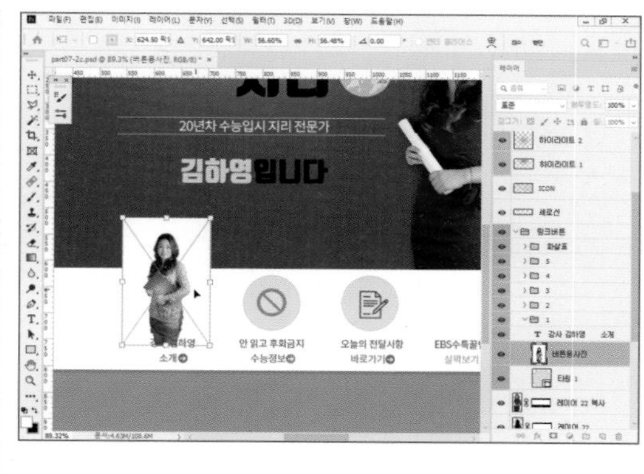

12. 선택하기

❶ 벡터 이미지를 비트맵 이미지로 만들기 위해 [레이어] 메뉴에 있는 [래스터화 – 레이어]를 선택합니다. 포함 가져오기로 이미지를 삽입하면 삽입된 이미지는 벡터 이미지로 선택/삭제가 불가능하기 때문에 래스터화를 이용하여 비트맵 이미지로 전환한 것입니다. ❷ 도구상자에서 자동선택도구(W) 를 선택하고 허용치를 30으로 설정한 후 흰색 바탕을 클릭합니다.

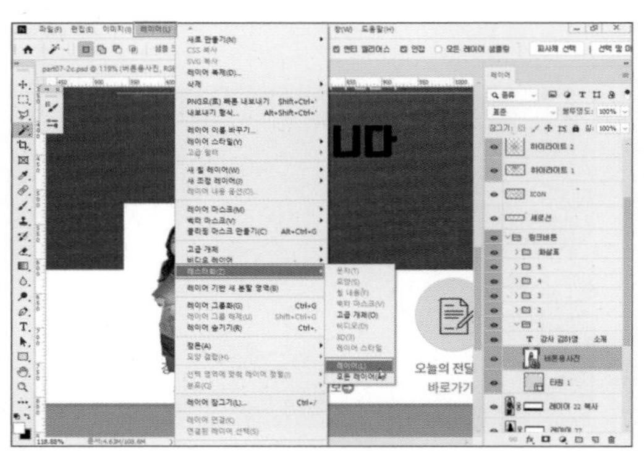

13. 크기 조절하고 마스크 적용하기

❶ (Ctrl)+(T)를 눌러 크기와 위치를 지정하고 이미지 내부를 더블클릭합니다. ❷ 링크버튼 그룹의 [타원 1] 레이어 영역만큼 이미지를 보여주기 위해 (Alt)를 누르고 [버튼용사진] 레이어와 [타원 1] 레이어 사이를 클릭합니다.

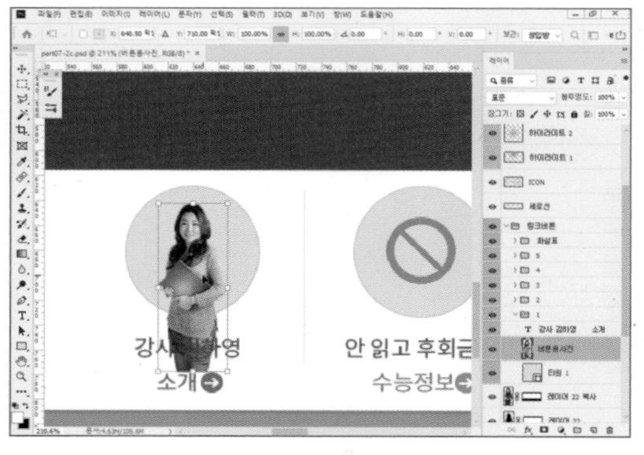

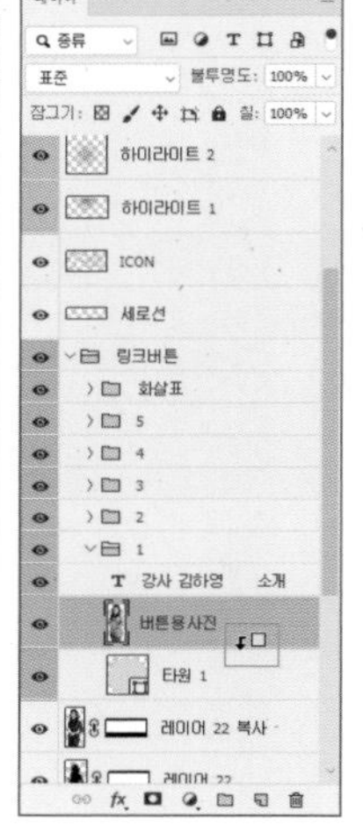

14. 이미지 삽입하고 레벨 조절하기

❶ 4 그룹의 [타원 1] 레이어를 선택합니다. 이미지를 삽입하기 위해 [파일] 메뉴에서 [포함 가져오기]를 선택합니다. 포함 가져오기 대화상자가 나타면 sample 폴더에 있는 '꿀팁.jpg'를 선택하고 [가져오기] 버튼을 클릭합니다. 크기와 위치를 지정하고 이미지 내부를 더블클릭합니다. ❷ 이미지의 배경 색상을 흰색으로 변경하기 위해 [이미지] 메뉴에서 [조정 – 레벨]을 선택합니다. 레벨 대화상자가 나타나면 이미지 샘플링을 통해 흰색 점 지정 아이콘을 클릭하고 꿀팁 이미지의 녹색 부분을 클릭한 후 [확인] 버튼을 클릭합니다. 녹색이 흰색으로 변경된 것을 확인할 수 있습니다.

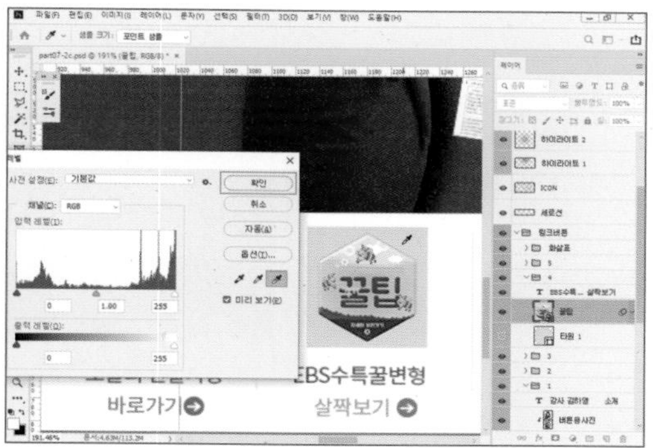

15. 완성하기

'한국세계', 'Since 2018. 2. 26' 문구 역시 같은 방법으로 작업합니다.

Section

03 블로그 세팅하기

포토샵에서 만든 상단 배경 이미지를 삽입하고 투명 이미지를 만들어 위젯으로 사용합니다. 투명 위젯을 만들고 위젯에 HTML 소스를 입혀 링크를 거는 과정을 어려워하는 분들이 많지만, 몇 번의 과정만 반복하면 충분히 숙지할 수 있습니다.

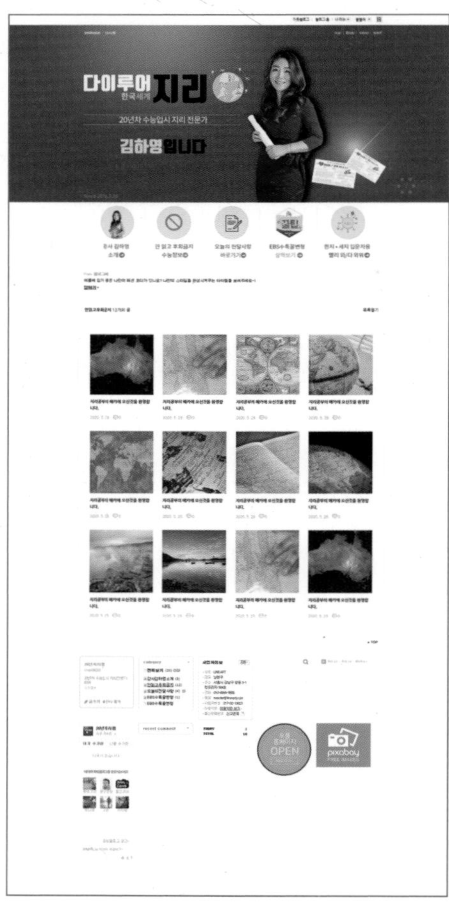

완성된 블로그

1. 타이틀, 배경 이미지 지정하기

❶ 인터넷 익스플로러를 실행하고 네이버에 로그인합니다. 로그아웃 하단에 있는 [블로그]를 클릭한 후 [내 블로그]를 클릭합니다. 블로그의 세부 디자인을 변경하기 위해 프로필 영역 아래에 있는 [관리]를 클릭합니다. 블로그 관리의 꾸미기 설정에서 디자인 설정에 있는 [레이아웃 · 위젯 설정]을 클릭합니다. 메뉴 사용 설정에 있는 타이틀에 체크합니다. 변경 내용을 반영하기 위해 꾸미기 설정 아래에 있는 [적용] 버튼을 클릭하고 '레이아웃을 블로그에 적용하시겠습니까?'라는 웹 페이지 메시지가 나타나면 [확인] 버튼을 클릭합니다. ❷ 세부 디자인을 변경하기 위해 프로필 영역 아래에 있는 [관리]를 다시 한 번 클릭합니다. 블로그 관리의 꾸미기 설정에서 디자인 설정에 있는 [세부 디자인 설정]을 선택합니다. 리모콘 대화상자가 나타나면 스킨 배경을 선택하고 디자인의 배경 이미지를 지정하기 위해 [직접등록]을 클릭하고 상단 영역의 [파일 등록]을 클릭합니다. 업로드할 파일 선택 대화상자가 나타나면 sample 폴더에 있는 '선생님블로그상단.jpg'를 선택하고 [열기] 버튼을 클릭합니다.

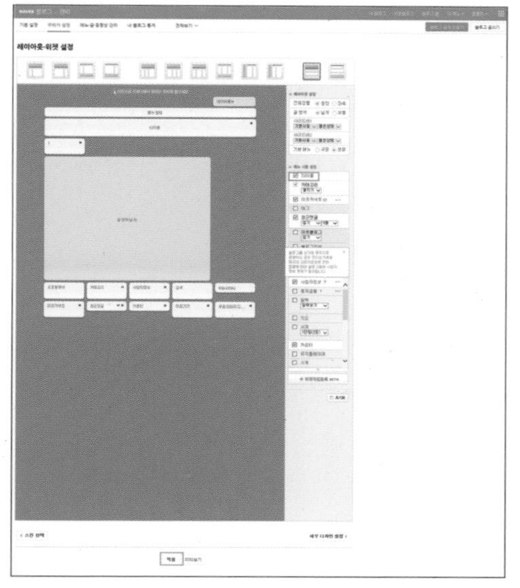

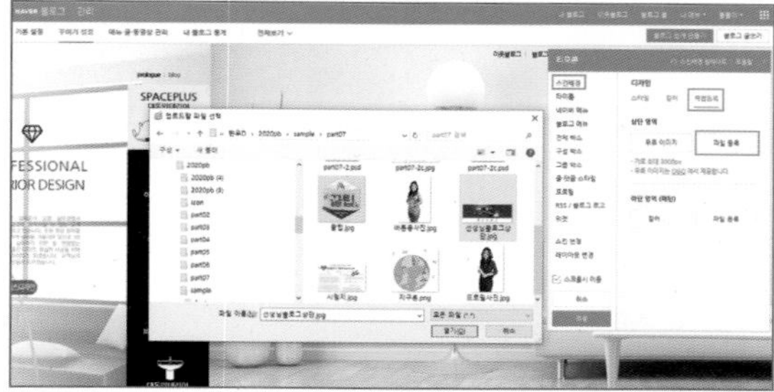

2. 타이틀 높이와 색상 지정하기

❶ 타이틀을 변경하기 위해 [타이틀]을 클릭하고 영역 높이를 100으로 지정합니다. ❷ 이번에는 [블로그 메뉴]를 클릭하고 스타일에서 기본색은 흰색, 강조색은 노란색으로 변경합니다.

3. 글 영역, 블로그 메뉴 이름 변경하기

❶ [글 · 댓글 스타일]을 클릭하고 디자인의 컬러를 클릭합니다. 본문 색은 흰색으로 지정하고, 제목색은 연한 주황색, 내용색은 검은색, 강조색은 연한 녹색으로 지정합니다. ❷ 카테고리 이름을 변경하기 위해 프로필 영역 아래에 있는 [관리]를 누릅니다. 블로그 관리에서 [메뉴 · 글 · 동영상 관리]를 클릭하고 메뉴 관리에서 [블로그]를 클릭합니다. 카테고리 관리 · 설정에서 카테고리 이름을 그림처럼 변경하고 [확인] 버튼을 클릭합니다. '성공적으로 반영되었습니다.'라는 메시지가 나타나면 [확인] 버튼을 클릭합니다. 블로그를 확인하기 위해 우측 상단의 [내 블로그]를 클릭합니다.

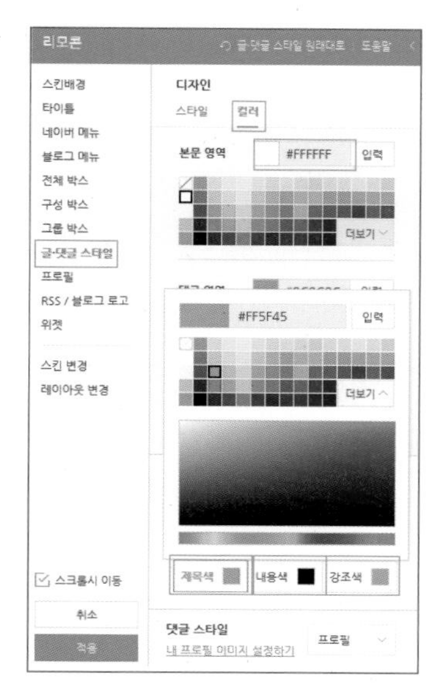

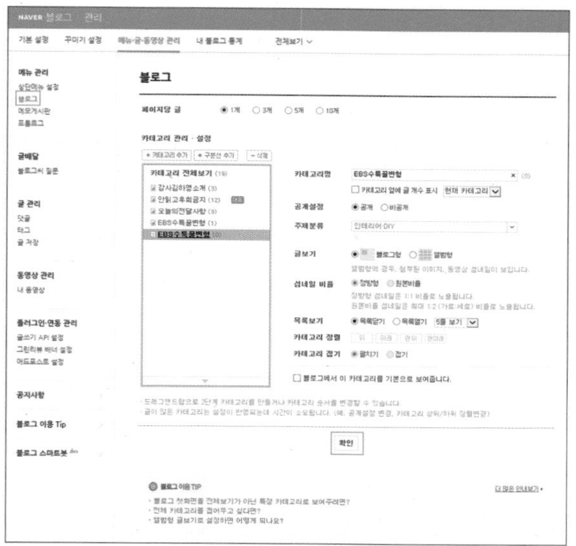

4. 투명 위젯 이미지 만들기

❶ 투명 위젯을 만들기 위해 포토샵을 실행하고 [파일] 메뉴에서 [새로 만들기]를 선택합니다. 새로 만들기 문서 대화상자가 나타나면 폭 170픽셀, 세로 600, 해상도 72픽셀/인치를 선택합니다. 배경 내용을 투명으로 지정하고 [제작] 버튼을 누릅니다. ❷ 투명 위젯이 만들어졌습니다. 이 위젯이 블로그의 상단 배경 이미지 위에 놓이고 여기에 링크를 걸게 됩니다. 홈페이지형 블로그를 만들 때 반드시 필요한 이미지입니다.

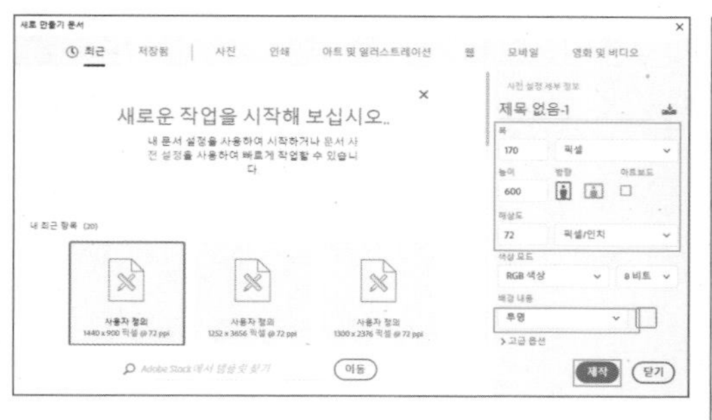

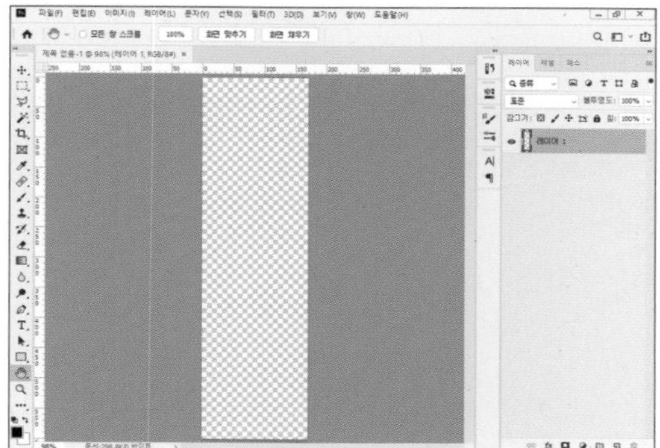

5. 저장하기

❶ 이미지를 저장하기 위해 [파일] 메뉴에서 [내보내기]를 선택하고 [웹용으로 저장(레거시)]을 선택하고 사전 설정에서 PNG-24를 지정한 후 투명도에 체크한 다음 [저장] 버튼을 클릭합니다. ❷ 최적화 다른 이름으로 저장 대화상자가 나타나면 경로를 지정하고 파일 이름에 'tr600'을 입력한 후 [저장] 버튼을 클릭합니다. Adobe 웹용으로 저장 경고 대화상자가 나타나면 [확인] 버튼을 클릭합니다.

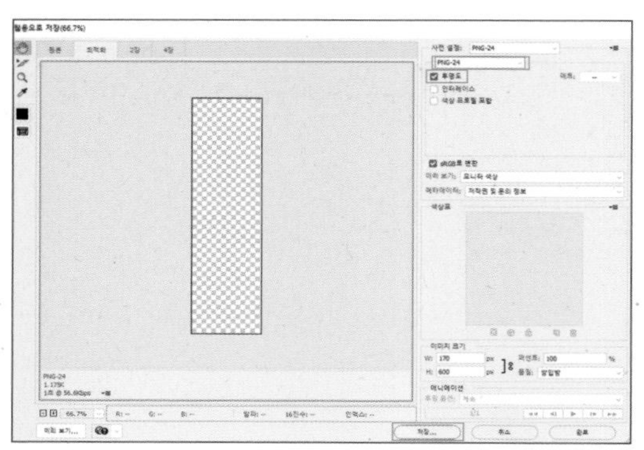

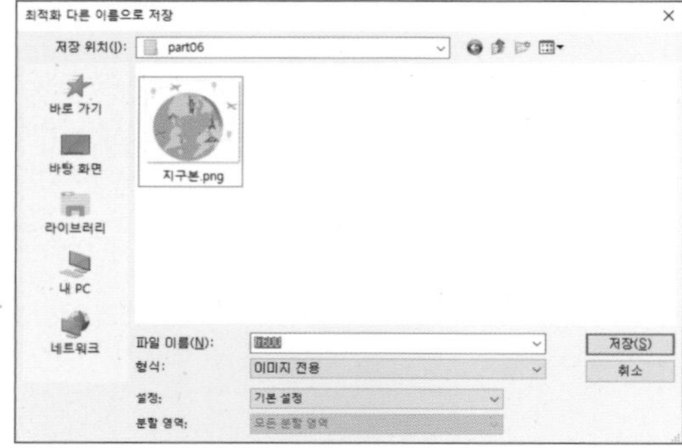

6. 투명 위젯 이미지 불러오기

❶ 포토샵에서 만든 투명 위젯을 불러오기 위해 프로필 영역 아래에 있는 [글쓰기]를 클릭합니다. 블로그 쓰기 화면이 나타나면 제목에 '투명위젯 세로크기 600'을 입력하고 이미지를 불러오기 위해 [+] 버튼을 누른 후 [사진] 버튼을 클릭합니다. 업로드할 파일 선택 대화상자가 나타나면 'tr600.png'를 선택하고 [열기] 버튼을 클릭합니다. 우측 상단에 있는 [발행] 버튼을 클릭합니다. ❷ 카테고리는 오늘의 전달사항으로, 공개 설정을 전체 공개로 지정하고 아래에 있는 [발행] 버튼을 클릭합니다. 나중에 카테고리를 새롭게 만들면 원하는 카테고리를 지정해도 됩니다. 만약 투명위젯을 다른 블로거가 보지 못하게 하려면 공개 설정을 비공개로 합니다.

7. 투명 이미지 적용하기

❶ 투명 위젯 이미지의 경로를 확인하기 위해 투명 이미지 위에서 마우스 오른쪽 버튼을 누르고 팝업 메뉴에서 [속성]을 선택합니다. 속성 대화상자가 나타나면 주소(URL)에 있는 투명 이미지의 주소를 모두 드래그하고 Ctrl+C를 눌러 복사합니다. ❷ 투명 위젯을 만들기 위해 프로필 영역 아래에 있는 [관리]를 클릭합니다. 블로그 관리에서 [꾸미기 설정]을 선택하고 디자인 설정에 있는 [레이아웃 · 위젯 설정]을 클릭합니다. 우선 위젯 사용 설정에서 1 위젯을 체크 해제합니다. 위젯을 새로 만들기 위해 [위젯직접등록] 버튼을 클릭합니다. 위젯 직접등록 대화상자가 나타나면 위젯명에 'w1'을 입력합니다. 투명 위젯 이미지를 불러오기 위한 소스 코드를 입력합니다. HTML 코딩 소스인 〈img src=" 를 입력하고 Ctrl+V를 눌러 앞에서 복사한 주소를 붙여넣기합니다. 이어서 링크 영역의 이름을 지정하기 위한 소스 usemap="#Map" /〉 〈map name="Map" id="Map"〉를 입력합니다.

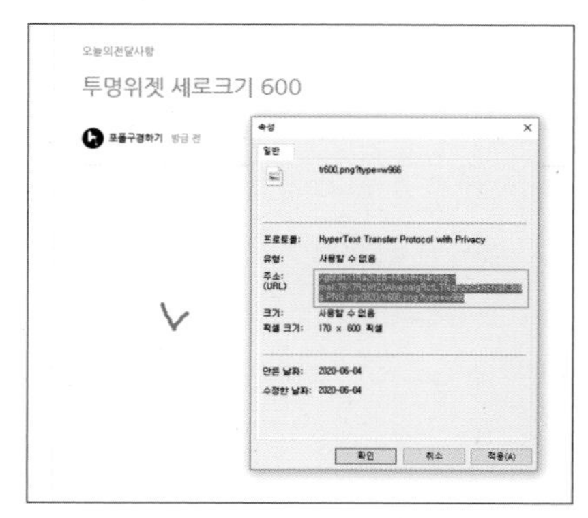

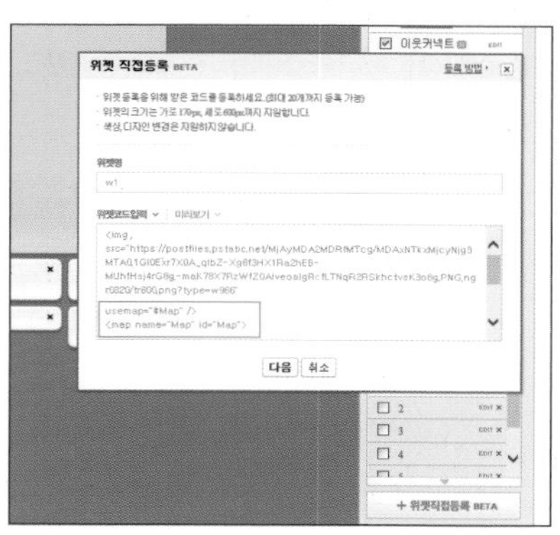

8. 반영하기

❶ 링크 영역의 모양과 좌표, 링크, 창 띄우기를 입력할 수 있는 소스 〈area shape="rect" coords="0,430,170,600" href="#" target="_top" /〉〈/map〉를 입력하고 [다음] 버튼을 클릭합니다. ❷ 위젯 직접등록 미리보기 화면이 나타나면 [등록] 버튼을 클릭합니다. 웹 페이지 메시지 대화상자가 나타나면 [확인] 버튼을 클릭합니다.

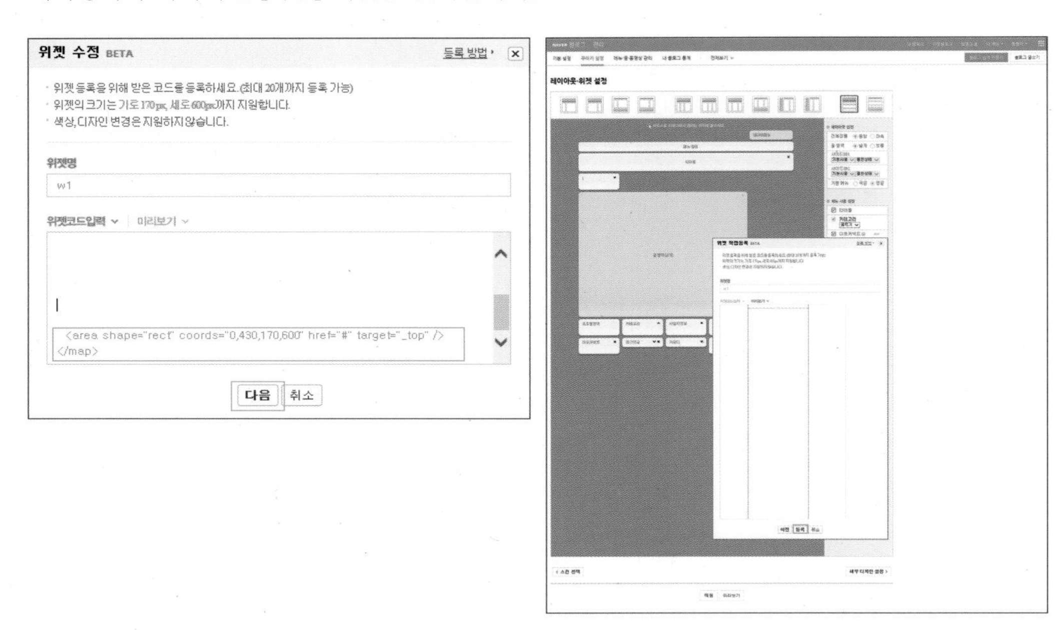

9. 위젯 이동하고 경로 파악하기

❶ 투명 위젯 w1을 위 방향으로 드래그하여 타이틀 영역 아래로 이동합니다. 레이아웃 설정을 반영하기 위해 화면 아래에 있는 [적용] 버튼을 클릭합니다. 다시 한 번 웹 페이지 메시지 대화상자가 나타나면 [확인] 버튼을 클릭합니다. ❷ 카테고리 경로를 파악하기 위해 Shift를 누르고 카테고리에 있는 첫 번째 카테고리 이름을 클릭합니다. 새 창이 열리면서 카테고리 경로가 나타나는 것을 확인할 수 있습니다. 카테고리 주소를 드래그하고 Ctrl+C를 눌러 복사합니다. 새 창은 닫습니다.

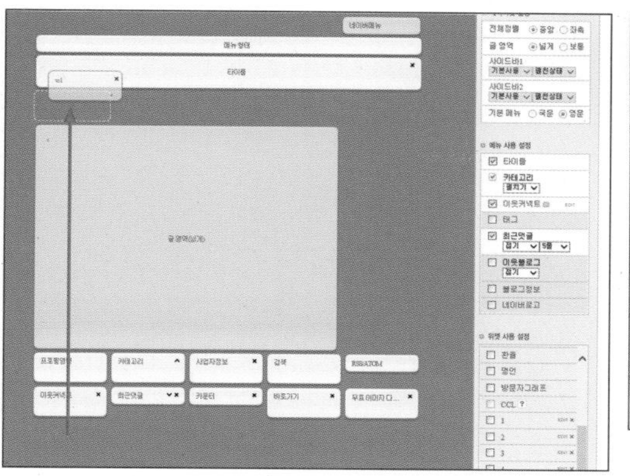

10. 경로 붙여넣기

❶ 위젯을 수정하기 위해 프로필 영역 아래에 있는 [관리]를 클릭합니다. 블로그 관리에서 꾸미기 설정을 선택하고 디자인 설정에 있는 [레이아웃 · 위젯 설정]을 클릭합니다. 위젯 사용 설정에서 w1 위젯의 [EDIT] 버튼을 클릭합니다. 위젯 수정이 나타나면 링크 주소에 해당하는 #을 선택하고 Delete를 눌러 삭제합니다. ❷ 복사한 카테고리 경로를 붙여넣기 위해 Ctrl+V를 누르고 [다음] 버튼을 클릭합니다. 미리보기가 나타나면 [수정] 버튼을 클릭합니다.

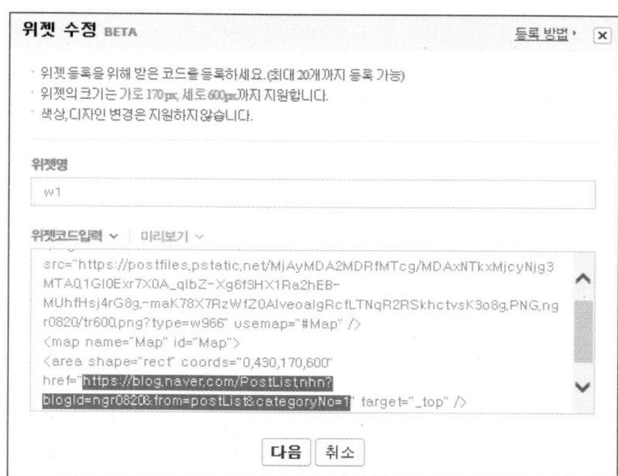

11. 링크 확인하기

❶ 첫 번째 카테고리를 클릭합니다. ❷ 해당 카테고리가 나타나면 링크가 정확히 걸린 것입니다.

12. 위젯 만들기

❶ 레이아웃 · 위젯 설정에서 w1의 모든 HTML 소스를 복사하여 w2 위젯을 만들어주고 ❷ 2번째 카테고리에 해당하는 주소를 붙여넣기합니다. 같은 방법으로 w3, w4, w5 위젯을 만들어줍니다.

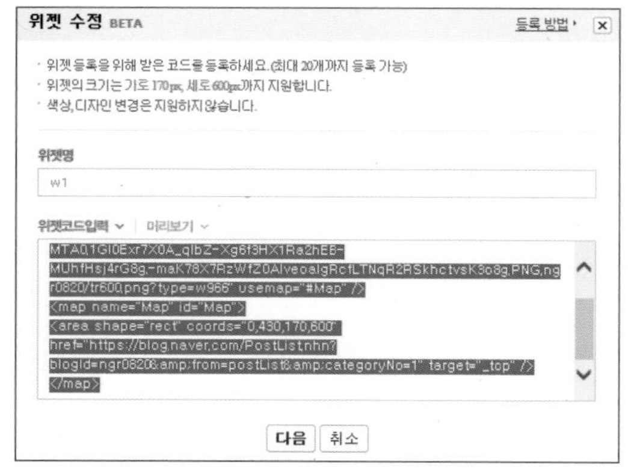

13. 위젯 배치하고 정보 변경하기

❶ w2, w3, w4, w5 위젯을 타이틀 아래로 이동하고 ❷ 블로그 성격에 맞게 정보를 변경합니다.

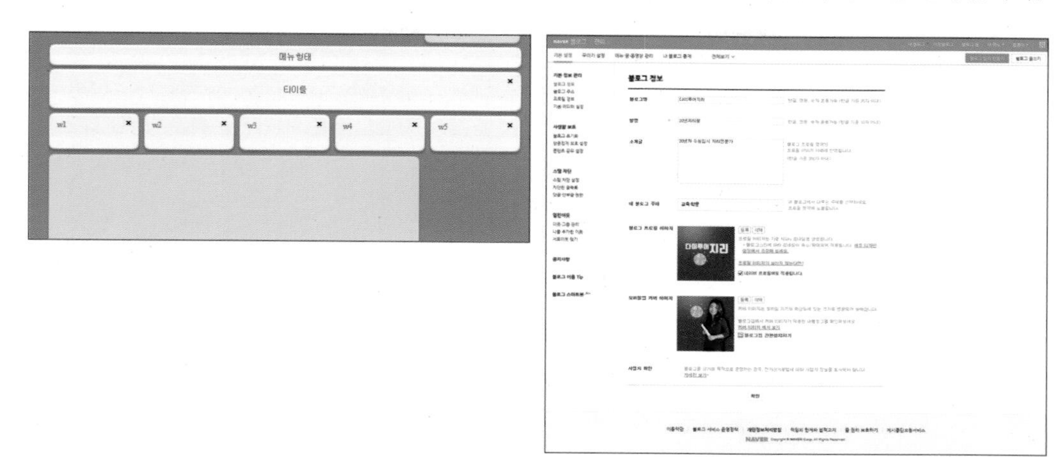

14. 확인하기

포스팅 이미지 또한 블로그 성격에 맞게 변경합니다. 강사 홈페이지형 블로그가 완성되었습니다.

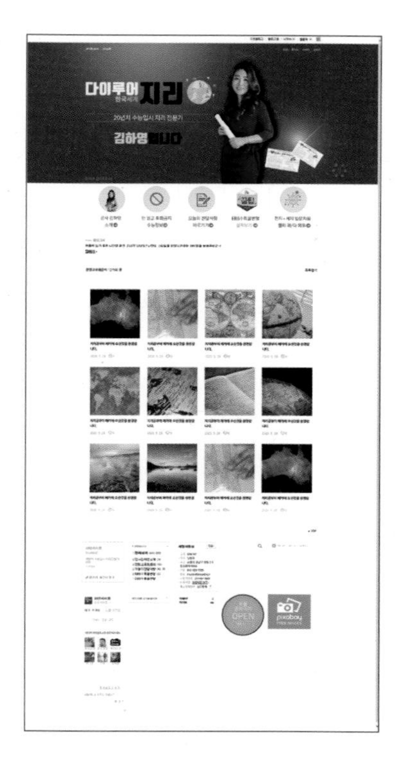

TIP 국제 실내 테니스 아카데미 홈페이지

실내 테니스 학원의 홈페이지입니다. 요즘 홈페이지의 트렌드는 페이지를 길게 나열하여 한눈에 콘텐츠를 확인할 수 있도록 제작하는 것입니다. 현재 홈페이지 내용을 기준으로 블로그를 제작하고 있습니다.

web site

http://iita.co.kr

찾아보기

기타

영문

ㄱ

ㄴ

ㄷ

ㄹ

ㅅ

ㅇ

ㅈ

ㅊ

ㅋ

ㅌ

ㅍ

ㅎ